한 번에 합격
자격증은 이기

이렇게 기막힌 적중률

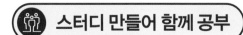

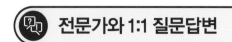

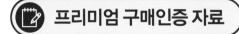

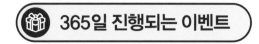

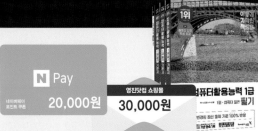

이렇게
기막힌
적중률

정보처리기능사
필기 최신문제집

"이" 한 권으로 합격의 "기적"을 경험하세요!

YoungJin.com Y.
영진닷컴

CONTENTS

차례

합격 강의 제공 동영상 강의는 이기적 수험서 홈페이지(license.youngjin.com)에서 이용하실 수 있으며, 1판 1쇄 기준 2년간 유효합니다.

해설과 함께 보는 최신 기출문제

- 각 문항을 문제의 난이도 등급에 따라 상·중·하로 분류하였습니다.
- 중요✓ 표시가 있는 문제는 출제 빈도가 높은 문제입니다.
- 문제의 이해도에 따라 ○△✕ 체크하여 완벽하게 정리하세요.

해설과 따로 보는 최신 기출문제

- 각 문항을 문제의 난이도 등급에 따라 상·중·하로 분류하였습니다.
- 중요✓ 표시가 있는 문제는 출제 빈도가 높은 문제입니다.
- 문제의 이해도에 따라 ○△✕ 체크하여 완벽하게 정리하세요.

이 책의 구성

핵심이론 POINT 68선

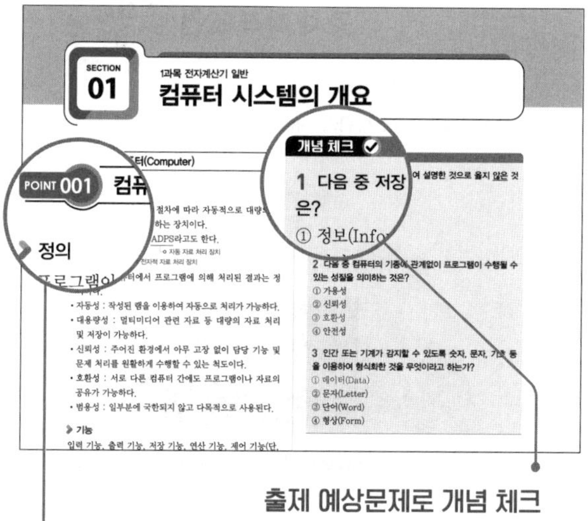

출제 예상문제로 개념 체크

68개의 포인트로 빠르게 핵심이론 정리

자주 출제되는 기출문제 136선

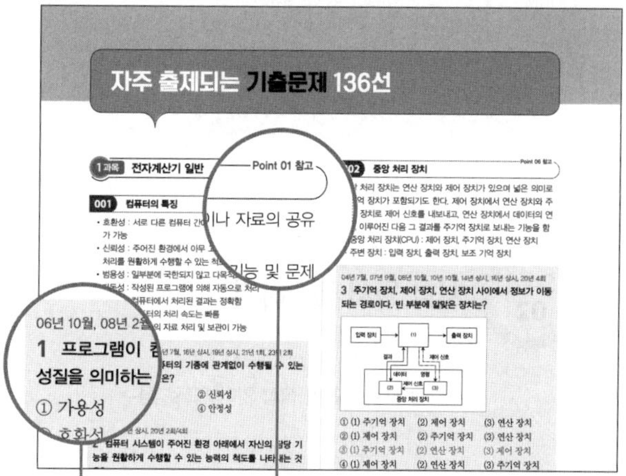

참고 Point로 이론 내용 복습

빈출 문제로 출제 유형 파악

해설과 함께 보는 최신 기출문제

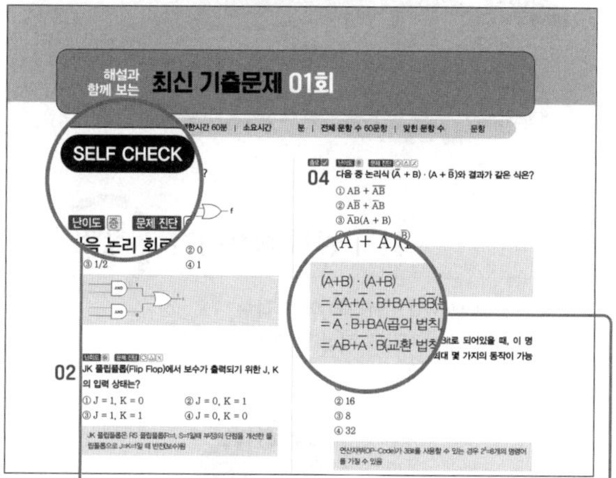

해설과 함께 빠르게 풀어보는 최신 기출문제

SELF CHECK로 실력 점검&약점 보완

해설과 따로 보는 최신 기출문제

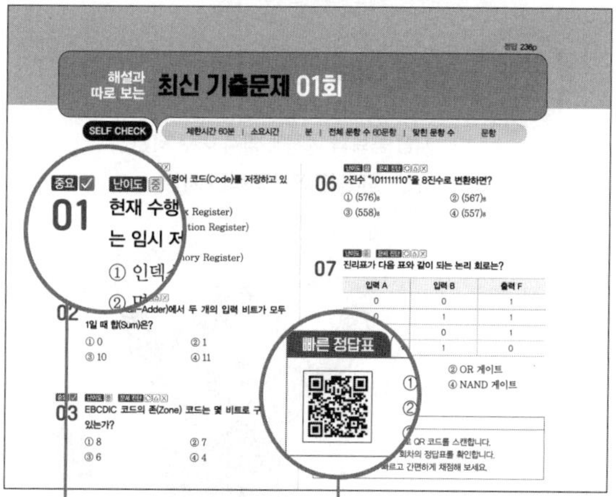

빠른 정답표 QR을 통한 직관적인 채점 가능

해설과 따로 실전처럼 풀어보는 최신 기출문제

자격검정 응시 절차 안내

시험 절차 및 내용은
반드시 시행처를 다시 한 번 확인하세요.

Step 01 응시 자격 조건

- 누구나 응시 가능
- 정확한 응시 자격은 시행처에서 확인

Step 02 시험 원서 접수하기

- 큐넷(www.q-net.or.kr)에서 접수
- 원서 접수 기간에 직접 인터넷으로 접수

Step 03 시험 응시하기

- 신분증, 수험표, 기타 준비물 지참
- CBT 시험 방식으로 진행

Step 04 합격 여부 확인하기

- 시험 종료와 동시에 합격 여부 확인
- 큐넷 홈페이지에서도 확인 가능

Step 05 실기 원서 접수하기

- 큐넷(www.q-net.or.kr)에서 접수
- 원서 접수 기간에 직접 인터넷으로 접수

※ 시험과 관련된 사항은 시행처를 다시 한 번 확인하세요.

01 시행처

한국산업인력공단

02 응시 자격

자격 제한 없음
(자세한 사항은 시행처 확인)

03 시험 과목

필기	전자계산기 일반 패키지 활용 PC 운영체제 정보 통신 일반
실기	정보처리 실무

04 검정 방법

필기	객관식 4지 택일형 60문항(60분)
실기	필답형(1시간 30분, 100점)

05 합격 기준

필기	100점을 만점으로 하여 60점 이상
실기	100점을 만점으로 하여 60점 이상

06 합격자 발표

- CBT 시험은 컴퓨터로 시행되며, 시험 종료와 동시에 합격 여부 확인 가능
- 시험 이후 큐넷 홈페이지에서 확인 가능

07 자격증 발급

신규	인터넷 신청 후 우편 배송
인터넷 발급	•인터넷 발급 신청하여 우편 수령 •인터넷 자격증 발급 신청 접수 기간 : 월요일~일요일(24시간) 연중 무휴 •인터넷을 이용한 자격증 발급 신청이 가능한 경우 – 배송 신청 가능자 : 공단이 본인 확인용 사진을 보유한 경우 (2005년 9월 이후 자격 취득자 및 공인인증 가능자) •인터넷 우편 배송 신청 전 공단에 직접 방문하여야 하는 경우 – 공단에서 확인된 본인 사진이 없는 경우 – 신분 미확인자인 경우(사진 상이자 포함) – 법령 개정으로 자격 종목의 선택이 필요한 경우 •인터넷 자격증 발급 시 비용 – 수수료 : 3,100원 / 배송비 : 3,010원
발급 문의	한국산업인력공단 32개 지부/지사

*시험과 관련된 사항은 시행처에서 반드시 확인하세요.

08 출제기준(적용기간 : 2023.1.1.~2025.12.,31.)

컴퓨터 구성 및 논리회로	컴퓨터 시스템 구성, 논리회로
수의 표현 및 명령어	자료의 표현과 연산, 명령어 및 제어
컴퓨터 구조	입·출력 및 기억장치, 연산 장치와 마이크로프로세서
데이터베이스 일반	데이터베이스 활용
SQL의 이해	SQL 활용
패키지 일반	스프레드시트 및 프리젠테이션
운영체제의 일반	운영체제의 개요
운영체제의 종류	DOS/WINDOWS, UNIX/LINUX
전산 영어	운영체제 관련 지식
정보 통신 개요	정보와 정보 통신의 개념, 정보 통신 관련 용어의 정의
정보 전송 회선	전송 선로의 종류와 특성, 통신 속도 및 통신 용량
정보 전송	전송 부호의 종류 및 특성, 정보 전송 방식, 신호 변환 방식, 전송 에러 제어 방식
정보 통신 설비	정보 전송 설비, 정보 교환 설비
통신 프로토콜	프로토콜의 개요, OSI 7 계층, TCP/IP
정보 통신망	정보 통신망의 기본 구성, 정보 통신망의 종류 및 특성
뉴 미디어	멀티미디어의 개요 및 표준

ANALYSIS

시험 출제 경향

1과목 전자계산기 일반

기본을 튼튼하게, 14개 이상을 목표로 도전!
논리 구조나 불 대수 또는 진법 변환에서 어려워하는 분들이 많습니다. 이 부분은 기본 개념을 정확히 알면 문제가 변형되어 출제되도 맞출 수 있는 부분입니다. 다양한 문제를 풀어보기 전에 기본 개념을 확실히 알고 넘어가세요. 그러면 어떤 문제가 출제돼도 천하무적~

- 컴퓨터 시스템의 개요 18%
- 논리 회로 25%
- 자료 표현과 연산 14%
- 명령어 및 제어 21%
- 입출력 및 기억 장치 11%
- 연산 장치와 마이크로프로세서 11%

2과목 패키지 활용

쉬운 과목입니다. 최소 7개로 점수 따기!
전체적으로 다른 과목보다 쉬운 과목입니다. 특별히 어려운 문제가 없고 간단한 개념 정도만 알면 충분히 맞출 수 있으니 이 부분에서 확실히 점수를 따는 게 중요합니다.

- 데이터베이스 활용 29%
- SQL 활용 36%
- 스프레드시트 및 프레젠테이션 35%

3과목 PC 운영체제

시간이 없으면 이 부분만이라도 꼭 공부하세요. 다다익선 13개 이상!!
동일한 형태로 다시 출제되는 경향이 많으며, 구체적이고 자세한 원리보다 개념이나 기능을 묻는 문제가 자주 출제됩니다. DOS, UNIX 같은 운영체제는 기본 옵션만 외우면 쉽게 풀 수 있는 문제이니 꼭 공부하고 넘어가세요. 전산영어 자신 없으면 그냥 넘어가는 게 속 편합니다.

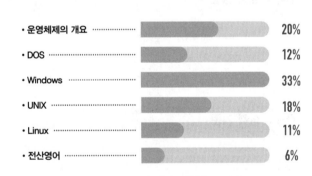

- 운영체제의 개요 20%
- DOS 12%
- Windows 33%
- UNIX 18%
- Linux 11%
- 전산영어 6%

4과목 정보 통신 일반

모르는 문제는 과감하게 패스하세요. 최소 8개!!
어려운 용어들이 많고 계산하는 문제가 나오면 많은 학생들이 당황스러워하는 과목입니다. 계산하는 부분에 자신이 없다면 과감히 포기하세요. 모르는 문제로 시간을 버리는 것보다 아는 문제를 틀리지 않는 것이 중요합니다.

- 정보 통신 개요 13%
- 정보 전송 회선 15%
- 정보 전송 방식 23%
- 정보 통신 설비 17%
- 통신 프로토콜 7%
- 정보 통신망 21%
- 뉴 미디어 및 인터넷 4%

CBT 가이드

CBT란?

CBT는 시험지와 필기구로 응시하는 일반 필기 시험과 달리, 컴퓨터 화면으로 시험 문제를 확인하고 그에 따른 정답을 클릭하면 네트워크를 통하여 감독자 PC에 자동으로 수험자의 답안이 저장되는 방식의 시험입니다.
오른쪽 QR코드를 스캔해서 큐넷 CBT를 체험해 보세요!

큐넷 CBT 체험하기

CBT 응시 유의사항

- 수험자마다 문제가 모두 달라요. 문제은행에서 자동 출제됩니다!
- 답지는 따로 없어요!
- 문제를 다 풀면, 반드시 '제출' 버튼을 눌러야만 시험이 종료되어요!
- 시험 종료 안내방송이 따로 없어요.

CBT 진행 순서

좌석 번호, 수험자 정보 확인	수험자 접속 대기 화면에서 본인의 좌석 번호를 확인한 후, 시험 감독관이 수험자의 신분을 확인합니다. 신분 확인이 끝나면 시험이 시작됩니다.
⬇	
안내사항, 유의사항 확인	시험 안내사항을 확인하고, 다음을 클릭하면 시험 관련 유의사항을 확인합니다.
⬇	
문제풀이 메뉴 설명	시험을 볼 때 필요한 메뉴에 대한 설명을 확인합니다. 메뉴를 이용해 글자 크기와 화면 배치를 조정할 수 있습니다. 남은 시간을 확인하며 답을 표기하고, 필요한 경우 아래의 계산기를 이용할 수 있습니다.
⬇	
문제풀이 연습	시험 보기 전, 연습해 보는 단계입니다. 직접 시험 메뉴화면을 클릭하며, CBT가 어떻게 진행되는지 확인합니다.
⬇	
시험 준비 완료	문제풀이 연습을 모두 마친 후 [시험 준비 완료] 버튼을 클릭하면 시험 감독관의 지시에 따라 시험이 시작됩니다.
⬇	
시험 시작	시험이 시작되었습니다. 수험자는 제한 시간에 맞추어 문제 풀이를 시작합니다.
⬇	
답안 제출, 최종 확인	시험을 완료하면 [답안 제출] 버튼을 클릭합니다. 답안 수정을 위해 시험화면으로 돌아가고 싶으면 [아니오] 버튼을 클릭합니다. 답안 제출 메뉴에서 [예] 버튼을 클릭하면, 수험자의 실수를 방지하기 위해 한 번 더 주의 문구가 나타납니다. 완벽히 시험 문제 풀이가 끝났다면 [예] 버튼을 클릭하여 최종 제출합니다.
⬇	
합격 발표	CBT 시험이 모두 종료되면, 퇴실할 수 있습니다.

이제 완벽하게 CBT 필기 시험에 대해 이해하셨나요?
그렇다면 이기적이 준비한 CBT 온라인 문제집으로 학습해 보세요!
이기적 온라인 문제집 : https://cbt.youngjin.com

이기적 CBT 바로가기

QUESTION 시험 접수는 어디서 하나요?

한국산업인력관리공단 큐넷 홈페이지(q-net.or.kr)에서 접수 가능합니다.

QUESTION 수험자가 직접 시험장을 선택할 수 있나요?

수험자가 직접 시험 볼 지역과 시험장을 선택할 수 있습니다.

QUESTION 환불 기간 및 환불률은 어떻게 되나요?

- 원서 접수 기간 내 100% 환불 가능합니다.
- 원서 접수 종료 다음 날 ~ 시험 시행일 기준 5일 전이며, 본인 질병 및 직계가족 사망으로 시험을 보지 못한 경우 '검정 수수료 환불신청서'를 시험일 이후 30일 전까지 제출 시, 50% 환불 가능합니다.

QUESTION 수험표를 분실한 경우에는 어떻게 해야 하나요?

한국산업인력관리공단 큐넷 홈페이지(q-net.or.kr)에 접속하여 수험표를 재출력하면 됩니다.

QUESTION 필기 시험 시 챙겨야 할 준비물은 무엇인가요?

수험표, 신분증(주민등록증 또는 운전면허증 등)만 지참하면 됩니다.

QUESTION 필기 시험 시 입실 시간이 지난 후 시험장에 도착할 경우 시험 응시가 가능한가요?

입실 시간 미준수 시 시험에 응시할 수 없습니다. 반드시 시험 시간 20분 전에 입실해야 합니다.

QUESTION 필기 시험 합격 유효 기간은 언제까지인가요?

필기 시험 합격 유효기간은 시험일로부터 약 2년간입니다.

QUESTION 필기 시험 면제기간 연장은 불가능하나요?

필기 시험 면제기간 연장은 불가능합니다. 필기 시험을 무한정으로 면제하는 경우 시시때때로 변화하는 자격의 현장성을 반영하기 어렵기 때문에 현장성 제고와 중복학습의 최소화를 고려하여 2년으로 운영하고 있습니다.

※ 더욱 자세한 사항은 큐넷 홈페이지(www.q-net.or.kr)를 참고하시기 바랍니다.

필기 최신문제집

핵심이론

POINT 68선

CONTENTS

합격 강의 제공

중요한 이론 부분을 모아 핵심이론으로 구성하였습니다. 추가로 더 자세한 이론 설명을 원하는 경우 동영상 강의를 시청하세요. 동영상 강의는 **이기적 수험서 홈페이지**(license.youngjin.com)에서 이용하거나 QR 코드를 통해 이용하실 수 있습니다.

SECTION 01

1과목 전자계산기 일반

컴퓨터 시스템의 개요

POINT 001 컴퓨터(Computer)

정의

- 프로그램이 지시하는 절차에 따라 자동적으로 대량의 데이터를 고속으로 처리하는 장치이다.
- 전자계산기, EDPS, ADPS라고도 한다.
  - EDPS : 전자적 자료 처리 장치
  - ADPS : 자동 자료 처리 장치

특징*

- 정확성 : 컴퓨터에서 프로그램에 의해 처리된 결과는 정확하다.
- 자동성 : 작성된 램을 이용하여 자동으로 처리가 가능하다.
- 대용량성 : 멀티미디어 관련 자료 등 대량의 자료 처리 및 저장이 가능하다.
- 신뢰성 : 주어진 환경에서 아무 고장 없이 담당 기능 및 문제 처리를 원활하게 수행할 수 있는 척도이다.
- 호환성 : 서로 다른 컴퓨터 간에도 프로그램이나 자료의 공유가 가능하다.
- 범용성 : 일부분에 국한되지 않고 다목적으로 사용된다.

기능

입력 기능, 출력 기능, 저장 기능, 연산 기능, 제어 기능(단, 통신 기능은 포함되지 않음) 등이 있다.

GIGO(Garbage In Garbage Out)

"쓰레기가 들어가면 쓰레기가 나온다", 즉 "올바른 입력이 있어야 올바른 출력을 한다"는 의미로, 컴퓨터의 수동성을 나타낸다.

정보 처리 과정

자료(Data) → 처리(Process) → 정보(Information)

입력(Input) / CPU(중앙 처리 장치) / 출력(Output)

피드백(Feed Back)

- 자료(Data) : 컴퓨터에 입력되는 기초 자료로 처리 이전 상태의 문자나 수치, 그림 등을 의미한다.
- 정보(Information) : 자료를 처리한 결과로 어떤 목적에 의해 유용하게 활용될 수 있는 상태를 의미한다.

개념 체크 ✔

1 다음 중 저장 기능에 대하여 설명한 것으로 옳지 <u>않은</u> 것은?
① 정보(Information)
② 처리(Process)
③ 자료(Data)
④ 스택(Stack)

2 다음 중 컴퓨터의 기종에 관계없이 프로그램이 수행될 수 있는 성질을 의미하는 것은?
① 가용성
② 신뢰성
③ 호환성
④ 안전성

3 인간 또는 기계가 감지할 수 있도록 숫자, 문자, 기호 등을 이용하여 형식화한 것을 무엇이라고 하는가?
① 데이터(Data)
② 문자(Letter)
③ 단어(Word)
④ 형상(Form)

POINT 002 기계식/전자식 컴퓨터

기계식 계산기

구분		특징
파스칼의 치차식 계산기		톱니바퀴의 원리를 이용, 가감산 계산기 (가감산: +, −)
라이프니츠 가감승제 계산기		치차식 계산기를 보완, 가감승제가 가능 (치차식: 톱니바퀴, 가감승제: +, −, *, /)
배비지	차분 기관	기계식 계산기로 삼각 함수 계산이 가능
	해석 기관	현재의 디지털 컴퓨터의 모체
홀러리스의 PCS (Punch Card System)		천공 카드 시스템, 미국의 국세 조사에 사용, 일괄 처리의 효시
마크원(MARK-1)		에이컨 제작, 최초의 기계식 자동 계산기

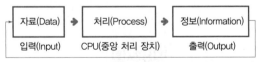

일괄 처리 : 한꺼번에(일정 시간, 일정량) 처리하는 방식

전자식 컴퓨터

구분	특징
에니악(ENIAC)	최초의 전자계산기, 외부 프로그램 방식, 에커트와 모클리 제작
에드삭(EDSAC)	최초의 프로그램 내장 방식 도입, 윌키스 제작
유니박(UNIVAC-1)	최초의 상업용 컴퓨터, 국세 조사 및 미국 인구의 통계 조사 등에 사용, 에커트와 모클리 제작
에드박(EDVAC)	프로그램 내장 방식의 완성과 이진법을 채택, 폰 노이만 제작

폰 노이만이 제창한 방식으로 EDSAC이 최초로 도입하여 EDVAC에서 완성됨

프로그램 내장 방식(Stored Program Method)

기억 장치를 갖추고 계산의 순서를 프로그래밍하여 순서대로 해독하면서 실행하는 방식으로 오늘날의 컴퓨터에 모두 적용된다.

POINT 003 컴퓨터의 세대별 발전과 특징

컴퓨터의 세대별 발전과 특징

구분	주요 소자	연산 속도	사용 언어	특징
제1세대	진공관(Vacuum Tube)	ms(10^{-3})	기계어, 어셈블리어	• 속도가 느리고 부피가 크며, 하드웨어 중심 • 일괄 처리 시스템
제2세대	트랜지스터(TR)	μs(10^{-6})	FORTRAN, COBOL, ALGOL, LISP	• 소프트웨어 중심, 다중 프로그래밍 • 온라인 실시간 처리 시스템 • 운영체제(OS) 등장
제3세대	집적 회로(IC)	ns(10^{-9})	BASIC, PASCAL, PL/1	• OMR, OCR, MICR • 시분할 처리(TSS) • 다중 처리 시스템 • 경영 정보 시스템(MIS)
제4세대	고밀도 집적 회로(LSI)	ps(10^{-12})	C 언어, Ada, 문제 중심 지향 언어	• 개인용 컴퓨터 및 마이크로프로세서 개발 • 가상 기억 장치(Virtual Memory) • 슈퍼 컴퓨터 개발 • 분산 처리 장치 및 네트워크의 발달
제5세대	초고밀도 집적 회로(VLSI)	fs(10^{-15})	C++, Java, 객체 지향 언어	• 인공 지능(AI), 전문가 시스템 • 퍼지(Fuzzy) 이론, 음성 인식 개발 • 의사 결정 지원 시스템(DSS), 패턴 인식

개념 체크

1 전자계산기를 세대별로 나눌 때 3세대에 해당하는 것은?
① 진공관 시대
② 집적 회로 시대
③ 트랜지스터 시대
④ 고밀도 집적 회로 시대

2 하나의 실리콘 칩 상에 10만 개 이상의 반도체 장치를 포함하고 있는 집적 회로로서 '초고밀도 집적 회로'라고 불리는 것은?
① VLSI　② SSI
③ LSI　④ MSL

POINT 004 처리 속도 단위와 기억 용량 단위

처리 속도 단위와 기억 용량 단위

처리 속도 단위	
ms(milli second)	10^{-3}초
μs(micro second)	10^{-6}초
ns(nano second)	10^{-9}초
ps(pico second)	10^{-12}초
fs(femto second)	10^{-15}초
as(atto second)	10^{-18}초

기억 용량 단위		
KB(Kilo Byte)	2^{10}(Byte)	1,024(Byte)
MB(Mega Byte)	2^{20}(Byte)	1,024(KB)
GB(Giga Byte)	2^{30}(Byte)	1,024(MB)
TB(Tera Byte)	2^{40}(Byte)	1,024(GB)
PB(Peta Byte)	2^{50}(Byte)	1,024(TB)
EB(Exa Byte)	2^{60}(Byte)	1,024(PB)

정보 처리 속도 단위

LIPS (Logical Inference Per Second)	1초 동안 실행 가능한 논리적 추론 횟수
KIPS (Kilo Instruction Per Second)	1초 동안 1,000개의 연산을 수행
MIPS (Million Instruction Per Second)	1초 동안 1백만 개의 연산을 수행
FLOPS(FLoating-point Operation Per Second)	초당 수행 가능한 부동 소수점 연산
MFLOPS(Mega FLoating-point Operation Per Second)	초당 1백만 회 수행 가능한 부동 소수점 연산
GFLOPS(Giga FLoating-point Operation Per Second)	초당 10억회 수행 가능한 부동 소수점 연산

개념 체크 ✔

1 정보 처리 속도 단위 중 초당 100만 개의 연산을 수행한다는 의미의 단위는?
① MIPS
② KIPS
③ MFLOPS
④ LIPS

POINT 005 컴퓨터의 분류

사용 목적에 의한 분류

전용 컴퓨터	특수 목적용 컴퓨터(기상 관측, 자동 제어, 군사용 등)
범용 컴퓨터	여러 가지 목적(다목적), 일반 사무 처리 및 과학 기술 계산

자료 처리에 의한 분류*

분류	취급 데이터	구성 회로	주요 연산	연산 속도	정밀도	기억 장치/프로그램
디지털 컴퓨터	• 셀 수 있는 이산 데이터 • 입출력 : 숫자, 문자 등	논리 회로	사칙 연산	느림	필요한 한도 까지	필요
아날로그 컴퓨터	• 셀 수 없는 연속적인 물리량 • 입력 : 전류, 온도, 속도 등 • 출력 : 곡선, 그래프	증폭 회로	미적분 연산	빠름	제한적 (0.01% 까지)	필요 없음
하이브리드 컴퓨터	디지털 컴퓨터와 아날로그 컴퓨터의 장점만을 혼합한 조합형 컴퓨터					

기적의 TIP PDA(Personal Digital Assistants)
팜톱 컴퓨터를 의미하기도 하며 개인의 스케줄 관리, 펜 입력 기능, 사전 검색 기능을 갖추고 있음

처리 능력에 의한 분류

개인용 컴퓨터(PC : Personal Computer) = 마이크로컴퓨터	데스크톱(DeskTop)과 휴대용(노트북, 랩톱, 팜톱 등)으로 구분
워크스테이션 (Workstation)	고성능 컴퓨터로 그래픽, 동영상, 미디(MIDI), 멀티미디어 제작이 가능, 네트워크에서 서버(Server) 역할
소형 컴퓨터 (Mini Computer)	PC보다 정보 처리 능력이 뛰어나고 기업체나 학교, 연구소 등에서 사용
대형 컴퓨터 (Main Frame Computer)	소형 컴퓨터보다 규모나 성능이 좋으며 은행이나 정부 기관, 대학 등에서 사용
슈퍼 컴퓨터 (Super Computer)	연산 속도가 빠르며 기상 관측 및 예보, 우주 및 항공 분야 등 고속 계산이 필요한 분야에서 사용되는 초고속 컴퓨터

개념 체크 ✔

1 Digital 형의 양을 바르게 표현한 것은?
① 온도의 변화
② 식물의 성장
③ 연필의 개수
④ 시간의 흐름

2 컴퓨터를 특정 용도에 알맞게 만들어 그 업무를 편리하게 처리할 수 있도록 할 때의 분류 방법으로 바른 것은?
① 디지털 컴퓨터와 범용 컴퓨터
② 범용 컴퓨터와 전용 컴퓨터
③ 디지털 컴퓨터와 전용 컴퓨터
④ 전용 컴퓨터와 하이브리드 컴퓨터

POINT 006 하드웨어(Hardware)의 기본

컴퓨터의 기본 구성

하드웨어: 컴퓨터 기기 그 자체를 의미
소프트웨어: 하드웨어를 움직여 주는 프로그램을 의미

컴퓨터 = 하드웨어 + 소프트웨어
인간 = 육체 + 정신(두뇌)

펌웨어(Firmware)

하드웨어와 소프트웨어의 기능을 통합한 것으로 하드웨어의 ROM에 소프트웨어를 집어넣어 추후 소프트웨어의 업그레이드를 통하여 하드웨어적인 시스템의 성능을 높일 수 있다.

하드웨어(Hardware)

- 컴퓨터 기기 그 자체를 의미하며, 인간의 『육체』에 해당된다.
- 컴퓨터의 기계적인 부분을 의미하며 본체, 모니터, 프린터, 키보드, 마우스 등을 통틀어 하드웨어라 한다.
- 컴퓨터를 구성하는 하드웨어는 입력 장치, 출력 장치, 제어 장치, 연산 장치, 기억 장치로 나누어지며 이를 5대 장치라 한다.

중앙 처리 장치(CPU : Central Processing Unit)*

- 인간의 두뇌에 해당하는 부분이다.
- 컴퓨터의 중추적인 역할을 담당한다.
- 각 부분의 동작을 제어하고 연산을 수행한다.
- 제어 장치와 연산 장치로 구성된다.

레지스터(Register)*

- 중앙 처리 장치 내의 고속 임시 기억 장치이다.
- 자료를 일시적으로 기억한다.
- 연산 속도의 향상에 사용 목적이 있다.
- 크기는 워드 크기와 메모리의 용량에 따라 달라진다.
- 플립플롭(1비트 기억 소자)의 모임이다.

종류 : RS, JK, T, D

제어 장치(Control Unit)*

- 입력, 출력, 연산, 기억 장치 등을 감시, 감독하는 역할이다.
- 프로그램의 명령을 해독하여 각 장치에게 처리하도록 지시한다.
- 제어 신호를 발생하여 명령어의 처리가 순서적으로 이루어지게 한다.

MAR (Memory Address Register)	• 기억 번지 레지스터 • 기억 장소의 주소를 기억하는 레지스터
MBR (Memory Buffer Register)	• 기억 버퍼 레지스터 • 기억 장치를 통해 접근되는 정보의 내용을 기억하는 레지스터
IR(Instruction Register)	• 명령 레지스터 • 현재 수행 중인 명령어를 기억하는 레지스터
PC(Program Counter)	• 프로그램 카운터 • 다음에 수행할 명령어의 번지를 기억하는 레지스터
명령 해독기 (Instruction Decoder)	IR에 기억된 명령들을 해독해서 각 장치에 제어 신호를 보냄
부호기(Encoder)	중앙 처리 장치에서 실행하기 위한 전기 신호로 변환하여 각 장치에 보내는 기능

연산 장치(ALU : Arithmetic & Logic Unit)*

프로그램의 사칙, 논리 연산을 수행하고 비교 및 판단, 데이터의 이동, 편집 등을 수행한다.

누산기(ACC) (ACCumulator)	산술 및 논리 연산의 결과를 일시적으로 기억
가산기(Adder)	누산기와 데이터 레지스터의 값을 더하여 누산기에 저장
데이터 레지스터 (Data Register)	연산에 사용되는 데이터의 일시적인 저장을 위해 사용되는 레지스터
상태 레지스터 (Status Register)	• CPU의 현재 상태를 나타내는 레지스터 • 각 비트별로 조건을 할당 • PSW(Program Status Word)라고도 함
보수기 (Complementer)	뺄셈이나 나눗셈 연산을 위해 보수로 바꾸어 가산하는 장치

중앙 처리 장치에서 명령이 실행되는 순서를 제어하거나 특정 프로그램에 관련된 컴퓨터 시스템의 상태를 나타내고 유지하기 위한 제어 워드로써, 실행 중인 중앙 처리 장치의 상황을 나타냄

시프트 레지스터(Shift Register)

Clock Puls에 의해 기억된 내용을 한 자리씩 우측이나 좌측으로 이동하는 레지스터이다.

플래그 레지스터(Flag Register)

제어 논리 장치(CLU)와 산술 논리 연산 장치(ALU)의 실행 순서를 제어하기 위해 사용되는 레지스터이다.

개념 체크 ✔

1 현재 수행 중에 있는 명령어 코드(Code)를 저장하고 있는 임시 저장 장치는?

① 인덱스 레지스터(Index Register)
② 어큐뮬레이터(Akumulator)
③ 명령 레지스터(Instruction Register)
④ 메모리 레지스터(Memory Register)

2 누산기(Accumulator)에 대한 설명으로 옳은 것은?

① 연산 부호를 해독하는 장치이다.
② 레지스터의 일종으로 산술 연산이나 논리 연산의 결과를 일시적으로 기억하는 장치이다.
③ 연산 명령이 주어지면 연산 준비를 하는 장치이다.
④ 연산 명령의 순서를 기억하는 장치이다.

POINT 007 소프트웨어의 기본

소프트웨어의 기본 구성
- 소프트웨어(Software)는 하드웨어를 움직여주는 프로그램들을 의미, 인간의 정신(두뇌)에 해당한다.
- 시스템 소프트웨어와 응용 소프트웨어로 구분된다.

시스템 소프트웨어
- 시스템의 전반적인 운영을 위한 기본적인 소프트웨어이다.
- 종류 : 운영체제, 언어 번역기, 유틸리티 프로그램

운영체제(OS : Operating System)*
- 컴퓨터 하드웨어의 성능을 최대한 효율적으로 운영하기 위해 하드웨어와 사용자 사이에 있는 프로그램이다.
- 제어 프로그램(Control Program)

감시 프로그램 (Supervisor Program)	컴퓨터 시스템 전체의 작동 상태를 감시, 감독하는 프로그램
작업 관리 프로그램 (Job Management Program)	작업 관련 데이터의 준비와 처리를 관리하는 프로그램
데이터 관리 프로그램 (Data Management Program)	여러 종류의 데이터와 파일을 관리해 주는 프로그램

- 처리 프로그램(Process Program)

언어 번역 프로그램(Language Translator Program)	기계어로 번역하기 위한 프로그램
서비스 프로그램 (Service Program)	유틸리티, 정렬/병합 프로그램과 같이 사용 빈도가 높은 프로그램들을 제작 회사에서 미리 프로그램화하여 제공하는 프로그램
문제 처리 프로그램(Problem Processing Program)	사용자가 업무에 적용하여 그에 따라 작성하는 프로그램

언어 번역기의 종류
- 컴파일러(Compiler) : 고급 언어(FORTRAN, COBOL, PL/1 등)를 기계어로 번역하는 프로그램으로, 전체를 한 번에 번역하며 목적 프로그램을 생성한다.
- 어셈블러(Assembler) : 어셈블리(Assembly) 언어를 기계어로 번역하는 프로그램이다.
- 인터프리터(Interpreter) : 대화식 언어(BASIC, LISP, SNOBOL, APL 등)로 작성된 프로그램을 필요할 때마다 매번 기계어로 번역하여 실행하는 프로그램으로, 행(줄) 단위로 번역한다(목적 프로그램을 생성하지 않음).

언어 번역 과정*

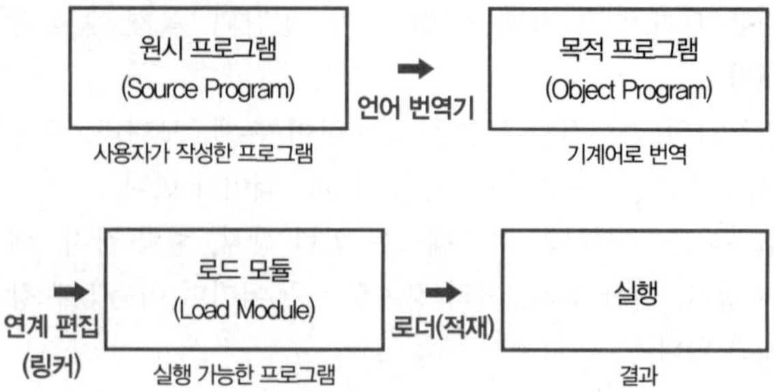

- 원시 프로그램(Source Program) : 사용자가 프로그래밍 언어로 작성한 프로그램
- 언어 번역기 : 원시 프로그램을 컴퓨터가 이해할 수 있는 기계어로 번역해 주는 프로그램
- 목적 프로그램(Object Program) : 컴파일러에 의해 기계어로 번역된 프로그램
- 연계 편집(링커) : 목적 프로그램을 실행 가능한 프로그램으로 만드는 과정
- 로드 모듈(Load Module) : 실행 가능한 상태의 프로그램
- 로더(적재) : 로드 모듈 프로그램을 주기억 장치 내로 옮겨서 실행해 주는 소프트웨어

개념 체크 ✔

1 목적 프로그램을 만들지 않고 직접 한 문장씩 번역하여 실행하는 방식의 언어 처리기는?

① 인터프리터(Interpreter)
② 프리프로세서(Preprocessor)
③ 컴파일러(Compiler)
④ 어셈블러(Assembler)

2 다음은 컴퓨터에서 프로그램 언어의 처리 과정을 나타내고 있다. ( ) 안에 들어갈 과정을 차례로 나열한 것은?

컴파일 → ( ) → ( ) → 실행

① 로딩(Loading), 링킹(Linking)
② 링킹(Linking), 로딩(Loading)
③ 어셈블링(Assembling), 링킹(Linking)
④ 링킹(Linking), 어셈블링(Assembling)

3 다음 중 언어 번역 프로그램(Language Translator)이 아닌 것은?

① 어셈블러　② 인터프리터
③ 로더　④ 컴파일러

SECTION 02

1과목 전자계산기 일반

논리 회로

POINT 008 불 대수

불(Boolean) 대수

- 2진수의 값으로 논리적 동작을 취급하는 대수이다.
- 하나의 변수는 0 또는 1의 값을 가진다.
- 불 대수의 연산자는 논리곱(AND), 논리합(OR), 논리부정(NOT)이 있다.

불 대수의 기본 성질

합의 법칙	곱의 법칙
• $X+0=X$ • $X+1=1$ • $X+X=X$ • $X+\overline{X}=1$	• $X \cdot 0=0$ • $X \cdot 1=X$ • $X \cdot X=X$ • $X \cdot \overline{X}=0$
교환 법칙	**흡수 법칙**
• $X+Y=Y+X$ • $X \cdot Y=Y \cdot X$	• $X+X \cdot Y=X$ • $X+\overline{X} \cdot Y=X+Y$ • $X \cdot (X+Y)=X$
결합 법칙	**분배 법칙**
• $X+(Y+Z)=(X+Y)+Z$ • $X \cdot (Y \cdot Z)=(X \cdot Y) \cdot Z$	• $X \cdot (Y+Z)=(X \cdot Y)+(X \cdot Z)$ • $X+(Y \cdot Z)=(X+Y) \cdot (X+Z)$
대합성의 법칙	**드모르간의 법칙**
$\overline{\overline{X}}=X$	• $\overline{X+Y}=\overline{X} \cdot \overline{Y}$ • $\overline{X \cdot Y}=\overline{X}+\overline{Y}$

불대수의 X의 값에 0과 1을 대입할 수 있으며, 각각의 값을 대입해 보면 다음과 같이 X+1=1의 경우 X에 0 또는 1을 넣으면 0+1=1, 1+1=1이 되므로 X+1=1이 된다.

논리식의 간략화

$\overline{X} \cdot Y+X \cdot \overline{Y}+X \cdot Y$	$X+X \cdot Y+\overline{X} \cdot Y$	$X+\overline{X} \cdot Y$
$=\overline{X} \cdot Y+X \cdot (\overline{Y}+Y)$ $=\overline{X} \cdot Y+X \cdot 1$ $=\overline{X} \cdot Y+X$ $=X+\overline{X} \cdot Y$ $=X+Y$	$=X+Y(X+\overline{X})$ $=X+Y \cdot 1$ $=X+Y$	$=(X+\overline{X}) \cdot (X+Y)$ $=1 \cdot (X+Y)$ $=X+Y$

개념 체크

1 불(Boolean) 대수의 정리 중 옳지 <u>않은</u> 것은?

① 1 · A = A
② 0 · A = 0
③ 1 + A = A
④ 0 + A = A

2 불 대수의 정리 중 옳지 <u>않은</u> 것은?

① A · A = A
② A · 1 = A
③ A + A = 1
④ 1 + A = 1

POINT 009 논리 게이트(Gate) *

게이트	의미	회로도	논리식	진리표	비고
AND	그리고, 논리적(積), 곱	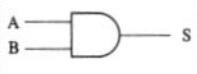	$S=A \cap B$ $=A \cdot B$	A B S 0 0 0 0 1 0 1 0 0 1 1 1	두 개의 입력값이 모두 1일 때만 출력값이 1이 됨(직렬 회로)
OR	또는, 논리합(合), 합	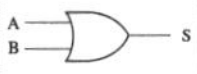	$S=A \cup B$ $=A+B$	A B S 0 0 0 0 1 1 1 0 1 1 1 1	두 개의 입력값 중 하나 이상 1이면 출력값이 1이 됨(병렬 회로)
NOT (=Inverter)	…아니다, …않다, 부정을 만드는 논리 연산자	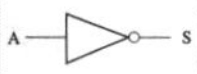	$S=\overline{A}=A'$	A S 0 1 1 0	입력값의 반대값이 출력
BUFFER	완충 장치, 버퍼[기억], 완충역의 의미로 Delay (지연)의 개념		$S=A$	A S 0 0 1 1	입력한 값 그대로 출력
NAND	NOT + AND, (그리고, 논리적(積), 곱)의 부정	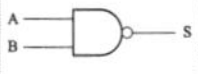	$S=\overline{A \cdot B}$ $=\overline{A}+\overline{B}$	A B S 0 0 1 0 1 1 1 0 1 1 1 0	두 수 중 하나 이상 0이 입력될 때만 1이 출력(AND 결과의 부정)

NOR	NOT + OR, (또는, 논리합(合), 합)의 부정	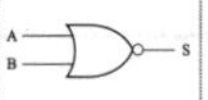	$S = \overline{A+B}$ $= \overline{A} \cdot \overline{B}$	A B S 0 0 1 0 1 0 1 0 0 1 1 0	두 수 모두 0이 입력될 때만 1이 출력(OR 결과의 부정)
XOR	eXclusive OR : 배타적 논리합	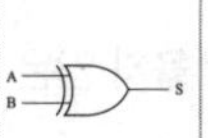	$S = \overline{A} \cdot B$ $+ A \cdot \overline{B}$ $= A \oplus B$	A B S 0 0 0 0 1 1 1 0 1 1 1 0	둘 중 하나의 값이 1일 때만(서로 다를 때) 출력값이 1이 됨
XNOR (=Equivalence)	eXclusive NOR : 배타적 부정 논리합(=동치)	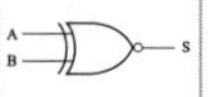	$S = \overline{A} \cdot \overline{B}$ $+ A \cdot B$ $= A \odot B$	A B S 0 0 1 0 1 0 1 0 0 1 1 1	두 수 모두 0 또는 1일 때만(같을 때) 출력값이 1이 됨

논리 게이트(Gate)

- 2진 정보를 처리하기 위한 논리 회로의 기본 소자이다.
- 입력 논리의 필요 조건을 만족하는 결과(0 또는 1)를 산출한다.
- 컴퓨터 하드웨어의 기본 소자이다.

AND, OR 스위치 회로

AND	OR
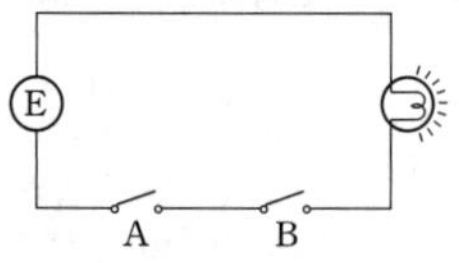	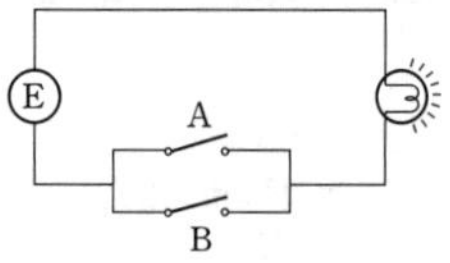
두 개의 입력 스위치가 직렬로 연결, 둘 다 동시에 ON 상태에서 불이 켜짐(=직렬 회로)	두 개의 입력 스위치가 병렬로 연결, 둘 중 하나만이라도 ON 상태이면 불이 켜짐(=병렬 회로)

개념 체크 ✓

1 다음 진리표에 해당하는 논리식은?

A(입력)	B(입력)	F(출력)
0	0	1
0	1	0
1	0	0
1	1	0

① $C = A \cdot B$
② $C = \overline{A} + \overline{B}$
③ $C = \overline{A} \cdot \overline{B}$
④ $C = A + B$

2 두 비트를 더해서 합(S)과 자리올림수(C)를 구하는 반가산기(Half Adder)에서 올림수(Carry) 비트를 나타낸 논리식은?

① $C = \overline{A \cdot B}$
② $C = \overline{A + B}$
③ $C = A \cdot B$
④ $C = A + B$

3 진리표가 다음 표와 같이 되는 논리 회로는?

A(입력)	B(입력)	F(출력)
0	0	1
0	1	1
1	0	1
1	1	0

① AND 게이트 ② OR 게이트
③ NOR 게이트 ④ NAND 게이트

POINT 010 조합 논리 회로

기능 및 종류

- 입력값에 의해서만 출력값이 결정되는 회로이며, 기억 기능은 없다.
- 불 대수 조합에 의해 논리적으로 명시되는 정보 처리 동작을 수행한다.
- 종류 : 반가산기, 전가산기, 감산기, 인코더, 디코더, 멀티플렉서 등

반가산기(HA : Half Adder)*

- 2진수 1자리(1Bit)의 A와 B를 더한 합(Sum)과 자리올림수(Carry)를 얻는 회로이다.
- 입력 : 2개(A, B), 출력 : 2개(S, C)
- AND 회로와 XOR 회로로 구성된다.
- 진리표에 의해 출력 합(Sum)은 배타적 논리합(eXclusive OR) Gate의 진리표이고, 자리올림수(Carry)는 논리곱(AND)의 진리값과 같다.

• 진리표

A	B	합(S)	자리올림수(C)
0	0	0	0
0	1	1	0
1	0	1	0
1	1	0	1
		XOR 회로	AND 회로

• 회로도

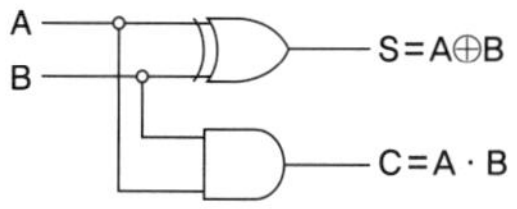

• 논리식

$S=\overline{A}\cdot B+A\cdot\overline{B}=A\oplus B$
$C=A\cdot B$

전가산기(FA : Full Adder)

• 두 비트(A, B)와 전 상태의 자리올림수(C_0)를 더해서 합(S)과 최종 자리올림수(C_1)를 얻는 회로이다.
• 2개의 반가산기와 1개의 OR 게이트로 구성된다.
• 입력 : 3개(A, B, C_0), 출력 : 2개(S, C_1)
• 회로도

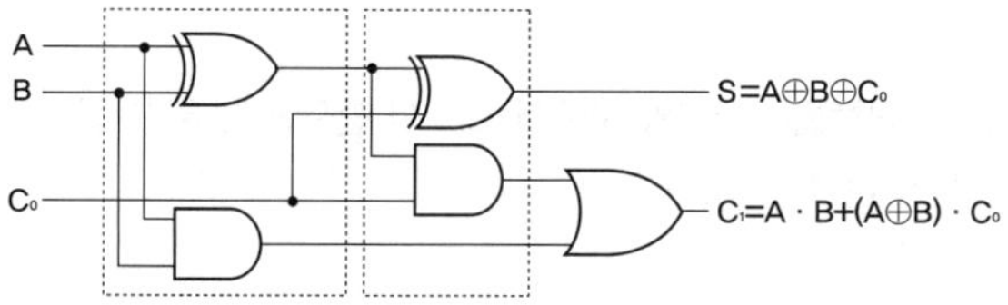

• 진리표

A	B	C_0	합(S)	자리올림수(C_1)
0	0	0	0	0
0	0	1	1	0
0	1	0	1	0
0	1	1	0	1
1	0	0	1	0
1	0	1	0	1
1	1	0	0	1
1	1	1	1	1

• 논리식

$S=A\oplus B\oplus C_0$
$C_1=A\cdot B+(A\oplus B)\cdot C_0$

기타 조합 회로

De는 '분리하다' Code는 '암호', '부호'라는 뜻이 있으므로 '암호(부호)를 분리하는' 의미의 해독기임

회로명	기능
디코더(Decoder, 해독기)	• 2진 코드 형식의 신호를 출력 신호로 변환(AND 게이트로 구성) • n개의 입력을 받아 들여 2^n개의 데이터를 출력
인코더(Encoder, 부호기)	• 2^n개의 입력을 받아들여 n개의 데이터를 출력(OR 게이트로 구성) • 특정 값을 여러 자리인 2진수로 변환 • 특정 장치로부터 보내오는 신호를 여러 개의 2진 신호로 바꾸어 변환
멀티플렉서(Multiplexer, MUX)	2^n개의 입력을 받아 하나의 출력선으로 정보를 출력하는 논리 회로
디멀티플렉서(Demultiplexer)	하나의 입력 신호를 받아 2^n개의 출력선 중 하나의 선을 선택하여 출력하는 회로

개념 체크

1 다음과 같은 논리 회로는?

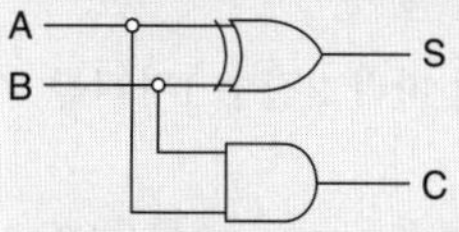

① 전가산기
② 반가산기
③ 카운터
④ 패리티 발생기

2 전가산기(Full Adder) 회로는 몇 개의 입력과 출력을 갖고 있는가?

① 입력 2개, 출력 2개
② 입력 2개, 출력 3개
③ 입력 3개, 출력 1개
④ 입력 3개, 출력 2개

3 특정값을 여러 자리인 2진수로 변환하거나 특정 장치로부터 보내 오는 신호를 여러 개의 2진 신호로 바꾸어 변환시키는 장치는?

① 인코더
② 디코더
③ 멀티플렉서
④ 플립플롭

POINT 011 순서 논리 회로

기능 및 종류

- 출력이 입력과 전 상태의 출력에 결정되는 회로이다.
- 조합 논리 회로와 1Bit 소자인 플립플롭으로 구성되며 기억 능력을 가진다.
- 플립플롭(Flip-Flop) : 1비트('0' 또는 '1')의 정보를 기억할 수 있는 최소의 기억 소자
- 종류 : RS 플립플롭, JK 플립플롭, D 플립플롭, T 플립플롭 등

RS(Reset/Set) Flip-Flop

CP(Clock Pulse)
각종 디지털 회로에서 각 부의 동작 보조를 맞추기 위해 사용되는 주기적인 펄스 신호

S	R	Q_{t+1}
0	0	$Q_{(t)}$전 상태 불변
0	1	0(Reset)
1	0	1(Set)
1	1	모순 발생(不定)

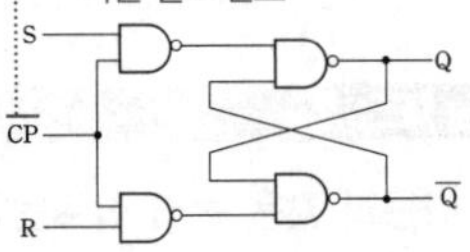

- Reset 단자와 Set 단자의 신호에 따라 2진수 1자리를 기억한다.
- Reset 단자에만 신호를 보내면 플립플롭의 값은 '0'을 기억한다.
- Set 단자에만 신호를 보내면 플립플롭의 값은 '1'을 유지한다.

JK(Jack/King) Flip-Flop *

J	K	Q_{t+1}
0	0	전 상태 불변
0	1	0
1	0	1
1	1	전 상태 반전

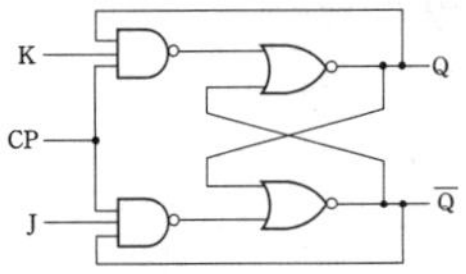

- RS 플립플롭에서 S=R=1인 경우에 발생하는 문제점(부정)을 보완 개선한 플립플롭이다.
- 모든 플립플롭의 기능을 대용할 수 있으므로 응용 범위가 넓고 집적 회로화되어 가장 널리 사용된다.
- J=K=1이 되면 전(前) 상태의 반전(Toggle)이 된다.

D(Delay or Data) Flip-Flop

D	Q_{t+1}
0	0
1	1

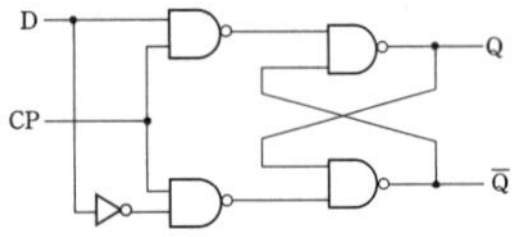

- 입력값과 출력값이 같은 플립플롭이다.
- 일반적으로 입력 신호를 클록 펄스의 시간 간격만큼 지연(Delay)시켜 출력된다.
- RS 플립플롭에 인버터(Inverter = NOT 게이트)를 연결한 플립플롭이다.

T(Toggle) Flip-Flop

T	Q_{t+1}
0	Q_t
1	$\overline{Q_t}$

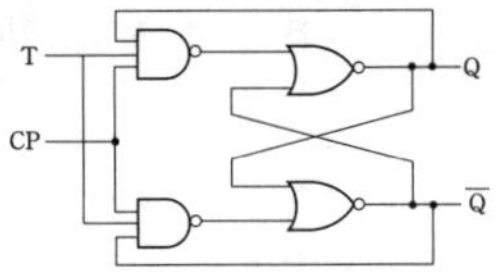

- JK 플립플롭에서 입력 J와 K를 하나로 묶어 T(Toggle)로 표시된다.
  '변하다'의 뜻으로 1일 때 전 상태의 보수가 됨
- 입력이 '0'이면 전 상태 불변, 입력이 '1'이면 전 상태의 보수값이다.
- 카운터(Counter) 회로로 많이 사용된다.

개념 체크

1 1비트(bit) 기억 장치로 가장 적절한 것은?
① 레지스터
② 누산기
③ 계전기
④ 플립플롭

2 다른 모든 플립플롭의 기능을 대용할 수 있으므로 응용 범위가 넓고 집적 회로화되어 가장 널리 사용되는 플립플롭은?
① RS 플립플롭
② JK 플립플롭
③ D 플립플롭
④ T 플립플롭

3 JK 플립플롭(Flip-Flop)에서 보수가 출력되기 위한 입력값 J, K의 입력 상태는?
① J=1, K=0
② J=0, K=1
③ J=1, K=1
④ J=0, K=0

SECTION
03

1과목 전자계산기 일반

자료 표현과 연산

POINT 012 진법 변환

10진수에서 다른 진수(2, 8, 16진수)로 변환

- 10진수를 변환하고자 하는 각 진수로 몫이 안 나눠질 때까지 나누어서 몫부터 나머지를 역순으로 취한다.

  예 $(17)_{10} = (10001)_2$, $(21)_8$, $(11)_{16}$

```
2) 17            8) 17          16) 17
2)  8 ···· 1         2 ···· 1        1 ···· 1
2)  4 ···· 0
2)  2 ···· 0
    1 ···· 0
```

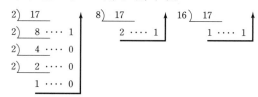

- 소수점 앞에 있는 수는 나누어서 역순으로, 소수점 뒤에 있는 수는 곱해서 정수 부분만 취해서 계산한다.

  예 $(0.1875)_{10} = (0.14)_8$

```
  0.1875          0.5
×      8   ➜   ×    8
  1.5000          4.0
```

예 $(10.375)_{10} = (1010.011)_2$

〈소수점 이상〉

```
2) 10
2)  5 ···· 0
2)  2 ···· 1
    1 ···· 0
```

〈소수점 이하〉

```
  0.375
×     2
  0.750
×     2
  1.5
×     2
  1.0
```

다른 진수(2, 8, 16진수)에서 10진수로 변환

- 정수 변환

  $(10001)_2 = 1 \times 2^4 + 0 \times 2^3 + 0 \times 2^2 + 0 \times 2^1 + 1 \times 2^0 = (17)_{10}$

  $(21)_8 = 2 \times 8^1 + 1 \times 8^0 = (17)_{10}$

  $(11)_{16} = 1 \times 16^1 + 1 \times 16^0 = (17)_{10}$

- 실수 변환

  $(101.11)_2 = (5.75)_{10}$

  $(101.11)_2 = 1 \times 2^2 + 0 \times 2^1 + 1 \times 2^0 + 1 \times 2^{-1} + 1 \times 2^{-2} = (5.75)_{10}$

  $(12.5)_8 = (10.625)_{10}$

  $(12.5)_8 = 1 \times 8^1 + 2 \times 8^0 + 5 \times 8^{-1} = (10.625)_{10}$

다른 진수에서 다른 진수로 변환

- 2진수가 기준
  - 8진수 '1개 = 3Bit'이므로 2진수를 소수 이상은 오른쪽부터, 소수 이하는 왼쪽부터 3자리씩 묶어서 표현한다(각 자리의 가중치는 421).
  - 16진수 '1개 = 4Bit'이므로 2진수를 소수 이상은 오른쪽부터, 소수 이하는 왼쪽부터 4자리씩 묶어서 표현한다(각 자리의 가중치는 8421).
- 정수 변환

  $(10101101101011)_2 = (25553)_8$

  $(10101101101011)_2 = (2B6B)_{16}$

  $(525)_8 = (101010101)_2$

- 실수 변환

  $(1001011.11011)_2 = (113.66)_8$

  $(1001011.11011)_2 = (4B.D8)_{16}$

  $(256.AC)_{16} = (001001010110.10101100)_2$

보수(Complement)*

보수는 컴퓨터에서 보수를 취하고 가산하여 감산의 결과를 얻기 위해 사용한다.

- 1의 보수(1's Complement) : 입력값의 반전된 값(0→1, 1→0)

  예 A = $(100110)_2$의 1의 보수 ∴ $\overline{A} = (011001)_2$

- 2의 보수(2's Complement) : 1의 보수 + 1

  예 A = $(100110)_2$의 2의 보수

  먼저, 1의 보수를 구하면, $\overline{A} = (011001)_2$

  ∴ $\overline{A} + 1 = (011010)_2$

개념 체크

1 다음 중 제일 큰 수는?

① 16진수 FF　② 10진수 256
③ 2진수 11111111　④ 8진수 377

2 2진수 $(10110)_2$에서 2의 보수는?

① 01100　② 01011
③ 01010　④ 01001

3 16진수 2C를 10진수로 변환한 것은?

① 41 ② 42
③ 43 ④ 44

4 8진수 234를 16진수로 바르게 표현한 것은?

① $9C_{16}$ ② AD_{16}
③ $11B_{16}$ ④ BC_{16}

POINT 013 자료 구성 및 표현 방식

자료 구조

비트(Bit)	정보 표현의 최소 단위이며, 2진수 0 또는 1을 나타냄
니블(Nibble)	4비트로 구성된 값으로 통신에서 쿼드(Quad Bit)로 사용되기도 함
바이트(Byte)	• 8개의 Bit로 구성, 문자를 표현하는 기본 단위 • 영문, 숫자는 1Byte로 표현, 한글, 한문, 특수 문자는 2Byte로 표현 • 2^8(256)개의 정보를 표현할 수 있음
워드(Word)	• 컴퓨터 내부의 명령 처리 단위로 한 번에 처리할 수 있는 데이터의 양 • Half Word : 2Byte, Full Word : 4Byte(=1Word), Double Word : 8Byte
필드(Field)	• 파일 구성의 최소 단위로 아이템(Item) 또는 항목이라고 함 • 데이터베이스에서 열을 나타냄
레코드(Record)	• 하나 이상의 필드들이 모여서 구성된 자료 처리 단위 • 논리 레코드는 프로그램을 처리하는 단위로 사용됨 • 물리 레코드는 입출력 단위로 사용되며 블록(Block)이라고도 함 • 데이터베이스를 구성하는 행을 나타냄
파일(File)	여러 개의 레코드가 모여 구성된 것으로 디스크의 저장 단위로 사용
데이터베이스(Database)	파일들의 집합으로 중복을 제거한 통합된 상호 관련 있는 데이터의 집합

> **기적의TIP 자료 처리 단위(작은 순 → 큰 순)**
> 비트 → 니블 → 바이트 → 워드 → 필드(항목) → 논리 레코드 → 물리 레코드(=블록) → 파일 → 데이터베이스

내부적 표현

정수 연산	**10진 연산**	언팩 10진 형식(+ : C, – : D) 예 +129 → F1F2C9, –129 → F1F2D9
		팩 10진 형식(+ : C, – : D) 예 +129 → 129C, –129 → 129D
	고정 소수 표현	부호와 절대치 : $-(2^{n-1}-1) \sim (2^{n-1}-1)$: 맨 앞 비트가 부호, + : 0, – : 1 부호와 1의 보수 : $-(2^{n-1}-1) \sim (2^{n-1}-1)$: 부호 비트 제외, 0 → 1, 1 → 0 부호와 2의 보수 : $-(2^{n-1}) \sim (2^{n-1}-1)$: 부호 비트 제외, 1의 보수 + 1
실수 연산	**부동 소수점 연산**	• 부호, 지수부, 가수부(소수부)로 구성 • 소수점이 있는 2진 실수 연산에 사용 • 대단히 큰 수나 작은 수의 표현이 가능하며 속도가 느림

예 8비트인 경우 +13과 –13

표현법	+13	–13	방법
부호와 절대치	0000 1101	1000 1101	+13에서 부호 비트만 변경
부호와 1의 보수	0000 1101	1111 0010	부호 비트를 제외한 나머지 비트를 0 → 1, 1 → 0으로 변환
부호와 2의 보수	0000 1101	1111 0011	부호와 1의 보수 + 1(부호 비트 제외)

※ 양수의 경우 세 가지 표현 방법이 모두 같음

외부적 표현

BCD	• 표준 2진화 10진 코드, Zone은 2비트, Digit는 4비트로 구성 • 6비트로 2^6=64가지의 문자 표현이 가능, 영문자의 대소문자를 구별하지 못함
ASCII	• 미국 표준 코드, Zone은 3비트, Digit는 4비트로 구성 • 7비트로 2^7=128가지의 표현이 가능, 일반 PC용 컴퓨터 및 데이터 통신용 코드
EBCDIC	• 확장 2진화 10진 코드, Zone은 4비트, Digit는 4비트로 구성 • 8비트로 2^8=256가지의 표현이 가능, 대형 컴퓨터에서 사용되는 범용 코드

코드의 종류 및 특징

가중치 코드 (Weighted Code)	• 각 자릿수에 고유한 값을 가지고 있는 코드 • 종류 : 8421 코드, 2421 코드, Biquinary 코드, Ring Counter 코드
비가중치 코드 (Nonweighted Code)	• 각 자릿수에 고유한 값이 없는 코드 • 종류 : Excess-3 코드, 그레이(Gray) 코드, 5중 2 코드, 5중 3 코드
에러 검출 코드 (Error Check Code)	• 에러 검출이 가능한 코드로 특정 코드(해밍 코드)는 에러 교정까지 가능 • 종류 : 해밍(Hamming) 코드, 패리티(Parity) 비트, Biquinary 코드, Ring Counter 코드, 5중 2 코드, 5중 3 코드
자기 보수 코드 (Self Complement Code)	• 어떤 코드에 대한 1의 보수가 해당 10진수의 9의 보수로 되는 코드 • 종류 : 84-2-1 코드, Excess-3 코드, 2421 코드, 51111 코드

기적의 TIP 2진수를 그레이 코드로 변환

- 최상위 비트값은 변화 없이 그대로 내려씀
- 두 번째부터는 인접한 값끼리 XOR(eXclusive-OR) 연산한 값을 내려씀

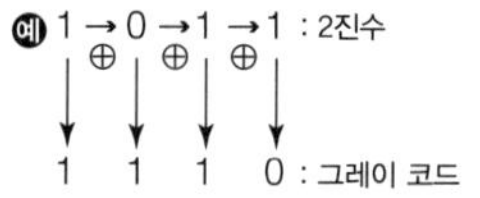

기적의 TIP 그레이 코드를 2진수로 변환

- 최상위 비트값은 변화 없이 그대로 내려씀
- 두 번째부터는 내려쓴 결과값과 다음에 있는 수와 XOR(eXclusive-OR) 연산한 값을 내려씀

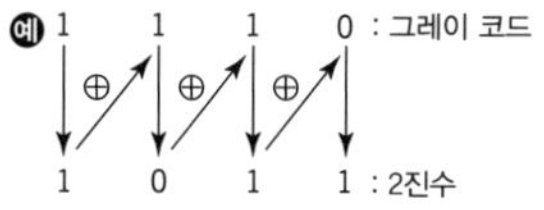

주요 코드별 특징*

- 8421 코드(BCD 코드의 대표적인 코드) : 대표적인 가중치 코드(Weighted Code)
- Excess-3코드(3초과 코드) : 대표적인 비가중치 코드, 8421 코드값에 10진수 3을 더해서 만든 코드
- 해밍 코드(Hamming Code) : 에러 검출 + 교정
- 패리티 비트(Parity Bit) : 에러 검출만 가능
  - 홀수 체크법(Odd Check : 기수 검사)은 1의 개수가 홀수 개인지 체크
  - 짝수 체크법(Even Check : 우수 검사)은 1의 개수가 짝수 개인지 체크
- 그레이 코드(Gray Code) : 비가중치 코드 중의 하나로 아날로그/디지털 코드 변환기나 입출력 장치 코드로 많이 사용

개념 체크 ✓

1 주기억 장치에서 자료 표현의 최소 단위는?

① 블록(Block)
② 바이트(Byte)
③ 셀(Cell)
④ 레코드(Record)

2 다음 보기의 빈칸에 해당되는 값이 순서에 맞게 나열되어 있는 것은?

> Full Word는 (　　　)Word를 의미하며, (　　　)Byte를 나타낸다. 또한 Half Word는 (　　　)Byte, Double Word는 (　　　) Byte로 이루어진다.

① 2, 2, 1, 4
② 1, 4, 2, 8
③ 1, 2, 1, 4
④ 2, 4, 2, 8

3 8비트 컴퓨터에서 10진수 -13을 부호와 절대치 방식으로 표현한 것은?

① 10001101
② 10001110
③ 11111110
④ 01111101

4 8비트로 256문자를 나타내는 체계의 정보 코드는?

① EBCDIC 코드
② BCD 코드
③ Gray 코드
④ ASCII 코드

5 에러를 검출하고 검출된 에러를 교정하기 위하여 사용되는 코드는?

① ASCII 코드
② BCD 코드
③ 8421 코드
④ Hamming 코드

POINT 014 연산

연산의 구분*

• 입력되는 수에 따른 구분

단항 연산(Unary)	이항 연산(Binary)
• 하나의 입력에 하나의 출력이 있는 연산 • 종류 : 시프트(Shift), 로테이트(Rotate), 이동(Move), 논리 부정(Not)	• 두 개의 입력에 하나의 출력이 있는 연산 • 종류 : AND, OR, 사칙 연산(+, −, *, /) 등

• 자료 성격에 따른 구분

수치적 연산	비수치적 연산
• 수치적 연산에 사용되는 연산 • 종류 : 사칙 연산, 산술적 Shift 등	• 논리적 연산에 사용되는 연산 • 종류 : Shift, Rotate, Move, AND, OR, NOT 등

Move: 하나의 레지스터에 기억된 자료를 다른 레지스터로 옮길 때 사용

수치적 연산

산술적 Shift는 곱셈과 나눗셈 연산에 이용한다.

왼쪽 시프트	• n비트 왼쪽 시프트는 2^n으로 곱한 것을 의미(n은 Shift Bit수) • 왼쪽으로 한 비트씩 이동 • 범람(Overflow) : 밀려 나간 비트가 1일 경우 발생
오른쪽 시프트	• n비트 오른쪽 시프트는 2^n으로 나눈 의미 • 오른쪽으로 한 비트씩 이동 • 절단(Truncation) : 밀려 나간 비트가 1일 경우 발생

비수치적(논리) 연산

AND 연산 (문자 삭제 가능)	• 두 수가 모두 참(1)일 때만 전체값이 참(1)이 됨 • 특정 비트 문자의 일부분을 삭제하는 기능(=Mask Bit 기능)
OR 연산 (문자 추가 기능)	• 두 수 중 하나 이상만 참(1)이면 전체값이 참(1)이 됨 • 필요한 문자를 추가하는 기능을 함
NOT 연산	입력된 값의 반대값을 출력

개념 체크

1 수치 연산은 입력되는 수에 따라 단항 및 이항 연산으로 구분되는데 이항 연산에 해당하지 않는 것은?
① AND
② OR
③ ADD
④ MOVE

2 특정 비트 또는 특정 문자를 삭제하기 위해 사용하는 연산은?
① AND 연산
② Complement 연산
③ MOVE 연산
④ OR 연산

3 하나의 레지스터에 기억된 자료를 모두 다른 레지스터로 옮길 때 사용하는 논리 연산은?
① ROTATE
② SHIFT
③ MOVE
④ Complement

SECTION 04

1과목 전자계산기 일반

명령어 및 제어

POINT 015 명령어(Instruction)

명령어의 구성

(명령 코드부: 연산자라고도 함)

명령 코드부(OP-Code)와 번지부(Operand=주소부)로 구성된다.

OP-Code (명령 코드부)	Operand(번지부)		
	Mode	Register	Address

연산자(OP-Code)의 기능*

함수 연산 기능	산술 및 논리 연산을 담당
전달 기능	중앙 처리 장치와 주기억 장치 간의 정보 이동을 담당
제어 기능	프로그램 순서의 분기 명령을 담당
입출력 기능	입출력 포트를 통한 입력이나 출력을 담당

명령어 형식

0-주소 형식 (=스택 구조)	• 명령어에 오퍼랜드부가 없이 데이터가 명령어 자체에 있는 방식 • 스택(Stack) 구조의 컴퓨터에서 사용(번지가 묵시적으로 지정) • 연산 속도가 가장 빠름 [연산자(OP-Code)]
1-주소 형식 (=ACC(누산기) 구조)	• 주소(오퍼랜드부)가 하나 존재 • 데이터의 처리를 위해서 누산기(ACCumulator) 구조의 컴퓨터에서 사용 [연산자(OP-Code) | 주소(Operand)]
2-주소 형식 (=범용 레지스터 구조)	• 주소부가 2개인 가장 일반적인 형식 • 원래의 값은 보존되지 않으며 범용 레지스터 구조에서 사용 • 원래 결과는 주소 1에 기억되므로 이전에 기억되어 있던 내용은 연산 후에 지워짐 [연산자(OP-Code) | 주소 1(결과) | 주소 2]
3-주소 형식 (=범용 레지스터 구조)	• 명령어에 오퍼랜드부가 3개 존재하므로 원래의 값이 보존됨 • 이해하기는 쉬우나 기억 장소를 많이 차지함 [연산자(OP-Code) | 주소 1 | 주소 2 | 주소 3(결과)]

기적의 TIP 스택(Stack)

- 삽입과 삭제가 한쪽 끝에서만 이루어지는 선형 구조
- LIFO(Last In First Out) 구조로 나중에 입력된 데이터가 가장 먼저 출력되는 구조

개념 체크

1 인스트럭션(Instruction)은 무엇으로 구성되어 있는가?
① 연산자(OP-Code)와 주소
② 연산자와 컴파일러
③ 인덱스 레지스터와 메모리 레지스터
④ 여러 개의 ACCumulator

2 스택 구조의 컴퓨터에서 필요하며, 연산 명령에서는 번지 필드가 필요없고 명령어만 존재하고, PUSH, POP 명령에서는 하나의 번지 필드가 필요한 명령 형식은?
① 0-번지 명령 형식
② 1-번지 명령 형식
③ 2-번지 명령 형식
④ 3-번지 명령 형식

POINT 016 주소 지정 방식

접근 방식에 의한 주소 지정 방식*

즉시 주소 지정 (Immediate Addressing)	• 명령어 주소 부분에 있는 값 자체가 실제의 데이터가 되는 구조 • 주기억 장치의 참조가 없으므로 속도가 빠름 • 주소부 길이의 제약으로 인해 모든 데이터의 표현이 어려움 • 메모리 참조 횟수 : 0회 [연산자(OP-Code) | 실제 데이터]
직접 주소 지정 (Direct Addressing)	• 주소 부분에 있는 값이 실제 데이터가 있는 주기억 장치 내의 주소를 나타냄 • 메모리 참조 횟수 : 1회 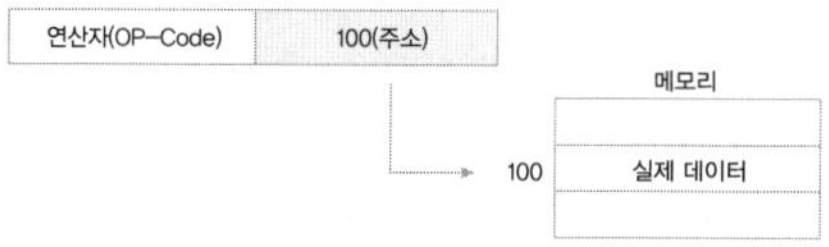
간접 주소 지정 (Indirect Addressing)	• 명령어의 주소 부분이 정한 기억 장소의 내용이 실제 데이터가 있는 곳의 주소로 사용됨 • 메모리 참조 횟수 : 2회 이상 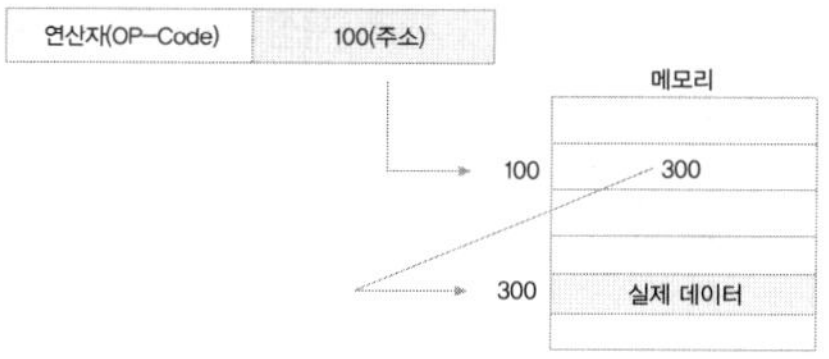

명령어의 길이와 처리 속도

- 명령어의 길이가 짧은 순에서 긴 순 : 즉시 주소 → 직접 주소 → 간접 주소
- 처리 속도가 느린 순에서 빠른 순 : 간접 주소 → 직접 주소 → 즉시 주소

계산에 의한 주소 지정 방식

상대 주소 지정	프로그램 카운터(PC)와 주소 부분의 값을 더해서 주소를 지정하는 방식
인덱스 주소 지정	인덱스 레지스터 주소 부분의 값을 더해서 주소를 지정하는 방식
베이스 주소 지정	베이스 레지스터 값과 주소 부분의 값을 더해서 주소를 지정하는 방식

실제 기억 장소와 연관성이 있는 주소 지정 방식*

절대 번지 (Absolute Address)	• 기억 장치 고유의 번지로서 0, 1, 2, 3, . . . 과 같이 16진수로 약속하여 순서대로 정해 놓은 번지 • 기억 장소를 직접 숫자로 지정하는 주소로서 기계어 정보가 기억되어 있는 곳 • 장점 : 이해하기 쉽고 간편함 • 단점 : 기억 공간의 효율성이 떨어짐(실제 기억 장치의 크기가 커질 때)
상대 번지 (Relative Address)	• 별도의 지정된 번지를 기준으로 하여 상대적으로 나타내는 번지 • 상대 번지를 기준 번지에 더하면 해당 위치의 절대 번지를 구할 수 있음 • 장점 : 주소 지정이 용이하므로 기억 공간의 효율이 좋음 • 단점 : 자료 접근에 따른 계산 과정으로 절차가 복잡함

개념 체크 ✓

1 명령의 오퍼랜드 부분에 실제 데이터가 기록되어 있어 메모리 참조를 하지 않고 데이터를 처리하는 방식으로 수행 시간이 빠르지만, 오퍼랜드 길이가 한정되어 실제 데이터의 길이에 제약을 받는 주소 지정 방식은?

① Direct Addressing
② Indirect Addressing
③ Relative Addressing
④ Immediate Addressing

2 기억 장치 고유의 번지로서 0, 1, 2, 3, ...과 같이 16진수로 약속하여 순서대로 결정해 놓은 번지, 즉 기억 장치 중의 기억 장소를 직접 숫자로 지정하는 주소로서 기계어 정보가 기억되어 있는 번지는?

① 변위 번지 ② 기호 번지
③ 절대 번지 ④ 상대 번지

3 번지(Address)로 지정된 저장 위치(Storage Location)의 내용이 실제의 번지가 되는 주소 지정 번지는?

① 간접 지정 번지
② 완전 지정 번지
③ 절대 지정 번지
④ 상대 지정 번지

4 다음 주소 지정 방법에 있어서 명령어 실행 시간이 가장 빠른 것은 어느 것인가?

① 직접 주소 지정 방식
② 즉시 주소 지정 방식
③ 간접 주소 지정 방식
④ 묵시적 주소 지정 방식

POINT 017 명령 사이클의 종류

메이저 스테이트(Major State)

CPU가 무엇을 하고 있는지를 나타내는 상태를 표시한다.

인출 사이클 (Fetch Cycle)	주기억 장치로부터 CPU로 명령어를 가져오는 사이클(=Load)
간접 사이클 (Indirect Cycle)	명령어를 가져오면 피연산자를 옮겨와야 되는데 간접 주소 지정이 허용되는 경우에는 실행 사이클에 앞서 간접 사이클이 진행됨
실행 사이클 (Execute Cycle)	인출된 명령어를 이용하여 직접 명령을 실행하는 사이클
인터럽트 사이클 (Interrupt Cycle)	인터럽트가 발생했을 때 처리하는 사이클

명령 사이클(Instruction Cycle)

한 명령의 실행 과정이 하나 이상의 머신 사이클(Machine Cycle)로 이루어지는 사이클(Cycle)을 의미한다.

기계 사이클(Machine Cycle)

하나의 명령을 CPU가 기억 장치로부터 인출하거나 실행하는 데 걸리는 시간을 의미하며, 인출 사이클과 실행 사이클로 이루어진 사이클(Cycle)이다.

명령어 인출 절차

(1) 명령 계수기의 값 → 번지 레지스터로 이동
(2) 주기억 장치에서 명령어 인출
(3) 명령 계수기 증가
(4) 명령 코드 → 명령 레지스터로 이동

마이크로 오퍼레이션(Micro Operatio)

- 레지스터(Register)에 저장되어 있는 데이터로 실행되는 동작이다.
- 한 번의 클록 펄스(Clock Pulse) 동안에 실행되는 동작이다.

개념 체크

1 한 명령의 실행 과정이 하나 이상의 머신 사이클(Machine Cycle)로 이루어지는 사이클은?

① 명령(Instruction) 사이클
② 머신(Machine) 사이클
③ 패치(Fetch) 사이클
④ 실행(Execute) 사이클

2 다음은 명령어 인출 절차를 보인 것이다. 순서가 바르게 나열된 것은?

(1) 명령 계수기를 증가시킨다.
(2) 명령어를 주기억 장치에서 인출한다.
(3) 명령 코드를 명령 레지스터에 옮긴다.
(4) 명령 계수기의 값을 번지 레지스터에 옮긴다.

① (1) → (2) → (3) → (4)
② (1) → (3) → (4) → (2)
③ (4) → (2) → (1) → (3)
④ (3) → (2) → (1) → (4)

SECTION 05

1과목 전자계산기 일반

입출력 및 기억 장치

POINT 018 입출력 기능

입출력 장치

입력 장치	키보드, 마우스, OMR, OCR, MICR, 디지타이저, 스캐너, CIM 등
출력 장치	영상 표시 장치, X-Y 플로터, COM, 프린터 등

기적의TIP **빛을 이용한 입력 장치**
OMR, OCR, 광마우스, 스캐너

턴어라운드 시스템(Turnaround System)

하나의 작업이 컴퓨터 내에 입력되어 처리한 결과를 다시 재입력시켜 처리하는 시스템(입출력 매체 : OMR, OCR, MICR 등)이다.

프린터 속도 단위

CPS(Character Per Second)	초당 인쇄되는 문자 수(저속 프린터)
LPM(Line Per Minute)	분당 인쇄되는 라인 수(중속 프린터)
PPM(Page Per Minute)	분당 인쇄되는 페이지 수(고속 프린터)

입출력 채널(I/O Channel)*

- CPU의 처리 효율을 높이고 데이터의 입출력을 빠르게 할 수 있게 만든 입출력 전용 처리기이다.
- 입출력 장치와 주기억 장치 사이의 속도 차이를 위한 장치(자체 메모리 없음)이다.
- CPU의 간섭 없이 입출력을 수행하며 작업 완료 시 인터럽트로 알린다.

셀렉터 채널(Selector Channel)	주기억 장치와 고속의 입출력 장치(자기 테이프, 자기 디스크) 간에 데이터를 전송하는 프로세서로 한 번에 한 개의 장치를 선택하여 동작
멀티플렉서 채널(Multiplexer Channel = Byte Multiplexer Channel)	저속의 여러 입출력 장치(프린터, 카드)를 여러 개의 서브 채널이 있어서 동시에 조작할 수 있는 채널
블록 멀티플렉서 채널(Block Multiplexer Channel)	블록 단위로 이동시키는 멀티플렉서 채널로서 셀렉터 채널과 멀티플렉서 채널의 복합 형태

DMA(Direct Memory Access)

- CPU의 간섭 없이 주기억 장치와 입출력 장치 사이에서 직접 전송이 이루어지는 방법이다.
- DMA 방식에 의한 입출력은 CPU의 레지스터를 경유하지 않고 전송된다.
- Cycle Stealing 방식을 사용하며, 고속으로 대량의 데이터를 전송한다.

CPU가 주기억 장치를 사용하고 있을 때 우선순위가 높은 입출력 채널이 데이터 전송을 위해 인터럽트를 발생시켜 주기억 장치를 사용하는 것

개념 체크

1 전자계산기의 입력 장치만으로 구성된 것은?
① X-Y Plotter, OMR, Line Printer
② Console Keyboard, Card Reader, X-Y Plotter
③ OMR, OCR, Console Keyboard
④ Magnetic Disk, Line Printer, OMR

2 채널의 종류에 해당되지 않는 것은?
① I/O Byte Multiplexer Channel
② I/O Sort Multiplexer Channel
③ I/O Block Multiplexer Channel
④ I/O Selector Channel

3 입출력 제어 방식 중 DMA(Direct Memory Access) 방식의 설명으로 옳은 것은?
① 중앙 처리 장치의 많은 간섭을 받는다.
② 프로그램에 의한 방법과 인터럽트에 의한 방법을 갖고 있다.
③ 입출력 장치와 기억 장치 간에 직접 데이터를 주고받는다.
④ 입출력을 제어하는 방식에서 가장 원시적인 방법이다.

POINT 019 인터럽트(Interrupt)

인터럽트

컴퓨터에서 정상적인 프로그램을 처리하고 있는 도중 특수한 상태가 발생했을 때 현재 실행하고 있는 프로그램을 일시 중지하고, 그 특수한 상태를 처리한 후 다시 원래의 프로그램으로 복귀하여 정상적으로 처리하는 것을 의미한다.

인터럽트 동작 순서

① CPU에게 인터럽트를 요청
② CPU는 현재 수행 중인 프로그램을 저장(스택이나 기억 장치 0번지에 저장)
③ 어느 장치에서 인터럽트 요청이 왔는지를 식별(인터럽트 처리 루틴)
④ 실질적인 인터럽트 조치(인터럽트 취급 루틴)
⑤ 정상적인 프로그램으로 복귀

인터럽트의 종류*

종류	원인	구분
정전(Power Failure)	정전 시 발생	하드웨어 인터럽트
기계 고장(Machine Check) 인터럽트	기계 고장 시 발생	
외부(External) 인터럽트	Timer 종료, 오퍼레이터의 콘솔 버튼 조작	
입출력(Input/Output) 인터럽트	데이터의 입출력 종료, 오류	
프로그램 인터럽트	무한 루프나 0으로 나누는 등 프로그램 명령 시 사용법이나 지정법에 잘못이 있을 때	소프트웨어 인터럽트
SVC(SuperVisor Call) 인터럽트	감시자의 호출, SVC 명령 실행	

우선순위 인터럽트

구분	소프트웨어 우선순위	하드웨어 우선순위	
종류	폴링(Polling) 방식	데이지 체인 방식	병렬 우선순위
처리	프로그램에 의해서 우선순위를 검사	모든 장치를 우선순위에 따라 직렬로 연결	각 장치의 인터럽트 요청에 의해서 개별적으로 지정되는 레지스터 사용

개념 체크

1 컴퓨터 시스템에서 예기치 못한 일이 일어났을 때, 그것을 제어 프로그램에 알려 CPU가 하던 일을 멈추고 다른 작업을 처리하도록 하는 방법을 무엇이라 하는가?

① 로테이트(Rotate)
② 인터럽트(Interrupt)
③ 교착 상태(Deadlock)
④ 모듈(Module)

POINT 020 주기억 장치

ROM(Read Only Memory)

- 기억된 내용을 읽기만 가능한 장치이다.
- 전원의 공급이 끊어져도 그 내용을 기억하는 비휘발성 기억 장치이다.
  - ROM Basic Input/Output System : 운영체제(OS)에서 주변 입출력 기기를 구동하기 위하여 사용되는 루틴들로 구성됨
- 롬 바이오스(ROM BIOS) 등을 내장한다.

Mask ROM	제조 회사에서 제작할 때 기록하는 기억 장치로, 내용 변경이 불가능
PROM (Programmable ROM)	한 번에 한해서 사용자가 직접 원하는 정보를 기록할 수 있으나 일단 정보가 기록되면 변경 불가능
EPROM (Erasable PROM)	기억된 자료를 자외선을 이용하여 삭제 가능
EEPROM (Electrically EPROM)	전기적인 방법으로 내용을 지울 수 있는 ROM

기적의 TIP 펌웨어(Firmware)

- 소프트웨어이지만 하드웨어에 저장되어 반영구적으로 사용
- 하드웨어의 일부분이라고 볼 수도 있는 중간적 성격을 갖고 있음
- BIOS와 같은 프로그램을 ROM에 고정시켜 하드웨어화한 것을 의미함
- 최근에는 플래시 메모리 등을 사용하여 간단히 펌웨어를 업그레이드 할 수 있음

RAM(Random Access Memory)

- 읽기/쓰기가 가능한 기억 장치이다.
- 전원의 공급이 끊어지면 그 내용을 잃어버리는 휘발성 메모리이다.
- 일반 패키지 프로그램이나 사용자가 작성한 프로그램 또는 데이터가 저장된다.

SRAM (Static RAM)	• 전원이 공급되는 한 내용이 그대로 유지 • 1비트당 소비 전력이 많고 속도가 빠름 • 캐시 메모리(Cache Memory)로 사용
DRAM (Dynamic RAM)	• 주기억 장치로 사용, 일정 시간이 지나면 전하가 방전 • 재충전(Refresh)이 필요, SRAM보다는 속도가 느림

개념 체크

1 플립플롭 회로가 전하를 축적시키는 방법으로 기억하였다가 자연 방전으로 인하여 일정한 시간 간격마다 다시 충전시켜 주어야 하는 소자는?

① DRAM
② PROM
③ SRAM
④ EPROM

2 기억된 내용을 읽을 수만 있고, 전원이 차단되어도 기억된 내용이 소멸되지 않는 것은?

① DAM ② ROM
③ DOM ④ RAM

POINT 021 보조 기억 장치

자기 디스크(Magnetic Disk)

- 금속 원판에 자성 물질을 입힌 저장 장치이다.
- 기억 용량이 크고 처리 속도가 빠르며 비순차적으로 접근이 가능하다.
  (데이터의 저장 위치와 관계없이 직접 접근이 가능한 기억 장치로 RAM이나 자기 디스크, 자기 드럼 기억 장치가 이에 속함)
- 직접 접근 기억 장치(DASD : Direct Access Storage Device)로 순차/비순차 처리가 모두 가능하다.
- 여러 장의 디스크로 구성된 자기 디스크의 윗면과 밑면은 정보를 기억하지 않는 보호면으로 사용한다.
- 실제 사용면 : "총 디스크 장수 × 2면 − 윗면 − 밑면"

  예 10장의 디스크인 경우
  = 10장 × 2면 − 2(가장 윗면 + 밑면) = 18면 사용가능

자기 디스크 관련 용어

- 트랙(Track) : 회전축을 중심으로 구성된 여러 개의 동심원
- 섹터(Sector) : 트랙을 여러 구역으로 나누어 놓은 것
- 실린더(Cylinder) : 동일한 수직선상의 트랙들의 집합(트랙 수=실린더 수)
- 디스크 팩(Disk Pack) : 여러 장의 디스크를 하나의 축에 고정시켜 사용하는 것
- 탐색 시간(Seek Time) : 읽고/쓰기 헤드를 원하는 데이터가 있는 트랙까지 이동하는데 걸리는 시간
- 회전 지연(Rotational Delay) 시간 : 해당 데이터가 있는 섹터에 헤드를 위치시키는데 걸리는 시간(=Search Time)

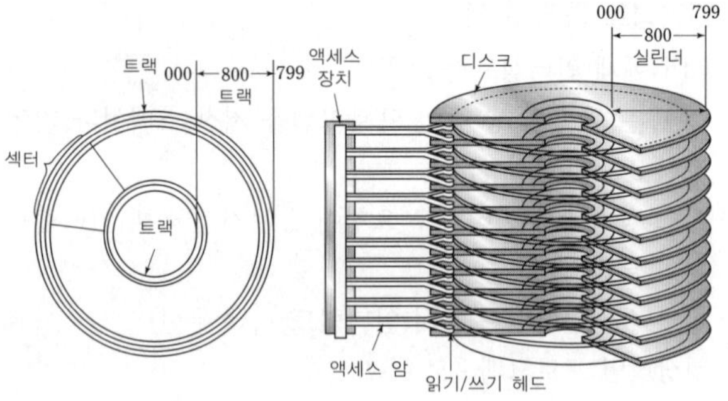

▲ 자기 디스크의 단면과 디스크 팩

자기 디스크의 3대 요소

디스크(Disk), 액세스 암(Access Arm), 판독/기록 헤드(Read/Write Head)

자기 테이프(Magnetic Tape) 장치*

(순차 접근만 가능한 기억 장치로 자기 테이프가 이에 속함)

- 순차 접근 기억 장치(SASD : Sequential Access Storage Device)로 순차 처리만 가능하다.
- 대량의 데이터를 한꺼번에 모아서 처리하는 일괄 처리(Batch Processing) 방식을 사용한다.
- 프로그램이나 데이터의 백업(Backup)용으로 많이 사용한다.

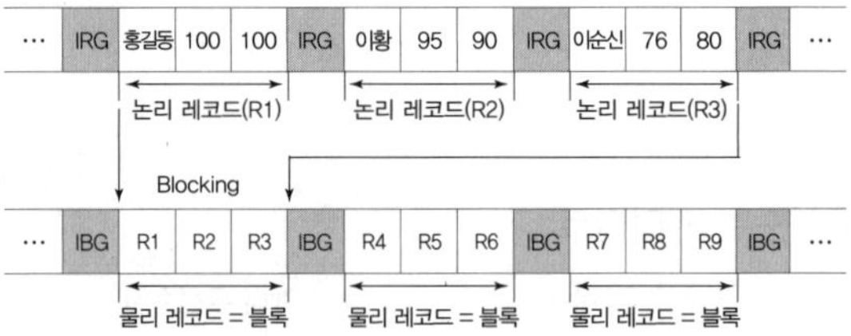

▲ 논리 레코드의 블록화(Blocking)

- 입출력 단위 : 물리 레코드=블록
- 블록화 인수(Blocking Factor) : 레코드를 구성하는 논리 레코드의 수(위의 경우 블록화 인수는 3이 됨)

자기 테이프의 구성 요소

- 논리 레코드(Logical Record) : 데이터를 기록하는 기본 단위
- 물리 레코드(Physical Record) : 실제로 데이터를 입출력하는 기본 단위
- IRG(Inter Record Gap) : 논리 레코드와 논리 레코드 사이의 공백(Gap)
- IBG(Inter Block Gap) : 블록과 블록 사이의 공백(Gap)
- 블록화 인수(BF : Blocking Factor) : 물리 레코드(블록) 안에 포함된 논리 레코드의 수

자기 테이프의 레코드 형식

- 고정 길이 레코드(Fixed Length Record) : 레코드의 길이가 고정되어 일정함(고정 길이 레코드 블록화, 고정 길이 레코드 비블록화)

고정 길이 레코드 블록화	블록화 되어 있는 형식으로 레코드의 길이가 고정되어 일정함
고정 길이 레코드 비블록화	블록화 되어 있지 않은 형식으로 레코드의 길이가 고정되어 일정함

- 가변 길이 레코드(Variable Length Record) : 레코드의 길이가 가변적이므로 일정하지 않음(가변 길이 레코드 블록화, 가변 길이 레코드 비블록화)

가변 길이 레코드 블록화	블록화 되어 있는 형식으로 레코드의 길이가 다름
가변 길이 레코드 비블록화	블록화 되어 있지 않은 형식으로 레코드의 길이가 다름

- 부정형 레코드 형식(Undefined Record) : 레코드의 길이를 정의하지 않으므로 표시 항목이 없음

개념 체크 ✓

1 비순차적 처리(Ramdom Access)가 어려운 보조 기억 장치는?

① Magnetic Drum
② Magnetic Disk
③ Magnetic Tape
④ Floppy Diskette

2 자기 디스크(Magnetic Disk) 장치의 주요 구성 요소가 아닌 것은?

① IRG(Inter Record Gap)
② 디스크(Disk)
③ 읽고/쓰기 헤드(R/W Head)
④ 액세스 암(Access Arm)

POINT 022 기타 기억 장치

캐시 메모리(Cache Memory)

- CPU와 주기억 장치 사이에 있는 고속의 버퍼 메모리이다.
- 자주 참조되는 데이터나 프로그램을 메모리에 저장한다.
- 메모리 접근 시간을 감소시키기 위한 목적으로 사용된다.

연상 기억 장치(Associative Memory)

- 연관 메모리 또는 CAM(Content Addressable Memory)이라고도 한다.
- 메모리에 기억된 정보를 찾는데 저장된 내용에 의하여 접근한다(병렬 탐색 가능).

가상 기억 장치(Virtual Memory) *

- 기억 장소를 주기억 장치의 용량으로 제한하지 않고, 보조 기억 장치까지 확대하여 사용한다.
- 기억 공간의 확대에 목적이 있다(처리 속도 향상 아님).
- 가상 기억 장치로는 임의 접근이 가능한 자기 디스크를 많이 사용한다.
- 프로그램 전체가 동시에 주기억 장치에 없어도 된다.

플래시 메모리(Flash Memory)

- RAM 같은 ROM으로 기억된 내용은 전원이 나가도 지워지지 않고 쉽게 쓰기가 가능하다.
- 읽고/쓰기가 수만 번 가능한 메모리이다.
- 외부 기억 장치인 하드 디스크(Hard Disk)를 대체하는데 많이 사용한다.
- EEPROM으로 PROM 플래시라고도 하며, 전기적으로 내용을 변경하거나 일괄 소거도 가능하다.

개념 체크 ✓

1 주기억 장치의 용량을 실제보다 크게 활용할 수 있도록 하기 위하여 실제 자료를 기억 장치에 두고 주기억 장치에 있는 것과 같이 처리시킬 수 있는 기억 장치는?

① 가상 기억 장치
② 확장 기억 장치
③ 캐시 기억 장치
④ 기본 기억 장치

2 CPU와 주기억 장치 사이에서 정보 교환을 위하여 주기억 장치의 정보를 일시적으로 저장하는 고속 기억 장치는?

① 연관 기억 장치
② 보조 기억 장치
③ 가상 기억 장치
④ 캐시 기억 장치

SECTION 06

2과목 패키지 활용

연산 장치와 마이크로프로세서

POINT 023 연산 장치

연산 장치(ALU : Arithmetic Logic Unit)

- 산술적인 연산과 논리적인 연산을 담당하는 장치이다.
- 산술 연산 : 10진 연산(사칙 연산), 고정 소수점 연산, 부동 소수점 연산 등
- 논리 연산 : AND 연산(일부 데이터 삭제), OR 연산(일부 데이터 추가), NOT 연산(보수) 등
- 연산 장치는 누산기, 가산기, 데이터 레지스터, 상태 레지스터, 보수기 등으로 구성된다.

누산기(ACCumulator)	산술 및 논리 연산의 결과를 일시적으로 기억
가산기(Adder)	누산기와 데이터 레지스터의 값을 더하여 누산기에 저장
데이터 레지스터(Data Register)	연산에 사용되는 데이터의 일시적인 저장을 위해 사용
상태 레지스터(Status Register)	현재 상태를 나타내는 레지스터(=PSW)로, 각 비트별로 조건을 할당
보수기(Complementer)	뺄셈이나 나눗셈 연산을 위해 보수로 바꾸어 주는 장치

레지스터(Register)*

- 중앙 처리 장치 내부의 임시 기억 장소(연산 속도의 향상을 위함)이다.
- 연산에 필요한 자료나 연산의 결과를 저장한다.
- 플립플롭의 집합이다.
- 레지스터에 새로운 데이터가 전송될 경우 이전 내용은 지워지고 새로운 데이터가 기억된다.
- 제어 장치의 레지스터
  - 메모리 번지 레지스터(MAR : Memory Address Register) : 주기억 장치의 번지를 기억
  - 메모리 기억 레지스터(MBR : Memory Buffer Register) : 주기억 장치에서 연산에 필요한 자료를 호출하여 저장
  - 명령 레지스터(IR : Instruction Register) : 현재 수행 중인 명령어의 내용을 기억
  - 프로그램 카운터(PC : Program Counter) : 다음에 수행할 명령어의 번지를 기억
  - 명령 해독기(Instruction Decoder) : IR에 기억된 명령들을 해독해서 각 장치에 제어 신호를 보냄
  - 부호기(Encoder) : 중앙 처리 장치에서 실행하기 위한 전기 신호로 변환하여 각 장치에 보내는 기능

개념 체크 ✓

1 컴퓨터 시스템의 중앙 처리 장치를 구성하는 하나의 회로로서, 컴퓨터 안에서 산술 연산 및 논리 연산을 수행하는 장치는?

① Arithmetic Logic Unit
② Memory Unit
③ Associative Memory Unit
④ Punch Card System

2 레지스터에 새로운 데이터를 전송하면 먼저 있던 내용은 어떻게 되는가?

① 먼저 내용은 다른 곳으로 전송되고 새로운 내용만 기억된다.
② 기억된 내용에 아무런 변화가 없다.
③ 먼저 내용은 지워지고 새로운 내용만 기억된다.
④ 누산기(Accumulator)에서는 덧셈이 이루어진다.

POINT 024 마이크로프로세서(Microprocessor)

마이크로프로세서의 기능

CPU(중앙 처리 장치)의 기능을 수행하기 위하여 만든 고밀도 집적 회로(LSI)로 연산 장치, 제어 장치, 레지스터로 구성된다.

마이크로프로세서의 장점

- 컴퓨터 시스템 크기의 소형화
- 전력 소비가 적고 비용이 저렴
- 고속의 동작 속도 효과
- 높은 신뢰도 및 효율화

마이크로세서의 기능

• 기억 기능 : 정보를 기억
• 연산 기능 : 산술 · 논리 연산 수행
• 제어 기능 : 명령 해독
• 전달 기능 : 버스(BUS)를 통한 전달

설계 방식에 따른 분류

CISC(Complex Instruction Set Computer)
• 명령어가 많으며 여러 주소 지정 모드를 지원 • 프로그래밍이 용이하나 처리 속도가 느림 • 전력 소모가 많고 생산 가격이 비싸며 설계와 구현 시 많은 시간이 필요 • 80286, 80386, 80486, Pentium CPU 등의 일반 PC 프로세서
RISC(Reduced Instruction Set Computer)
• 명령어 축약형 CPU • 주소 지정 모드와 명령어의 종류가 적음 • 프로그래밍이 어려우나 처리 속도가 빠름 • 고성능의 워크스테이션이나 그래픽용 컴퓨터에서 사용
버스(BUS)
• 컴퓨터 내에서 중앙 처리 장치(CPU)와 주기억 장치, 입출력 장치 간에 정보를 전송하는 데 사용되는 전기적 공통 선로 • 내부 버스 : CPU 내부에서 레지스터 사이에 데이터 및 제어 신호가 이동되는 통로 • 외부 버스(시스템 버스) : CPU와 기억 장치, CPU와 주변 장치 사이에 데이터 및 제어 신호가 이동되는 통로(데이터 버스, 주소 버스, 제어 버스)

개념 체크 ✔

1 다음 중 대규모 집적 회로에 해당되는 것은?

① 마이크로프로세서
② 직렬, 병렬 입출력 레지스터
③ 멀티플렉서
④ 십진계수기

SECTION 07

2과목 패키지 활용

데이터베이스 활용

POINT 025 데이터베이스(DataBase) 개념

데이터베이스의 정의

- 서로 관련 있는 데이터(파일)의 집합체이다.
- 데이터 처리를 위해 중복을 최소화하여 공동으로 사용할 수 있도록 한 데이터의 연관 관계 모임이다.
- 컴퓨터 처리를 위한 데이터베이스 관리 시스템이다.
- 방대한 양의 자료 처리를 위한 소프트웨어이다.
- 데이터의 독립성 보장을 위한 종합 시스템이다.

데이터베이스의 특징

실시간 접근 처리, 자원의 동시 공유, 내용에 의한 참조, 계속적인 변화

데이터베이스의 목적

데이터의 중복성 최소, 데이터의 공유, 데이터의 독립성, 데이터의 무결성, 데이터의 보안성, 데이터의 일관성

데이터베이스의 장 · 단점

장점	단점
• 중복을 최소화하여 자료의 일치를 기함 • 데이터의 물리적, 논리적 독립성을 유지 • 단말기를 통해 요구된 내용을 즉시 처리하는 실시간 접근 • 데이터의 보안을 유지하여 데이터의 손실을 방지 • 데이터의 내용에 의한 액세스 • 일관성, 무결성의 유지 및 데이터의 공유 및 표준화가 가능	• 자료 처리 방법이 복잡해짐 • 운영 비용 면에서 부담이 크며, 전산 비용이 증가되고 복잡함

데이터베이스 디자인 단계 순서

목적 정의 → 테이블 정의 → 필드 정의 → 테이블 간의 관계 정의

데이터베이스를 활용하는 업무 처리 프로그램의 개발 순서

업무 분석 → 설계 → 프로그램 개발(구현) → 테스트 → 운용 및 보수 유지

데이터베이스 설계 단계

요구 조건 분석 → 개념적 설계 → 논리적 설계 → 물리적 설계 → 구현

개념 체크

1 데이터베이스 디자인 단계의 순서가 옳은 것은?

(1) 데이터베이스의 목적을 정의
(2) 데이터베이스에서 필요한 테이블을 정의
(3) 테이블에서 필요한 필드를 정의
(4) 테이블 간의 관계를 정의

① (1)–(4)–(2)–(3)
② (1)–(3)–(2)–(4)
③ (1)–(2)–(4)–(3)
④ (1)–(2)–(3)–(4)

2 데이터베이스를 활용하는 업무 처리 프로그램의 개발 시 개발 순서로 바른 것은?

① 설계 – 업무 분석 – 프로그램 개발 – 테스트 – 운용 및 보수유지
② 프로그램 개발 – 설계 – 운용 및 보수유지 – 테스트 – 업무 분석
③ 설계 – 업무 분석 – 프로그램 개발 – 운용 및 보수유지 – 테스트
④ 업무 분석 – 설계 – 프로그램 개발 – 테스트 – 운용 및 보수유지

POINT 026 데이터베이스(DataBase) 관리

데이터베이스 관리 시스템(DBMS : DataBase Management System)

- 종래 자료 처리 시스템의 문제점인 자료의 종속성과 중복성을 해결하기 위한 소프트웨어 시스템이다.
- 응용 프로그램과 데이터의 중재자 역할로 모든 응용 프로그램들이 데이터베이스를 공유할 수 있도록 한다.
- 데이터베이스를 관리하고 사용자가 요구하는 데이터를 데이터베이스에서 찾아내어 제공하는 역할을 수행하는 소프트웨어의 총칭이다.

데이터베이스의 필수 기능*

정의 기능	물리적 저장 장치에 데이터베이스가 저장될 수 있게 물리적인 구조를 정의
조작 기능	데이터베이스와 사용자 간의 상호 작용 수단(데이터 요청, 변경 등)을 제공
제어 기능	데이터 간의 모순성이 발생하지 않도록 제어

데이터베이스의 목적

데이터의 중복성 최소, 데이터의 공유, 데이터의 독립성, 데이터의 무결성, 데이터의 보안성, 데이터의 일관성

스키마(Schema)*

- 데이터베이스를 구성하는 파일, 레코드, 항목의 형식과 상호 관계 전체를 정의하는 것이다.
- 종류 : 외부 스키마, 개념 스키마, 내부 스키마

외부 스키마	• 서브 스키마(Sub Schema)라고도 함 • 스키마 전체를 이용자의 관점에 따라 부분적으로 분할한 스키마의 부분 집합 • 사용자나 응용 프로그래머가 직접 필요로 하는 데이터 구조를 의미
개념 스키마	• 통상적으로 스키마라고도 함 • 논리적(Logical) 입장에서의 데이터베이스 전체 구조 • 데이터의 모양을 나타내는 도표로서 스키마로 불림 • 각각의 응용 시스템이 필요로 하는 데이터 구조로 하나만 존재함 • 접근 권한, 보안 정책, 무결성 규칙을 명세함
내부 스키마	• 물리적 스키마(Physical Schema)라고도 함 • 물리적 입장에서 액세스하는 데이터베이스 구조를 의미 • 기억 장치 내에 실질적으로 구성된 구조를 의미

데이터베이스 언어(DBL : DataBase Language)

DBL: 데이터베이스에서 사용하는 언어를 총칭

데이터 정의어(DDL) (Data Definition Language)	• 데이터베이스 구조와 관계, 데이터베이스 이름 정의 • 데이터 액세스 방법 등을 규정 • CREATE, ALTER, DROP
데이터 조작어(DML) (Data Manipulation Language)	• 데이터의 삽입, 삭제, 검색, 변경 등 데이터베이스를 실질적으로 운영 및 조작 • SELECT, INSERT, UPDATE, DELETE
데이터 제어어(DCL) (Data Control Language)	• 데이터베이스를 공용하기 위하여 데이터 제어를 정의 및 기술 • 데이터 보안, 무결성, 회복, 병행 수행 등을 제어 • COMMIT, ROLLBACK, GRANT, REVOKE

데이터베이스 관리자(DBA : DataBase Administrator)의 권한과 임무*

- 데이터베이스 시스템의 전체적인 관리 및 운영을 책임지는 사람이다.
- 데이터베이스를 구성하는 정보의 내용을 정의한다.
- 데이터의 저장 구조와 접근 방법을 결정한다.
- 시스템의 보안성과 무결성을 책임지고 스키마를 정의한다.
- 백업과 회복을 위한 정책을 결정한다.
- 데이터베이스를 사용자 요구에 맞도록 재구성한다.
- 시스템 성능 감지와 사용자의 요구 및 불편을 해소한다.

데이터베이스 모델

계층적 데이터베이스	• 트리(Tree) 데이터베이스(=Hierarchical 데이터베이스) • 하나의 부노드가 다수 개의 자노드를 갖음
네트워크 데이터베이스	• 망 구조 데이터베이스, Plex 데이터베이스라 함 • 일종의 그래프 형태로서 계층 데이터베이스 모델이 확장된 형태 • 하나의 자노드가 다수 개의 부노드를 가질 수 있음
관계형 데이터베이스	• Relational 데이터베이스, 표(Table) 데이터베이스라고 함 • 테이블(Table)을 이용하여 데이터 상호관계를 정의함 • 계층적 데이터베이스와 네트워크 데이터베이스의 복잡한 구조를 단순화함

개념 체크

1 데이터베이스 관리자(DBA : DataBase Administrator)의 임무로 거리가 먼 것은?

① 데이터베이스의 스키마를 수정하거나 물리적 저장 구조를 수정한다.
② 사용자들에게 데이터 접근 권한을 부여하여 각각의 사용자가 접근할 수 있는 데이터들을 제어한다.
③ 데이터베이스 도입 단계부터 실제 운영에 이르기까지 필요한 계획을 수립 및 수행한다.
④ 응용 프로그래머들이 작성한 데이터베이스 응용 시스템을 통하여 데이터베이스에 접근하고 필요한 정보를 획득한다.

2 아래 보기에서 설명하는 내용과 가장 가까운 데이터베이스는?

> • 개체를 중심으로 이들 사이의 관련성을 표현하는 모델로서 널리 활용되고 있다.
> • 데이터베이스를 구성하는 정보 단위는 개체가 된다.
> • 개체들 사이에 존재하는 관련성을 효과적으로 표현함으로써 데이터베이스를 구성하는 정보 간의 의미를 용이하게 파악할 수 있다.
> • 일반 사용자로 하여금 데이터베이스가 릴레이션, 즉 테이블의 집합으로 되어 있다고 생각하게 한다.

① 네트워크형 데이터베이스
② 계층형 데이터베이스
③ 관계형 데이터베이스
④ 객체 지향 데이터베이스

POINT 027 릴레이션(Relation)

릴레이션(Relation)의 개념

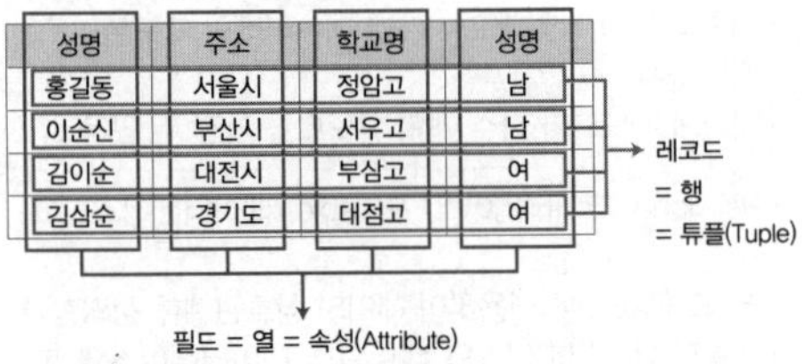

성명
주소
학교명
성명
홍길동
서울시
정암고
남
이순신
부산시
서우고
남
김이순
대전시
부삼고
여
김삼순
경기도
대점고
여
레코드
= 행
= 튜플(Tuple)
필드 = 열 = 속성(Attribute)

- 테이블(Table) : 관계형 데이터베이스에서 2차원 형태의 가로, 세로 즉 행과 열의 형태로 나타내는 저장소를 의미하며 릴레이션(Relation)이라고도 한다.
- 튜플(Tuple) : 테이블에서 행을 나타내는 말로 레코드와 같은 의미이다.
- 속성(Attribute) : 테이블에서 열을 나타내는 말로 필드와 같은 의미이다.
- 도메인(Domain) : 하나의 속성이 취할 수 있는 값의 집합이다(예 성별의 경우 남, 여가 해당됨).
- 차수(Degree) : 릴레이션(테이블)에서 속성(필드=열)의 개수이다(예 4개(성명, 주소, 학교명, 성별)).
- 기수(Cardinality) : 카디널리티라고도 하며, 한 릴레이션(테이블)에서의 튜플의 개수이다(예 4개(제목행 제외)).

테이블 작성 시 고려해야 할 요소

필드명, 데이터 형식, 필드의 크기, 제약 조건
(단, 레코드의 수는 고려할 필요 없음)

릴레이션의 특징

튜플의 유일성	한 릴레이션에 포함된 튜플들은 모두 다름
튜플의 무순서	한 릴레이션에 포함된 튜플 사이에는 그 순서가 없음
속성의 무순서	한 릴레이션을 구성하는 속성(애트리뷰트) 사이에는 그 순서가 없음
속성의 원자값	모든 속성(애트리뷰트) 값은 원자값(Atomic Value)임

개념 체크 ✔

1 관계 데이터베이스에서 하나의 애트리뷰트가 취할 수 있는 같은 타입의 모든 원자값들의 집합을 무엇이라고 하는가?

① 인스턴스　　② 튜플
③ 도메인　　④ 스키마(Schema)

POINT 028 키(Key)의 개념

키(Key)의 정의

- 테이블에서 다른 데이터와 구분하기 위한 유일한 값을 가지는 필드 또는 필드의 집합이다.
- 키(Key)는 각각의 튜플을 유일하게 식별할 수 있는 것으로 한 테이블(릴레이션)에서 적어도 한 개의 키는 존재해야 한다.

키(Key)의 종류

후보키 (Candidate Key)	• 한 테이블에서 유일성과 최소성을 만족하는 키 (예 사원번호, 주민등록번호) • 유일성 : 키로 하나의 튜플만을 식별 가능함 (예 사원번호 및 주민등록번호로 튜플 식별 가능) • 최소성 : 유일한 식별을 하기 위해 꼭 있어야 하는 속성으로만 구성 (예 사원번호와 주민등록번호 각각의 속성만으로 식별이 가능)
기본키(PK : Primary Key)	• 후보키 중에서 선정되어 사용되는 키(예 사원번호) • 기본키는 널(Null)이 될 수 없으며 중복될 수 없음
대체키(Alternate Key)	후보키 중 기본키로 선택되지 않는 나머지 키 (예 사원번호가 기본키일 때 주민등록번호)
슈퍼키 (Super Key)	• 복합키(Composite Key) 또는 연결키라고도 함 • 유일성은 만족하나 최소성은 만족하지 않음 • 한 릴레이션에서 어떠한 열도 후보키가 없을 때 두 개 이상의 열을 복합(연결)할 경우 유일성을 만족하여 후보키가 되는 키를 의미
외래키 (FK : Foreign Key)	한 테이블(릴레이션)에 속한 속성, 외래키(FK)가 다른 참조 테이블(릴레이션)의 기본키(PK)일 때 그 속성키를 외래키(Foreign Key)라고 함

- 개체 무결성 : 기본키는 널(Null)값이 될 수 없다.
- 참조 무결성 : 외래키 값은 널(Null)이거나 참조 테이블에 있는 기본키 값과 동일해야 한다.

기적의 TIP 널(Null)
'아무것도 없다'는 의미로, 값 자체가 존재하지 않음

개념 체크 ✔

1 테이블에서 각 레코드를 식별할 수 있는 유일한 값을 갖는 필드를 무엇이라 하는가?

① 기본키　　② 레코드
③ 블록　　④ 파일

SECTION 08

2과목 패키지 활용

SQL 활용

POINT 029 SQL의 개념

SQL의 정의

• 데이터베이스를 조작하기 위한 언어이다.
• Structured Query Language의 약어로 "구조화된 질의 언어"이다.
• SQL은 관계형 데이터베이스(Relational DataBase)를 조작하는 프로그래밍 언어이다.
• SQL은 관계 대수나 관계 해석을 기초로 하는 고급 데이터베이스 언어라 할 수 있다.
• ANSI와 ISO에서 관계형 데이터베이스 표준 언어로 채택한다.
• 비절차적 언어 : 프로그램에 처리 방법을 기술하지 않아도 되며 대상이 되는 데이터가 무엇인지만을 지정할 뿐 데이터를 가져오는 방법까지는 기술하지 않는다.
• SQL 명령어의 종류 : 데이터 정의 언어, 데이터 조작 언어, 데이터 제어 언어

데이터 정의 언어(DDL : Data Definition Language)*

데이터를 입력하기 위한 테이블의 정의나 정보를 참조하기 위한 뷰(View)를 정의하기 위한 언어이다.

CREATE	데이터베이스, 테이블, 뷰 등의 작성
ALTER	데이터베이스, 테이블의 구조 변경
DROP	데이터베이스, 테이블, 뷰 등의 삭제

DROP의 옵션
• RESTRICT : 제거 또는 삭제 대상으로 지정된 테이블, 뷰, 행 등에 대해 이를 참조하는 데이터 객체가 존재하면 제거를 하지 않음 • CASCADE : 제거 대상의 제거와 함께 이를 참조하는 다른 데이터 객체에 대해서도 제거 작업이 실시됨

데이터 조작 언어(DML : Data Manipulation Language)*

테이블 내의 레코드를 검색(SELECT), 삽입(INSERT), 갱신(UPDATE), 삭제(DELETE)하고자 할 때 사용하는 데이터 조작 언어이다.

SELECT	검색문으로 테이블에서 데이터를 검색
INSERT	삽입문으로 테이블에 새로운 데이터(행)를 삽입
UPDATE	갱신문으로 테이블에 저장되어 있는 데이터를 갱신
DELETE	삭제문으로 테이블에 저장되어 있는 행을 삭제

SELECT(검색문)

검색문으로 테이블에서 데이터를 검색하며 SELECT-FROM-WHERE의 유형을 가진다.

구문

```
SELECT [ALL | DISTINCT] 열 리스트
FROM 테이블 리스트
[WHERE 조건]
[GROUP BY 열리스트 [HAVING 조건]]
[ORDER BY 열리스트 [ASC | DESC]];
```

예 성적 테이블에서 성명과 점수를 검색한다.

```
SELECT 성명, 점수 FROM 성적;
```

• SELECT : 검색하고자 하는 열 리스트를 선택
• ALL : 검색 결과값의 모든 레코드를 검색
• DISTINCT : 검색 결과값 중 중복된 결과값(레코드)를 제거
• FROM : 대상 테이블명
• WHERE : 검색 조건을 기술할 때 사용
• GROUP BY : 그룹에 대한 질의 시 사용
• HAVING : 그룹에 대한 조건을 기술(반드시 GROUP BY와 함께 사용)
• ORDER BY : 검색 결과에 대한 정렬을 수행
• ASC : 오름차순을 의미하며 생략하면 기본적으로 오름차순임
• DESC : 내림차순을 의미

INSERT(삽입문)

테이블에 새로운 데이터(행)를 삽입하며 INSERT-INTO-VALUES 유형을 가진다.

구문 1

```
INSERT INTO 테이블명(열이름1, 열이름2, …)
VALUES(값1, 값2, …);
```

예 '인사' 테이블에 사번이 2416, 성명 '홍유경', 나이 23, 월급 100, 부서명이 '홍보부'인 직원을 삽입한다.

```
INSERT INTO 인사(사번, 성명, 나이, 월급, 부서명)
VALUES(2416,'홍유경', 23,100,'홍보부');
```

☞ 열이름과 값을 기술하는 순서가 똑같이 대응하는 열과 값의 데이터 형식이 일치해야 함
☞ 만약 열의 이름을 기술하지 않으면 이 테이블 정의문에 명세된 모든 열이 기술된 것으로 취급됨

구문 2
INSERT INTO 테이블명(열이름1, 열이름2, …) SELECT 열리스트 FROM 테이블명 WHERE 검색 조건;

예 '인사' 테이블에서 부서명이 '홍보부'인 사원의 사번, 성명, 월급을 검색해 '홍보부직원' 테이블에 삽입한다.

```
INSERT INTO 홍보부직원(사번, 성명, 월급)
SELECT 사번, 성명, 월급
FROM 인사
WHERE 부서명 = '홍보부' ;
```

☞ 부속 질의문인 SELECT문을 실행하여 그 결과를 지정된 테이블에 삽입하는 경우

UPDATE(갱신문)

테이블에 저장되어 있는 데이터를 갱신하며 UPDATE-SET-WHERE의 유형을 가진다.

구문
UPDATE 테이블명 SET 열이름1 = 값1, 열이름2 = 값2, … WHERE 조건

예 '인사' 테이블의 사번이 1004 직원의 월급을 200으로 변경한다.

```
UPDATE 인사
SET 월급 = 200
WHERE 사번 = 1004;
```

DELETE(삭제문)*

삭제문으로 테이블에 저장되어 있는 행을 삭제하며 DELETE-FROM-WHERE의 유형을 가진다.

구문
DELETE FROM 테이블명 [WHERE 조건];

예 '인사' 테이블을 모두 삭제한다(모든 행을 삭제).

```
DELETE FROM 인사;
```

예 '인사' 테이블에서 사번이 1234인 사원을 삭제한다.

```
DELETE FROM 인사
WHERE 사번 = 1234;
```

데이터 제어 언어(DCL : Data Control Language)*

데이터베이스 보안과 데이터의 연속성을 유지하기 위하여 데이터베이스를 제어하는 기능을 지원하는 제어 언어이다.

GRANT	데이터를 조작하는 권한을 사용자에게 부여
REVOKE	데이터를 조작하는 권한의 부여 및 해제
COMMIT	데이터의 변경을 확정
ROLLBACK	데이터의 변경을 취소

개념 체크

1 INSA(SNO, NAME) 테이블에서 SNO가 100인 튜플을 삭제하는 SQL문은?
① DELETE FROM NAME WHERE SNO = 100;
② REMOVE FROM NAME WHERE SNO = 100;
③ DROP TABLE NAME WHERE SNO = 100;
④ DESTROY NAME WHERE SNO = 100;

2 SQL문의 형식 중 옳지 않은 것은?
① INSERT – SET – WHERE
② UPDATE – SET – WHERE
③ DELETE – FROM – WHERE
④ SELECT – FROM – WHERE

3 SQL에서 조건문을 기술할 수 있는 구문은?
① LIKE ② WHERE
③ SELECT ④ FROM

4 테이블 구조를 변경하는 데 사용하는 SQL 명령은?
① ALTER TABLE
② CREATE TABLE
③ DROP TABLE
④ CREATE INDEX

5 다음 SQL 검색문의 의미로 가장 적절한 것은?

```
SELECT DISTINCT 학과명 FROM 학생 ;
```

① 학생 테이블의 학과명을 모두 검색하라.
② 학생 테이블의 학과명을 중복되지 않게 모두 검색하라.
③ 학생 테이블의 학과명 중에서 중복된 학과명은 모두 검색하라.
④ 학생블을 학과명 구별하지 말고 모두 검색하라.

POINT 030 식, 조건, 연산자, 함수

연산자의 종류

연산자	종류	내용
산술 연산자	+, −, *, /, %	숫자가 들어있는 열의 값을 이용하여 계산하고자 할 때 사용하는 연산자
연결 연산자	‖, &, +	문자열을 하나로 연결하기 위하여 사용하는 연산자
비교 연산자	=, 〉, 〈, 〉=, 〈=, 〈〉	열의 값을 어떤 값이나 다른 열의 값과 비교할 때 사용하는 연산자
논리 연산자	AND, OR, NOT	2개 이상의 조건을 연결할 때 사용하는 연산자
문자 연산자	BETWEEN~AND ~, IN, LIKE	영어 표현으로 조건을 지정할 수 있는 연산자
집합 연산자	UNION	2개의 테이블 내용을 합쳐서 데이터를 검색하는 연산자

- BETWEEN 〈값1〉 AND 〈값2〉 : 〈값1〉 이상, 〈값2〉 이하의 조건을 검색한다.
- IN(〈값1〉,〈값2 · · ·) : IN 연산자 뒤에 이어지는 값들의 목록 안에 들어 있는 결과를 검색한다.
- LIKE 〈값1〉% : 〈값1〉로 시작하는 결과를 검색한다.

집계 함수(집단 함수 = 그룹 함수)

함수명	의미	사용 예
SUM( )	합계값을 구함	SELECT SUM(컴퓨터) FROM 성적;
AVG( )	평균값을 구함	SELECT AVG(컴퓨터) FROM 성적;
COUNT(*)	행을 카운트함	SELECT COUNT(*) FROM 성적;
COUNT( )	열의 개수를 구함	SELECT COUNT( ) FROM 성적;
MAX( )	최대값을 구함	SELECT MAX(컴퓨터) FROM 성적;
MIN( )	최소값을 구함	SELECT MIN(컴퓨터) FROM 성적;

문자열 함수

함수명	의미	함수명	의미
ASCII	문자 코드를 돌려줌	CONCAT	문자열을 연결함
CHAR	문자를 돌려줌	INSTR	문자열을 검색함

산술 함수

함수명	의미	함수명	의미
ABS	절대값을 구함	MOD	나머지를 구함
SIGN	코사인을 구함	RAND	난수를 생성함
ROUND	반올림한 값을 구함	TRUNC	버림

날짜 함수

함수명	의미	함수명	의미
DATEDIFF	날짜의 차를 구함	DAY	일(日)을 구함
GETDATE	현재 날짜를 구함	MONTH	월(月)을 구함
SYSDATE	현재 시각을 구함	YEAR	연도(年)를 구함

조인

- 두 개 이상의 테이블을 연결하여 처리하는 것을 조인(Join) 또는 결합이라 한다.
- 두 테이블 모두 존재하는 필드명을 참조할 때의 형식은 '테이블명.필드명'으로 한다.

교차 조인	SELECT * FROM 테이블명1 CROSS JOIN 테이블명2;
내부 조인	SELECT * FROM 테이블명1 INNER JOIN 테이블명2; ON 테이블명1.열이름=테이블명2.열이름;
좌외부 조인	SELECT * FROM 테이블명1 LEFT OUTER JOIN 테이블명2; WHERE 테이블명1.열이름=테이블명2.열이름;
우외부 조인	SELECT * FROM 테이블명1 RIGHT OUTER JOIN 테이블명2; WHERE 테이블명1.열이름=테이블명2.열이름;

개념 체크 ✔

1 회원(회원번호, 이름, 나이, 주소) 테이블에서 회원수가 몇 명인가를 알아보기 위한 질의문으로 옳은 것은?

① SELECT COUNT(*) AS 회원수 FORM 회원
② SELECT SUM(*) AS 회원수 FORM 회원
③ INSERT COUNT(*) AS 회원수 FORM 회원
④ INSERT SUM(*) AS 회원수 FORM 회원

SECTION 09

2과목 패키지 활용

스프레드시트 및 프레젠테이션

POINT 031 스프레드시트(Spreadsheet)

스프레드시트 개념

- 컴퓨터를 이용하여 각종 계산 관련 업무를 처리하는 것으로 전자회계장부라고도 불린다.
- 수학적 함수나 통계 처리와 같은 수치 자료 계산을 행과 열이 만나 생기는 사각형 모양의 셀에 입력, 계산, 검색 등을 하여 빠르고 쉽게 처리하는 소프트웨어이다.
- 종류 : MS-EXCEL, 훈민시트, 로터스, 쿼트로프로, 멀티플랜, 비지칼크 등

스프레드시트의 기능*

- 데이터의 입력과 수치 데이터의 계산 기능 및 데이터가 변경되면 자동으로 재계산하는 기능이다.
- 차트 작성 기능과 문서 작성 기능이 있다.
- 입력 데이터를 이용한 데이터 검색, 정렬, 추출, 분석 등 데이터베이스 관리 기능이다.
- 그림, 클립아트, 지도와 같은 다양한 개체 삽입 기능이다.
- 반복적인 작업을 간단히 처리할 수 있는 매크로 기능이다.
- 각종 수학식 및 통계 관련 함수를 제공한다.
- 스프레드시트에 슬라이드 쇼 기능은 지원되지 않는다.

스프레드시트의 화면 구성

- 통합 문서
  - 저장되는 엑셀 파일로, 최대 255개의 워크시트를 가질 수 있다.
  - 확장자는 .xls이다.
- 워크시트(Worksheet)
  - 작업지로서, 사용자가 데이터를 입력하는 공간이다.
  - 65,536개의 행과 256개의 열이 있다.
- 셀(Cell)*
  - 행과 열이 만나서 이루는 사각형으로, 데이터가 입력되는 기본 단위이다.
  - 스프레드시트의 기본 입력 단위이다.

개념 체크 ✓

1 전자회계장부라고 불리는 표 계산 프로그램을 의미하는 것은?

① Spread Sheet ② Presentation
③ Word Processor ④ CAD Program

2 윈도우즈용 스프레드시트의 기능과 거리가 먼 것은?

① 정렬 기능 ② 자동 계산 기능
③ 그래프 표현기능 ④ 동영상 처리 기능

3 스프레드시트에서 기본 입력 단위를 무엇이라고 하는가?

① 툴 바 ② 셀
③ 블록 ④ 탭

POINT 032 엑셀의 주요 기능

정렬(Sort)

- 문자 목록의 데이터를 특정 필드의 크기 순서에 따라 재배열하는 기능이다.
- 정렬에는 오름차순과 그 반대로 정렬하는 내림차순이 있다.

필터(Filter)

사용자가 설정하는 특정 조건을 만족하는 자료만 검색, 추출하는 기능이다.

부분합

- 워크시트에 있는 데이터를 일정한 기준으로 요약하여 통계 처리를 수행하는 기능이다.
- 부분합을 구하기 위한 그룹화할 항목은 부분합을 계산할 기준 필드로서, 미리 오름차순 또는 내림차순으로 정렬되어야 한다.

레코드 관리

- 데이터베이스에 신규 데이터 추가, 삭제, 검색, 변경 등은 [레코드 관리]를 통해서 수행한다.
- 레코드 관리에서는 처음이나 중간에는 새 레코드를 추가할 수 없으며, 마지막에만 추가가 가능하다.

차트

- 데이터를 시각적으로 표현해서 데이터의 연관성과 상황을 쉽게 파악하는 기능이다.
- 차트의 종류에 따라 2차원뿐만 아니라 3차원 차트로도 표현 가능하다.
- 전체 합계에 대한 항목의 구성 비율을 표시하며, 하나의 표현이 가능한 차트는 원형 차트이다.

피벗 테이블

특정 데이터를 중심으로 데이터를 요약해 쉽고 빠르게 분석할 수 있게 해주는 기능이다.

매크로(Macro)*

자주 사용하는 명령, 반복적인 작업 등을 매크로로 기록하여 해당 작업이 필요할 때마다 바로 가기 키나 실행 단추를 눌러 쉽고, 빠르게 작업을 수행하는 기능이다.

목표값 찾기

수식에서 얻으려는 값을 알고 있는 경우 그 결과값을 얻기 위해 필요한 입력값을 찾는 기능이다.

기적의 TIP 기타 기능

- 데이터 통합 : 하나 이상의 원본 영역을 지정하여 하나의 표로 데이터를 요약하는 기능
- 시나리오 : 변경 요소가 많은 작업표에서 가상으로 수식이 참조하고 있는 셀의 값을 변화시켜 작업표의 결과를 예측하는 기능
- 데이터 표 : 워크시트에서 특정 데이터를 변화시켜 수식의 결과가 어떻게 변하는지 보여주는 기능
- 해 찾기 : 여러 셀의 값을 변화시키고 다양한 제한 조건을 사용하여 원하는 값을 찾을 때 사용하는 기능

개념 체크

1 스프레드시트 작업에서 반복되거나 복잡한 단계를 수행하는 작업을 일괄적으로 자동화시켜 처리하는 방법에 해당하는 것은?

① 매크로　　② 정렬
③ 검색　　④ 필터

2 스프레드시트의 기능 중 조건에 맞는 내용만 선별하여 추출하는 기능에 해당하는 것은?

① 차트　　② 정렬
③ 필터　　④ 매크로

POINT 033 프레젠테이션

프레젠테이션의 개념

- 신제품 발표회, 회사 설명회, 세미나, 연구 교육 자료 제작 등에서 상대방에게 보다 효과적으로 의사를 전달하고자 할 때 사용하는 프로그램이다.
- 프레젠테이션 프로그램은 텍스트뿐만 아니라 그림이나 소리 및 동영상, 애니메이션 등 다양한 멀티미디어 효과를 부가하여 회의 자료나 기타 발표 자료를 슬라이드처럼 단계별로 표시할 수 있다.
- 다양한 도표나 그림 및 소리까지 곁들여 표현할 수 있으므로 쉽고 빠르게 내용을 전달할 수 있다.
- 종류 : MS-POWERPOINT, 프리랜서, 훈민 프레젠테이션 등

프레젠테이션의 기본 기능

- 애니메이션 및 동영상 처리 기능
- 일반 텍스트 문자 표현 기능
- 그림 그리기 및 도표, 조직도 표현 기능
- 차트 표현 및 각종 그림, 클립아트, 소리 파일과 같이 다양한 멀티미디어 삽입 기능
- 슬라이드 노트, 유인물, 개요 작성 기능
- 개체 연결(OLE : Object Linking Embedding) 기능
- 화면 프레젠테이션 및 OHP, 인화지, 35mm 슬라이드 제작 기능
- 슬라이드 쇼 진행 기능과 홈페이지 제작 기능

프레젠테이션의 구성 요소*

- 개체(Object) : 프레젠테이션의 한 화면을 구성하는 개개의 요소이다(그림이나 도형 등).
- 슬라이드(쪽) : 프레젠테이션에서 화면 전체를 전환하는 단위로, 프레젠테이션을 구성하는 내용을 하나의 화면 단위로 나타낸 것이다.
- 시나리오 : 프레젠테이션에서 프레젠테이션의 흐름을 기획한 것이다.
- 개요 : 시나리오에 의한 프레젠테이션의 줄거리로 전체 슬라이드의 문자열 내용을 의미한다.
- 슬라이드 마스터 : 모든 슬라이드에 공통적으로 포함될 내용과 서식을 갖고 있는 특별한 슬라이드로 회사 로고나 슬라이드 번호 등을 지정하여 모든 슬라이드에 적용 가능한 기능이다.

프레젠테이션 작성 순서

기획 → 준비 → 원고 작성 → 실시 → 결과 분석

개념 체크

1 프레젠테이션을 작성하기 위한 순서로 옳은 것은?

(1) 프레젠테이션 기획
(2) 프레젠테이션 원고 작성
(3) 프레젠테이션 준비
(4) 프레젠테이션 실시
(5) 프레젠테이션 결과 분석

① (1) – (2) – (3) – (4) – (5)
② (3) – (2) – (1) – (4) – (5)
③ (2) – (3) – (4) – (5) – (1)
④ (1) – (3) – (2) – (4) – (5)

2 프레젠테이션 프로그램을 사용하는 용도 중 가장 거리가 먼 것은?

① 회사의 제품 선전용
② 통계자료 작성
③ 신제품 설명회
④ 강연회 준비

3 윈도우즈용 프레젠테이션에서 하나의 화면을 구성하는 개개의 요소들을 무엇이라 하는가?

① 시나리오
② 개요
③ 스크린팁
④ 개체(Object)

4 기업체의 발표회나 각종 회의 등에서 빔 프로젝트 등을 이용하여 제품에 대한 소개나 회의 내용을 요약 정리하여 청중에게 효과적으로 전달하기 위한 도구를 의미하는 것은?

① 데이터베이스
② 프레젠테이션
③ 스프레드시트
④ 워드프로세서

SECTION 10

3과목 PC 운영체제

운영체제의 기능

POINT 034 운영체제(OS : Operation System)

운영체제의 정의 *

- 컴퓨터의 성능을 효율적으로 운영, 관리, 감독하기 위한 시스템 프로그램이다.
- 컴퓨터 시스템의 각종 여러 자원을 효율적으로 관리하므로 사용자에게 최대한의 편리성을 제공한다.
- 컴퓨터 하드웨어와 사용자 간의 인터페이스를 담당하는 시스템 프로그램이다.
- 계층적인 구조상 하드웨어와 유틸리티 사이에 존재한다.

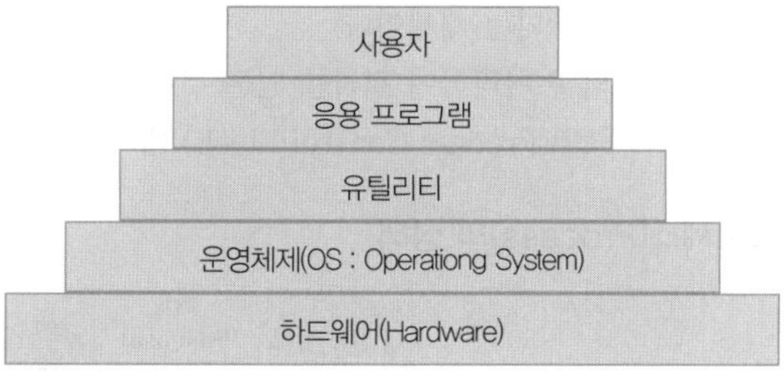

▲ 운영체제의 계층적 위치 구조

> **기적의 TIP 인터페이스**
> 서로 종류가 다른 두 개의 장치 사이에서 정보를 주고 받을 수 있도록 중계 역할을 하는 기능이나 장치

운영체제의 기능

- 초기 작업 환경 설정 기능
- 프로세스 관리
- 주기억 장치, 처리기, 주변 장치 등의 자원 관리 기능
- 입출력 관리 및 파일 관리 기능
- 사용자에게 편의성 제공

운영체제의 성능 평가 요소 *

처리 능력 향상 (Throughput)	시스템의 생산성을 나타내는 단위로, 일정 시간 동안 처리하는 일의 양
응답 시간 단축 (Turnaround Time)	작업 의뢰 후 시스템에서 결과가 얻어질 때까지의 시간
사용 가능도 증대 (Availability)	시스템을 얼마나 빠르게 사용할 수 있는가의 정도
신뢰도 향상 (Reliability)	주어진 문제를 얼마나 정확하게 처리하는가의 정도

운영체제의 구성 *

- 제어 프로그램(Control Program)

감시 프로그램 (Supervisor Program)	시스템 전체의 동작 상태를 감독하고 지원하며 제어 프로그램의 중추적 역할을 담당
작업 관리 프로그램(Job Management Program)	어떤 작업을 처리하고 다른 작업으로의 자동적 이행을 위한 준비와 처리를 수행
데이터 관리 프로그램 (Data Management Program)	주기억 장치와 외부 보조 기억 장치 사이의 데이터 전송, 입출력 데이터와 프로그램의 논리적 연결, 파일 조작 및 처리 등을 담당

- 처리 프로그램(Process Program)

언어 번역 프로그램 (Language Translation Program)	• 원시 프로그램을 컴퓨터가 알 수 있는 기계어로 변환시키는 프로그램 • 종류 : 컴파일러(Compiler), 어셈블러(Assembler), 인터프리터(Interpreter) 등
서비스 프로그램 (Service Program)	• 시스템에서 사용 빈도가 높은 프로그램을 미리 개발하여 놓은 프로그램 • 종류 : 연계 편집 프로그램, 로더(Loader), 디버깅 프로그램, 정렬/병합 프로그램, 라이브러리 등
문제 처리 프로그램 (Problem Process Program)	• 컴퓨터 사용자가 필요한 업무에 맞게 개발한 프로그램 • 종류 : 급여 관리, 인사 관리, 회계 관리 등

로더: 로드 모듈 프로그램을 주기억 장치 내로 옮겨서 실행해 주는 소프트웨어

개념 체크 ✓

1 컴퓨터 시스템을 구성하고 있는 하드웨어 장치와 일반 컴퓨터 사용자 또는 컴퓨터에서 실행되는 응용 프로그램의 중간에 위치하여 사용자들이 보다 쉽고 간편하게 컴퓨터 시스템을 이용할 수 있도록 제어 관리하는 프로그램은?

① 컴파일러 ② 운영체제
③ 스풀러 ④ 매크로

2 다음 중 운영체제의 기능이 아닌 것은?

① 사용자 편의 제공 ② 프로세스의 작성
③ 프로세스의 자원 독점 ④ 프로세스의 제공

3 시스템의 성능을 극대화하기 위한 운영체제의 목적으로 옳지 않은 것은?

① 응답 시간 지연 ② 처리 능력 증대
③ 신뢰도 향상 ④ 사용 가능도 증대

POINT 035 운영체제의 발전 과정 및 운영 방식

운영체제의 발전 과정*

일괄 처리 → 실시간 처리 → 다중 프로그래밍 → 시분할 처리 → 다중 처리 → 분산 처리

운영체제의 운영 방식

- 일괄 처리 시스템(Batch Processing System)
  처리할 데이터를 한꺼번에 모아 일정한 시간이 경과되거나 일정한 양이 되었을 때 처리하는 방식이다.
  (예 월 급여, 연말 정산 처리 등)
- 실시간 처리 시스템(Real Time Processing System)
  데이터가 발생되는 즉시 처리하는 방식으로 바로 응답을 받아볼 수 있는 시스템이며 항상 온라인을 유지해야 한다.
  (예 항공 및 철도 승차권 예약, 좌석 예약, 은행 온라인 업무, 로봇 제어 등)
- 다중 프로그래밍 시스템(Multi-Programming System)
  - 한 대의 컴퓨터 메모리에 여러 개의 프로그램을 동시에 적재(Load)한 후 실행하는 방식이다.
  - CPU와 I/O(입출력) 장치의 유휴 시간(Idle Time)을 줄여 시스템의 사용 효율을 높일 수 있다.
- 시분할 시스템(TSS : Time Sharing System)
  한 대의 컴퓨터를 동시에 여러 명의 User(사용자)가 대화식 방식으로 사용하는 시스템이다.
  (예 라운드 로빈 스케줄링(Round-Robin Scheduling))
- 다중 처리 시스템(Multi-Processing System)
  한 대의 컴퓨터에 중앙 처리 장치(CPU)가 두 개 이상 설치되어 여러 작업을 병행 처리하는 방식이다.
- 분산 처리 시스템(Distributed System)
  분산된 여러 컴퓨터를 네트워크로 연결하여 처리하는 방식이다.

개념 체크

1 다중 처리 시스템에서 하나의 프로세서가 CPU를 독점하는 것을 방지하기 위하여 각각 하나의 시간 슬롯을 할당하여 동작하도록 하는 시스템은?

① 병렬 처리 시스템
② 시분할 처리 시스템
③ 실시간 처리 시스템
④ 분산 처리 시스템

2 운영체제의 발달 순서를 옳게 나열한 것은?

(1) 일괄 처리 방식
(2) 다중 처리 방식
(3) 분산 처리 방식

① (2) → (3) → (1)　② (1) → (3) → (2)
③ (2) → (1) → (3)　④ (1) → (2) → (3)

POINT 036 운영체제의 기능

프로세스(Process)의 정의*

- 실행 중인 프로그램을 프로세스(Process)라 한다.
- 프로그램을 실행하는 처리 단위이다.
- 프로세스가 할당되는 개체이다.
- 입력된 데이터를 처리하여 결과를 얻는 것이다.
- 운영체제의 PCB(Process Control Block) 내에 존재한다.

프로세스(Process)의 상태

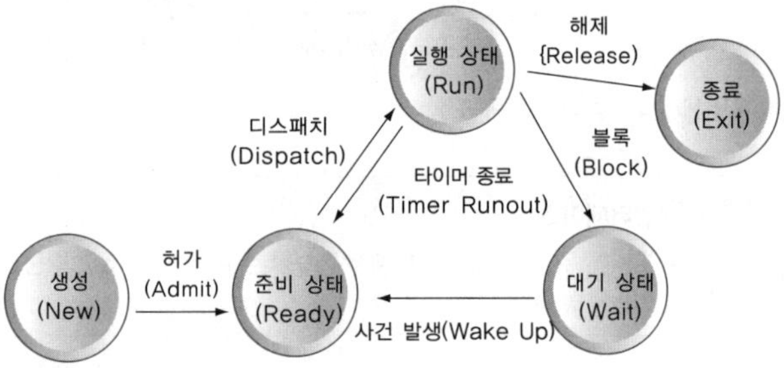

생성(New)	프로세스가 생성은 되었으나 아직 프로세스의 대열에 들어가지 못한 상태
준비(Ready)	프로세스가 CPU를 사용할 수 있는 상태로 CPU가 할당되는 경우 프로세스는 실행(Run) 상태로 전이함
실행(Run)	현재 프로세스가 프로세서(Processor)를 할당받은 상태로 실행 중인 상태
대기(Wait)	프로세스가 어떤 사건이 일어나기를 기다리는 상태로 정지(Halted) 상태, 블록(Block) 상태 등이 있음
종료(Exit)	프로세스가 실행 가능한 관리 상태에서 해제된 상태

기적의 TIP 디스패치(Dispatch)
실행을 기다리는 여러 개의 프로세스 중 한 프로세스에게 CPU의 선점 권한을 부여하는 작업

교착 상태(Deadlock)✱

자원은 한정되어 있으나 프로세스들이 서로 자원을 차지하려고 무한정 대기하는 상태로 해당 프로세스의 진행이 중단되는 상태를 의미한다.

교착 상태가 일어나기 위한 4가지 조건

상호 배제 (Mutual Exclusion)	필요한 자원을 각각의 프로세스가 배타적 통제권을 요구할 때
점유와 대기 (Hold and Wait)	프로세스가 자원을 할당받아 점유하면서 다른 자원을 요구할 때
비선점 (Non-Preemption)	프로세스에 할당된 자원은 사용이 끝날 때까지 강제로 빼앗을 수 없음
환형 대기 (Circular Wait)	각각 다른 프로세스 간 자원의 요구가 연속적으로 순환시키는 원형과 같은 사슬 형태로 존재할 때

스케줄링(Scheduling)✱

컴퓨터의 자원을 보다 효율적으로 이용하기 위해 작업 순서와 시간을 할당하는 것으로 프로세스들이 자원을 사용하는 순서를 결정하는 일이다.

> **기적의 TIP 효율적인 스케줄링**
> CPU 사용률 및 처리량은 증가, 대기 및 지연 시간, 반환 시간은 감소시킴

선점형(Preemptive) 기법

- 하나의 프로세스가 CPU를 점유하고 있을 때 다른 프로세스가 CPU를 빼앗아 차지할 수 있는 방법이다.
- 대화식 시분할 시스템, 실시간 시스템에서 사용된다.
- 오버헤드가 많이 걸리는 단점이 있다.
- 종류 : RR, SRT, MFQ(다단계 피드백 큐)

RR 스케줄링 (Round-Robin)	각 프로세스에게 차례대로 일정한 시간 할당량(Time slice) 동안 처리기를 차지하도록 하는 기법으로 시분할 시스템에서 주로 사용됨
SRT 스케줄링 (Shortest Remaining Time)	남은 처리 시간이 가장 짧은 프로세스에게 CPU를 할당하여 작업을 처리하도록 하는 방법
MFQ 스케줄링 (Multilevel Feedback Queue)	여러 레벨로 단계를 나누어 처리하는 방식으로 높은 단계는 시간 할당량을 적게, 낮은 단계는 많은 시간을 할당해주는 방법

비선점형(Non-Preemptive) 기법

- 특정한 프로세스의 작업이 끝날 때까지 CPU를 독점하는 방법이다.
- 응답 시간의 예측이 용이하다.
- 짧은 작업의 경우 긴 작업을 오래 기다려야 하는 단점이 있다.
- 종류 : FIFO, 우선순위(Priority), SJF, HRN
- SJF 스케줄링(Shortest Job First) : 작업 시간이 가장 짧은 것부터 먼저 처리하는 방식이다.
- HRN 스케줄링 : SJF 기법의 짧고 긴 작업 간의 지나친 불평등을 보완하기 위한 방식이다.

$$\text{우선순위} = \frac{\text{대기 시간} + \text{서비스에 걸리는 시간}}{\text{서비스에 걸리는 시간}}$$

주기억 장치 관리

- 기억 장소 분할 방식

고정 분할 방식 (Fixed Partition)	주기억 장치를 고정된 크기로 미리 분할하여 사용자 프로그램이 차지하여 실행하는 방식
동적 분할 방식 (Dynamic Partition)	가변 크기로 필요한 공간만큼 할당하여 사용하는 방식으로, 작업이 빈번해지는 경우 공간의 재배치와 할당 알고리즘이 필요하게 됨

- 기억 장소 할당 방법

최초 적합(First Fit)	할당 가능한 공간 중 가장 먼저 발견한 공간을 할당하는 방법
최적 적합(Best Fit)	할당 가능한 공간 중 가장 작은 공간을 할당하는 방법
최악 적합(Worst Fit)	할당 가능한 공간 중 가장 큰 공간을 할당하는 방법

가상 기억(Virtual Memory) 관리✱

- 가상 기억 장치 관리 기법 : 보조 기억 장치와 주기억 장치 사이에서 정보가 이동되는 단위이다.

페이징(Paging) 기법	고정 크기인 페이지 단위로 정보 이동
세그먼테이션 **(Segmentation) 기법**	가변 크기인 세그먼트 단위로 정보 이동
혼합 기법	세그먼트를 고정된 크기의 페이지로 분류하여 정보 이동

- 페이지 교체 기법 : 주기억 장치에 있는 페이지 교체되어야 할 페이지를 결정하는 기법이다.

FIFO (First In First Out)	주기억 장치 내에 가장 먼저 들어온, 가장 오래된 페이지를 교체할 페이지로 선택하는 기법
LRU(Least Recently Used)	가장 오랫동안 사용되지 않은 페이지를 교체할 페이지로 선택하는 기법
LFU(Least Frequently Used)	사용된 횟수가 가장 적은 페이지를 교체할 페이지로 선택하는 기법
NUR (Not Used Recently)	최근에 사용되지 않은 페이지를 교체할 페이지로 선택하는 기법
최적화 기법(OPT : OPTimal replacement)	앞으로 가장 오랫동안 사용되지 않거나 사용도가 낮을 페이지를 선택하여 교체하는 기법

개념 체크 ✔

1 다중 프로그래밍 환경에서 하나 또는 그 이상의 프로세스가 가능하지 못한 특정 사건(Event)을 무한정 기다리는 상태를 무엇이라 하는가?
① Swapping
② Overlay
③ Pipelining
④ Deadlock

2 운영체제의 구성요소 중 프로세스를 생성, 실행, 중단, 소멸시키는 것은?
① 스케줄러(Scheduler)
② 드라이버(Driver)
③ 에디터(Editor)
④ 스풀러(Spooler)

3 CPU 스케줄링 알고리즘에서 규정 시간 또는 시간 조각(Slice)을 미리 정의하여 CPU 스케줄러가 준비 상태 큐에서 정의된 시간만큼 각 프로세스에 CPU를 제공하는 시분할 시스템에 적절한 스케줄링 알고리즘은?
① RR(Round Robin)
② FCFS(First Come First Service)
③ SJF(Shortest Job First)
④ SRT(Shortest Remaining Time)

4 페이지 대체 알고리즘에서 계수기를 두어 가장 오랫동안 참조되지 않은 페이지를 교체할 페이지로 선택하는 방법은?
① FIFO
② LRU
③ LFU
④ OPT

5 가상 기억 장치 관리 기법인 페이지 대체 알고리즘에 대한 설명으로 틀린 것은?
① FIFO : 가장 처음에 기록된 페이지를 교체
② LRU : 최근 쓰이지 않은 페이지를 교체
③ LFU : 사용 횟수가 가장 적은 페이지를 교체
④ MRU : 사용 빈도가 가장 많은 페이지를 교체

SECTION 11

3과목 PC 운영체제

DOS

POINT 037 DOS의 기능 및 파일

DOS(Disk Operating System)의 개요

Disk Operating System의 약어로 개인용 컴퓨터에서 디스크 관리 및 파일 관리 등을 다루기 위한 운영체제이다(CUI(Character User Interface) 방식).

ㅇ 문자 중심의 인터페이스로 사용자가 명령어를 직접 입력하는 방식으로 DOS, UNIX 등이 있음

> **기적의 TIP GUI(Graphic User Interface)**
> 그래픽 중심의 인터페이스로, 사용자가 아이콘화되어 있는 구성 요소를 통해 컴퓨터와 정보를 교환하는 방식이며 윈도우즈 계열이 이에 속함

DOS의 기능

- 컴퓨터와 사용자 사이에서 인터페이스 역할을 담당한다.
- 사용자가 입력한 명령어를 처리하며 디스크 및 파일 관리를 담당한다.
- 입출력 관리, 메모리 할당, 주변 장치 관리, 인터럽트 처리 등을 제어한다.

DOS의 부팅(Booting)*

- 부팅(Booting)

컴퓨터의 시동을 위해 DOS 프로그램을 주기억 장치로 적재(Loading)시켜 사용자가 컴퓨터를 사용할 수 있는 상태로 만드는 과정이다(IO.SYS → MSDOS.SYS → CONFIG.SYS → COMMAND.COM → AUTOEXEC. BAT).

- 부팅(Booting)의 종류

콜드 부팅 (Cold Booting)	하드웨어적인 부팅으로 컴퓨터의 리셋(Reset)키를 눌러 재부팅
웜 부팅 (Worm Booting)	소프트웨어적인 부팅으로 Ctrl+Alt+Delete를 동시에 눌러서 재부팅

> **기적의 TIP 부팅의 순서**
> ① 본체와 모니터 등 여러 주변 기기의 전원을 켠다.
> ② ROM-BIOS에 의해 주기억 장치 및 하드웨어, 주변 기기의 이상 유무를 점검한다.
> ③ IO.SYS 파일을 읽어 주기억 장치에 적재한다.
> ④ MSDOS.SYS 파일을 주기억 장치로 읽어 들인다.
> ⑤ 환경 설정 파일인 CONFIG.SYS 파일을 주기억 장치로 읽어 들인다.
> ⑥ COMMAND.COM 파일을 주기억 장치로 읽어 들인다.
> ⑦ AUTOEXEC.BAT 파일을 실행한다.

시스템 파일(System File)

파일명	기능	비고
IO.SYS	MSDOS.SYS의 입출력 요구에 따른 실제적인 입출력을 수행	숨김 (Hidden) 속성
MSDOS.SYS	파일의 입출력, 시스템 호출을 담당하며 파일 관리, 메모리 관리, 프로세서 관리, 하드웨어를 담당함	
COMMAND.COM	명령어 해석 및 명령어 처리기 기능, 내부 명령어 포함	

배치 처리(Batch Processing) 파일

- 일련의 DOS 명령어를 여러 개 사용하는 경우 한 번에 순차적으로 실행하기 위한 일괄 처리 파일이다.
- COPY CON 파일이나 텍스트 에디터(메모장 등)를 이용하여 작성한다.

AUTOEXEC.BAT 파일(자동 실행 배치 파일)

- 컴퓨터 부팅 시 제일 먼저 자동으로 실행(루트 디렉터리에 있는 경우)되는 자동 실행 배치 파일이다.
- 루트 디렉터리에 존재해야 한다.

AUTOEXEC.BAT 파일 작성 예

- C:\COPY CON AUTOEXEC.BAT
- REM #자동 실행 배치 파일 # ← 주석문(Comment)
- CLS ← 화면을 지움
- PROMPT PG ← 프롬프트 모양의 설정
- V3 C: /A ← 백신 프로그램 실행
- CHKDSK ← 디스크 검사
- PATH = C:\DOS;C:\V3\V3.EXE;C:\HNC ← 프로그램 실행 경로 설정
- HWP ← 프로그램 실행
- ^Z(Ctrl+Z 또는 F6) ← 입력 종료

환경 설정 파일(CONFIG.SYS)*

- 시스템 환경을 설정해 주는 파일로 표준 장치 외 주변 장치에 대한 기본 환경 설정이 가능하다.
- 디스크의 동작 속도를 향상 시켜주는 버퍼(Buffer) 및 캐시(Cache)의 설정이 가능하다.

CONFIG.SYS 파일 작성 예

- C:\>COPY CON CONFIG.SYS
- DEVICE = C:\DOS\HIMEM.SYS ← 연장 메모리를 사용할 수 있게 함
- DOS=HIGH ← DOS를 고위 메모리 영역에 올림
- BUFFERS=20 ← 디스크 버퍼 수를 할당
- FILES=30 ← 동시에 Open 가능한 파일 수를 지정
- ^Z(Ctrl+Z 또는 F6) ← 입력 종료

주요 환경 설정 명령

- FILES=〈수치〉 : 동시에 관리할 수 있는 파일수를 지정한다.
- BUFFERES=〈수치〉 : 디스크 버퍼수를 지정한다.
- LASTDRIVE=〈문자〉 : 사용 가능한 드라이브의 최대수를 지정한다.
- DEVICE=〈파일이름〉 : 마우스, 스캐너, 프린터 등과 같은 장치를 사용하고자 할 때 장치 구동 프로그램을 설정한다.

메모리의 구성

기본 메모리	프로그램이나 데이터가 기억되는 메모리(0KB~640KB까지)
상위 메모리	컴퓨터의 기본 메모리 중 640KB~1,024KB까지의 영역(384KB)
고위 메모리 (HMA)	RAM의 1,024KB(1MB) 이후에 존재하는 64KB(1,088KB까지) 영역
연장 메모리 (XMS)	80286 이상의 프로세서를 가진 컴퓨터에서 1MB 이상의 메모리 영역

개념 체크 ✓

1 컴퓨터 부팅 시 반드시 필요한 도스(MS-DOS)의 시스템 파일로만 짝지어진 것은?

① IO.SYS / MSDOS.SYS / COMMAND.COM
② MSDOS.SYS / CONFIG.SYS / AUTOEXEC.BAT
③ IO.SYS / MSDOS.SYS / CONFIG.SYS
④ IO.SYS / CONFIG.SYS / AUTOEXEC.BAT

2 도스(MS-DOS)의 부팅(Booting)에 대한 설명으로 옳지 않은 것은?

① 부팅(Booting)이란 도스(DOS) 프로그램을 컴퓨터의 주기억 장치에 적재하여 사용자가 컴퓨터를 사용할 수 있도록 만드는 과정이다.
② 컴퓨터에서 전원을 인가하므로 인하여 발생하게 되는 부트 작업을 웜(Warm) 부팅이라 하고, 키보드에서 Ctrl+Alt+Delete를 눌러서 발생하게 되는 부트 작업을 콜드(Cold) 부팅이라고 한다.
③ 부팅 시 반드시 필요한 파일 중 'MSDOS.SYS'와 'IO.SYS'는 숨김 파일(Hidden File)로 되어 있다.
④ 부팅(Booting) 시 반드시 필요한 도스(DOS) 파일은 MSDOS.SYS, IO.SYS, COMMAND.COM이 있다.

3 도스(MS-DOS)에서 'CONFIG.SYS' 파일에 'LASTDRIVE=D'의 설정이 의미하는 것은?

① 드라이브 용량을 의미한다.
② 드라이브 모양을 의미한다.
③ 드라이브 속도를 의미한다.
④ 드라이브 개수를 의미한다.

4 도스(MS-DOS)에서 'CONFIG.SYS' 파일과 'AUTOEXEC.BAT' 파일의 수행을 사용자가 선택하여 실행하려고 하는 경우 사용하는 기능키(Function Key)는?

① F4
② F5
③ F7
④ F8

5 도스(DOS)의 명령어 중 파일의 내용을 확인할 수 있는 'TYPE' 명령을 이용하여 어떤 파일을 확인하였을 때 다음과 같이 화면에 보여지고 있다. 어떤 파일의 내용을 'TYPE' 명령으로 나타낸 것인가?

```
DEVICE=C:\DOS₩RAMDRIVE.SYS 1024
DEVICE=C:\DOS₩HIMEM.SYS
FILES=50
DOS=HIGH, UMB
BUFFERS=30
```

① AUTOEXEC.BAT
② CONFIG.SYS
③ MSDOS.SYS
④ IO.SYS

6 도스에서 배치 파일(Batch File)에 대한 설명으로 옳지 않은 것은?
① 배치 파일은 도스가 실행할 일련의 명령들을 기록한 파일이다.
② 도스(MS-DOS)는 확장자가 'BAT'인 파일을 배치 파일로 인식한다.
③ 파일은 편집기를 사용하여 작성할 수 있다.
④ 배치 파일은 시스템이 부팅될 때만 실행될 수 있다.

POINT 038 DOS 명령어

내부 명령어*
- DOS로 부팅 시 COMMAND.COM이 실행될 때 주기억 장치에 상주하여 키보드를 통해 명령이 입력되면 바로 실행되는 명령어이다.
- DIR 명령으로 파일의 목록을 확인할 수 없으며 그 파일이 존재하지 않는 명령어다.
- 종류

명령어	기능
DIR	파일 목록 보기
DEL	파일 삭제
ERASE	파일 삭제(=DEL)
TYPE	텍스트 파일의 내용을 보여줌
PROMPT	프롬프트 설정
MD(MKDIR)	디렉터리 생성
CD(CHDIR)	경로 변경
RD(RMDIR)	디렉터리 삭제
PATH	경로 설정 및 해제
VER	DOS의 버전을 표시
VOL	드라이브의 볼륨명과 일련번호 표시
CLS	화면의 내용을 지움
DATE	날짜 확인 및 설정
TIME	시간 확인 및 설정
COPY	파일 복사

기적의 TIP DOS 명령어
- 디스크 관련 명령 : FORMAT, FDISK CHKDSK
- 디렉터리 관련 명령 : MD, CD, RD, DELTREE, PATH, XCOPY
- 파일 관련 명령 : DIR, COPY, DEL, TYPE, REN, ATTRIB

외부 명령어
- 사용 횟수가 내부 명령어보다 비교적 적고 독립적인 파일로 존재한다.
- 보조 기억 장치에 명령어를 저장시켜 두었다가 명령 실행 시 주기억 장치로 가져와 실행한다.
- 내부 명령어보다 수행 속도가 느리며 DIR 명령으로 파일의 목록을 확인할 수 있다.
- 파일의 용량이 비교적 크며 주로 COM, EXE 등의 확장자를 가진다.
- 종류

명령어	기능
FORMAT	디스크 초기화
UNDELETE	삭제했던 파일을 복구
SYS	부팅 디스크 생성
CHKDSK	디스크 상태 점검
ATTRIB	파일 속성 변경
DELTREE	파일 및 하위 디렉터리까지 삭제
MOVE	파일, 디렉터리명 변경 및 이동
BACKUP	파일 손상에 대비한 데이터의 복사
UNFORMAT	포맷한 디스크의 복구
DISKCOPY	디스크 복사
XCOPY	파일, 디렉터리 및 하위 디렉터리 복사
FDISK	하드 디스크의 논리적인 파티션 설정
FIND	특정 문자열 검색
SORT	정렬 및 결과를 화면, 파일 형태로 출력
MORE	화면 단위 출력
LABEL	볼륨명 지정
RESTORE	백업 데이터의 복구
FC	두 개의 파일을 비교하여 그 차이를 표시

디스크 관련 명령
① FORMAT
- 디스크에 데이터 저장이 가능하도록 트랙(Track)과 섹터(Sector)를 형성하여 초기화 작업을 수행한다.

• 사용법 : FORMAT [드라이브:][/옵션]

옵션	기능
/V	디스크 이름을 지정
/Q	빠른 포맷
/F	포맷할 용량 지정
/S	시스템 파일을 복사하여 부팅 가능한 디스크로 만듦

• 사용 예
  - C:\>FORMAT A: /V:BEST ← A 드라이브의 볼륨명을 BEST로 지정하여 포맷
  - C:\>FORMAT A: /Q ← A 드라이브 빠른 포맷

② FDISK*

• 하드 디스크 파티션의 논리적 분할과 삭제 작업을 수행한다.
• 하드 디스크에만 사용이 가능하고 플로피 디스크에는 적용되지 않는다.

③ CHKDSK*

• 디스크의 상태를 점검하고 손상된 부분을 복구한다.
• 사용법 : CHKDSK [드라이브:][/옵션]

옵션	기능
/V	디렉터리와 디렉터리 내의 모든 파일의 목록을 표시
/F	디스크 상의 손상된 부분을 복구

• 사용 예
  - C:\>CHKDSK C: /F ← C 드라이브 검사 후 손상된 부분을 복구한다.

디렉터리 관련 명령

① MD(Make Directory)*

• 새로운 디렉터리를 생성하는 명령어이다.
• 사용법 : MD [드라이브:][경로]디렉터리명
• 사용 예
  - C:\>MD BEST ← 현재 디렉터리에 BEST라는 이름의 디렉터리를 생성

② CD(Change Directory)

• 특정 디렉터리로 이동하는 명령어이다.
• 사용법 : CD [드라이브:][경로]디렉터리명
• 사용 예
  - C:\>CD BEST ← BEST 디렉터리로 이동
  - C:\BEST>_ ← 명령 실행 후 결과

③ RD(Remove Directory)

• 기존에 생성되어 있는 디렉터리를 삭제하는 명령어이다.
• 사용법 : RD [드라이브:][경로] 삭제하고자 하는 디렉터리명
• 사용 예
  - C:\>RD BEST ← BEST 디렉터리 삭제

④ DELTREE

• 디렉터리 안의 파일 및 하위 디렉터리까지 모두 삭제한다.
• 사용법 : DELTREE [드라이브:][경로]디렉터리명
• 사용 예
  - C:\>DELTREE BEST ← BEST 디렉터리의 모든 파일 및 하위 디렉터리까지 모두 삭제

⑤ XCOPY

• 많은 파일을 빠르게 복사하고 하위 디렉터리 내의 파일 및 디렉터리 구조까지 복사한다.
• 사용법 : XCOPY [드라이브:][경로]파일명 [드라이브:][경로]파일명 [/옵션]

옵션	기능
/A	보존 속성의 설정을 포함하여 복사
/D	지정한 날짜 이후에 갱신된 파일만 복사
/E	모든 파일, 서브 디렉터리와 빈 디렉터리까지 복사
/S	모든 파일 및 서브 디렉터리 복사
/V	복사 후 파일 검증
/P	복사 확인 메시지 표시

• 사용 예
  - C:\>XCOPY *.HWP A: ← 확장자가 HWP인 파일을 모두 A 드라이브로 복사

파일 관련 명령

① DIR(DIRectory)

• 디스크 내의 파일 파일에 대한 정보, 파일의 수, 파일의 크기, 생성 날짜와 시간, 디스크 정보를 표시해 주는 내부 명령어이다.
• 사용법 : DIR [드라이브:][경로][파일명][/옵션]

옵션	기능
/P(Pause)	한 화면씩 표시
/W(Wide)	파일명과 확장자만 한 줄에 5개씩 표시
/O(Order)	정렬 방식대로 표시
/S(Subdirectory)	지정한 디렉터리와 하위 디렉터리의 파일까지 모두 표시
/A(All)	숨김 파일과 비숨김 파일들을 모두 표시

• 정렬 옵션

옵션	기능
/OD(Date)	날짜순으로 정렬
/OE(Extension)	확장자의 알파벳순으로 정렬
/ON(Name)	이름순으로 정렬
/OS(Size)	크기순으로 정렬
–	역순으로 정렬

• 사용 예
  – C:\>DIR /OS ← 파일의 목록을 크기순으로 정렬

② COPY
• 한 개 또는 여러 개의 파일을 복사하는 내부 명령어이다.
• 사용법 : COPY [원본 드라이브:]파일명 [사본 드라이브:] 파일명
• 사용 예
  – C:\>COPY BEST.XLS A: ← BEST.XLS 파일을 A 드라이브로 복사
  – C:\>COPY A.TXT+B.TXT C.TXT ← A.TXT 파일과 B.TXT 파일의 내용을 합쳐 C.TXT 파일로 복사

③ DEL
• 파일을 삭제할 때 사용하는 내부 명령어이다.
• 사용법 : DEL [드라이브:][경로] 삭제할 파일명 [/옵션]
• 사용 예
  – C:\>DEL A:*.* ← A 드라이브의 모든 파일을 삭제
  – C:\>DEL *.* /P ← 삭제하기 전에 삭제 여부를 확인

④ ATTRIB
• 파일의 속성을 지정 및 해제하는 명령어이다.
• 사용법 : ATTRIB [+속성 / –속성][드라이브:][경로]파일명 [/옵션]
  + : 속성 설정, – : 속성 해제

속성	기능
R(Read Only)	읽기 전용 속성
A(Archive)	저장 기능 속성
S(System)	시스템 파일 속성
H(Hidden)	숨김 속성

필터(Filter) 명령

• SORT : 내용을 정렬하고 결과를 화면 또는 파일 형태로 출력하며 파이프(|) 기호와 함께 사용한다.
• MORE : 한 화면 단위의 내용 출력, 파이프 기호와 함께 사용한다.
• FIND : 하나 또는 여러 개의 파일에서 특정한 문자열을 검색하는 기능이다.

개념 체크

1 도스에서 DIR 명령은 현재 디렉터리와 파일 등에 관한 정보를 표시해 주는 명령이다. 이 명령의 옵션(Option) 중 하위 디렉터리의 정보까지 표시해 주는 명령은?
① DIR/P ② DIR/A
③ DIR/S ④ DIR/W

2 도스(MS–DOS)에서 디스크의 상태를 점검하는 명령은?
① CHKDSK ② FORMAT
③ PROMPT ④ DELTREE

3 도스(MS–DOS)에서 "AAA"라는 디렉터리를 만들 때의 명령은? (단, 현재 디렉터리는 C:\임)
① C:\>MD AAA ② C:\>CD AAA
③ C:\>ED AAA ④ C:\>RD AAA

4 도스에서 상반되는 명령어끼리 연결한 것으로 가장 거리가 먼 것은?
① MD–RD
② TREE–DELTREE
③ DEL–UNDELETE
④ FORMAT–UNFORMAT

5 다음 설명에 해당하는 DOS 명령어는?

> 지정된 디렉터리를 포함한 하위 디렉터리와 모든 파일들을 복사하는 외부 명령어

① COPY ② DISKCOPY
③ XCOPY ④ ZCOPY

6 도스(MS–DOS)에서 특정 파일의 속성을 변경할 수 있는 명령은?
① MORE ② FDISK
③ ATTRIB ④ DEFRAG

SECTION 12

3과목 PC 운영체제

Windows

POINT 039 윈도우즈(Windows)의 개요 및 기능

윈도우즈의 특징

- 선점형 멀티태스킹 지원, Plug & Play(PnP) 지원, GUI (Graphic User Interface)
- 긴 파일명을 지원(VFAT의 사용으로 영문자 기준 255자(한글 127자), 공백 포함 가능)한다.

Virtual File Allocation Table : DOS에서 사용된 FAT(파일 할당 테이블) 구조를 확장시킨 것으로 긴 파일명의 지원과 파일명에 공백 포함이 가능함

윈도우즈 바로 가기 키(Shortcut Key)*

바로 가기 키	기능
F1	도움말 실행
F2	이름 바꾸기
F3	찾기(파일, 폴더)
F4	주소 표시줄 열기
F5	새로운 정보로 고침
F6	탐색기의 왼쪽과 오른쪽 구역 사이의 이동
F8	윈도우즈 부팅 시 부팅 메뉴가 나타남
Ctrl+C	복사하기
Ctrl+V	붙여넣기
Ctrl+X	잘라내기
Ctrl+A	모두 선택
Ctrl+Z	바로 전 실행 작업 취소
Ctrl+Esc	시작 메뉴
Alt+F4	실행 중인 현재 창 종료
Alt+Tab	실행 중인 프로그램 간의 작업 전환
Alt+Enter	항목의 등록 정보를 보여주며 MS-DOS 창에서는 전체 화면 모드와 창 모드의 전환 기능을 수행
Shift+F10	프로그램이나 선택한 항목의 바로 가기 메뉴 표시
Shift+Delete	휴지통을 사용하지 않고 완전 삭제
Print Screen	화면 전체를 클립보드에 복사
Alt+Print Screen	현재 사용 중인 창을 클립보드에 복사
Ctrl+Alt+Delete	[프로그램 종료] 창이 나타나서 프로그램을 강제로 종료하거나 시스템을 종료시킬 수 있음

작업 표시줄(Task Bar)*

- 현재 실행 중인 프로그램들이 단추 형식으로 표시된다.
- 바탕 화면의 상하좌우로 이동이 가능하고 크기도 최대 화면의 50%까지 조절할 수 있다.

항상 위	실행 중인 다른 응용 프로그램보다 작업 표시줄을 항상 위로 표시
자동 숨김	작업 표시줄을 자동으로 숨기는 기능
시작 메뉴에 작은 아이콘 표시	시작 메뉴에 작은 아이콘으로 표시 여부를 설정
시계 표시	트레이 영역에 시계 표시 유무를 설정

내 컴퓨터

- 컴퓨터 시스템에 관한 모든 정보를 가진 곳이며 시스템에 설치되어 있는 모든 드라이브와 폴더 등을 관리할 수 있는 아이콘들이 표시된다.
- [내 컴퓨터]의 [파일] 메뉴를 이용한 디스크 포맷과 디스크 복사 등의 작업이 가능하다.

바로 가기 아이콘(단축 아이콘)

- 자주 사용하는 프로그램을 보다 빠르고 편리하게 실행시킬 수 있다.
- 모든 개체에 대해 바로 가기 아이콘을 만들 수 있으며 여러 개 작성이 가능하다.
- 바로 가기 아이콘은 해당 실행 프로그램에 대한 정보만을 가지고 있으므로 바로 가기 아이콘을 삭제해도 원본 프로그램에는 아무런 영향이 없다.
- 일반 아이콘과는 달리 아이콘 왼쪽 하단에 작은 화살표가 표시된다.
- 바로 가기 아이콘의 확장자 : .LNK

개념 체크

1 윈도우즈에서 Plug & Play란?

① 컴퓨터의 전원을 켜자마자 바로 시작되는 것
② 운영체제가 주변 기기를 자동으로 인식하는 것
③ 전원을 끈 상태에서도 컴퓨터가 작동되는 것
④ 전원을 그냥 꺼도 운영체제가 모든 응용 프로그램의 마무리 작업을 수행하는 것

2 윈도우즈에서 도스를 실행시켰더니 전체 화면 형태로서 도구들이 보이지 않아 불편하였다. 도스의 창 형태로 전환하려면 어떤 키를 눌러야 하는가?

① Ctrl+Space Bar ② Ctrl+Enter
③ Alt+Space Bar ④ Alt+Enter

3 윈도우즈의 단축키 중 활성화된 창을 닫고 프로그램을 종료하는 것은?

① Ctrl+Shift ② Ctrl+Esc
③ Alt+F4 ④ Shift+Tab

4 윈도우즈에서 한 번의 마우스 조작만으로 현재 실행 중인 응용 프로그램 사이를 오가며 작업할 수 있는 환경을 제공하는 것은?

① 바탕 화면 ② 내 컴퓨터
③ 시작 버튼 ④ 작업 표시줄

POINT 040 제어판 및 보조 프로그램

제어판

프로그램 추가/제거	응용 프로그램의 설치 및 제거, 윈도우즈의 구성 요소 추가/제거, 시동 디스크 작성
시스템	운영체제 버전, 현재 사용자 정보, 시스템의 CPU와 메모리 정보 표시
새 하드웨어 추가	PnP 기능에 의해 자동으로 설치되지 않는 하드웨어 설치
디스플레이	• 배경 무늬 설정, 각 항목의 색, 글꼴의 모양과 크기 등을 지정 • 바탕 화면의 [내 컴퓨터], [내 문서], [네트워크 환경], [휴지통], 아이콘을 변경 • 바탕 화면을 웹 페이지 형식으로 표시 • 그래픽 어댑터 카드를 설정하거나 해상도, 색상의 변경이 가능
내게 필요한 옵션	키보드, 사운드, 고대비, 마우스키 등의 신체 활동이 불편한 사용자에게 필요한 기능을 설정
마우스	마우스 포인터 모양, 왼손잡이를 위한 단추 설정, 더블 클릭 속도 조절
글꼴	현재 설치된 글꼴의 표시, 새로운 글꼴을 추가하거나 삭제
사운드	윈도우즈 시스템 상황에 따른 소리(WAV 파일) 설정 및 해제
키보드	입력 속도나 언어 등을 설정(키 재입력 시간, 키 반복 속도, 커서 깜박임 속도)

보조 프로그램

메모장	• 윈도우즈에서 제공하는 가장 기본적인 문서 편집기 • 확장자 : .TXT • 문서 전체의 글꼴 지정이 가능하며, 현재 날짜와 시간의 삽입이 가능 • OLE 기능을 지원하지 않으므로 그림판, 워드패드 등에서 작업한 것을 연결하여 사용할 수 없음
그림판	• 비트맵(BMP)의 그림 파일을 작성, 편집이 가능하며 JPG, GIF 등의 파일도 사용 가능 • OLE 기능의 사용이 가능 • Shift를 이용하면 정사각형, 정다각형, 정원 등을 그릴 수 있음
클립보드 표시기	• 작업 도중 복사 및 이동시킬 데이터를 임시로 보관하는 임시 저장 공간 • 현재 클립보드에 저장된 내용을 보여주며 삭제와 저장이 가능함 • 가장 최근의 내용 하나만 기억함(확장자 : .CLP)

기적의 TIP OLE(Object Linking & Embedding)
객체의 연결과 포함(삽입) 기능을 의미하는 것으로 하나의 프로그램에서 만든 데이터를 다른 프로그램에 연결 및 포함시켜 사용할 수 있는 기능

파일(File)

• 컴퓨터에서 사용되는 자료 저장의 기본 단위이며 파일명과 확장자로 구성된다.
• 파일명은 영문 기준 255자(한글 127자)까지 사용이 가능하며 공백 포함이 허용되고 확장자는 그 파일의 성격을 나타낸다(단, *, ?, :, /, \, 〈, 〉, ", | 등은 폴더명이나 파일명으로 사용할 수 없음).

확장자	의미
txt	ASCII 코드로 작성된 텍스트 파일
bmp	비트맵 그림 파일(그림판)
exe	실행 가능한 파일
wav	사운드 파일
avi	MS사가 개발한 동영상 파일
bat	일괄 처리 파일
html, htm	인터넷 웹 문서 파일
doc	Microsoft Word로 작성된 문서 파일

기적의 TIP 연결 프로그램
문서를 열어서 보여주는 프로그램으로, 연결 프로그램이 지정되지 않은 확장자의 문서를 열려고 하면 자동으로 연결 프로그램 지정 대화 상자가 나타남

폴더(Folder)

- DOS의 디렉터리(Directory)와 같은 개념으로 서로 관련 있는 파일들을 저장하는 장소로 파일들을 효율적이고 체계적으로 관리할 수 있다.
- 폴더의 구조를 볼 수 있는 폴더 창이나 바탕 화면, 윈도우즈 탐색기에서 새 폴더의 생성 및 삭제가 가능하다.
- 바로 가기 아이콘, 복사나 이동, 찾기, 이름 바꾸기, 삭제 등 파일에서 가능한 작업을 할 수 있다.
- 복사와 이동 : 복사, 이동, 붙여넣기를 할 때 클립보드를 사용한다.

구분	같은 드라이브	다른 드라이브
복사	Ctrl을 누른 채 드래그 앤 드롭	아이콘을 드래그 앤 드롭
이동	아이콘을 드래그 앤 드롭	Shift를 누른 채 드래그 앤 드롭

- 삭제
  - 파일이나 폴더는 어느 곳에서나 삭제할 수 있다.
  - 바탕 화면의 내 컴퓨터, 휴지통, 네트워크 환경 아이콘과 제어판의 항목들은 삭제를 못한다.
  - 삭제한 항목은 휴지통에 임시 보관되며 휴지통에 있는 항목은 [휴지통 비우기]를 하지 않았다면 복원이 가능하고, Shift를 누르고 삭제를 하면 삭제된 항목은 휴지통으로 이동하지 않고 영구히 삭제된다.

윈도우즈 탐색기

- [내 컴퓨터]의 모든 기능을 수행, 최상위 위치는 내 컴퓨터보다 한 단계 위인 바탕 화면이다.
- 두 개의 창으로 구성되며 왼쪽은 폴더 창, 오른쪽 창은 내용을 나타내는 목록 창이다.

파일 및 폴더의 선택*

작업	한 개의 데이터만을 선택하는 경우	불연속적으로 데이터를 선택하는 경우	연속적인 영역의 데이터를 선택하는 경우	전체 데이터를 선택하는 경우
방법	해당 데이터를 클릭	Ctrl+클릭	영역의 첫 파일을 클릭한 후 Shift를 누른 상태로 마지막 파일을 클릭	Ctrl+A

휴지통(Recycled Bin) 기능*

- 삭제된 항목을 임시로 보관함으로써 실수에 대비하도록 하는 윈도우즈 내의 임시 보관 장소이다.
- 보관된 항목은 [휴지통 비우기]를 하면 완전히 삭제된다.
- 보관된 항목을 선택한 후 주메뉴의 [파일]–[복원]이나 바로 가기 메뉴의 [복원]을 클릭하면 삭제되기 전 위치로 항목을 복원시킨다.
- 폴더나 파일을 [휴지통]으로 드래그 앤 드롭하면 삭제 가능하다.

휴지통의 등록 정보

각 드라이브마다 휴지통을 따로 설정 가능, 휴지통의 크기 지정(기본은 각 드라이브의 10%로 지정)

휴지통으로 복구할 수 없는 경우*

- Shift+Delete로 삭제한 파일, DOS 모드에서 삭제한 파일이다.
- 플로피 디스크나 네트워크 드라이브상에서 삭제한 파일이다.
- 휴지통 비우기를 한 파일 및 폴더이다.
- 휴지통 등록 정보의 "파일을 휴지통에 버리지 않고 삭제 명령 시 즉시 제거"를 선택한 경우이다.

기적의 TIP 삭제할 수 없는 항목 종류

바탕 화면의 내 컴퓨터, 휴지통, 네트워크 환경 아이콘과 제어판 등의 항목은 삭제할 수 없음

개념 체크 ✓

1 윈도우즈의 메모장을 이용하여 문서를 작성하고 저장했을 때의 기본적인 파일 확장자명으로 옳은 것은?

① hwp ② txt
③ doc ④ bmp

2 윈도우즈의 [제어판]에서 할 수 없는 작업은?

① 마우스 환경 설정
② 시스템 날짜 변경
③ 그림 작성 및 수정
④ 프로그램 추가 및 삭제

3 윈도우즈의 탐색기에서 파일이나 폴더를 같은 드라이브로 이동하는 방법 및 선택 방법으로 옳지 않은 것은?
① 이동할 파일이나 폴더의 전체 항목을 선택하는 단축키는 Ctrl+A이다.
② 마우스의 오른쪽 단추를 누른 후 드래그 앤 드롭을 이용하여 이동한다.
③ 비연속적인 여러 개의 파일이나 폴더를 선택할 경우 Shift를 사용한다.
④ 마우스의 왼쪽 단추를 누른 채 드래그 앤 드롭을 이용하여 이동한다.

4 윈도우즈의 휴지통에 대한 설명으로 틀린 것은?
① 삭제한 파일을 임시 저장하며, 휴지통 내에 파일을 다시 복구할 수 있다.
② 휴지통의 크기를 변경시킬 수 없다.
③ 파일 삭제 시 휴지통에 보관하지 않고 즉시 삭제할지의 여부를 지정할 수 있다.
④ 파일 삭제 시 삭제 확인 메시지를 보이지 않게 지정할 수 있다.

POINT 041 시스템 최적화 관리

디스크 검사

- 파일과 폴더 및 디스크의 논리적, 물리적인 오류를 검사하고 수정한다.
- 잃어버린 클러스터, FAT, 오류 등 디스크의 논리적인 오류 및 디스크 표면을 검사하여 실제 드라이브의 오류나 불량(Bad) 섹터를 검사한다.

물리적인 손상이나 결함으로 데이터의 읽기/쓰기가 불가능한 섹터

디스크 정리

- 윈도우즈에서 디스크의 사용 가능한 공간을 늘리기 위하여 불필요한 파일들을 정리하는 작업이다.
- 임시 파일, 휴지통에 있는 파일, 다운로드한 프로그램 파일, 임시 인터넷 파일 등을 삭제하여 디스크 공간을 늘린다.

디스크 조각 모음

프로그램의 추가/제거, 파일들이 수정되거나 읽기/쓰기가 반복되면서 디스크에 비연속적으로 분산되어 저장되는 것

- 디스크에 단편화(Fragmentation)되어 저장된 파일들을 모아서 디스크를 최적화한다.
- FAT 구조의 단점인 단편화를 제거하여 디스크의 수행 속도를 높여준다.
- 처리 속도면에서는 효율적이나 총 용량을 늘려 주지는 않는다.
- 디스크 조각 모음을 할 수 없는 드라이브 : CD-ROM 드라이브, 네트워크 드라이브, 윈도우즈가 지원하지 않는 프로그램으로 압축된 드라이브

디스크 공간 늘림

- 디스크 전체의 데이터들을 압축하여 디스크의 공간을 늘려주는 기능이다.
- 사용 가능 공간을 1.5~2배 정도까지 늘릴 수 있다.
- 디스크 공간 늘림을 사용하려면 플로피 디스크는 최소 512KB, 하드 디스크는 최소 2MB 이상의 여유 공간이 필요하다.
- CD-ROM, 네트워크 드라이브 FAT 32 구조의 디스크는 디스크 공간 늘림을 할 수 없다.

백업(Backup)

- 하드 디스크의 중요한 파일들을 플로피 디스크나 다른 저장 장치로 저장한다(확장자 .QIC).
- 불의의 사고로부터 데이터를 보호하기 위해 사용한다.

개념 체크 ✔

1 윈도우즈에서 [디스크 검사]를 수행한 결과 나타나는 항목이 아닌 것은?
① 총 디스크 공간 용량
② 각 할당 단위
③ 숨겨진 파일 용량과 파일 수
④ 사용할 수 없는 공간, 용량

POINT 042 기본 프린터, 스풀, 네트워크

기본 프린터 설정

- 기본 프린터는 윈도우즈에 설치된 프로그램에서 인쇄를 하면 자동으로 지정되는 프린터이다.
- 기본 프린터는 설치된 프린터 중 하나만을 지정한다.
- 네트워크 프린터도 기본 프린터로 지정이 가능하다.
- 프린터 아이콘을 선택한 후 바로 가기 메뉴에서 [기본 프린터로 설정]을 클릭하면 기본 프린터로 지정된다.
- 프린터 아이콘을 더블 클릭하면 문서의 출력 상태와 출력 순서를 볼 수 있으며, 인쇄 순서를 변경하거나 작업을 일시 중지, 취소할 수 있다.

> **기적의 TIP 프린터**
> - 로컬 프린터 : 직접 PC와 연결된 프린터
> - 네트워크 프린터 : 네트워크 상에 연결된 프린터

(스풀: 장치의 이용 효율을 높이기 위해 저속의 입출력 장치의 동작과 중앙 처리 장치의 동작이 동시에 이루어지도록 하는 처리 형태)

스풀(SPOOL : Simultaneous Peripheral Operation On Line)

인쇄를 하면서 다른 작업을 병행할 수 있는 병행 처리 기법으로 인쇄 속도는 스풀이 설정되기 전보다 느려질 수 있다.

네트워크(Network) 관리

- 네트워크란 두 대 이상의 컴퓨터 시스템을 연결하여 통신망을 구축한 것을 의미한다.
- 다른 컴퓨터의 자료나 프린터, CD-ROM 등의 장치를 공유할 수 있다.
- 네트워크 구성의 기본적인 목적은 데이터, 드라이브, 프로그램과 주변 장치 등을 공유하기 위함이다.

파일과 폴더 및 프린터 공유

- 파일과 폴더 및 프린터 공유를 설정하거나 해제할 수 있다.
- 디스크 드라이브, 폴더, CD-ROM, 프린터 등은 공유가 가능하다(단, 모뎀, 사운드 카드는 공유할 수 없음).
- 파일 단위로는 공유가 안 되며, 폴더나 드라이브 단위로만 공유 가능하다.
- 네트워크상에서 공유가 허용되어진 경우에만 이용이 가능하다.

> **기적의 TIP 공유 자원에 대한 사용 권한**
> 읽기 전용, 읽기/쓰기, 암호에 따라 다름

개념 체크 ✓

1 스풀링(Spooling)에 대한 설명으로 틀린 것은?

① 프로세서와 입출력 장치와의 속도 차이를 해결하여 시스템의 효율을 높이는 방법이다.
② 스풀링의 방법은 출력 장치로 직접 보내는 것이다.
③ 출력 시 출력할 데이터를 만날 때마다 디스크로 보내 저장시키는 것이다.
④ 프로그램 실행과 속도가 느린 입출력을 이원화한다.

2 중앙 처리 장치와 같이 처리 속도가 빠른 장치와 프린터와 같이 처리 속도가 느린 장치 간의 처리 속도 문제를 해결하기 위한 방법은?

① 링킹
② 스풀링
③ 매크로 작업
④ 컴파일링

SECTION 13

3과목 PC 운영체제

UNIX

POINT 043 UNIX

UNIX의 특징

- C 언어 기반으로 제작된 시분할 온라인 대화식 시스템이다.
- 확장성과 이식성이 우수하다.
- 동시에 여러 작업을 할 수 있는 멀티 태스킹(Multi Tasking) 운영체제이다.
- 두 사람 이상의 사용자가 동시에 시스템을 사용하는 다중 사용자(Multi User) 시스템이다.
- 계층적인 디렉터리 구조를 가진다.
- 네트워킹 및 시스템 보호(Protection) 기능이 뛰어나다.
- 프로그램 소스의 코드를 공개한다.
- 네트워크를 이용하여 시스템 자원을 공유하여 사용할 수 있도록 분산 처리 방식을 지원한다.
- CUI(Character User Interface) 환경을 제공한다.

> **기적의TIP 셸(Shell)**
> 사용자와 UNIX 간의 인터페이스 역할. DOS의 COMMAND. COM과 같은 역할을 담당

UNIX의 구성*

커널 (Kernel)	• UNIX의 가장 핵심적인 부분으로 항상 주기억 장치에 상주, 시스템의 자원을 관리 • 프로세스 관리, 입출력 관리, 파일 관리, 메모리 관리, 시스템 호출, 프로세스 간 통신을 관리
셸(Shell)	• 사용자와 UNIX 간의 인터페이스 역할 • Shell 프로그램 언어를 제공하는 명령어 해석기 • DOS의 COMMAND.COM과 같은 역할을 담당 • 단말기를 통해 명령을 입력받은 후 커널이나 다른 유틸리티 프로그램을 실행시켜 해당 명령을 수행함 • 셸의 종류와 프롬프트 : c shell – %, korn shell – $, bourn shell – $
유틸리티 (Utility)	• DOS의 외부 명령어에 해당 • 사용자 편리를 위해 준비된 시스템 프로그램 • UNIX 시스템을 효과적으로 사용할 수 있도록 도와주는 응용 프로그램

UNIX 명령어의 기본 형식

[프롬프트] 명령어 [옵션] [매개 변수]

- 프롬프트는 사용하는 셸(Shell)의 종류에 따라 '$', '%', '#' 등이 있다.
- 대 · 소문자를 구분하여 명령어를 입력한다.
- 명령어와 옵션 사이에는 반드시 공백이 있어야 한다.
- 옵션 지정 시 앞에 '–' 를 붙인다.

기본 명령어

명령어	기능
login	유닉스 시스템의 사용을 위해 최초로 접속하는 것으로 자신의 ID와 Password를 입력
passwd	login 할 때 사용하는 사용자 각각의 비밀번호 설정 및 변경
logout	유닉스 작업을 종료하는 것으로 logout 또는 exit를 입력
who	현재 login 해서 사용하는 사용자 이름을 표시
date	현재 날짜 표시
time	command의 실행 시간 표시
man	명령어들에 대한 도움말 표시
ping	네트워크상의 다른 컴퓨터들의 연결 상태 점검

파일 및 디렉터리 관련 명령어*

명령어	관련 DOS 명령	기능
chmod	ATTRIB	파일의 사용 허가 및 파일이나 디렉터리의 속성 변경 지정
ls	DIR	지정한 디렉터리의 파일을 보여줌
cp	COPY	파일 복사 명령
mv	RENAME(=REN)	파일 및 디렉터리 이동 또는 이름 변경
pwd		현재 디렉터리의 경로를 표시
rm	DEL	파일 삭제 명령
cat	TYPE	파일의 내용 표시
cd	CD	디렉터리 경로 변경
more	MORE	화면 단위로 내용을 출력
mkdir	MD	디렉터리 생성 명령
rmdir	RD	디렉터리 삭제 명령

pwd: print working directory

ls 명령 옵션

옵션	기능
-a	숨겨진 파일을 포함한 모든 파일과 디렉터리의 이름을 표시
-l	디렉터리를 완전한 형식으로 출력하여 모드, 크기, 접근 허가 상태, 최종 수정 시간 등의 정보를 나타냄
-t	파일이 갱신된 시간대별로 파일을 나타냄

시스템 및 파일 관련 명령어

명령어	기능
who	현재 시스템 사용자를 표시
sleep	프로세스 수행을 일시 중지
date	현재 날짜를 표시
shutdown	작업 중인 상태를 체계적으로 종료
cal	연도별 달력 표시
open	지정된 형식으로 파일 열기
kill	강제로 수행 중인 프로세스를 중지
close	파일 닫기
ps	프로세스 상태 보기
read	파일 내용을 순차적으로 읽기
finger	현재 시스템에 등록된 사용자 정보를 조회
write	파일에 내용을 순차적으로 기록
chown	파일의 소유권 변경

프로그램 편집기

종류	기능
ed	줄 단위 편집기
ex	ed를 확장한 줄 단위 편집기
vi	화면 단위 편집기, 가장 많이 사용
emacs	vi와 유사하나 Ctrl과 Meta(Alt)를 사용

아이노드(i-node) *

- UNIX 파일에 대한 정보를 규정하는 자료 구조이다.
- 파일의 이름, 크기, 소유자, 파일의 종류, 파일의 위치 등에 대한 정보를 가진다.
- DOS의 FAT(FiAcation Table)와 유사한 개념이다.

기적의 TIP i-node의 정보

- 파일 소유자 및 그룹 식별 번호
- 파일이 지정하는 디렉터리 수
- 파일 소유자의 식별 번호
- 파일 링크 수와 속성
- 데이터 블록의 주소
- 파일 생성 시간 및 변경 시간
- 파일의 종류와 크기
- 파일이 가장 최근에 사용된 시간

chmod 명령어를 이용한 접근 권한 설정

예 $chmod 777 SAMPLE

- SAMPLE 파일을 모든 사용자가 읽기, 쓰기, 실행 가능하도록 한다.
- 8진수 7 7 7은 각각 이진수 111 111 111이며 Owner, Group, Others에 대해 rwx rwx rwx가 가능하다(1은 가능, 0은 불가능).

개념 체크 ✔

1 UNIX 운영체제의 기초가 되는 언어는?

① C
② COBOL
③ PASCAL
④ BASIC

2 UNIX의 특징이 아닌 것은?

① 계층적인 디렉터리 구조를 제공한다.
② 이식성과 확장성이 우수한 운영체제이다.
③ 여러 사용자가 동시에 시스템을 사용할 수 있다.
④ 완벽한 GUI(Graphic User Interface) 환경을 제공한다.

3 UNIX에서 태스크 스케줄링(Task Sceduling) 및 기억장치 관리(Memory Management) 등의 일을 수행하는 부분은?

① Kernel ② Shell
③ Utility Program ④ Application Program

4 다음 중 UNIX 시스템의 셸(Shell)에 대한 설명이 아닌 것은?

① 셸은 사용자가 지정한 명령들을 해석하여 커널로 처리할 수 있도록 전달해 주는 명령 인터프린터이다.
② 셸은 단말 장치를 통하여 사용자로부터 명령어를 입력받는다.
③ 셸 인터프리터를 사용자가 활용할 수 있다.
④ 셸은 항상 주기억 장치에 상주하면서 메모리 관리, 작업관리, 파일 관리 등의 기능을 조정한다.

5 UNIX에서 현재 작업 중인 프로세스의 상태를 알아볼 때 사용하는 명령어는?

① ls
② ps
③ kill
④ chmod

6 다음 보기의 괄호 안에 알맞은 것은?

컴퓨터에 자료가 들어 있는 것을 파일이라 하며, 많은 형태의 파일이 존재한다. 유닉스의 파일은 (   )라는 자료 구조로 표현된다. (   )에는 파일의 이름, 크기, 소유자, 파일의 종류, 파일의 위치 등에 관련된 정보를 가지고 있다.

① i-node
② Tree
③ Stack
④ Queue

SECTION 14

3과목 PC 운영체제

Linux

POINT 044 Linux의 개요

Linux의 특징

- 소스 코드가 공개되어 있어 자유롭게 활용이 가능한 오픈 소스 운영체제이다.
- 여러 사용자가 동시에 사용 가능한 멀티유저(Multi-User) 시스템이다.
- 동시에 여러 작업이 가능한 멀티태스킹(Multi-Tasking)을 지원한다.
- UNIX와의 완전 호환과 다양한 파일 시스템을 지원하는 운영체제이다.
- Linux는 POSIX의 표준 규격을 따르는 운영체제이다.
- Linux의 대부분이 C 언어로 작성되어 다른 시스템으로 이식하기 좋다.
- 다양한 네트워크 환경(Ethernet, SLIP, PPP, ATM 등)을 지원한다.
- 여러 네트워크 작업을 한 프로세스에서 처리하는 다중 스레드(Multi-Thread)를 지원한다.
- 대부분의 네트워크 프로토콜(TCP/IP, IPX, AppleTalk 등)을 지원한다.
- Linux는 네트워크 사용을 기본 전제로 설계되어 PC용 운영체제보다 안정적이다.
- 다양한 배포판(레드햇, 데비안, 우분투, 수세 등)으로 선택의 폭이 넓다.

커널(Kernel)과 셸(Shell)의 개념

커널(Kernel)	• "핵심, 알맹이"의 의미처럼 Linux에서 가장 핵심적인 역할임 • 항상 주기억 장치에 상주하여 컴퓨터 시스템의 자원을 관리함 • 입출력 관리, 프로세스 관리 및 통신, 파일 관리, 기억 장치 관리, 시스템 호출 등을 담당함 • 크기가 작고 C 언어로 작성되어 이식성과 확장성이 뛰어남
셸(Shell)	• 사용자(User)와 Linux 커널(Kernel) 간의 인터페이스(명령어 해석기) 역할 • MS-DOS 운영체제의 COMMAND.COM과 같은 기능을 담당 • 사용자(User)마다 사용 환경을 따로 설정할 수 있음 • 셸(Shell)에서 프로그래밍(Programming) 기능이 지원됨(스크립트(Script) 언어) • 커널처럼 주기억 장치에 상주하지 않고 필요시 보조 기억 장치에서 교체 처리되어 주기억 장치에 적재되어 실행됨 • 포그라운드/백그라운드 프로세스 실행 • 종류 : 본 셸(Bourne Shell), C 셸(C Shell) 등 • 본 셸(Bourne Shell)의 프롬프트 : $, C 셸(C Shell)의 프롬프트 : %

개념 체크

1 다음 중 Linux의 특징에 대한 설명으로 옳지 않은 것은?
① 멀티태스킹을 지원한다.
② UNIX 운영체제와의 호환성이 원활하지 않다.
③ 동시에 여러 사용자가 사용할 수 있는 운영체제이다.
④ 소스 코드가 공개되어 있어 자유롭게 활용이 가능한 오픈 소스 운영체제이다.

2 다음 중 Linux의 가장 핵심적인 부분으로 입출력 관리, 프로세스 관리, 파일 관리, 메모리 관리, 시스템 호출 등을 담당하는 것은?
① 커널 ② 셸
③ 유틸리티 ④ 응용 소프트웨어

POINT 045 Linux의 명령어

디렉터리 관련 명령어

명령어	기능
cd	디렉터리 경로 변경
mkdir	• 디렉터리 생성 • 하위 디렉터리까지 한 번에 생성하는 옵션 : -p
rmdir	디렉터리 삭제(삭제 시 디렉터리에 파일이 없어야 삭제됨)
pwd	현재 디렉터리의 경로를 표시

파일 관련 명령어

명령어	기능
ls	파일 목록 표시
cp	파일이나 디렉터리 복사(디렉터리 복사 옵션 : -r)
rm	• 파일이나 디렉터리 삭제 • 디렉터리 삭제 시 옵션 : -r • 삭제 여부 확인 없이 바로 삭제 시 옵션 : -f
mv	파일이나 디렉터리 이동 또는 이름 변경
file	파일의 종류 및 속성값 표시
locate	파일의 위치를 검색
find	조건으로 파일을 검색하여 경로를 표시

touch	• 파일의 용량이 0Byte인 빈 파일을 생성(파일이나 디렉터리가 존재하지 않을 때) • 파일의 최근 사용 및 수정 시간 등의 타임 스탬프를 변경
cat	파일의 내용을 출력
head	출력을 원하는 용량(-c)이나 줄 수(-숫자 또는 -n 숫자, 미지정 시 기본 10개씩 출력)만큼 파일의 앞부분을 출력함
tail	• 출력을 원하는 용량(-c)이나 줄 수(-숫자 또는 -n 숫자, 미지정 시 기본 10개씩 출력)만큼 파일의 뒷부분을 출력함 • -F 옵션 : 화면에 파일 내용을 계속 표시하며 내용 변경 시 변경된 내용을 업데이트함
more	화면 단위로 파일의 내용을 출력함
less	한 번에 한 화면씩 내용을 출력함

기타 명령어

명령어	기능
date	시스템의 날짜, 시간을 표시 및 변경
time	프로그램 수행 시간을 출력
cal	시스템의 달력(-y) 및 달(옵션 없을 때)을 출력
clear	터미널의 내용 지우기
wall	로그인된 상태의 모든 계정으로 메시지 전달
write	설정 계정으로 메시지 전달
mesg	메시지 수신 여부를 확인
tty	터미널의 경로명과 파일명을 출력
stty	프롬프트 설정을 변경
man	리눅스 명령어들의 매뉴얼 제공(-h 옵션 : 사용법 출력)
info	리눅스 명령어의 사용 방법 및 옵션 등을 제공
which	명령어의 경로를 확인
ps	현재 실행 중인 프로세스의 상태 출력
kill	프로세스 종료
killall	모든 프로세서를 강제로 종료
chsh	로그인 셸 변경
echo $SHELL	로그인 사용자의 사용 셸
redirection	화면으로 출력될 결과를 파일 형태로 저장
alias	자주 사용하는 명령어를 사용하기 쉽게 설정
unalias	alias 명령을 해제
exec	프로세스 실행
fork	프로세스 생성 및 복제
exit	프로세스 종료
pipe	파이프 생성

시스템 종료 명령어

명령어	기능
shutdown	• 시스템 종료(-h) 및 종료 후 재부팅(-r) • root 사용자만 사용할 수 있는 권한이 있음
reboot	시스템을 재부팅, 강제 재부팅(-f)
halt	시스템을 종료
init	시스템 종료(0) 및 종료 후 재부팅(6)

프로그램 편집기

종류	기능
vi	• 화면 단위 편집기 • 편집 모드, 명령 모드, 입력 모드로 구성됨
vim	• 유니코드 및 다국어가 지원됨 • 다양한 색상을 이용하여 편집할 수 있음
pico	• 메뉴 선택 방식, Windows의 메모장과 유사함 • 자유 소프트웨어 라이센스가 아니므로 소스 수정이 불가함
nano	pico의 복제 버전 에디터임
emacs	• 여러 개발 환경에서 편집이 가능함 • 매크로 기능 있는 텍스트 교정 • HTML, C, LISP, FORTRAN 등과 같은 언어의 소스 코드 작성 시 모드 설정 가능
gedit	• Windows나 맥(Mac) OS X 등에서 사용 가능함 • X-윈도우 시스템에서 사용할 수 있게 개발됨

개념 체크

1 다음 명령 중 현재의 작업 디렉터리를 나타내기 위한 Linux 명령은?
① cd
② mkdir
③ rmdir
④ pwd

2 Linux 시스템에서 현재 작업 중인 프로세스의 상태를 알기 위해 사용하는 명령어는?
① ls
② ps
③ cp
④ cat

3 다음 Linux 명령 중 기능이 다른 명령어는?
① vi
② vim
③ gedit
④ write

POINT 046 Linux의 파일 처리 및 조작

파일 시스템의 구성

부트 블록	시스템이 부팅될 때 사용하는 코드
슈퍼 블록	파일 전체 시스템에 대한 정보를 기억
i-node List	i-node의 집합
데이터 블록	파일의 내용이 저장되어 있는 블록

i-node

- 각 파일에 대한 상태 정보를 가지고 있는 자료 구조이다.
- i-node 내용 : 파일 소유자의 식별 번호 및 그룹 번호, 데이터 블록 주소, 파일 크기, 파일 형태(Type), 파일이 만들어진 시간, 파일이 가장 최근에 사용된 시간, 파일이 변경된 가장 최근의 시간, 파일 링크 수 등
- i-node에 대한 정보는 "stat"이라는 명령어로 확인 가능하다.

파일 시스템 디렉터리

종류	기능
/	시스템의 루트 디렉터리(Root Directory), 최상위 디렉터리
/boot	부팅 시 사용되는 모든 파일 및 디렉터리
/root	root user인 시스템 관리자용 홈 디렉터리
/home	사용자 계정 디렉터리로 로그인했을 때 처음으로 위치하는 디렉터리
/proc	커널 제어 및 커널 정보에 접근
/lib	공유 라이브러리 디렉터리
/bin	명령어 디렉터리로 일반 사용자와 시스템 관리자가 같이 사용하는 디렉터리
/etc	시스템 관리를 위한 환경 설정 파일을 저장하는 디렉터리
/etc/fstab	파일 시스템 정보와 부팅될 때의 마운트 정보를 저장하는 파일
/tmp	임시 파일 생성 디렉터리
/usr	사용자 디렉터리

파일 시스템 관련 명령어

명령어	기능
stat	파일 상태 정보 출력 명령
chmod	파일이나 디렉터리에 대한 접근 허가 모드 변경
chown	파일이나 디렉터리의 사용자 소유권과 그룹 소유권 변경
mount	각 장치와 파일 시스템을 연결
unmount	각 장치와 파일 시스템의 연결 해제
fsck	파일 시스템의 오류 여부를 검사(무결성 검사)
eject	미디어 해제 및 장치 제거
fdisk	파티션 생성, 삭제, 타입 결정
mkfs	파일 시스템 생성
mke2fs	ext2, ext3, ext4 타입의 Linux 파일 시스템을 생성
e2fsck	ext2, ext3, ext4 파일 시스템을 점검

개념 체크

1 Linux의 파일 시스템과 관련이 적은 것은?
① 부트 블록
② 사용자 블록
③ i-node
④ 슈퍼 블록

2 Linux에서 각 파일에 대한 정보를 기억하고 있는 자료 구조로서 파일 소유자의 식별 번호, 파일 크기, 파일의 최종 수정 시간, 파일 링크 수 등의 내용을 가지고 있는 것은?
① 슈퍼 블록
② i-node
③ 디렉터리
④ 파일 시스템 마운팅

SECTION 15

3과목 PC 운영체제

전산 영어

POINT 047 전산 영어

ADSL(Asymmetric Digital Subscriber Line) – 비대칭 디지털 가입자 회선

ADSL is technology for transmitting digital information at high bandwidth on existing phone lines to home and business.

ADSL은 가정이나 회사에 연결된 기존의 전화 회선을 이용하여 광대역으로 디지털 정보를 전송하기 위한 기술이다.

ALU(Arithmetic and Logic Unit) – 산술 논리 연산 장치

It is the part of a computer processor(CPU) that carries out arithmetic and logic operations on the operands in computer instruction words.

산술 논리 연산 장치는 중앙 처리 장치의 구성 요소로서 컴퓨터 명령어 내에 있는 연산자를 이용하여 산술 연산 및 논리 연산을 수행한다.

Batch Processing System – 일괄 처리 시스템

Batch processing system is a way to process a fixed amount data at the same time. The method that process data collected until it become some quantity or for some period of time at one time.

일괄 처리 시스템은 일정량의 데이터를 한꺼번에 처리하는 방식이다. 자료를 일정 기간 또는 일정량이 될 때까지 모아 한꺼번에 처리하는 방법이다.

Bit(Binary Digit) – 비트

A bit is the smallest unit of information that can be used by computer. A bit has a single binary value, either 0 or 1.

비트는 컴퓨터에서 사용되는 정보 표현의 가장 작은 단위이다. 비트는 2진수 0과 1의 값을 갖는다.

Bootstrap – 부트스트랩

The term often used for starting a computer, especially one that loads its operating software from the disk.

컴퓨터를 시작할 때 자주 사용되는 용어로, 디스크로부터 운영체제가 적재될 때를 의미한다.

Cache Memory – 캐시 메모리

Cache memory is random access memory that a computer microprocessor can access more quickly than it can access regular RAM. As the microprocessor processes data, it looks first in the cache memory and if it finds the data from a previous reading of data, it does not have to do the more time-consuming reading of data from larger memory.

캐시 메모리는 컴퓨터 마이크로프로세서가 일반적인 RAM(DRAM)보다 더 빨리 접근할 수 있는 임의 접근 기억 장치이다. 마이크로프로세서가 데이터 처리 시 먼저 캐시 메모리를 조사하고 이전에 읽어들인 데이터에서 찾는다면 큰 용량의 저장 장치(하드 디스크)로부터 데이터를 읽어오는 시간을 줄일 수 있다.

Compiler – 컴파일러

A compiler is a special program that processes statements written in a particular programming language and turns them into machine language or code that a computer's processor uses.

컴파일러는 특정한 프로그래밍 언어로 작성된 문장을 처리하고 컴퓨터가 사용할 수 있는 기계어 또는 컴퓨터 프로세서가 사용하는 코드로 번역해 주는 특수한 프로그램이다.

Deadlock – 교착 상태

A deadlock is a situation in which two computer programs sharing the same resource are effectively preventing each other from accessing the resource, resulting in both programs ceasing to function.

교착 상태란 동일한 자원을 공유하고 있는 두 개의 컴퓨터 프로그램이 서로 간에 공유된 자원의 사용을 방해함으로써 결국은 두 개의 프로그램 모두 실행이 중지되는 상황을 말한다.

FIFO – 선입선출

> The FIFO algorithm replace the resident page that has spent the longest time in memory. Whenever a page is to be evicted, the oldest page is identified and removed from main memory.

주기억 장치 내에 가장 먼저 들어온 가장 오래된 페이지를 교체할 페이지로 선택하는 알고리즘 기법으로 가장 오래된 페이지로 인식된 페이지를 주기억 장치에서 제거한다.

Format – 포맷

> Before a disk can store data, it must be divided into sectors that the disk controller can read and write.

포맷은 디스크에 데이터를 저장하기 전에 디스크 컨트롤러가 읽기/쓰기가 가능하도록 섹터로 구분하는 작업이다.

Interrupt – 인터럽트

> An interrupt is a signal from a device attached to a computer or from a program within the computer that causes the main program that operates the computer (the operating system) to stop and figure out what to do next.

인터럽트란 컴퓨터에서 실행 중인 프로그램을 중지시키고 다음 작업을 해결하기 위한 컴퓨터 프로그램 또는 컴퓨터에 연결된 장치로부터의 신호이다.

Multi-programming – 다중 프로그래밍

> Multi-programming is a rudimentary form of parallel processing in which several programs are run at the same time on a uniprocessor. Since there is only one processor, there can be no true simultaneous execution of different programs.

다중 프로그래밍은 하나의 프로세서에 여러 개의 프로그램이 동시에 병렬 처리되는 기본적인 형태를 말한다. 단지 하나의 프로세서가 존재하므로 서로 다른 여러 가지 프로그램들이 동시에 수행된다고 볼 수는 없다.

OS(Operating System) – 운영체제

> An operating system (sometimes abbreviated as OS) is the program that, after being initially loaded into the computer by a boot program, manages all the other programs in a computer.

운영체제(OS)는 부트 프로그램에 의해 초기에 컴퓨터에 적재되어, 컴퓨터에 있는 모든 프로그램들을 관리, 운영해 주는 프로그램이다.

Real Time Processing System – 실시간 처리 시스템

> Data processing system which requires immediate process when the data generated like seat reservation for train or airplane.

기차 또는 비행기 좌석 예약과 같이 데이터 발생과 동시에 즉시 처리해야 하는 경우의 자료 처리 시스템이다.

Scandisk – 스캔디스크

> It is the name of the program that can fix minor errors on your hard drive.

하드 디스크 상의 사소한 오류를 고칠 수 있는 프로그램의 이름이다.

Scheduler – 스케줄러

> The selects from among the processes in memory that are ready to execute, and allocates the CPU

메모리에서 실행을 대기하는 처리들 중 하나를 선택하여 중앙 처리 장치에 할당해 준다.

SPOOL(Simultaneous Peripheral Operations On-Line) – 병행 처리 기법

> To spool a computer document or task list (or job) is to read it in and store it, usually on a hard disk or larger storage medium so that it can be printed or otherwise processed at a more convenient time.

스풀은 문서 또는 작업 리스트(잡)를 읽어 하드 디스크 또는 대용량 저장 장치에 저장한 후 출력하거나 좀 더 편리한 시간을 이용해 출력이 가능하도록 해 주는 것이다.

Time Sharing Processing System – 시분할 처리 시스템

> This system was developed in which users could interface directly which the computer through terminals. Programs in the system are given a limited amount of CPU time called a time-slice

시분할 처리 시스템은 터미널을 통해 사용자가 직접 컴퓨터와 의사소통이 가능하도록 개발되었다. 프로그램들은 타임 슬라이스라고 불리우는 제한된 양의 CPU 사용 시간이 주어진다.

Virtual Memory – 가상 기억 장치

> Virtual (or logical) memory is a concept that, when implemented by a computer and its operating system, allows programmers to use a very large range of memory or storage addresses for stored data.

가상 기억 장치란 컴퓨터와 운영체제에 의해 구현되는 개념으로, 프로그래머들이 매우 큰 용량의 메모리 또는 저장 데이터를 위한 큰 공간을 사용할 수 있도록 해 주는 개념이다.

개념 체크

1 다음은 무슨 개념에 대한 설명인가?

> It is a situation in which two computer programs sharing the same resource are effectively preventing each other from accessing the resource, resulting in both programs ceasing to function.

① Multiprogramming
② Distributed System
③ Deadlock
④ Spool

2 Which one does below sentence describe?

> Data processing system which requires immediate process when the data generated like seat reservation for airplane or train.

① Time ShariSystem
② Distributed Processing System
③ Batch Processing System
④ Real Time Processing System

3 다음 ( ) 안에 알맞은 내용은 무엇인가?

> (   ) is a concept that, when implemented by a computer and its operating system, allows programmers to use a very large range of memory or storage addresses for stored data.

① Random Access Memory
② Virtual Memory
③ Cache Memory
④ Dynamic RAM

SECTION 16

4과목 정보 통신 일반

정보 통신 개요

POINT 048 정보 통신의 개념

정보 통신(정보 전송 기술 + 정보 처리 기술)의 개념*

- 2진 디지털 데이터를 목적물로 하는 통신이다.
- 음성, 데이터, 이미지, 영상, 멀티미디어 등의 정보를 송·수신하는 것을 의미한다.
- 정보 통신의 3대 목표 : 정확성, 효율성, 보안성

정보 통신의 구성 요소

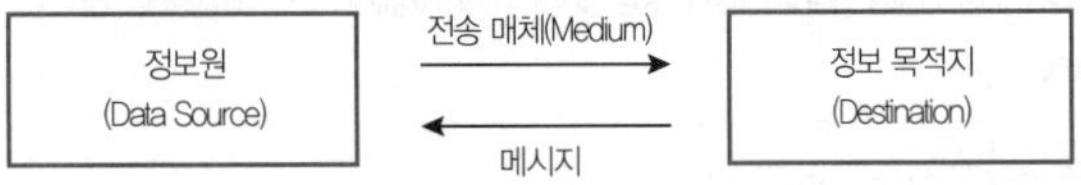

- 정보원(Data Source) : 전달하려는 정보가 만들어지는 근원지(송신자)이다.
- 전송 매체(Medium) : 정보를 전달하는 수단이다.
- 정보 목적지(Destination) : 매체에 맞게 변형된 정보가 전달되는 곳(수신자)이다.

정보 통신 시스템 특징

- 고속 통신에 적합하고, 다중 전송이나 광대역 전송이 가능하다.
  - 다중 전송 : 하나의 컴퓨터가 다수의 터미널에 동시에 전송하는 것
  - 광대역 전송 : 주파수 분할 다중화 기법을 이용해 하나의 전송 매체에 여러 개의 데이터 채널을 전송(=브로드밴드(Broad-band))
- 시간이나 거리에 구애받지 않는다(고품질의 통신 가능).
- 동보 전송이 가능하다. (같은 메시지를 동시에 여러 명에게 전송하는 것)
- 에러 제어 기능으로 인해 신뢰성이 높다.

정보 통신 기술의 발달 과정

제1단계	• 음성 전용 회선을 이용한 모뎀 개발 • 저중속 데이터 전송이 가능해짐
제2단계	기존의 전화 교환망을 이용하여 정보를 전송
제3단계	• 광대역 데이터 전송 회선(아날로그 방식) • 고속의 정보 전송 가능
제4단계	• 디지털 전용 회선 • 시분할 방식 구현
제5단계	• 데이터 전용 교환망을 구축 • 회선, 패킷 교환 방식 이용
제6단계	• 종합 정보 통신망(ISDN) • 디지털 방식으로 문자, 음성, 화상 정보 등 다양한 정보의 전송이 가능

- 시분할 방식 : CPU의 처리 시간을 일정 단위로 나누어 여러 사용자에게 동등한 시간으로 처리해주는 방식이다.
- 회선 교환 : 컴퓨터와 터미널 간의 통신 회선을 고정적으로 할당하여 데이터를 교환하는 방식이다.
- 패킷 교환 : 패킷 형태로 만들어진 일정 길이의 데이터를 전송하는 방식이다.

정보 통신망의 발달

- SAGE(Semi-Automatic Ground Environment) 구축 : 최초의 정보 통신 시스템
- BRE(Semi-Automatic Business earch Environment) 구축 : 최초의 상업용 정보 통신 시스템
- CTSS(Compatible Time Sharing System) : 최초의 시분할 방식 시스템
- ARPA(Advanced Research Project Agency) : 패킷 교환 방식을 이용한 최초의 컴퓨터 통신망
- SNA(System Network Architecture) : 컴퓨터와 단말기 간의 편리한 연결을 위한 정보 통신 시스템

단말 장치(DTE : Data Terminal Equipment)

- 데이터 통신 시스템과 사용자의 접속점에 위치하여 데이터의 입출력 및 송·수신을 담당하는 장치이다.
- 기능 : 입·출력 기능, 전송 제어 기능, 기억 기능

데이터 회선 종단 장치(DCE : Data Circuit-terminating Equipment)

- 신호 변환 장치로 단말 장치와 통신 회선을 연결하는 기능을 담당한다.
- 통신 회선 양 끝에서 신호 변환, 송·수신 확인, 전송 신호의 동기 제어, 오류 제어 등의 기능을 수행한다.

모뎀(MODEM)

아날로그 회선에서 사용되며, 단말 장치로부터 입력된 디지털 신호를 통신 회선에 알맞은 아날로그 신호로 변조(MOdulation)하고 다시 복조(DEModulation)하는 장치이다.

DSU(Digital Service Unit)*

디지털 회선에서 사용되며, 단말 장치로부터 입력된 디지털 신호를 사용하기 위해 부호화(oding)하고 다시 복호화(Decoding)하는 장치이다.

통신 제어 장치(Communication Control Unit)*

- 데이터 전송 회선과 컴퓨터 사이를 연결하고 통신 회선과 중앙 처리 장치를 결합하여 데이터의 처리를 제어한다.
- CCU(Communication Control Unit) : 통신 제어 장치로 기본 기능을 수행하고 문자나 블록으로 조합된다.
- CCP(Communication Control Processing) : 통신 처리 장치로 메시지를 조립하는 기능을 수행한다.
- FEP(Front End Processor) — 메인 프레임의 통신 제어를 위해 설계된 전용 컴퓨터
  - 전처리 장치로 메시지의 조립과 처리를 담당, 에러의 검출과 수정을 수행한다.
  - 여러 통신로를 중앙 컴퓨터에 연결하여 터미널이 송신 상태에 있는지 또는 수신 상태에 있는지 조사한다.

개념 체크

1 다음 중 데이터 통신의 목적으로 가장 적합한 것은?

① 통신 서비스의 표준화
② 신속 정확한 정보의 전달과 정보 지원의 공유 및 이용
③ 정보 통신 기기의 개발 및 발전 촉진
④ 정보에 대한 비밀 보장

2 다음 중 데이터 단말 장치와 디지털 통신 회선 사이에 있는 DCE로 적합한 것은?

① 통신 제어 장치
② 멀티플렉서
③ MODEM
④ DSU

3 다음 중 DTE/DCE의 접속 규격에 관한 것이 아닌 것은?

① 기계적 특성
② 전기적 특성
③ 통신적 특성
④ 절차적 특성

4 정보 통신 시스템의 구성요소 중 데이터 전송계에 해당하지 않는 것은?

① 모뎀 장치
② 데이터 전송 회선
③ 중앙 처리 장치
④ 통신 제어 장치

SECTION 17

4과목 정보 통신 일반

정보 전송 회선

POINT 049 유선 매체(유도 매체)

나선(Open Wire)

- 가장 최초로 쓰여진 통신 선로로 전신주를 이용한다.
- 철에 구리를 입힌 매체이며 개방형 선로이다.

트위스티드 페어 케이블(Twisted Pair Cable)

- 2선의 구리선이 서로 감겨있는 형태의 케이블이다.
- 건물 내의 통신 수단이나 가까운 시내 전화 선로에 많이 이용된다.
- 가정용 전화기, 개인용 컴퓨터 연결 등에 사용된다.

동축 케이블(Coaxial Cable)

- 동일한 중심축에 플라스틱 절연체를 씌우고 그 위에 그물 모양의 구리망을 감싼 전송 매체이다.
- CATV, 장거리 전화, 근거리 통신망(LAN), 광대역 아날로그 전송, 디지털 전송에 사용된다.
- 고주파 전송, 광대역 전송, 장거리 전송이 적합하다.
- 트위스티드 페어 케이블에 비해 우수한 혼선, 감쇠가 적은 매체이다.

(고주파: 높은 주파수를 가진 전자파. 일반적으로 60Hz(헤르츠) 이상의 주파수)

- 이용 분야 : TV급 전선, 유선 방송(CATV), 근거리 네트워크(LAN) 등에 이용된다.

광섬유 케이블(Optical fiber Cable)*

- 규소(SiO_2)를 주재료로 하며 빛의 반사 현상을 이용한다.
- 온도 변화에 안정적이며 신뢰성이 높고 에러 발생률이 가장 적다.
- 코어와 클래딩으로 구성되며 빛 신호가 코어를 따라 이동하면서 클래딩에 전반사되는 과정으로 데이터를 전송한다.

(코어: 빛을 전달하는 부분)

- 전력 유도나 전자 유도에 영향을 받지 않으므로 잡음이나 누화가 거의 없고 신호 감쇠 현상이 적다.
- 광대역 전송, 작은 크기와 무게, 적은 감쇠도, 보다 넓은 리피터 간격과 같은 전송 특징이 있다.
- 이용 분야 : 장거리 중계선, 근거리 통신망(LAN), 전화국 간의 중계선 등

(누화: 인접한 서로 다른 전송 선로 상의 신호가 다른 회선에 영향을 주는 현상)

개념 체크 ✓

1 중앙 내부의 구리 심선과 원통형의 외부도체로 구성되어 있고 그 사이에는 절연물로 채워져 있으며 주로 CATV용 구내 전송 선로에 이용되는 케이블은?

① 국내 케이블 ② 동축 케이블
③ 폼스킨 케이블 ④ 광케이블

POINT 050 무선 선로(비유도 매체)

지상 마이크로파(Terrestrial Microwave)

- 접시형 안테나를 이용, 장거리 전송을 위한 마이크로파 중계탑을 여러 개 사용한다.
- 광대역 통신, 다중 통신, 장거리 통신이 가능하다.
- 대용량, 고속 통신이 가능하고 외부의 영향을 적게 받는다.
- 이용 분야 : TV, PCS, 무선 LAN 등에 사용

(PCS: Personal Communications Service(개인용 휴대 통신 서비스))

위성 마이크로파(Satellite Microwave)*

- 통신 위성을 이용하여 정보를 전송하는 것으로, 국제 전화, 전신, TV 등에 사용된다.
- 통신 용량이 대용량이며 국가 간의 원거리 통신에 주로 이용한다.
- 전파 지연 시간이 발생하며 기후의 영향을 받는다.

(전파 지연 시간: 통신 위성에 전파를 보내고, 통신 위성에서 수신지로 전파를 전송하는 과정에서 소용되는 시간)

- 장거리 통신이므로 전파 지연 및 폭우로 인한 감쇠 현상이 나타날 수 있다.
- 이용 분야 : TV, 국제 전화, 사설기업의 기업망 등
- 통신 위성의 위치 : 적도 위 약 36,000Km 상공
- 세계 최초의 통신 위성 : Telstar(텔스타)
- 전파 지연 시간 : 송신지에서 직접 수신지로 전파를 보내지 못하고 통신 위성에 전파를 보내고 통신 위성에서 수신지로 전파를 전송하는 과정에서 소요되는 시간

무선 주파수(Radio Frequency)

(무선 주파수: 사람이 들을 수 있는 9KHz에서부터 수천 GHz까지의 주파수)

- 다방향성으로 접시형 안테나가 필요 없다.
- 안테나가 정해진 시점에 정확히 설치될 필요가 없다.
- VHF와 UHF 대역의 FM 라디오, UHF, VHF TV에 사용된다.

전송 선로의 이론

전기적인 1차 정수	• 도체 저항(R) : 물체의 운동 방향과 반대 방향으로 작용하는 힘 • 인덕턴스(L) : 전류 회로에 발생된 자기 유도의 정도를 전류 변화와 관련하여 나타내는 양 • 정전 용량(C) : 도체의 형상이나 주위의 유전체에 의해 정해지는 상수 • 컨덕턴스(G) : 저항이 얼마나 잘 흐르는가를 나타냄
극소 조건 (Distortionless Condition)	선로의 감쇠량 조건을 의미하며, LG = RC로 나타냄

개념 체크

1 다음 중 무궁화 위성과 같은 정지형 통신 위성의 위치로 적합한 것은?

① 지상 약 15000[km] 상공
② 지구 북회귀선 상공 약 25000[km]
③ 지구 적도 상공 약 36000[km]
④ 지구 극점 상공 약 45000[km]

POINT 051 정보 전송 회선의 종류와 특성

접속 형식에 의한 분류

2선식 회선	• 2개의 선을 기본으로 하는 통신 회선 • 동시에 송신 및 수신이 불가능(단반향 또는 반이중 통신 방식만 가능) • 주파수 분할 다중화 방식(FDM)을 사용
4선식 회선	• 4개의 선을 기본으로 하는 통신 회선 • 동시에 송신 및 수신이 가능하여 전이중 통신 방식에 적합

교환 회선과 전용 회선

교환 회선	• 2선식 전화망(PSTN) • 교환기를 통하여 연결된 여러 단말 장치에 대해 송 · 수신하는 방식 • 전송할 데이터의 양이 적고 접속할 경우가 많은 경우에 유리 • 회선 교환과 축적 교환으로 분류할 수 있음
전용 회선	• 2선식 또는 4선식 • 교환기를 사용하지 않음 • 직접적, 직통적, 고정적으로 연결(점 대 점)하는 방식 • 데이터의 양이 많거나 이용 횟수가 많을 경우에 적합

통신 방식에 따른 분류*

단방향 통신(Simplex)	한쪽 방향으로만 정보 전송이 가능(예 TV, 라디오)
반이중 통신(Half Duplex)	양쪽 방향 통신이 가능하지만 동시에는 불가능한 형태(예 무전기)
전이중 통신(Full Duplex)	양쪽 방향으로 동시에 정보의 전송이 가능한 경우(예 전화)

포인트 투 포인트(Point-to-Point) 방식과 멀티 포인트 방식(Multi-point)

포인트 투 포인트(Point-to-Point)	멀티 포인트(Multi-point)
• 점 대 점 방식이라고도 함 • 데이터를 송 · 수신하는 2개의 단말 장치를 전용 회선으로 항상 접속해 두는 방식 • 송 · 수신하는 데이터의 양이 많을 경우 유리	• 다중 점 방식, 멀티 드롭(Multi-drop) 방식이라고도 함 • 하나의 회선에 여러 단말 장치를 접속하는 방식 • 폴링(Polling)과 셀렉션(Selection)으로 제어하여 송 · 수신하는 방식

개념 체크

1 송 · 수신 간에 통신 회선이 고정적이고, 언제나 통신이 가능하며 많은 양의 데이터 전송에 효율적인 회선은?

① 중계 회선 ② 구내 회선
③ 전용 회선 ④ 교환 회선

2 단말기에서 메시지(Message) 출력 중 동시에 호스트 컴퓨터로부터 입력 신호를 받아들일 수 있는 방식은?

① 전이중 방식 ② 반이중 방식
③ 단향 방식 ④ 우회 방식

POINT 052 회선 제어 기법

회선 제어 기법

회선 분류	제어 기법	특징
포인트 투 포인트	컨텐션(Contention)	• 송신 요구를 먼저 한 쪽이 송신권을 먼저 갖는 방식 • 포인트 투 포인트 방식에서 사용
멀티 포인트	폴링(Polling)	호스트 컴퓨터가 단말 장치들에게 "보낼(송신) 데이터가 있는가?"라고 묻는 제어 방법
	셀렉션(Selection)	호스트 컴퓨터가 특정 단말 장치에게 "받을(수신) 준비가 되어 있는가?"라고 묻는 제어 방법

회선 제어 절차

데이터 전송을 위해 수신측과 회선을 연결하는 단계를 의미한다.

① 회선 연결	교환 회선에서 송 · 수신 장치 간의 물리적 연결 절차
② 링크 확립	상대방과의 전송이 가능한지를 확인하는 과정, 송 · 수신 경로를 데이터 링크라 함
③ 메시지 전달	확립된 데이터 링크(Data Link)를 이용, 데이터를 수신측으로 전송
④ 링크 단절	데이터의 전송이 완료되면 수신측의 확인에 의해 데이터 링크를 끊고 초기 상태로 복귀
⑤ 회선 절단	전기적 신호를 주고받는 경로를 없애는 단계(물리적 연결을 끊는 단계)

개념 체크

1 데이터 전달의 기본 단계를 순서대로 옳게 나열한 것은?

① 회선 연결 → 링크 확립 → 메시지 전달 → 링크 단절 → 회선 단절
② 링크 확립 → 회선 연결 → 메시지 전달 → 회선 단절 → 링크 단절
③ 회선 연결 → 링크 단절 → 메시지 전달 → 링크 확립 → 회선 단절
④ 링크 확립 → 회선 단절 → 메시지 전달 → 회선 연결 → 링크 단절

POINT 053 통신 속도와 통신 용량

전송 속도

- BPS(Bit Per Second) : 1초당 전송되는 비트의 수이다.
- Baud(보) : 1초당 최단 펄스의 수, 초당 신호 변화의 개수, 초당 상태 변화의 개수를 의미하는 신호 속도의 단위이다.

  - Baud(보) : 변조 속도 단위
  - 펄스 : 극히 짧은 시간만 흐르는 전류

BPS와 Baud의 관계

- 한 비트가 하나의 신호를 표현하는 단위(Baud)로 쓰이는 경우 BPS와 Baud 속도는 동일하다.
- 2비트, 3비트가 모여서 하나의 신호를 나타내는 경우에는 Baud 속도는 BPS의 $\frac{1}{2}$, $\frac{1}{3}$이 된다.

> - 1비트(One Bit = 2위상)가 한 신호 단위인 경우 : BPS = Baud
> - 2비트(DiBit = 4위상)가 한 신호 단위인 경우 : BPS = Baud x 2
> - 3비트(TriBit = 8위상)가 한 신호 단위인 경우 : BPS = Baud x 3
> - 4비트(Quad Bit =16위상)가 한 신호 단위인 경우 : BPS = Baud x 4

위상 : 진동, 파동과 같이 주기적으로 반복되는 현상에 대해 어떤 시각 또는 어떤 장소에서 변화의 국면을 의미

통신 용량(채널 용량)

- 정보가 오류없이 채널을 통해 보내질 수 있는 최대 속도를 의미한다.
- 단위 시간 동안 한 개의 회선으로 최대로 전송할 수 있는 전송 데이터의 양을 의미한다.
- 샤논(Shannon)의 법칙으로 채널의 정보 전송 능력을 나타낼 수 있다.

> $C = W\log_2(1 + \frac{S}{N})$[BPS]
>
> C : 통신 용량, W : 주파수 대역폭, S : 신호 전력, N : 잡음 전력

대역폭 : 전기 신호를 흐트러지지 않은 상태로 보내기 위한 일정한 주파수의 폭

- 샤논의 법칙은 잡음이 없는 이상적인 채널의 경우 신호 대 잡음비가 무한대가 되어 전송률을 무한대로 높일 수 있다.
- 대역폭을 무한대로 높이면 전송률 역시 무한대로 높일 수 있다.
- 전송로의 통신 용량을 증가시키기 위해서 대역폭을 늘리는 방법과 신호 전력을 높이거나 잡음 전력을 줄여야 하는 방법이 있다.

개념 체크

1 위상 변조를 하는 동기식 변 · 복조기의 변조 속도가 1200보오(Baud)이고, 디비트(Dibit)를 사용한다면 통신 속도[Bps]는?

① 1200 ② 2400
③ 4800 ④ 9600

SECTION 18

4과목 정보 통신 일반

정보 전송 방식

POINT 054 정보 전송 방식

정보 전송 부호

Baudot 코드	• 5비트 코드, 2^5(32)가지의 정보를 표현 • 텔렉스 통신에서 이용
BCD 코드	• 6비트 코드, 2^6(64)가지의 정보를 표현 • Zone Bit : 2비트, Digit Bit : 4비트 • 영문 대소문자가 구별되지 않음
ASCII 코드	• 7비트 코드, 2^7(128)가지의 정보를 표현 • Zone Bit : 3비트, Digit Bit : 4비트 • 영문 대소문자 구분 가능 • 데이터 통신용으로 사용
EBCDIC 코드	• 8비트 코드, 2^8(256)가지의 정보를 표현 • Zone Bit : 4비트, Digit Bit : 4비트 • 범용 컴퓨터에서 사용

직렬 전송(Serial Transmission)*

• 하나의 문자를 구성하는 비트들이 하나의 전송 선로를 통하여 순차적으로 전송한다.
• 통신 설치 비용이 저렴하다.
• 원거리 전송에 적합하다.
• 전송 속도가 느리다.
• 데이터 통신에서 사용된다.

기적의 TIP Zone, Digit Bit의 기능 및 Gray 코드
• Zone Bit : 숫자, 영문자, 특수 문자 등의 그룹 표시
• Digit Bit : 일련번호
• Gray 코드 : 아날로그 – 디지털 변화에 사용되는 코드

병렬 전송(Parallel Transmission)

• 한 문자를 구성하는 비트들이 각각의 전송 선로를 통하여 동시에 전송한다.
• 송 · 수신기가 단순, 전송 거리에 따라 전송로의 비용이 증가한다.
• 전송 속도가 빠르다.
• 컴퓨터와 주변 기기 간의 통신에 사용된다.

개념 체크 ✓

1 한 바이트를 8개의 비트로 분리해서 한 번에 한 비트씩 순서적으로 선로를 통해 전송하는 방식은?
① 직렬 전송
② 병렬 전송
③ 직병렬 전송
④ 온라인 전송

POINT 055 비동기식 전송과 동기식 전송

비동기식(Asynchronous Transmission) 전송

• 한 문자 단위(5–8비트)로 전송하는 방식이다.
• 스타트 비트(Start Bit)와 스톱(Stop Bit) 비트를 삽입하여 전송한다.
• 스타트–스톱 전송이라고도 한다.
• 각 문자 사이에 유휴 시간이 있을 수 있다.
• 1,200BP는 1,800BPS 이하의 낮은 전송 속도에서 이용된다.
• 주파수 편이 변조(FSK)를 사용한다.

동기식 전송(Synchronous Transmission)*

• 여러 문자를 블록 단위로 전송하는 방식이다.
• 많은 양을 전송하므로 버퍼 장치가 필요하다.
• 대부분 통신 프로토콜에서 사용된다.
• 2,400BPS 이상의 고속 전송에 사용된다.
• 위상 편이 변조(PSK)를 사용한다.
• 문자 동기 방식과 비트 동기 방식으로 구분된다.

문자 동기 방식	• 문자를 이용하여 동기하는 방식 • 데이터 블록의 시작과 끝을 제어 문자를 사용하여 구분함
비트 동기 방식	데이터 블록의 앞 부분과 끝 부분에 플래그(Flag)나 특수 비트를 전송하여 동기를 맞추는 방식

혼합식 동기식 전송

- 동기식 전송처럼 송·수신측이 서로 동기 상태에 있어야 한다.
- 비동기식 전송처럼 스타트 비트와 스톱 비트를 가진다.
- 각 문자 사이에 유휴 시간이 존재한다.
- 비동기식 전송보다 빠르다.

기적의TIP 1문자의 크기
1문자의 크기 = 스타트 비트 + 스톱 비트 + 데이터 비트

개념 체크

1 동기식(Synchronous) 전송의 특징이 아닌 것은?
① 동기를 하기 위해서 SYN란 캐릭터를 사용한다.
② 데이터를 저장하기 위한 메모리가 필요하다.
③ 고속 전송에 주로 이용된다.
④ 전송 효율이 비동기식 전송보다 낮다.

2 비동기식 전송에 대한 설명으로 옳지 않은 것은?
① 스타트 비트와 스톱 비트가 있다.
② 문자 사이마다 휴지 기간이 있을 수 있다.
③ 동기용 문자가 쓰인다.
④ 동기는 문자 단위로 이루어진다.

POINT 056 정보 신호 변환 방식

아날로그 데이터의 아날로그 부호화

- 진폭 변조(AM : Amplitude Modulation) : 반송파의 진폭을 변조
- 주파수 변조(FM : Frequency Modulation) : 반송파의 주파수를 변조
- 위상 변조(PM : Phase Modulation) : 반송파의 위상을 변조

(반송파: 컴퓨터 신호를 통신 회선의 특성에 맞도록 변조하기 위한 기준 파형)
(진폭: 신호의 높이, 최고점에서 최저점까지의 거리)
(주파수: 1초 동안에 반복되는 횟수)

아날로그 데이터의 디지털 부호화

- PCM(Pulse Code Modulation) 방식이다.
- 아날로그 신호를 디지털 펄스로 변환하여 전송하고 수신측에서 이를 다시 본래의 아날로그 신호로 환원시키는 방식이다.
- PCM 변조 과정 : 아날로그 데이터 → 표본화 → 양자화 → 부호화 → 복호화 → 여과 → 아날로그 데이터

(펄스: 짧은 지속 시간을 갖는 전기의 흐름)

표본화(Sampling)	아날로그 정보를 일정 간격으로 나누어 샘플마다 진폭값 부여
양자화(Quantizaion)	표본화된 값을 수량화하는 단계
부호화(Encoding)	양자화된 값을 디지털 신호로 변환(2진값)
복호화(Decoding)	디지털 신호를 펄스 신호로 복원
여과(Filtering)	원래의 아날로그 신호로 변환

디지털 데이터의 아날로그 부호화

- 진폭 편이 변조(ASK : Amplitude Shift Keying) : 2진수 0과 1에 서로 다른 진폭을 적용하여 변조
- 주파수 편이 변조(FSK : Frequency Shift Keying) : 2진수 1에 서로 다른 주파수를 적용하여 변조
- 위상 편이 변조(PSK : Phase Shift Keying) : 2진수 0과 1에 서로 다른 위상을 적용하여 전송
- 진폭 위상 변조(QAM : Quadrature Amplitude Modulation) : 2진수 0과 1에 진폭과 위상을 변조하여 전송

디지털 데이터의 디지털 부호화(베이스밴드 전송, 기저대역 전송)

- 단류 방식 : 정보 비트가 0일 때 0전압, 1일 때는 +전압 또는 −전압으로 대응시키는 방식
- 복류 방식 : 정보 비트가 0일 때 +전압, 1일 때는 −전압으로 대응시키는 방식
- RZ(Return to Zero) : 특정 비트의 펄스와 다음 비트 펄스 사이에 반드시 0을 일정시간 동안 유지한 다음에 전송하는 방식
- 단극성(Unipolar) : 정보 비트가 0일 때는 −전압, 1일 때는 +전압을 유지
- 양극성(Bipolar) : 정보 비트가 1일 때 +전압과 −전압을 교대로 적용하고 0일 때는 0전압을 전송

개념 체크

1 PCM 통신 방식에서 PAM 신호를 허용된 몇 단계의 레벨 값으로 근사화시키는 과정은?
① 양자화 ② 부호화
③ 표본화 ④ 다중화

2 다음 중 진폭과 위상을 변화시켜 정보를 전달하는 디지털 변조 방식은?
① QAM ② FSK
③ PSK ④ ASK

POINT 057 전송 에러 제어 방식

전송 제어 절차

데이터 통신 회선의 접속	통신 회선과 단말기를 물리적으로 접속하는 단계
↓	
데이터 링크의 설정(확립)	접속된 통신 회선상에서 송 · 수신측 간의 확실한 데이터 전송을 수행하기 위해서 논리적 경로를 구성하는 단계
↓	
정보 메시지 전송	설정된 데이터 링크를 통해 데이터를 수신측에 전송하는 단계
↓	
데이터 링크 종결	송 · 수신측 간의 논리적 경로를 절단(해제)하는 단계
↓	
데이터 통신 회선의 절단	통신 회선과 단말기 간의 물리적 접속을 절단(해제)하는 단계

전송 제어 문자

STX(Start of TeXt)	본문의 개시 및 정보 메시지 헤더의 종료를 표시
SOH(Start Of Heading)	정보 메시지 헤더의 첫 번째 문자로 사용
ENQ(ENQuiry)	상대국에게 데이터 링크의 설정 및 응답을 요구
ACK(ACKnowledge)	수신한 정보 메시지에 대한 긍정 응답
NAK(Negative AcKnowledge)	수신한 정보 메시지에 대한 부정 응답
ETX(End of TeXt)	본문의 종료를 표시
EOT (End Of Transmission)	전송의 종료를 표시하고 데이터 링크를 초기화
DLE (Data Link Escape)	뒤따르는 연속된 몇 개 글자들의 의미를 변환할 때 사용하며 데이터 전송 제어 기능을 제공하기 위해 사용
SYN (SYNchronous idle)	문자를 전송하지 않은 상태에서 동기를 취하거나 동기를 유지하기 위해 사용
ETB(End of Transmission Block)	전송 블록의 종료를 표시

에러 검출 부호 방식

패리티(Parity) 검사	• 한 블록의 데이터 끝에 패리티 비트를 추가하는 에러 검출 방식 • 오류 검출만 가능, 짝수 개의 에러 검출은 불가능, 비동기식 전송 방식에서 사용 • 홀수(기수, ODD) 패리티 검사 : 수신된 문자에 대한 1의 개수가 홀수개인가를 검사 • 짝수(우수, EVEN) 패리티 검사 : 수신된 문자에 대한 1의 개수가 짝수개인가를 검사
블록합 검사 (BSC : Block Sum Check)	패리티 검사의 단점을 보완한 것으로 각 문자당 패리티 체크 비트와 전송 프레임의 모든 문자에 대한 패리티 문자를 함께 전송하는 방식
순환 잉여 검사 (CRC : Cyclic Redundancy Check)	• 블록마다 검사용 코드를 부가시켜 전송하는 방식 • 데이터를 연속해서 전송하는 경우 집단 오류 검출을 위해 사용 (집단 오류: 한꺼번에 많이 발생하는 오류 비트들) • 에러의 정정이 가능함 • 여러 비트에서 발생하는 집단 에러로 검출 가능하여 여러 방식 중 신뢰성이 가장 우수함

개념 체크

1 헤딩과 텍스트로 이루어진 정보 메시지가 3개의 블록으로 분할되어 전송될 경우 최종 블록에 들어갈 전송 제어 문자는?

① ETB ② ETX
③ SOH ④ STX

2 다음 전송 제어 문자 중 정의가 잘못된 것은?

① EOT – 전송의 종료
② DLE – 문자의 동기
③ ACK – 긍정적 응답
④ ETX – 텍스트의 종료

POINT 058 에러 복구 기법과 전송 에러

ARQ(Automatic Repeat reQuest) – 자동 재전송 방식*

정지-대기 ARQ (Stop & Wait ARQ)		• 송신측은 한 블록을 전송한 다음 수신측에서 에러 검출에 의해 역채널을 통해서 ACK나 NAK 신호를 송신측에 보내올 때까지 기다림 • 송신측이 ACK 신호를 받으면 다음 블록을 송신하고 NAK 신호를 받으면 이전 송신했던 블록을 재전송
연속적 ARQ	Go-back-N ARQ	에러가 발생한 블록 이후의 모든 블록을 재전송하는 방식
	선택적 ARQ (Selective ARQ)	오류가 발생한 블록만을 재전송하는 방식
적응적(Adaptive) ARQ		• 블록의 길이를 채널의 상태에 따라 동적으로 변경하는 방식 • 가장 이상적이지만 제어 회로가 복잡하여 거의 사용되지 않음

해밍 코드(Hamming Code)*

- 단일 비트 에러 검출 및 교정이 가능한 코드로, 에러의 검출과 수정을 동시에 수행할 수 있다.
- 전진 에러 수정 방식(FEC : Forward Error Correction)의 코드이다.
  - 에러의 검출과 수정을 동시에 수행하는 방식
  - ARQ에 비해 역채널이 불필요하고 연속적인 데이터 흐름이 가능
  - 오버헤드 증가로 시스템 효율이 저하되며, 기기와 코딩이 복잡하여 현재는 잘 사용되지 않음

잡음(Noise)

백색 잡음 (White Noise)	• 분자나 원자의 열 운동에 의해 생기는 잡음으로 열 잡음 또는 가우스 잡음(Gaussion Noise)이라고도 함 • 모든 주파수에 걸쳐서 존재하며 제거될 수 없는 잡음임
충격성 잡음 (Impulse Noise) =돌발적 잡음	• 전송 시스템에서 순간적으로 일어나는 높은 진폭의 잡음 • 주로 기계적인 충격이나 번개와 같은 외부의 전자기적 충격 또는 통신 시스템의 결함에 의해 발생 • 디지털 데이터를 전송하는 경우에 오류 발생의 중대한 원인이 될 수 있음
누화 잡음(혼선) (Cross Talk Noise)	인접 선로의 상호 간섭에 의해 발생
위상 지터 잡음 (Phase Jitter Noise)	재생 펄스가 여러 가지 원인에 의해 올바른 시간적 위치에서 벗어나 신호 위상이 연속적으로 변하는 현상

기적의 TIP 전송 에러율(%)

$$\frac{\text{수신한 에러 정보 수(N)}}{\text{송신한 전체 정보 수(N)}} \times 100$$

- 감쇠(Attenuation) : 전자적 신호의 세기가 거리가 멀어질수록 점차적으로 약해지는 현상이며 아날로그 신호는 증폭기를 사용하여 신호를 회복하고 디지털 신호는 리피터로 비트 정보를 복원
- 왜곡(Distortion) : 주파수 성분들이 특성에 의해 원래 신호가 다른 형태로 일그러지는 현상

개념 체크

1 전자, 정전결합 등 전기적 결합에 의하여 서로 다른 회선에 영향을 주는 현상은?
① 감쇠
② 누화
③ 위상 왜곡
④ 비선형 왜곡

2 에러 검출 후 재전송(ARQ) 에러 제어 방식에 속하지 않는 것은?
① Stop-and-Wait
② Go-back-N
③ 선택적 재전송
④ 전진 에러 수정(FEC)

3 다음 중 오류 검출 및 정정이 가능한 코드는?
① 그레이 코드
② 해밍 코드
③ ASCII 코드
④ BCD 코드

SECTION 19

4과목 정보 통신 일반

정보 통신 설비

POINT 059 정보 통신 설비

정보 단말 장치의 기능

입출력 기능	데이터를 외부로부터 받아들이고 처리한 결과를 외부에 출력하는 기능
전송 제어 기능	장치 간의 정확한 데이터 송 · 수신을 하기 위해 전송 제어 절차를 수행하는 기능(분류 : 송 · 수신 기능, 입출력 기능, 오류 제어 기능)
기억 기능	송 · 수신 정보의 일시적 저장 또는 정보 처리 기능

정보 단말 장치의 구성

- 입출력 장치부 : 입력 장치와 출력 장치로 구성
- 전송 제어 장치부(TCU : Transmission Control Unit)

회선 접속부	단말기와 통신 회선을 물리적으로 연결
회선 제어부	회선 접속부로부터 들어온 데이터의 조립, 분해, 버퍼링, 오류 제어 등 전송 제어를 수행
입출력 제어부	입출력 장치의 직접적인 제어를 수행

단말 장치 사이의 접속 규격*

DTE와 DCE 사이를 연결할 때에는 국제 표준 관련 기구들이 정해 놓은 표준안에 의해 연결해야 한다.

표준안 제정 기구	접속 규격 이름	특징
EIA (미국전자공업협회)	RS-232C	• 공중 전화 교환망(PSTN)을 통한 DTE/DCE 접속 규격 • V.24, V.28, ISO 2110을 사용하는 접속 규격과 기능적으로 호환성을 가짐 • 2번 핀 : 송신 데이터(TXD : Transmit eXchange Data) • 3번 핀 : 수신 데이터(RXD : Receive eXchange Data) • 4번 핀 : 송신 요구(RTS : Request To Send) • 5번 핀 : 송신 준비 완료(CTS : Clear To Send)
	RS-449	• 고속 데이터 통신을 위한 DTE/DCE 접속 규격 • RS-232C의 단점을 보완하기 위한 새로운 표준 • 거리 제한이 없고, RS-232C에 비해 속도가 빠름
ITU-T (국제전기통신협회)	V 시리즈	• 공중 전화 교환망(PSTN)을 통한 DTE/DCE 접속 규격 • V.24 : 기능적, 절차적 조건에 대한 규정 • V.28 : 전기적 조건에 대한 규정
	X 시리즈	• 공중 전화 교환망(PSTN)을 통한 DTE/DCE 접속 규격 • X.20 : 비동기식 전송을 위한 DTE/DCE 접속 규격 • X.21 : 동기식 전송을 위한 DTE/DCE 접속 규격 • X.25 : 패킷 전송을 위한 DTE/DCE 접속 규격
ISO (국제표준화기구)	ISO 2110	• 공중 전화 교환망(PSTN)을 통한 DTE/DCE 접속 규격 • 주로 기계적 조건에 대한 내용을 규정

기적의 TIP ITU-T의 표준 규격

- V 시리즈 : 아날로그 통신에서 사용되는 인터페이스를 위한 권고안
- X 시리즈 : 디지털 통신에서 사용되는 인터페이스를 위한 권고안

개념 체크

1 단말기와 변복조기 사이는 25핀 플러그로 연결되어 있으며 이 연결의 표준화를 기하기 위하여 EIA와 ITU-T에서 각각 정해놓은 규격이 순서대로 옳은 것은?

① RS-232C, V.21
② V.22, RS-232C
③ V.25, RS232C
④ RS-232C, V.24

2 EIA RS-232C DTE 접속 장치의 핀은 모두 몇 개인가?

① 25 ② 8
③ 16 ④ 32

POINT 060 정보 교환 및 전송 설비

모뎀(변복조기 : MODEM)*

- 변조(MOdulation)와 복조(DEModulation)의 합성어로 변조는 디지털 신호를 아날로그 신호로 변환하는 과정, 복조는 아날로그 신호를 디지털 신호로 변환하는 과정을 의미한다.
- 멀티 포트 모뎀, 멀티 포인트 모뎀, 널 모뎀 등이 있다.

(멀티 포트 모뎀: 고속 동기식 모뎀을 여러 개 사용(시분할 다중화기) / 멀티 포인트 모뎀: 고속 폴링을 적용한 모뎀 / 널 모뎀: 모뎀 없이 정보를 교환할 수 있는 전송 케이블을 의미)

DSU(Digital Service Unit)

- 디지털 서비스 유닛 장치라 하며 디지털 방식으로 전송하는 장비이다.
- 디지털 신호를 변조하지 않고 디지털 전송로를 이용하여 고속 전송하는 장치이다.
- 회로의 구성이 간단하고 경제적이다.
- 고속의 전송이 가능하다.
- 송신측에서부터 수신측까지 디지털 전송이 이루어진다.

다중화기(Multiplexer)

다수의 단말기들이 각 신호를 하나의 통신 회선에 결합된 형태로 전송하면 수신측에서 이를 다시 분리하여 각 수신 장치에 입출력하는 장비이다.

주파수 분할 다중화기(FDM : Frequency Division Multiplexer)
• 저속의 데이터를 각기 다른 주파수로 변조해 전송 • 저속도 아날로그 전송, 비동기 전송에 이용 • 가드밴드(Guard Band : 채널 간 완충 영역)를 주어야 하며 그로 인해 대역폭이 낭비됨 • 변복조기가 필요 없음, 가격 저렴 • 멀티 포인트 방식에 주로 사용 (가드밴드: 채널 사이의 간섭을 방지하기 위해 주파수 대역 사이를 사용하지 않고 남겨두는 완충 영역으로, 보호 대역이라고도 함)

시분할 다중화기(TDM : Time Division Multiplexer)
• 여러 회선의 음성 정보를 작은 시간으로 나누어 고속의 전송로로 보냄 • 디지털 전송에 적합 • PCM 방식이 요구됨 • 고속 전송이 가능 • 포인트 투 포인트 방식에 주로 사용 (PCM: Pulse Code Modulation, 음성 아날로그 정보를 디지털 신호로 변환)

역 다중화기(Demultiplexer)
• 두 개의 음성 대역폭을 이용하여 광대역의 통신 속도를 이용하는 다중화기 • 하나의 신호를 2개의 저속 신호로 나누어 전송 • 하나의 채널이 고장 나더라도 1/2 속도로 계속적인 사용이 가능

집중화기

- 여러 개의 입력 회선이 적은 출력 회선을 동적으로 이용하여 저속의 장치들이 하나의 고속 회선을 이용할 수 있도록 해주는 장비이다.
- 시스템이 복잡하며, 불규칙한 전송에 적합하다.
- 종류 : 전처리기(FEP : Front End Processing), 선로 공동 이용기, 모뎀 공동 이용기, 포트 공동 이용기 등

(전처리기: 메인 프레임의 통신 제어를 위해 설계된 전용 컴퓨터)

코드 분할 다중화기(CDMA)*

- Code Division Multiple Access의 약어로, 디지털 이동 통신 시스템의 한 방식이다.
- 통화 시 음성 신호를 비트 단위로 분할해 코드화한 후 이 신호를 통신 주파수 대역에 삽입하는 방식을 택함으로써 아날로그 시스템에 비해 가입자 수용 능력을 10~20배 향상 시킬 수 있는 방식이다.
- 페이딩 제거 현상 및 핸드오프 기능이 우수하고, 사용되는 주파수 신호가 멀리 전달되며 잡음이 적다.

> **기적의 TIP 무선 주파수 접속 방식**
> - 주파수 분할 다중 접속(FDMA)
> - 시분할 다중 접속(TDMA)
> - 코드 분할 다중 접속(CDMA)

개념 체크

1 모뎀(MODEM)의 기능에 속하지 않는 것은?

① 아날로그 신호를 디지털 신호로 변환한다.
② 디지털 신호를 아날로그 신호로 변환한다.
③ 원거리 전송에 주로 이용된다.
④ 전이중 통신 방식을 반이중 통신 방식으로 변환한다.

2 다음 중 시분할 다중화(TDM)에 대한 설명으로서 적합하지 않은 것은?

① 시분할 다중화 방식은 데이터 전송에 많이 사용된다.
② 시분할 다중화는 직렬 변환 방식으로 볼 수 있다.
③ 소요 회선수의 절감뿐만 아니라 기기의 경비도 절감 할 수 있다.
④ FDM과 비교하여 저속도의 전송에 적합하다.

3 이동 통신 방식에서 사용되는 무선주파수 접속 방식이 아닌 것은?

① 위상 분할 다중화 접속 방식(PDMA)
② 주파수 분할 다중화 접속 방식(FDMA)
③ 시분할 다중화 접속 방식(TDMA)
④ 코드 분할 다중화 접속 방식(CDMA)

SECTION 20

4과목 정보 통신 일반

통신 프로토콜

POINT 061 정보 통신 설비

프로토콜(Protocol)의 정의*

규칙과 약속, 규약, 의정서

정보통신망의 원거리에 위치해 있는 통신 개체 사이에서 정확한 데이터의 송·수신을 위해 필요한 일련의 절차나 규범의 집합이다.

프로토콜의 기본 요소

- 구문(Syntax) : 데이터의 형식, 부호화, 신호 레벨 등
- 의미(Semantics) : 개체와 개체 간의 조정, 에러를 관리하기 위한 제어 정보
- 순서(Timing) : 메시지의 순서를 제어, 통신 속도 제어

프로토콜의 기능*

단편화, 재합성, 캡슐화, 흐름 제어, 에러 제어, 연결 제어, 순서 제어, 주소 결정, 동기화, 다중화

프로토콜의 종류

BSC(Binary Synchronous Communication)	문자 방식, 반이중 방식만 지원
DDCM(Digital Data Communication Message)	바이트 방식, 반이중/전이중 방식 지원
SDLC(Synchronous Data Link Control)	비트 방식, 단방향/반이중/전이중 방식 지원
HDLC(High-level Data Link Control)	비트 방식, 단방향/반이중/전이중 방식 지원

OSI 7계층 중 데이터 링크 계층에서 사용되는 전송 프로토콜

- HDLC(High-level Data Link Control) 프로토콜
  - OSI 7계층 중 데이터 링크 계층에서 사용되는 전송 프로토콜이다.
  - 포인트 투 포인트, 멀티포인트, 루프(Loop) 방식을 지원한다.
  - 고속 전송이 가능하며 전송 효율이 높다.
  - 에러 제어 방식으로 Go-Back-N ARQ를 이용한다.
- HDLC Frame(프레임)의 구성

시작 플래그(Flag), 주소부(Address), 제어부(Control), 정보부(Information), FCS, 종료 플래그(Flag)

개념 체크

1 프로토콜의 기본적인 요소가 아닌 것은?

① 구문 ② 의미
③ 타이밍 ④ 처리

2 HDLC(High-level Data Link Control) 프레임을 구성하는 순서로 바르게 열거한 것은?

① 플래그, 주소부, 정보부, 제어부, 검색부, 플래그
② 플래그, 주소부, 제어부, 정보부, 검색부, 플래그
③ 플래그, 검색부, 주소부, 정보부, 제어부, 플래그
④ 플래그, 제어부, 주소부, 정보부, 검색부, 플래그

POINT 062 정보 통신의 표준과 OSI 참조 모델

국제 표준화 기구(ISO : International Standards Organization)

- 1946년에 설립된 국제적인 표준 기관이다.
- 통신 시스템 관련 각국의 표준화 사업 추진, OSI 7계층 모델을 제정했다.

국제 전기 통신 연합(ITU-T)

- CCITT(국제 전신 전화 자문 위원회)가 1993년 7월 1일부로 개칭한 기관이다.

Consultative Committee for International Telegraphy & Telephone

- 전화 전송, 전화 교환, 신호 방법 등의 권고안을 제정했다.
- V 시리즈, X 시리즈 표준을 규정했다.

OSI 참조 모델 정의

- 개방형템 간의 상호 접속(OSI : Open Systems Interconnection)을 위한 참조 모델이다.
- 1977년 국제 표준화 기구(ISO : International Standards Organization)에서 제정했다.

OSI 참조 모델의 기본 요소*

개방형 시스템(Open System), 응용 개체(Application Entity), 접속(Connection), 물리 매체(Physical Media)

OSI 참조 모델 7계층

하위층	1계층	물리 계층	매체 접근에 따른 기계적, 전기적, 물리적 절차를 규정
	2계층	데이터 링크 계층	인접 개방형 시스템 간의 정보 전송 및 오류 제어
	3계층	네트워크 계층	정보 교환, 중계 기능, 경로 선정, 유통 제어 등
	4계층	전송(트랜스포트) 계층	송 · 수신 시스템 간의 논리적 안정 및 균등한 서비스 제공
상위층	5계층	세션 계층	응용 프로세스 간의 연결 접속 및 동기 제어 기능
	6계층	표현 계층	정보의 형식 설정 및 부호 교환, 암호화, 해독, 압축 등
	7계층	응용 계층	응용 프로세스 간의 정보 교환 및 전자 사서함, 파일 전송 등

개념 체크

1 국제 표준화 기구인 ISO에서 제시한 프로토콜 모델은?

① OSI 7계층
② ITU-X 시리즈
③ IBM의 BSC
④ ANSI의 HDLC

2 개방형 시스템(OSI) 7계층 모형에서 네트워크 구조에 대한 기능 계층 순서가 맞는 것은?

① 물리 계층 – 데이터 링크 계층 – 네트워크 계층 – 트랜스포트 계층 – 프레젠테이션 계층 – 세션 계층 – 응용 계층
② 물리 계층 – 네트워크 계층 – 데이터 링크 계층 – 트랜스포트 계층 – 세션 계층 – 프레젠테이션 계층 – 응용 계층
③ 물리 계층 – 네트워크 계층 – 트랜스포트 계층 – 데이터 링크 계층 – 세션 계층 – 프레젠테이션 계층 – 응용 계층
④ 물리 계층 – 데이터 링크 계층 – 네트워크 계층 – 트랜스포트 계층 – 세션 계층 – 프레젠테이션 계층 – 응용 계층

SECTION 21

4과목 정보 통신 일반

정보 통신망

POINT 063 정보 통신망의 기본 구성

정보 통신망의 구성 형태와 특징*

스타(Star)형	• 중앙에 컴퓨터와 단말기들이 1:1로 연결되어 있는 형태 • 네트워크 구성의 가장 기본적인 형태
트리(Tree)형	중앙의 컴퓨터와 일정 지역의 단말기까지는 하나의 통신 회선으로 연결
링(Ring)형 (= 루프(Loop)형)	• 컴퓨터와 단말기들을 서로 이웃하는 것끼리만 연결한 형태 • LAN에서 가장 많이 사용
버스(Bus)형	한 통신 회선에 여러 대의 단말기가 접속되는 형태
망(Mesh)형	• 모든 단말기와 단말기들을 통신 회선으로 연결시킨 형태 • 분산 처리 시스템이 가능하고, 광역 통신망(WAN)에 적합 • 통신 회선의 링크 수 : n(n−1)/2*

전송 매체에 의한 분류

- 트위스티드 페어 와이어(Twisted-Pair Wire) LAN : 저가격의 전송 매체로 낮은 속도를 제공
- 베이스밴드 동축 케이블(Baseband Coaxial Cable) LAN : 디지털 신호를 변조 없이 전송
- 브로드밴드 동축 케이블(Broadband Coaxial) LAN : 아날로그 신호 전송(모뎀 방식)
- 광섬유 케이블(Optical Fiber Cable) LAN : 고속의 데이터 전송 제공, 잡음의 영향이 적고 대역폭이 높음

LAN 케이블의 표기법

n BASE m

- n : 데이터 전송 속도를 의미
- BASE : 전송 방식을 의미
- m : 1케이블 세그먼트 길이를 100m 단위로 표시함

  예 10 BASE 2 → 속도 : 10Mbps, 케이블 길이 : 200m

  10 E 5 → 속도 : 10Mbps, 케이블 길이 : 500m, Ethernet의 표준 케이블

  10 BASE T → 속도 : 10Mbps, 트위스티드 페어 와이어(Twisted-Pair Wire)

개념 체크

1 중앙에 컴퓨터가 있고 이를 중심으로 터미널이 연결되어 있는 네트워크 형태는?

① 망형 ② 스타형
③ 트리형 ④ 링형

2 10개국을 서로 망형 통신망으로 구성 시 요구되는 통신 회선 수는?

① 15 ② 25
③ 35 ④ 45

POINT 064 정보 교환망의 분류

정보 교환망의 분류*

회선 교환망 (Circuit Switching Network)	• 컴퓨터와 단말기, 컴퓨터 간 통신 회선을 설정하여 데이터를 교환하는 방식 • Point to Point 방식으로 통신 회선을 고정적으로 할당함 • 전송 중 항상 같은 경로를 갖게 됨 • 고정된 대역폭 전송 방식, 코드 변환이 안 됨 • 실시간 대화용 방식에 적합 • 음성 전화 시스템, 원격 측정 입력과 같은 연속적인 흐름을 유지하는 데이터 교환에 적절함
패킷 교환망 (Packet Switching Network)	• 패킷이라는 일정한 길이로 구분하여 보내는 방식 • 송신측에서 모든 메시지를 일정한 크기의 패킷으로 분해한 후 전송 • 수신측에서 원래의 메시지로 조립하는 방식 • 회선 이용률이 가장 높고 전송량 제어와 전송 속도 변환이 쉬움 • 전송하는 메시지 길이에 제약이 있음 • 각종 VAN 제공이 용이, 부가 서비스 제공 • 공중 교환 데이터망(PSDN)에서 대부분 사용, PAD가 필요함
메시지 교환망 (Message Switching Network)	• 수신한 데이터를 중앙에서 축적, 처리하는 방식(=축적 교환식) • 하나 또는 복수 개의 터미널로 전송 • 노드 내의 메모리 축적 기능으로 회선 사용률을 높일 수 있음 • 하나의 채널을 여러 메시지가 공유할 수 있어서 선로의 효율을 증대시킬 수 있음 • 전송하는 메시지 길이에 제약이 없음 • 메시지 우선순위의 부여 가능 • 전송 속도와 부호 변환이 가능함 • 응답 시간이 느리므로 대화형으로는 응용이 불가함

> **기적의 TIP** PSDN vs PAD
>
> **PSDN(Public Switched Data Network)**
> 정보 통신 전용으로 교환 설비와 회선을 불특정 다수가 사용할 수 있도록 한 네트워크
>
> **PAD(Packet Assembler Disassembler)**
> • 비패킷형 단말 장치(DTE)를 패킷망에서 사용 가능하도록 패킷의 조립 및 분해를 담당하는 어댑터
> • 데이터 패킷으로 변환하는 역할과 패킷에서 원 데이터만을 추출하는 장치

개념 체크 ✔

1 정보 통신 교환망에 해당되지 않는 것은?
① 방송통신 교환망 ② 패킷 교환망
③ 메시지 교환망 ④ 회선 교환망

2 회선 교환방식에 대한 일반적인 설명으로 틀린 것은?
① 고정된 대역폭 전송 방식이다.
② 실시간 전송에 적합하다.
③ 접속에는 짧은 시간이 소요되며 전송 지연은 길다.
④ 속도나 코드 변환이 불가능하다.

3 패킷 교환 방식에 대한 설명으로 옳지 않은 것은?
① 통신망에 의한 패킷의 손실이 있을 수 있다.
② 전송 속도와 코드 변환이 가능하다.
③ 패킷의 저장 및 전송으로 이루어진다.
④ 공중 데이터 교환망에는 거의 사용되고 있지 않다.

POINT 065 정보 통신망의 종류

정보 통신망의 종류

근거리 통신망 (LAN : Local Area Network)	제한된 일정 지역 내에서 각종 정보 기기들을 상호 연결하여 분산 처리 작업이나 정보 자원을 공유하는 근거리 통신망
대도시 통신망(MAN : Metropolitan Area Network)	직경 약 50km 영역 내를 대상으로 서비스하는 대도시 통신망
광역 통신망 (WAN : Wide Area Network)	다국적 기업 또는 상호 유대 관계가 있는 기관을 LAN으로 상호 연결시킨 망
부가 가치 통신망 (VAN : Value Added Network)	회선을 직접 보유 또는 통신 사업자의 회선을 임차 및 이용하여 일반적인 전송 기능 이상의 부가적 가치를 높일 수 있는 음성 정보 또는 데이터 정보를 제공
종합 정보 통신망(ISDN : Integrated Services Digital Network)	여러 가지 통신 서비스를 하나의 디지털 통신망으로 통합한 통신망
비대칭 디지털 가입자 회선 (ADSL : Asymmetric Digital Subscriber Line)	가정과 회사에 설치되어 있는 전화 회선을 통해 높은 대역폭으로 디지털 정보를 전송하는 기술
IMT-2000	현재 서비스되는 이동 통신 시스템의 다양성과 동일 시스템의 경우라도 지역별로 표준 및 주파수 대역이 다르게 설정되어 있는 시스템을 통합하여 하나의 무선 구조로 제공되는 서비스

> **기적의 TIP** 공중 기업 통신망(CO-LAN : Central Office LAN)
> LAN망이 필요하면서도 여건이 허락되지 않는 기관 등이 인근 전화국의 기본 통신망과 데이터 교환망을 연결시키는 형태로, 공중 기업 데이터망이라고도 함

LAN과 네트워크를 연결하는 장치

브리지 (Bridge)	• 개방형 시스템 간의 상호 접속을 하기 위한 장비 • OSI 1계층(물리 계층) 또는 2계층(데이터 링크 계층)에서 사용
라우터 (Router)	• 두 개 이상의 서브 네트워크와 서브 네트워크 계층을 결합하는 장치 • 패킷의 전송 경로 중 최적의 경로를 선택함
게이트웨이 (Gateway)	상이하게 다른 두 개의 다른 프로토콜 구조를 가지는 7계층 간을 결합하는 데 사용
리피터 (Repeater)	• 전송 매체에 흐르는 신호를 재생, 증폭, 중계하는 일종의 중계기 장치 • OSI 참조 모델의 물리 계층(Physical Layer)에서 동작함

> **기적의 TIP** 허브(Hub)
> LAN에서 수신한 모든 정보를 모든 포트로 전달해 주는 리피터의 역할을 수행하는 장치

개념 체크 ✔

1 다음 중 광역 통신망을 뜻하는 것은?
① WAN ② LAN
③ VAN ④ ISDN

2 기존의 일반 가입자 선로인 동선 케이블을 이용하여 음성, 고속 데이터를 동시에 전달할 수 있어 초고속 인터넷 통신 서비스가 가능한 것은?
① BRIDGE ② ADSL
③ ROUTER ④ MODEM

SECTION 22

4과목 정보 통신 일반

뉴 미디어

POINT 066 뉴 미디어

뉴 미디어의 개념

TV, 전화 등의 미디어에 고도로 발달된 전자 통신 기술을 결합시켜서 새롭게 개발한 전달 매체를 의미한다.

뉴 미디어의 특징

- 통신 상호간에 정보를 송 · 수신할 수 있는 상호 작용이다.
- 쌍방향 통신이 가능하다.
- 기록 매체 시간이나 장소에 구애됨이 없이 통신이 가능하다.
- 대부분의 뉴 미디어는 기존의 미디어가 융합되어 발전한 것이다.

뉴 미디어의 종류*

CATV (CAble Television)	• 불특정 다수에게 무선 형태로 보내는 종래의 TV 방송과는 달리 광케이블 등의 유선 케이블을 통하여 CATV 가입자에게 자체적으로 제작된 콘텐츠를 제공하는 유선 중계 방송 • 전문적이면서 다양한 형태의 프로그램 및 콘텐츠를 제공함
비디오텍스 (Videotex)	• TV 수상기와 전화망을 이용한 형태로 다양한 서비스를 제공하는 유선 통신 뉴 미디어 • 축적된 화상 정보의 데이터베이스로부터 각종 정보 검색 및 예약 업무, 홈쇼핑, 홈뱅킹 등 다양한 서비스 제공 • 전화+TV 수상기+데이터 뱅크 • 대화형 화상 정보 시스템의 양방향 통신이 가능 • 도형 및 숫자 구성 방식 : 알파 모자이크, 알파 지오메트릭, 포토그래픽 방식 등
텔레텍스 (Teletex)	• Word Processor 등의 텍스트 편집 기계에 통신 기능(Telex)을 부가 • 페이지 단위로 문서를 교환하는 시스템, 문서 편집이 가능
텔레텍스트 (Teletext)	• TV 전파를 활용하여 다른 신호를 겹쳐서 정보를 제공하는 서비스 • 방송 시스템 + 데이터 뱅크 + TV 수상기
화상 회의 시스템 (VCS : Video Conference System)	먼 거리에 있는 사람들끼리 각자의 실내 공간에 설치된 TV 화면에 나타나는 화상 및 음향 등을 통해 회의 진행이 가능한 시스템
CAI (Computer Assisted Instruction)	컴퓨터를 응용하는 자동 교육 시스템으로 동시에 다수의 교육이 가능하며 개개인의 적성과 이해력에 맞는 개별 학습이 가능한 시스템
주문형 비디오 (VOD : Video On Demand)	뉴스, 영화, 게임, 드라마 등의 여러 영상 콘텐츠를 데이터베이스화하여 사용자의 요구에 맞게 콘텐츠를 즉시 전송하여 제공하는 서비스
고품위 (High Definition) TV	• 기존의 TV 해상도를 비약적으로 향상시킨 고화상 텔레비전 • 주사선 수 1,125개(현행 525개)
텔레미터링 (Telemetering)	원격의 위치에서 전기, 가스, 수도 등의 사용된 미터 수치를 자동적으로 점검하는 시스템
팩시밀리 (FAX : Facsimile)	• 수신측에서는 원화를 재생하는 통신 방식 • 화상 전송 과정 : 통화 전류 → 표본화 → 양자화 → 부호화 → 복호화
텔레메틱 서비스 (Telematic Service)	• 통신(Telecommunication)과 정보 과학(Information)의 합성어 • 방송망이나 무선 통신망을 이용하여 자동차에서 위치 추적, 인터넷, 원격 차량 진단, 교통 정보, 영화, 게임 등의 서비스를 제공하는 차량용 멀티미디어 서비스를 의미

개념 체크 ✔

1 다음 중 고품위 TV(HDTV)의 주사선수에 해당되는 것은?

① 525 ② 625
③ 950 ④ 1125

2 가입자가 시간에 관계없이 특정한 프로그램을 선택하여 시청할 수 있으며, 마치 VCR을 자유로이 조작하듯 시청 도중에 플레이(재생), 되감기, 일시 정지, 녹화 등이 가능한 뉴 미디어 서비스를 무엇이라 하는가?

① MPEG ② CATV
③ VOD ④ HDTV

POINT 067 멀티미디어(Multimedia)

멀티미디어의 정의
- Multi(다중)와 Media(매체)의 합성어로 다중 매체이다.
- 다양한 매체를 통해 정보를 전달한다는 의미이다.
- 컴퓨터와 영상 매체 또는 방송과의 결 즉각적인 정보의 전달이 이루어진다.
- 사진, 음성, 화상 데이터를 양방향으로 주고받을 수 있다.

멀티미디어의 특징

통합성	문자, 그래픽, 사운드 등의 다양한 매체를 통합
디지털화	다양한 데이터 형식을 컴퓨터가 인식하도록 디지털로 변환
쌍방향성	사용자와 제공자 간에 서로 정보를 주고받음
비선형성	사용자의 선택에 따라 정보를 처리

기적의 TIP 스트리밍(Streaming)
인터넷을 바탕으로 사용자들에게 각종 비디오, 오디오 등의 디지털 정보를 제공하는 기술로 전송되는 데이터를 모두 다운받기 전에 사용자 PC에서 재생 플레이어가 작동되어 다운받으면서 재생하는 것

정지 영상 데이터*

BMP	이미지를 비트맵 방식으로 표현하며 압축하지 않음
GIF	• 비손실 압축을 하므로 이미지의 손상은 없지만, 압축률이 좋지 않음 • 256색까지만 표현할 수 있지만 배경을 투명하게 하거나 애니메이션 효과를 줄 수 있음
JPEG	• 정지 영상 압축 기술에 관한 표준화 규격 • 20:1 정도로 압축할 수 있는 형식 • 비손실 압축과 손실 압축을 모두 지원
PNG	• GIF와 JPG의 장점만을 조합하여 만든 형식 • GIF가 갖고 있는 투명한 배경, 애니메이션 효과를 지원하고 JPG의 높은 압축률을 지원

동영상 데이터*

MPEG	• 영상, 음성 등 다른 음향까지 압축하는 기술에 관한 표준화 규격 • 손실 압축 방법을 이용하여 중복성을 제거하는 방식으로 압축 효율을 높임
AVI	소프트웨어를 이용하는 디지털 비디오 압축 방식
MOV	애플사에서 만든 동영상의 파일의 표준으로, AVI보다 압축률이나 데이터 손실이 적음

개념 체크

1 디지털 미디어 전송 방식에서 동화상을 압축하는 기법은?
① SAMPLING ② MPEG
③ LZH ④ WINDOW

2 동영상을 볼 수 있는 비디오 파일 형식으로 짝지어진 것은?
① AVI, MPEG ② PNG, MPEG
③ BMP, DOC ④ PNG, GIF

SECTION 23

4과목 정보 통신 일반

인터넷

POINT 068 인터넷(Internet)

인터넷의 개념

Transmission Control Protocol/Internet Protocol, 기종이 서로 다른 컴퓨터 시스템을 연결해 데이터를 전송하기 위한 통신 프로토콜

- TCP/IP 프로토콜을 통해 연결되어 있는 글로벌 네트워크이다.
- 전 세계 통신망들이 연결(결합)되어 만들어진 세계적인 네트워크이다.
- 1969년 최초 군사용 목적으로 개발된 알파넷(ARPANET)에서 유래한다.

인터넷의 특징

- 다른 기종 간의 상호 연결을 지원하며 전 세계 여러 사람들과 대화 및 정보 교환이 가능하다.
- 인터넷 연결을 위해서는 IP 주소를 배정한다.
- 중앙 통제 기구가 없어 사용권의 제한이 없다.

인터넷 주요 서비스

월드 와이드 웹 (WWW : World Wide Web)	하이퍼텍스트(Hypertext)를 기반으로 멀티미디어 정보를 검색할 수 있는 서비스
전자 우편(E-mail)	인터넷 사용자에게 컴퓨터를 이용하여 편지를 주고받는 서비스
FTP(File Transfer Protocol)	파일을 송·수신하는 서비스
텔넷(Telnet)	멀리 있는 컴퓨터를 자신의 컴퓨터처럼 사용할 수 있는 시스템(원격 접속)
아키(Archie)	익명 FTP 사이트에 있는 파일을 찾아 주는 서비스
고퍼(Gopher)	인터넷에 있는 정보를 계층적 또는 메뉴 방식으로 찾아주는 서비스
베로니카(Veronica)	고퍼 서비스에서 정보 검색
유즈넷(Usenet)	뉴스 그룹이라고도 하며, 공통 관심사를 갖는 사람들끼리 그룹을 구성하여 게시판에서 관련 정보를 교환, 조회할 수 있는 서비스
채팅 (IRC : Internet Relay Chat)	인터넷 채팅
MUD 게임	인터넷상에서 여러 사람과 즐길 수 있는 온라인 게임
웨이즈(WAIS)	특정 데이터베이스 등을 키워드로 고속 검색하는 환경을 제공하는 서비스

인터넷의 주소 체계

- IP 주소 : 인터넷에 연결된 컴퓨터의 고유한 숫자로 구성된 주소이다(IPv4 : 32비트, IPv6 : 128비트).
- 도메인네임(Domain Name) : 숫자로 구성되어 있는 IP 어드레스를 사람(사용자)이 이해하기 쉽도록 문자로한 것이다.
- DNS(Domain Name System) : 도메인 네임(Domain Name)을 컴퓨터가 인식할 수 있는 IP 어드레스(IP Address)로 변환해 주는 컴퓨터 체계이다.
- URL(Uniform Resource Locator) : 인터넷에서 정보의 위치를 알려 주는 표준 주소 체계이다.

인터넷 관련 용어

- HTML(HyperText Markup Language) : 웹 페이지를 작성하기 위한 언어이다.
- XML(eXtensible Markup Language) : 차세대 인터넷 언어로, SGML의 복잡성과 HTML의 단순함을 개선한 언어이다.
- SGML(Standard Generalized Mark Language) : 문서의 내용이나 구조를 정의하기 위한 국제 표준 언어이다.
- CGI(Common Gateway Interface) : 웹 서버와 외부 프로그램 간에 데이터를 교환하기 위해 사용되는 개념이다.
- VRML(Virtual Reality Modeling Language) : 3차원 가상 공간을 표현하기 위한 언어이다.
- 미러(Mirror)사이트 : 인터넷 특정 사이트에 다수의 사용자들이 한꺼번에 몰려 서버가 다운되는 현상을 방지하기 위해 같은 내용을 여러 사이트에 복사하여 다수의 사용자가 분산되게 하고, 보다 빨리 자료를 찾을 수 있도록 하는 사이트이다.
- 포털 사이트 : 사용자들이 인터넷에 접속할 때 제일 먼저 접하는 관문을 말하며, 다양한 콘텐츠를 제공하는 대형 사이트 전체를 나타내는 의미로도 사용된다.
- 보털 사이트 : 특정 산업 분야에서 필수적으로 요구되는 여러 사이트들이 수직적으로 묶여 원활한 전자상거래 서비스를 제공할 목적으로 만들어진 전문 사이트이다.
- 쿠키(Cookie) : 인터넷 웹 사이트의 방문 정보를 기록하는 텍스트 파일이다.

- 캐싱(Caching) : 자주 사용하는 사이트의 자료를 따로 저장하고 있다가 사용자가 다시 그 자료에 접근하면 미리 인터넷에 접속하지 않고 저장한 자료를 활용해서 빠르게 보여주는 기능이다.
- 히스토리(History) : 사용자가 방문했던 웹 사이트 주소들을 순서대로 기억하여 보관하는 기능이다.
- 고퍼(Gopher) : 텍스트 위주의 메뉴 방식 검색 서비스이다.
- 방화벽(Firewall) : 불법적인 침입으로부터 보호하기 위하여 게이트웨이에 설치되는 접속 제한 보안 장치로, 외부 네트워크의 접속을 제한함으로써 보안을 어느 정도 확보할 수 있으며, 네트워크 간의 IP 패킷 전송을 차단하는 방법, 특정의 애플리케이션에 의한 패킷만을 전송하도록 하는 방법 등이 있다.
- IPTV* : 초고속 인터넷을 통해 서비스되는 양방향성 TV 방송 서비스로 시청자가 원하는 시간대에 프로그램을 선별하여 볼 수 있는 뉴 미디어 시스템이다.
- FTTH(Fiber To The Home)* : 인터넷을 사용하여 집 안까지 광섬유를 설치하는 초고속 인터넷 방식으로 FTTP (Fiber To The Premises)라고도 한다.

개념 체크 ✔

1 인터넷에서 제공되는 서비스가 <u>아닌</u> 것은?
① WWW
② FTP
③ E-MAIL
④ PLUG & PLAY

2 인터넷에서 사용하는 용어와 의미가 <u>잘못</u> 연결된 것은?
① Packet : 인터넷에서 주고받는 정보의 단위
② Protocol : 다른 환경의 컴퓨터 사이에서 정보의 전달을 위한 통신 규약
③ URL : 웹에서 정보 위치를 표시하기 위하여 사용하는 주소
④ IP 주소 : 컴퓨터의 주소를 영문자로 나타내는 방식

3 인터넷에 대한 설명으로 옳지 <u>않은</u> 것은?
① 시간적 · 공간적으로 제약 없는 통신을 가능하게 한다.
② 초기부터 상업적 활용을 목표로 개발되었다.
③ 인터넷의 모체가 되는 네트워크는 미 국방성의 ARPANET이다.
④ IP 주소를 기반으로 운영되는 네트워크들을 연결한 것이다.

4 인터넷 도메인 네임을 IP Address로 바꿔주는 시스템을 무엇이라 하는가?
① HTTP
② TCP/IP
③ URL
④ DNS

자주 출제되는 기출문제 136선

CONTENTS

자주 출제되는 기출문제 136선

1과목 전자계산기 일반

001 컴퓨터의 특징

Point 01 참고

- 호환성 : 서로 다른 컴퓨터 간에도 프로그램이나 자료의 공유가 가능
- 신뢰성 : 주어진 환경에서 아무 고장 없이 담당 기능 및 문제 처리를 원활하게 수행할 수 있는 척도
- 범용성 : 일부분에 국한되지 않고 다목적으로 사용
- 자동성 : 작성된 프로그램에 의해 자동으로 처리
- 정확성 : 컴퓨터에서 처리된 결과는 정확함
- 신속성 : 컴퓨터의 처리 속도는 빠름
- 대용량성 : 대량의 자료 처리 및 보관이 가능

06년 10월, 08년 2월, 09년 7월, 16년 상시, 19년 상시, 21년 1회, 23년 2회

1 프로그램이 컴퓨터의 기종에 관계없이 수행될 수 있는 성질을 의미하는 것은?

① 가용성 ② 신뢰성
③ 호환성 ④ 안정성

02년 7월, 17년 상시, 20년 2회/4회

2 컴퓨터 시스템이 주어진 환경 아래에서 자신의 담당 기능을 원활하게 수행할 수 있는 능력의 척도를 나타내는 것은?

① 호환성 ② 가용성
③ 신뢰성 ④ 안정성

기적의 TIP 컴퓨터의 특성 중 호환성을 묻는 문제가 자주 출제되므로 그 기능에 대해 반드시 숙지해 두셔야 합니다. 아울러 신뢰성에 대한 의미도 잘 알고 계시기 바랍니다.

002 중앙 처리 장치

Point 06 참고

중앙 처리 장치는 연산 장치와 제어 장치가 있으며 넓은 의미로 주기억 장치가 포함되기도 한다. 제어 장치에서 연산 장치와 주기억 장치로 제어 신호를 내보내고, 연산 장치에서 데이터의 연산이 이루어진 다음 그 결과를 주기억 장치로 보내는 기능을 함

- 중앙 처리 장치(CPU) : 제어 장치, 주기억 장치, 연산 장치
- 주변 장치 : 입력 장치, 출력 장치, 보조 기억 장치

04년 7월, 07년 9월, 08년 10월, 10년 10월, 14년 상시, 16년 상시, 20년 4회

3 주기억 장치, 제어 장치, 연산 장치 사이에서 정보가 이동되는 경로이다. 빈 부분에 알맞은 장치는?

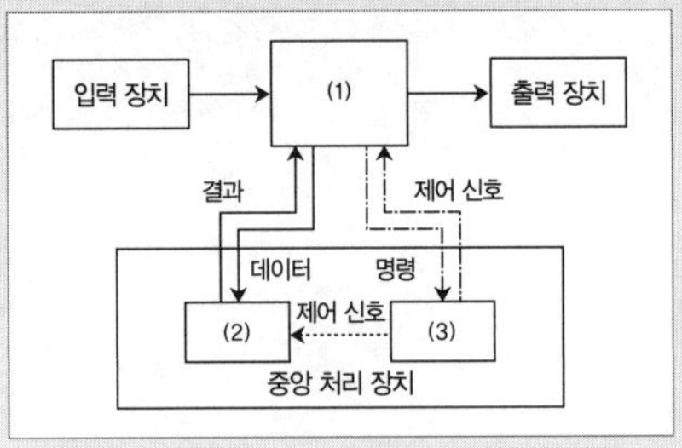

① (1) 주기억 장치 (2) 제어 장치 (3) 연산 장치
② (1) 제어 장치 (2) 주기억 장치 (3) 연산 장치
③ (1) 주기억 장치 (2) 연산 장치 (3) 제어 장치
④ (1) 제어 장치 (2) 연산 장치 (3) 주기억 장치

05년 1월, 12년 상시, 18년 상시, 20년 2회/3회, 22년 1회

4 컴퓨터의 기본 구성을 표시한 것이다. [　　] 속에 알맞은 것은?

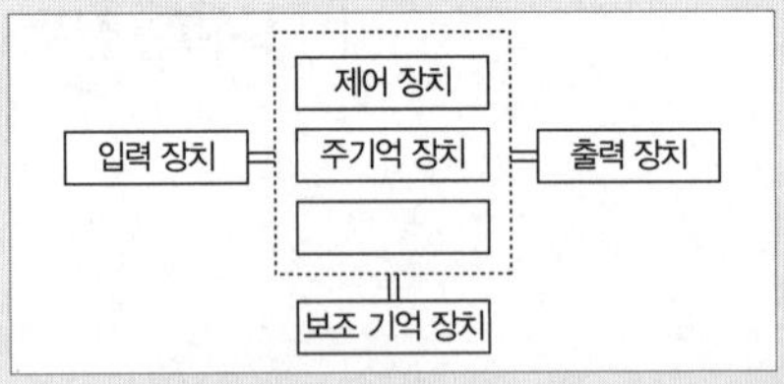

① 컴파일 장치 ② 연산 장치
③ 중앙 처리 장치 ④ 통신 장치

기적의 TIP 컴퓨터 장치별 구성, 중앙 처리 장치와 주변 장치에 대한 개념과 기능, 장치별 상호 역할에 대해 반드시 이해하고 숙지해야 합니다.

003 레지스터의 종류

Point 06 참고

- 명령어 레지스터(IR) : 현재 실행 중인 명령어를 기억하는 레지스터
- 프로그램 카운터(PC) : 다음에 수행할 명령어의 번지(주소)를 보관
- MAR(Memory Address Register) : 기억 번지 레지스터로서 기억 장소의 주소를 기억하는 레지스터
- MBR(Memory Buffer Register) : 기억 버퍼 레지스터로서 기억 장치를 통해 접근되는 정보의 내용을 기억하는 레지스터
- 누산기(Accumulator) : 산술 및 논리 연산의 결과를 일시적으로 기억
- 인덱스 레지스터(Index Register) : 인덱스 주소 지정 시 사용되는 레지스터
- 메모리 레지스터(Memory Register) : 한 비트를 저장할 수 있는 플립플롭의 모임으로 중앙 처리 장치 내에 있는 임시 기억 장소

05년 10월, 07년 1월, 08년 3월, 09년 7월, 12년 상시, 15년 상시, 21년 3회

5 중앙 처리기의 제어 부분에 의해서 해독되어 현재 실행 중인 명령어를 기억하는 레지스터는?

① PC(Program Counter)
② IR(Instruction Register)
③ MAR(Memory Address Register)
④ MBR(Memory Buffer Register)

09년 1월, 09년 3월, 17년 상시, 19년 상시, 20년 3회, 21년 4회, 23년 1회

6 현재 실행 중인 명령어를 기억하고 있는 제어 장치 내의 레지스터는?

① 누산기(Accumulator)
② 인덱스 레지스터
③ 메모리 레지스터
④ 명령 레지스터

기적의 TIP 레지스터의 각 기능은 자주 출제되므로 혼동하지 않도록 숙지해 두어야 합니다. 특히 명령어 레지스터 IR(Instruction Register)은 유사한 유형으로 자주 출제됩니다. 단어 의미 그대로 기능이 되므로 쉽게 이해하고 익힐 수 있습니다.

004 누산기

Point 06 참고

누산기(Accumulator) : 산술 및 논리 연산의 결과를 일시적으로 기억하는 연산 장치의 핵심 레지스터로 연산의 중심이 되는 레지스터

04년 7월, 06년 4월, 06년 7월, 07년 4월, 14년 상시, 20년 4회, 23년 1회

7 누산기(Accumulator)에 대한 설명으로 적절한 것은?

① 산술 연산 또는 논리 연산의 결과를 일시적으로 기억하는 장치이다.
② 연산 명령이 주어지면 연산 준비를 하는 장치이다.
③ 연산 명령의 순서를 기억하는 장치이다.
④ 연산 부호를 해독하는 해독 장치이다.

06년 1월, 08년 3월, 10년 3월, 11년 7월, 16년 상시, 20년 2회, 22년 2회

8 연산의 중심이 되는 레지스터(Register)는?

① Flip-Flop
② General Register
③ Address Register
④ Accumulator

오답 피하기

- Flip-Flop : 1비트('0' 또는 '1')의 정보를 기억할 수 있는 최소의 기억 소자로 RS 플립플롭, JK 플립플롭, D 플립플롭, T 플립플롭 등이 있음
- General Register : 여러 가지 목적(General Purpose Register)으로 사용되는 범용 레지스터
- Address Register : 주소를 기억하는 주소 레지스터

기적의 TIP 누산기와 더불어 각 레지스터의 기능을 묻는 문제는 자주 출제되므로 그 기능에 대한 개념 파악과 함께 반드시 숙지해야 합니다.

005 불 대수

Point 08 참고

합의 법칙	곱의 법칙
$A+0=A$	$A \cdot 0=0$
$A+1=1$	$A \cdot 1=A$
$A+A=A$	$A \cdot A=A$
$A+\overline{A}=1$	$A \cdot \overline{A}=0$

06년 10월, 07년 9월, 08년 2월, 12년 상시, 15년 상시, 21년 2회, 22년 3회

9 불 대수의 정리 중 옳지 않은 것은?

① $A \cdot A = A$　② $A \cdot 1 = A$

③ $A + A = 1$　④ $1 + A = 1$

08년 7월, 09년 3월, 09년 9월, 13년 상시, 14년 상시, 17년 상시, 20년 3회

10 불(Boolean) 대수의 정리 중 옳지 않은 것은?

① $1 \cdot A = A$　② $0 \cdot A = 0$

③ $1 + A = A$　④ $0 + A = A$

기적의 TIP 불 대수의 기본 성질에 대한 이해를 묻는 문제가 출제되며 각 성질에 대한 정확한 이해와 숙지가 요구됩니다.

006 기본 논리 회로 – XOR

Point 09 참고

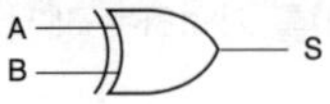

: 배타적 논리합(XOR)으로 둘 중 하나의 값이 1일 때만(서로 다를 때) 출력값이 1이 됨 (논리식 : $S=\overline{A} \cdot B+A \cdot \overline{B}=A \oplus B$)

03년 10월, 05년 1월, 06년 7월, 18년 상시, 21년 4회

11 다음 그림의 Gate는 어느 회로인가?

① exclusive – AND

② exclusive – NOR

③ exclusive – OR

④ OR

05년 4월, 06년 7월, 11년 10월, 16년 상시, 18년 상시, 20년 4회

12 진리표가 다음 표와 같이 되는 논리 회로는?

A(입력)	B(입력)	S(출력)
0	0	0
0	1	1
1	0	1
1	1	0

① 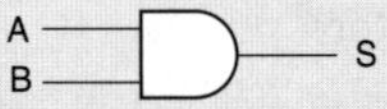

② 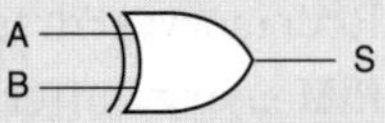

③ 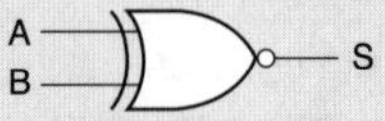

④ 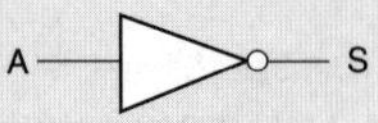

오답 피하기

- AND 게이트 : 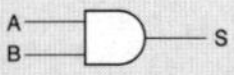
- XNOR 게이트 : 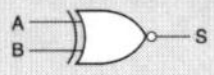
- NOT 게이트 : 

기적의 TIP 각 게이트에 대한 의미와 논리식, 진리표는 반드시 출제되므로 익혀두어야 합니다. 아울러 XOR 게이트와 NOT 게이트에 대한 중점적인 이해와 숙지가 요구됩니다.

007 기본 논리 회로 – NOT

Point 09 참고

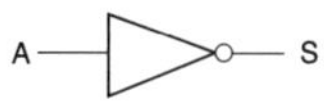

: NOT 게이트(인버터(Inverter)는 입력값의 반대값이 출력되는 게이트로 2진수 1의 보수를 구하는데 사용됨

08년 10월, 14년 상시, 16년 상시, 19년 상시, 20년 2회, 21년 1회, 23년 2회

13 보기와 같은 도형과 관련 있는 사항은?

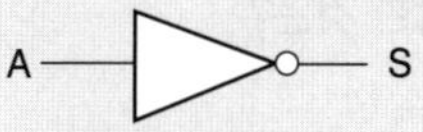

① OR 게이트 ② 버퍼(Buffer)
③ NAND 게이트 ④ 인버터(Inverter)

오답 피하기

• OR 게이트 : 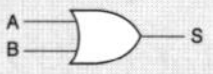

• 버퍼(Buffer) 게이트 : 

• NAND 게이트 : 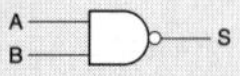

04년 4월, 08년 7월, 14년 상시, 20년 2회

14 입력 단자와 출력 단자가 반대가 되는 즉, "0"이면 "1", "1"이면 "0"이 되는 회로는?

① AND 회로 ② OR 회로
③ NOT 회로 ④ Flip-Flop 회로

오답 피하기

• AND : 두 개의 입력 값이 모두 1일 때만 출력값이 1이 됨
• OR : 두 개의 입력 값 중 하나 이상이 1이면 출력값이 1이 됨

기적의 TIP NOT 게이트는 인버터(Inverter)라고도 불리는 것에 대해 반드시 숙지하도록 하고 그 기능에 대한 보수 개념에 대해서도 알아야 합니다.

008 기본 논리 회로 – AND, OR

Point 09 참고

• AND : 두 개의 입력 스위치가 직렬로 연결, 둘 다 동시에 ON 상태에서 불이 켜지므로 A=1, B=1이 됨
• OR : 두 개의 입력 스위치가 병렬로 연결되어 있어서 둘 중 하나만 ON이면 불이 켜짐

03년 3월, 06년 10월, 07년 1월, 08년 3월, 09년 9월, 11년 2월, 21년 3회

15 다음 회로(Circuit)에서 결과가 "1"(불이 켜진 상태)이 되기 위해서는 A와 B는 각각 어떠한 값을 갖는가?

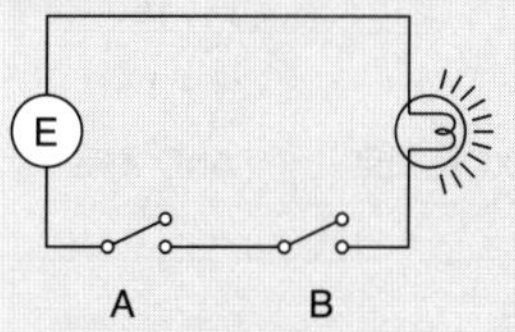

① A=0, B=1 ② A=0, B=0
③ A=1, B=1 ④ A=1, B=0

06년 7월, 08년 7월, 11년 10월, 16년 상시, 23년 2회

16 그림의 전기 회로를 컴퓨터의 논리 회로로 치환하면?

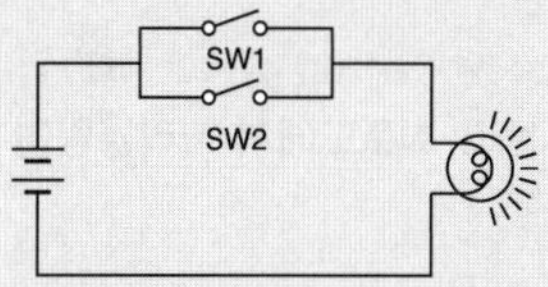

① AND ② OR
③ NOT ④ NAND

기적의 TIP 전기 회로의 직렬과 병렬 회로, 각 게이트의 개념에 대한 이해와 숙지 정도를 전기 회로를 이용하여 묻는 재미있는 문제입니다. 착각하지 않으면 쉽게 풀 수 있습니다.

009 반가산기(HA : Half Adder)

Point 10 참고

- 2진수 1자리(1Bit)의 A와 B를 더한 합(Sum)과 자리올림수(Carry)를 얻는 회로
- 입력 : 2개(A, B), 출력 : 2개(S, C)
- AND 회로와 XOR 회로로 구성

A	B	합(S)	자리올림수(C)
0	0	0	0
0	1	1	0
1	0	1	0
1	1	0	1
		XOR 회로	AND 회로

∴ 논리식 $S = \overline{A} \cdot B + A \cdot \overline{B} = A \oplus B$

$C = A \cdot B$

- 진리표에 의해 출력된 합(Sum)은 배타적 논리합(eXclusive OR)Gate의 진리표이고, 자리올림수(Carry)는 논리곱(AND)의 진리값과 같음

04년 7월, 06년 1월, 08년 3월, 11년 10월, 13년 상시, 20년 4회, 23년 1회

17 반가산기(Half-Adder)의 논리 회로도에서 자리올림이 발생하는 회로는?

① Exclusive OR ② OR
③ NOT ④ AND

03년 3월, 05년 7월, 07년 7월, 13년 상시, 17년 상시, 21년 4회

18 다음에 표시된 진리표가 나타내는 회로는? (단, 입력은 A, B이고 출력은 S(Sum)와 C(Carry)이다.)

A	B	S	C
0	0	0	0
0	1	1	0
1	0	1	0
1	1	0	1

① AND 회로 ② 반가산기 회로
③ OR 회로 ④ 전가산기 회로

오답 피하기

전가산기(Full Adder) : 2개의 반가산기와 1개의 OR 게이트로 구성

기적의 TIP 조합 논리 회로에서 반가산기는 전가산기와 함께 자주 출제되며 진리표, 회로도, 논리식에 대한 전반적인 이해와 숙지가 필요합니다.

010 플립플롭(Flip-Flop)

Point 10 참고

- 플립플롭(Flip-Flop) : 1비트('0' 또는 '1')의 정보를 기억할 수 있는 최소의 기억 소자
- 플립플롭 종류 : RS 플립플롭, JK 플립플롭, D 플립플롭, T 플립플롭 등

07년 1월, 09년 1월, 10년 3월, 10월 7월, 13년 상시, 14년 상시, 21년 1회

19 1비트(bit) 기억 장치로 가장 적합한 것은?

① 누산기 ② 레지스터
③ 계전기 ④ 플립플롭

오답 피하기

- 누산기(Accumulator) : 산술 및 논리 연산의 결과를 일시적으로 기억하는 장치
- 레지스터(Register) : 중앙 처리 장치 내의 고속 임시 기억 장치로 자료를 일시 기억, 연산 속도의 향상에 사용 목적이 있음

05년 7월, 07년 4월, 07년 9월, 08년 2월, 13년 상시, 14년 상시, 18년 상시

20 다음 중 플립플롭의 종류가 아닌 것은?

① R-S ② J-K
③ D ④ R

기적의 TIP 플립플롭이 1비트의 기억 능력을 갖는 기억 장치인 점과 각 플립플롭의 종류에 대해 자주 출제되므로 혼동되지 않게 익혀두어야 합니다.

011 JK 플립플롭

Point 11 참고

- JK 플립플롭에서 J=K=1이 되면 반전
- JK플립플롭은 RS 플립플롭에서 S=R=1인 경우에 발생하는 문제점(부정)을 보완 개선한 플립플롭으로 모든 플립플롭의 기능을 대용할 수 있으므로 응용 범위가 넓고 집적 회로화되어 가장 널리 사용됨
- J = 0, K = 0 → 전 상태 불변, J = 0, K = 1 → 0, J = 1, K = 0 → 1

04년 4월, 04년 10월, 05년 10월, 07년 1월, 08년 3월, 08년 10월, 10년 10월, 12년 상시, 22년 1회/4회

21 JK 플립플롭(Flip Flop)에서 보수가 출력되기 위한 입력 값 J, K의 입력 상태는?

① J = 0, K = 1 ② J = 0, K = 0
③ J = 1, K = 1 ④ J = 1, K = 0

08년 7월, 12년 상시, 16년 상시, 18년 상시, 21년 1회

22 다른 모든 플립플롭의 기능을 대용할 수 있으므로 응용 범위가 넓고 집적 회로화되어, 가장 널리 사용되는 플립플롭은?

① T 플립플롭 ② JK 플립플롭
③ D 플립플롭 ④ RS 플립플롭

오답 피하기

- T 플립플롭 : JK 플립플롭의 JK를 하나로 묶어서 T로 표시
- D 플립플롭 : 한 개의 입력을 가지며, RS 플립플롭에 NOT 게이트를 추가해서 구현할 수 있음
- RS 플립플롭 : Reset 단자와 Set 단자의 신호에 따라 2진수 1자리를 기억

기적의 TIP 플립플롭의 종류를 묻는 문제와 함께 각 플립플롭의 특징에 대해 묻는 문제가 출제됩니다. 특히, JK 플립플롭의 경우 가장 널리 사용되는 플립플롭으로 자주 출제됩니다.

012 RS 플립플롭

Point 11 참고

- RS 플립플롭에서 S=1, R=1이면 출력은 부정(불능) 상태가 됨
- RS 플립플롭에서 S=0, R=0이면 출력은 전 상태 불변이 됨
- RS(Reset/Set) Flip-Flop

S	R	$Q_{(t+1)}$
0	0	$Q_{(t)}$
0	1	0(Reset)
1	0	1(Set)
1	1	불능(Not Allowed)

03년 10월, 04년 7월, 06년 1월, 09년 1월, 09년 9월, 12년 상시, 16년 상시

23 RS 플립플롭에서 S=1, R=1이면 출력은 어떤 상태가 되는가?

① 불능(Not Allowed) ② 1로 Set 됨
③ 0으로 Reset 됨 ④ 불변(No Change)

04년 2월, 05년 7월, 17년 상시, 20년 3회, 23년 1회

24 RS Flip-Flop에서 CP=1이고 S=0, R=0이면 출력 Q의 상태는?

① 0으로 RESET 된다. ② 불변 상태이다.
③ 1로 SET 된다. ④ 부정이 된다.

기적의 TIP RS 플립플롭은 JK 플립플롭과 함께 입력 값에 따른 출력의 결과를 묻는 문제가 자주 출제되므로 반드시 진리표에 대해 정확히 숙지하도록 하세요.

013 그레이 코드(Gray Code)

Point 13 참고

2진수를 그레이 코드로 변환 : 최상위 비트 값은 변화없이 그대로 내려씀, 두 번째부터는 인접한 값끼리 XOR(eXclusive-OR) 연산한 값을 내려씀

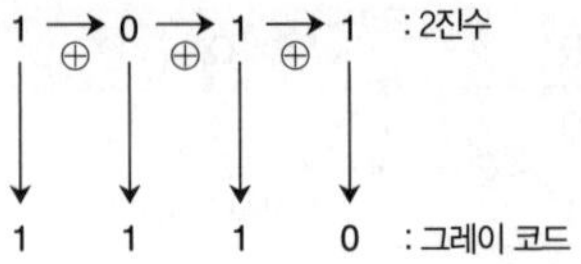

그레이 코드를 2진수로 변환 : 최상위 비트 값은 변화없이 그대로 내려씀, 두 번째부터는 내려쓴 결과 값과 다음에 있는 수와 XOR(eXclusive-OR) 연산한 값을 내려씀

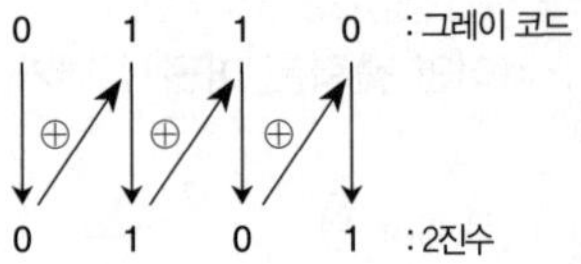

06년 4월, 06년 10월, 07년 4월, 07년 7월, 13년 상시, 20년 2회

25 2진수 1011을 그레이 코드(Gray Code)로 변환한 것은?

① 0111　② 1110
③ 0100　④ 1010

07년 9월, 09년 3월, 13년 상시, 14년 상시, 15년 상시, 19년 상시, 20년 4회

26 2진수 0110을 그레이 코드로 변환하면?

① 0010　② 0111
③ 0101　④ 1110

기적의 TIP 2진수를 그레이(Gray) 코드로 변환하는 형식의 문제가 여러 예(1011, 1001, 0110 등)로 출제된 적이 있습니다. 아울러 그레이 코드를 2진수로 변환하는 방법에 대해서도 함께 공부해 두세요.

014 연산

Point 11 참고

- AND 연산 : 둘 다 1인 경우 1이 되므로 1010이 산출됨
- 결과가 동시에 1인 경우 1이 되므로 AND 연산이 적용된 경우임

[보기]

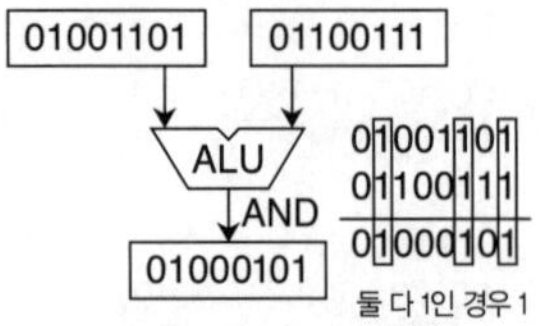

04년 4월, 06년 10월, 16년 상시, 17년 상시, 21년 1회, 23년 2회

27 다음 그림의 연산 결과는?

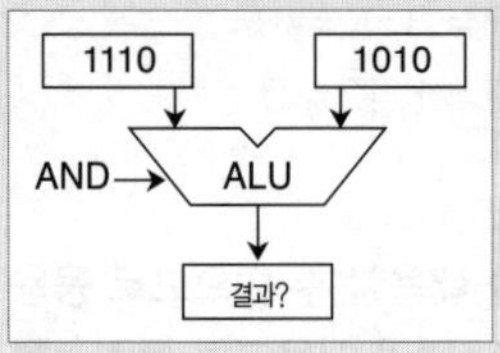

① 1001　② 1101
③ 1010　④ 1110

04년 7월, 07년 9월, 09년 1월, 12년 상시, 18년 상시, 21년 2회, 22년 1회

28 다음 보기의 연산은?

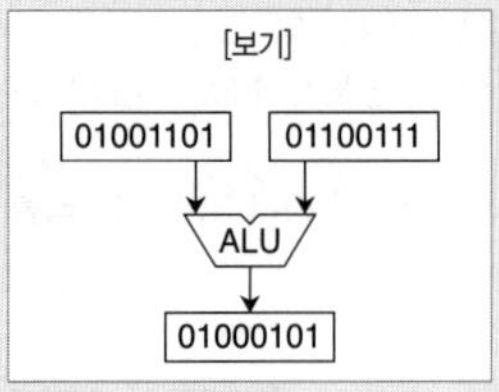

① MOVE 연산　② OR 연산
③ AND 연산　④ Complement 연산

오답 피하기

- MOVE 연산 : 단항(Unary) 연산의 한 종류로 이동을 의미함
- OR 연산 : 논리 연산으로 문자 추가 기능을 가지며 두 수 중 하나 이상만 참(1)이면 전체 값이 참(1)이 됨
- Complement 연산 : 논리 연산으로 NOT 연산을 의미하며 입력된 값의 반대 값이 출력됨

기적의 TIP 논리 연산의 결과를 묻는 경우와 결과를 보여주고 어떤 연산인지를 묻는 문제 형식으로 출제되므로 각 논리 연산의 특징과 기능에 대한 이해가 필요합니다.

015 명령어

Point 15 참고

명령어의 형식은 명령 코드부(OP-Code)와 번지부(Operand=주소부)로 구성됨

OP-Code (연산자부)	Operand(번지부)		
	Mode	Register	Address

05년 7월, 06년 10월, 08년 10월, 11년 2월, 12년 상시, 14년 상시, 20년 2회

29 인스트럭션(Instruction)을 가장 바르게 나타낸 것은?

① 오류 검색 코드 형식
② 자료의 표현과 주소 지정 방식
③ 주프로그램과 부프로그램
④ 명령 코드부와 번지부로 구성

07년 4월, 07년 7월, 09년 3월, 09년 7월, 11년 10월, 13년 상시, 15년 상시

30 Instruction의 구성에서 처음의 바이트(Byte)에 기억되는 것은?

① Length ② Operand
③ OP-Code ④ Comma

기적의 TIP 명령어의 형식 자체를 묻는 문제와 명령 코드부의 비트수로 만들 수 있는 명령의 수를 묻는 문제가 출제되므로 구성과 계산법에 대해 익혀두도록 하세요.

016 주소 형식

Point 15 참고

0-주소 형식(=스택 구조)

- 명령어에 오퍼랜드부가 없이 데이터가 명령어 자체에 있는 방식(연산자만 존재하는 형식)
- 스택(Stack) 구조의 컴퓨터에서 사용(번지가 묵시적으로 지정)
- 연산 속도가 가장 빠름
- 스택(Stack) : 삽입과 삭제가 한쪽 끝에서만 이루어지는 선형 구조, LIFO(Last In First Out) 구조

04년 7월, 05년 7월, 07년 1월, 07년 4월, 08년 10월, 12년 상시, 20년 4회

31 주소 지정 방식 중 기억 장치에 접근할 피연산자가 없는 것으로 산술에 필요한 명령어는 스택 구조 형태에서 처리하도록 하는 것은?

① 2-주소 형식 ② 1-주소 형식
③ 0-주소 형식 ④ 3-주소 형식

오답 피하기

- 1-주소 형식(=ACC(누산기) 구조) : 주소(오퍼랜드부)가 하나 존재
- 2-주소 형식(=범용 레지스터 구조) : 주소부가 2개인 가장 일반적인 형식
- 3-주소 형식(=범용 레지스터 구조) : 명령어에 오퍼랜드부가 3개 존재하므로 원래의 값이 보존됨

05년 1월, 05년 4월, 06년 7월, 09년 7월, 11년 4월, 15년 상시, 21년 4회

32 0-주소 명령은 연산 시 어떤 자료 구조를 이용하는가?

① QUEUE ② DEQUE
③ STACK ④ TREE

오답 피하기

- QUEUE : 한쪽 끝으로는 삽입만 다른 한쪽으로는 삭제만 수행되며 가장 먼저 들어온 자료가 가장 먼저 제거되는 구조임(FIFO : First in First Out), 스풀 운영에 이용
- DEQUE : 스택과 큐의 복합 형태의 선형 구조
- TREE : 정점과 선분으로 구성된 그래프의 특수한 형태(비선형 구조)

기적의 TIP 주소 형식의 기능과 특징을 묻는 문제가 출제되며 특히 0-주소, 1-주소 형식에 대한 문제가 자주 출제됩니다.

017 주소 지정 방식

Point 16 참고

- 직접 주소 지정(Direct Addressing) : 주소 부분에 있는 값이 실제 데이터가 있는 주기억 장치 내의 주소를 나타냄(메모리 참조 횟수 : 1회)
- 간접 주소 지정(Indirect Addressing) : 명령어의 주소 부분으로 지정한 기억 장소의 내용이 실제 데이터가 있는 곳의 주소로 사용됨(메모리 참조 횟수 : 2회 이상)

04년 4월, 06년 1월, 07년 9월, 16년 상시, 23년 2회

33 명령어 내의 오퍼랜드 부분의 주소가 실제 데이터의 주소를 가지고 있는 포인터의 주소를 나타내는 방식으로 데이터 처리에 대한 유연성이 좋으나 주소 참조 횟수가 많다는 단점이 있는 주소 지정 방식은?

① 즉시 주소 지정
② 계산에 의한 주소 지정
③ 간접 주소 지정
④ 직접 주소 지정

03년 3월, 04년 7월, 06년 4월, 08년 2월, 11년 4월, 13년 상시, 21년 3회

34 주소 부분에 있는 값이 실제 데이터가 있는 실제 기억 장치 내의 주소를 나타내며 단순한 변수 등을 액세스하는 데 사용되는 주소 지정 방식은?

① 상대 Address
② 절대 Address
③ 간접 Address
④ 직접 Address

오답 피하기

- 상대 번지(Relative Address) : 별도로 지정된 번지를 기준으로 하여 상대적으로 나타내는 번지, 상대 번지를 기준 번지에 더하면 해당 위치의 절대 번지를 구할 수 있음
- 절대 번지(Absolute Address) : 기억 장치 고유의 번지로 16진수로 0, 1, 2, 3,…과 같이 순서대로 정해 놓은 번지임

기적의 TIP 주소 지정 방식 중 직접과 간접은 반드시 그 개념과 기능에 대해 익혀 두도록 합니다. 아울러 절대 주소에 대해서 자주 출제되므로 확실히 정리해 두어야 합니다.

018 입출력 채널

Point 18 참고

- 멀티플렉서 채널(Multiplexer Channel) : 저속의 여러 입출력 장치(프린터, 카드)를 여러 개의 서브 채널이 있어서 동시에 조작할 수 있는 채널(=Byte Multiplexer Channel)
- 셀렉터 채널(Selector Channel) : 주기억 장치와 고속의 입출력 장치(자기 테이프, 자기 디스크) 간에 데이터를 전송하는 프로세서로 한 번에 한 개의 장치를 선택하여 동작
- 블록 멀티플렉서 채널(Block Multiplexer Channel) : 블록 단위로 이동시키는 멀티 플렉서 채널로서 셀렉터 채널과 멀티플렉서 채널의 복합 형태

04년 4월, 07년 1월, 09년 3월, 12년 상시, 15년 상시, 23년 1회

35 동시에 여러 개의 입출력 장치가 작동되도록 설계된 채널은?

① Simplex Channel
② Register Channel
③ Selector Channel
④ Multiplexer Channel

09년 7월, 09년 9월, 12년 상시, 13년 상시, 20년 2회/3회, 21년 4회

36 동시에 여러 개의 입출력 장치를 제어할 수 있는 채널은?

① Selector
② Register
③ Multiplexer
④ Duplex

기적의 TIP 채널에 대한 기능과 채널의 종류가 출제되는데 그 중 멀티플렉서 채널은 특히 시험에 자주 출제되고 있으므로 반드시 숙지해야 합니다.

019 레지스터(Register)

Point 06 참고

버퍼 레지스터(Buffer Register) : 읽거나 기록한 데이터를 일시적으로 기억하는 레지스터로 입출력 장치나 전자계산기 내부의 동작 속도를 맞추기 위해 사용됨

08년 10월, 09년 9월, 13년 상시, 15년 상시, 19년 상시, 21년 1회, 22년 4회

37 입출력 장치의 동작 속도와 전자계산기 내부의 동작 속도를 맞추는 데 사용되는 레지스터는?

① 시프트 레지스터(Shift Register)
② 시퀀스 레지스터(Sequence Register)
③ 어드레스 레지스터(Address Register)
④ 버퍼 레지스터(Buffer Register)

오답 피하기

시프트 레지스터(Shift Register) : Clock Pulse에 의해 기억된 내용을 한 자리씩 우측이나 좌측으로 이동하는 레지스터

기적의 TIP 버퍼 레지스터는 그 기능을 묻는 형식으로 문제가 자주 출제되고 있습니다. Buffer가 "완충 역할"을 하는 의미로 기능을 익히시면 됩니다.

2과목 패키지 활용

020 데이터베이스 디자인 단계

Point 25 참고

(1) 데이터베이스의 목적을 정의
(2) 데이터베이스에서 필요한 테이블을 정의
(3) 테이블에서 필요한 필드를 정의
(4) 테이블 간의 관계를 정의

04년 2월, 04년 7월, 05년 1월, 14년 상시, 17년 상시, 21년 1회

38 데이터베이스 디자인 단계의 순서가 옳은 것은?

(1) 데이터베이스의 목적을 정의
(2) 데이터베이스에서 필요한 테이블을 정의
(3) 테이블에서 필요한 필드를 정의
(4) 테이블 간의 관계를 정의

① (1)-(4)-(2)-(3)
② (1)-(3)-(2)-(4)
③ (1)-(2)-(4)-(3)
④ (1)-(2)-(3)-(4)

기적의 TIP 데이터베이스 디자인 단계에 대한 순서를 묻는 형식의 문제가 출제되므로 각 단계의 이해와 숙지가 필요합니다.

021 데이터베이스 설계 단계

Point 25 참고

요구 조건 분석 → 개념적 설계 → 논리적 설계 → 물리적 설계 → 구현

10년 1월, 11년 10월, 14년 상시, 20년 3회

39 다음의 데이터베이스 설계 항목들을 순서대로 옳게 나열한 것은?

㉮ 요구조건 분석	㉯ 물리적 설계
㉰ 논리적 설계	㉱ 개념적 설계
㉲ 구현	

① ㉮ → ㉯ → ㉰ → ㉱ → ㉲
② ㉮ → ㉯ → ㉱ → ㉰ → ㉲
③ ㉮ → ㉰ → ㉯ → ㉱ → ㉲
④ ㉮ → ㉱ → ㉰ → ㉯ → ㉲

07년 4월, 08년 2월, 10년 1월, 11년 7월, 13년 상시, 15년 상시, 21년 3회

40 데이터베이스 설계 단계를 순서대로 기술한 것은?

① 개념적 설계 → 물리적 설계 → 논리적 설계
② 개념적 설계 → 논리적 설계 → 물리적 설계
③ 논리적 설계 → 개념적 설계 → 물리적 설계
④ 논리적 설계 → 물리적 설계 → 개념적 설계

기적의 TIP 데이터베이스 설계 단계, 업무 처리 프로그램의 개발 순서에 대해 출제된 적이 있습니다. 특히, 설계 단계 순서는 유사한 형태로 출제되는 경향을 보이고 있습니다.

022 데이터베이스의 필수 기능

Point 26 참고

- 정의 기능 : 물리적 저장 장치에 데이터베이스가 저장될 수 있게 물리적인 구조를 정의
- 조작 기능 : 데이터베이스와 사용자 간의 상호 작용 수단(데이터 요청, 변경 등)을 제공
- 제어 기능 : 데이터베이스의 내용을 항상 정확하게 유지하여 데이터의 무결성이 파괴되지 않도록 함

07년 1월, 07년 9월, 08년 2월, 09년 1월, 10년 1월, 10년 3월, 15년 상시

41 데이터베이스 관리 시스템(DBMS)의 필수 기능에 해당하지 않는 것은?

① 제어 기능 ② 정의 기능
③ 조작 기능 ④ 처리 기능

04년 10월, 08년 3월, 08년 7월, 13년 상시, 16년 상시, 20년 2회

42 DBMS의 필수 기능으로 가장 적절한 것은?

① 정의 기능, 조작 기능, 제어 기능
② 예비 기능, 회복 기능, 조작 기능
③ 참조 기능, 보안 기능, 저장 기능
④ 보안 기능, 병행 제어 기능, 검증 기능

기적의 TIP 데이터베이스의 필수 기능은 시험에서도 필수적으로 출제됩니다. 헷갈리지 않게 잘 숙지하도록 하세요.

023 스키마(Schema)

Point 26 참고

- 데이터베이스를 구성하는 파일, 레코드, 항목의 형식과 상호 관계 전체를 정의하는 것
- 종류 : 외부 스키마, 개념 스키마, 내부 스키마

09년 3월, 10년 1월, 11년 2월, 11년 4월, 11년 10월, 13년 상시, 23년 1회

43 3단계 스키마(Schema)의 종류가 아닌 것은?

① 개념 스키마 ② 외부 스키마
③ 관계 스키마 ④ 내부 스키마

06년 10월, 07년 1월, 09년 1월, 10년 3월, 10년 7월, 13년 상시, 21년 1회

44 데이터베이스 구조를 3단계의 스키마로 나눌 경우 포함되지 않는 것은?

① 외부 스키마 ② 개념 스키마
③ 논리 스키마 ④ 내부 스키마

기적의 TIP 스키마는 데이터베이스에서 중요한 개념에 해당합니다. 각 스키마의 종류나 특징을 묻는 문제가 반드시 출제되므로 주의 깊게 살펴볼 필요가 있습니다.

024 데이터베이스 관리자(DBA)

Point 26 참고

DBA(DataBase Administrator)의 권한과 임무

- 데이터베이스를 구성하는 정보의 내용을 정의
- 데이터베이스의 생성과 삭제
- 데이터의 저장 구조와 접근 방법 결정
- 시스템의 보안성과 무결성 책임
- 백업과 회복을 위한 정책 결정
- 스키마의 정의

04년 10월, 06년 4월, 10년 7월, 16년 상시, 21년 1회

45 DBA의 역할로 거리가 먼 것은?

① 스키마 정의
② 데이터 사전의 유지 관리
③ 저장 구조와 접근 방법 선정
④ 응용 프로그램의 설계 및 개발

08년 10월, 13년 상시, 17년 상시, 22년 1회/2회

46 DBA의 역할로 거리가 먼 것은?

① DBMS의 성능 향상을 위한 데이터의 저장 구조 및 접근 방법의 결정
② 데이터베이스의 생성과 삭제
③ 데이터 보안에 대한 조치
④ 최종 사용자를 위한 응용 프로그램의 개발

오답 피하기

응용 프로그래머 : 데이터 부속어와 호스트 프로그래밍 언어를 이용하여 응용 프로그램을 개발

기적의 TIP 데이터베이스 관리자(DBA)의 역할을 묻는 문제가 출제되므로 DBA의 권한과 임무에 대해 반드시 짚고 넘어가야 됩니다. 응용 프로그램의 개발은 응용 프로그래머의 몫인 것을 알면 쉬워집니다.

025 도메인(Domain)

Point 27 참고

애트리뷰트가 취할 수 있는 값(Value)들의 집합
(예) 성별의 경우 "남, 여"가 해당)

06년 4월, 08년 7월, 08년 10월, 09년 3월, 11년 2월, 19년 상시, 21년 3회

47 데이터베이스 개체(Entity)의 속성 중 하나의 속성이 가질 수 있는 모든 값의 집합을 무엇이라고 하는가?

① 객체(Object)
② 속성(Attribute)
③ 도메인(Domain)
④ 카디널리티(Cardinality)

오답 피하기

- 객체(Object) : 응용 프로그램에서 연결되거나 포함될 대상이 되는 데이터를 의미하며 프레젠테이션에서는 개체라하여 한 화면을 구성하는 개개의 요소(그림이나 도형 등) 등을 의미함
- 속성(Attribute) : 테이블에서 열을 나타내는 말로 필드와 같은 의미임
- 기수(Cardinality) : 카디널리티라고도하며 한 릴레이션(테이블)에서의 튜플의 개수

07년 4월, 08년 3월, 09년 1월, 11년 7월, 13년 상시, 18년 상시, 23년 2회

48 관계 데이터베이스에서 하나의 애트리뷰트가 취할 수 있는 같은 타입의 원자 값들의 집합을 무엇이라고 하는가?

① 도메인
② 속성
③ 스키마
④ 튜플

오답 피하기

튜플(Tuple) : 테이블에서 행을 나타내는 말로 레코드와 같은 의미임

기적의 TIP 관계형 데이터베이스에 대한 전반적인 개념과 관련 용어는 반드시 익혀두어야 합니다. 특히, 도메인에 대한 내용은 여러 유형으로 묻는 형식으로 출제됨에 유의하시기 바랍니다.

026 SQL 명령어 – 명령어의 종류

Point 29 참고

- 데이터 조작 언어(DML) : 테이블 내의 레코드를 검색(SELECT), 삽입(INSERT), 갱신(UPDATE), 삭제(DELETE)하고자 할 때 사용하는 데이터 조작 언어
- 데이터 정의 언어(DDL) : 데이터를 입력하기 위한 테이블의 정의나 정보의 참조, 뷰를 정의하기 위한 언어(CREATE, ALTER, DROP)
- 데이터 제어 언어(DCL) : 데이터베이스 보안과 데이터의 연속성을 유지하기 위하여 데이터베이스를 제어하는 기능을 지원하는 제어 언어(GRANT, REVOKE, COMMIT, ROLLBACK)

08년 7월, 09년 7월, 10년 3월, 11년 2월, 11년 10월, 13년 상시, 18년 상시

49 SQL 명령어 중 DML에 해당하지 않는 것은?

① INSERT ② ALTER
③ UPDATE ④ DELETE

09년 1월, 09년 3월, 10년 1월, 10년 10월, 11년 4월, 14년 상시, 21년 1회

50 SQL 명령어 중 데이터 정의문(DDL)에 해당하는 것은?

① UPDATE ② CREATE
③ SELECT ④ DELETE

기적의 TIP 데이터 정의 언어(DDL), 데이터 조작 언어(DML), 데이터 제어 언어(DCL)의 명령어를 구분할 줄 알아야 하며 각 명령어의 기능에 대한 정확한 공부가 필요합니다.

027 SQL 명령어 – INSERT, UPDATE

Point 29 참고

- INSERT : 삽입문으로 테이블에 새로운 데이터(행)을 삽입하며 INSERT – INTO – VALUES의 유형을 가짐
- UPDATE : 갱신문으로 테이블에 저장되어 있는 데이터를 갱신하며 UPDATE – SET – WHERE의 유형을 가짐

08년 2월, 08년 10월, 10년 3월, 10년 7월, 12년 상시, 13년 상시, 20년 3회

51 SQL문의 형식으로 적당하지 않은 것은?

① SELECT – FROM – WHERE
② UPDATE – FROM – WHERE
③ INSERT – INTO – VALUES
④ DELETE – FROM – WHERE

05년 4월, 06년 10월, 08년 3월, 11년 2월, 13년 상시, 17년 상시, 20년 4회

52 SQL문의 형식 중 옳지 않은 것은?

① INSERT – SET – WHERE
② UPDATE – SET – WHERE
③ DELETE – FROM – WHERE
④ SELECT – FROM – WHERE

기적의 TIP 데이터 조작 언어(DML)는 매회 출제되는 중요한 내용이므로 반드시 공부해 두어야 합니다. 명령어의 형식과 유형, 사용 예에 대한 이해가 필요합니다.

028 SQL 명령어 – ORDER BY

Point 29 참고

- ORDER BY : 검색 결과에 대한 정렬을 수행
- ASC : 오름차순을 의미하며 생략하면 기본적으로 오름차순임
- DESC : 내림차순을 의미

03년 10월, 04년 2월, 05년 7월, 07년 1월, 09년 9월, 12년 상시, 21년 2회

53 SQL의 SELECT문에서 특정열의 값을 기준으로 정렬할 때 사용하는 절은?

① SORT BY 절 ② ORDER BY 절
③ ORDER TO 절 ④ SORT 절

오답 피하기
- GROUP BY : 그룹에 대한 질의 시 사용
- HAVING : 그룹에 대한 조건을 기술(반드시 GROUP BY와 함께 사용)

06년 1월, 13년 상시, 15년 상시, 18년 상시, 21년 4회

54 특정 필드의 검색 결과를 순서대로 출력하기 위한 SQL 절은?

① GROUP BY ② HAVING
③ ORDER BY ④ SELECT

기적의 TIP SELECT 명령 문제는 매회 출제될 정도로 중요하므로 반드시 그 형식과 기능에 대해 정확하게 이해하고 숙지해 두셔야 합니다.

029 SQL 명령어 – DROP

Point 29 참고

DROP : 데이터베이스, 테이블, 뷰 등의 삭제

04년 4월, 06년 4월, 07년 7월, 08년 10월, 13년 상시, 19년 상시

55 다음 SQL 명령문의 의미로 가장 적절한 것은?

```
DROP TABLE 부서명;
```

① 부서명 테이블에 검색하라.
② 부서명 테이블을 삭제하라.
③ 부서명 필드를 생성하라.
④ 부서명 필드를 검색하라.

08년 3월, 09년 7월, 10년 1월, 11년 2월, 11년 7월, 20년 2회, 23년 2회

56 생성된 테이블을 삭제할 때 사용하는 SQL 명령은?

① DROP ② CLEAR
③ KILL ④ DELETE

오답 피하기

DELETE(삭제문) : 삭제문으로 테이블에 저장된 행을 삭제하며 DE-LETE-FROM-WHERE의 유형을 가짐

기적의 TIP DROP 명령의 기능을 묻는 단순한 문제부터 옵션 명령을 묻는 문제로 심화되어 출제되므로 DROP에서의 CASCADE와 RESTRICT도 함께 공부해 두면 좋습니다.

030 SQL 명령어 – RESTRICT, CASCADE

Point 29 참고

DROP에서 옵션 CASCADE와 RESTRICT

- RESTRICT : 제거 또는 삭제 대상으로 지정된 테이블, 뷰, 행 등에 대해 이를 참조하는 데이터 객체가 존재하면 제거를 하지 않음
- CASCADE : 제거 대상의 제거와 함께 이를 참조하는 다른 데이터 객체에 대해서도 제거 작업이 실시됨

03년 3월, 06년 10월, 07년 9월, 08년 2월, 10년 7월, 16년 상시

57 SQL에서 DROP문의 옵션(Option) 중 "RESTRICT"의 역할에 대한 설명으로 가장 적절한 것은?

① 제거할 요소들을 기록 후 제거한다.
② 제거할 요소가 참조 중일 경우에만 제거한다.
③ 제거할 요소들에 대한 예비조치(Back Up) 작업을 한다.
④ 제거할 요소가 참조 중이면 제거하지 않는다.

08년 7월, 09년 7월, 11년 4월, 17년 상시, 22년 4회

58 다음 SQL 명령문의 의미로 가장 적절한 것은?

```
DROP TABLE 성적 CASCADE;
```

① 성적 테이블과 이 테이블을 참조하는 다른 테이블도 함께 제거하시오.
② 성적 테이블이 다른 테이블에 의해 참조 중이면 제거하지 마시오.
③ 성적 테이블만 제거하시오.
④ 성적 테이블의 인덱스만 제거하시오.

기적의 TIP DROP에서 옵션 명령 모두 출제가 될 정도로 중요한 내용입니다. 두 가지 모두 정확한 이해와 기능에 대한 숙지가 요구됩니다.

031 SQL 명령어 – ALTER

Point 29 참고

데이터 정의 언어(DDL) : 데이터를 입력하기 위한 테이블의 정의나 정보의 참조, 뷰를 정의하기 위한 언어

CREATE	데이터베이스, 테이블, 뷰 등의 작성
ALTER	데이터베이스, 테이블의 구조 변경
DROP	데이터베이스, 테이블, 뷰 등의 삭제

05년 4월, 06년 10월, 08년 2월, 08년 3월, 14년 상시, 20년 4회

59 테이블 구조를 변경하는 데 사용하는 SQL 명령은?

① ALTER TABLE ② MODIFY TABLE
③ DROP TABLE ④ CREATE INDEX

07년 9월, 09년 3월, 10년 7월, 15년 상시

60 급여 테이블에 데이터를 입력한 후 시간 외 수당 필드가 누락되어 이를 추가하고자 할 경우에 사용하는 SQL 명령으로 옳은 것은?

① ALTER TABLE ② ADD TABLE
③ MODIFY TABLE ④ MAKE TABLE

기적의 TIP 데이터 정의 언어(DDL)의 종류와 각 명령의 기능에 대한 이해와 숙지가 필요합니다.

032 SQL 명령어 – DISTINCT

Point 29 참고

DISTINCT : 중복되는 데이터 값을 제거하여 검색

05년 1월, 06년 7월, 08년 7월, 10년 1월, 11년 7월, 15년 상시, 21년 3회

61 다음 SQL 검색문의 의미로 가장 적절한 것은?

```
SELECT DISTINCT 학과명 FROM 학생;
```

① 학생 테이블의 학과명을 모두 검색하라.
② 학생 테이블의 학과명을 중복되지 않게 모두 검색하라.
③ 학생 테이블의 학과명 중에서 중복된 학과명은 모두 검색하라.
④ 학생 테이블을 학과명 구별하지 말고 모두 검색하라.

05년 7월, 06년 10월, 09년 9월, 12년 상시, 13년 상시, 20년 2회, 23년 1회

62 SQL에서 데이터 검색을 할 경우 검색된 결과 값의 중복 레코드를 제거하기 위해 사용되는 옵션은?

① DISTINCT
② *
③ ALL
④ CASCADE

기적의TIP SELECT 검색문에 DISTINCT 명령을 사용한 경우와 DISTINCT 명령의 자체 기능을 묻는 형식으로 출제됩니다. DISTINCT의 사전적 의미인 "별개의, 다른, 독특한"의 뜻을 알면 쉽게 이해할 수 있습니다.

033 스프레드시트 – 개념

Point 31 참고

스프레드시트(Spread Sheet) : 컴퓨터를 이용하여 각종 계산 관련 업무를 처리하는 전자회계장부를 의미하며 급여 계산, 판매 계획표, 성적 관리, 가계 분석, 재고 관리, 회계 관리 등이 가능

03년 10월, 05년 7월, 06년 10월, 08년 3월, 08년 10월, 14년 상시

63 수치 계산과 관련된 업무에서 계산의 어려움과 비효율성을 개선하여 전표의 작성, 처리, 관리를 쉽게 할 수 있도록 한 것은?

① 스프레드시트
② 데이터베이스
③ 프레젠테이션
④ 워드프로세서

오답 피하기

- 데이터베이스(DataBase) : 자료 관리를 위한 응용 프로그램으로 재고 관리, 인사 관리, 고객 관리 등이 가능함
- 프레젠테이션(Presentation) : 기업의 제품 소개나 연구 발표, 회의 내용 요약 등 각종 그림이나 도표, 그래프 등을 이용하여 많은 사람에게 효과 의미를 전달할 때 사용되는 응용 프로그램
- 워드 프로세서(Wordprocessor) : 문서 작성을 위한 응용 프로그램

05년 4월, 12년 상시, 18년 상시, 19년 상시

64 전자회계장부라고 불리우는 표 계산 프로그램을 의미하는 것은?

① Spread Sheet
② Presentation
③ Word Processor
④ CAD Program

오답 피하기

CAD(Computer Aided Design) : 컴퓨터를 이용한 건축 설계 및 도면 설계를 위한 응용 프로그램

기적의TIP 스프레드시트의 개념을 묻는 문제는 자주 출제되는 중요한 내용이므로 반드시 숙지해야 됩니다.

034 스프레드시트 – 기능

Point 31 참고

- 데이터의 입력과 수치 데이터의 계산 기능 및 데이터가 변경되면 자동으로 재계산하는 기능
- 차트 작성 기능과 문서 작성 기능이 있음
- 입력 데이터를 이용한 데이터 검색, 정렬, 추출, 분석 등의 데이터베이스 관리 기능
- 그림, 클립아트, 지도와 같은 다양한 개체 삽입 기능
- 반복적인 작업을 간단히 처리할 수 있는 매크로 기능

03년 7월, 04년 4월, 06년 1월, 06년 7월, 11년 10월, 21년 1회

65 스프레드시트의 기능으로 거리가 먼 것은?

① 수치 계산 기능
② 슬라이드 쇼 기능
③ 문서 작성 기능
④ 그래프 기능

04년 10월, 05년 1월, 05년 10월, 10년 1월, 12년 상시, 15년 상시, 21년 4회

66 스프레드시트의 기본 기능이 아닌 것은?

① 자료의 계산 기능
② 동영상 처리 기능
③ 차트 작성 기능
④ 그림, 클립아트, 지도 등의 개체 삽입 기능

기적의TIP 스프레드시트의 개념과 함께 쓰임새에 관한 문제가 출제되므로 프레젠테이션의 기능과 구분해서 알아두시면 됩니다.

035 스프레드시트 – 셀(Cell)

Point 31 참고

셀(Cell) : 행과 열이 만나서 이루는 사각형으로 여러 개의 셀 중에서 현재 작업 중인 셀을 활성 셀이라고 하며 셀 포인터(Cell Pointer)를 이동하여 활성 셀을 변경함

03년 1월, 04년 10월, 06년 10월, 08년 2월, 08년 10월, 11년 2월, 13년 상시

67 스프레드시트에서 기본 입력 단위를 무엇이라고 하는가?

① 툴 바　　② 셀
③ 블록　　④ 탭

09년 1월, 10년 7월, 11년 4월, 11년 7월, 14년 상시, 21년 1회

68 스프레드시트에서 행과 열이 교차하면서 만들어지는 사각형으로, 데이터가 입력되는 기본 단위를 무엇이라고 하는가?

① 클립보드　　② 필터
③ 슬라이드　　④ 셀

기적의TIP 스프레드시트의 기본 입력 단위인 셀(Cell)을 단순하게 묻는 형식으로 출제되므로 반드시 숙지해 두도록 합니다.

036 스프레드시트 – 매크로(Macro)

Point 32 참고

매크로(Macro) : 자주 사용하는 명령, 반복적인 작업 등을 매크로로 기록하여 해당 작업이 필요할 때마다 바로 가기 키나 실행 단추를 눌러 쉽고, 빠르게 작업을 수행하는 기능

05년 7월, 05년 10월, 07년 1월, 07년 9월, 11년 10월, 13년 상시, 20년 3회

69 스프레드시트 작업에서 반복되거나 복잡한 단계를 수행하는 작업을 일괄적으로 자동화시켜 처리하는 방법에 해당하는 것은?

① 필터　　② 검색
③ 정렬　　④ 매크로

오답 피하기
- 정렬(Sort) : 문자 목록의 데이터를 특정 필드의 크기 순서에 따라 재배열하는 기능
- 필터(Filter) : 사용자가 설정하는 특정 조건을 만족하는 자료만 검색, 추출하는 기능

06년 7월, 09년 1월, 10년 3월, 10년 10월, 18년 상시, 23년 2회

70 스프레드시트에서 실행해야 하는 동일 작업이나 복잡한 작업을 하나의 명령으로 정의하여 실행할 수 있는 기능을 무엇이라고 하는가?

① 슬라이드　　② 매크로
③ 필터　　④ 시나리오

오답 피하기
- 슬라이드(쪽) : 프레젠테이션에서 화면 전체를 전환하는 단위
- 시나리오 : 변경 요소가 많은 작업표에서 가상으로 수식이 참조하고 있는 셀의 값을 변화시켜 작업표의 결과를 예측하는 기능

기적의TIP 스프레드시트의 중요한 기능인 매크로에 대한 개념을 여러 유형으로 묻는 문제가 출제됩니다.

037 프레젠테이션 – 개념

Point 33 참고

프레젠테이션 : 신제품 발표회, 회사 설명회, 세미나, 연구 발표, 교육 자료 제작 등에서 상대방에게 보다 효과적으로 의사를 전달하고자 할 때 사용하는 프로그램

03년 3월, 04년 2월, 04년 4월, 06년 4월, 07년 9월, 18년 상시, 22년 3회

71 기업체의 발표회나 각종 회의 등에서 빔프로젝트 등을 이용하여 제품에 대한 소개나 회의 내용을 요약 정리하여 청중에게 효과적으로 전달하기 위한 도구를 의미하는 것은?

① 데이터베이스
② 프레젠테이션
③ 스프레드시트
④ 워드프로세서

07년 7월, 09년 7월, 12년 상시, 15년 상시, 16년 상시, 17년 상시, 21년 2회

72 강연회나 세미나, 연구발표, 교육안 제작 등 상대방에게 보다 효과적으로 의사를 전달하고자 할 때 사용하는 것은?

① 워드프로세서
② 프레젠테이션
③ 데이터베이스
④ 운영체제

기적의 TIP 프레젠테이션의 개념과 사용 용도에 대해 여러 유형으로 묻는 문제가 출제되므로 반드시 숙지하여야 합니다.

038 프레젠테이션 – 슬라이드(쪽)

Point 33 참고

슬라이드(쪽) : 프레젠테이션에서 화면 전체를 전환하는 단위, 프레젠테이션을 구성하는 내용을 하나의 화면 단위로 나타낸 것

04년 7월, 06년 2월, 07년 1월, 10년 1월, 11년 4월, 13년 상시, 21년 3회

73 프레젠테이션을 구성하는 내용을 하나의 화면 단위로 나타낸 것을 의미하는 것은?

① 포인트
② 서식 파일
③ 슬라이드
④ 워드프로세서

03년 1월, 03년 7월, 03년 10월, 04년 4월, 11년 7월, 15년 상시, 20년 3회

74 윈도우즈용 프레젠테이션에서 화면 전체를 전환하는 단위를 의미하는 것은?

① 개체
② 개요
③ 스크린 팁
④ 쪽(슬라이드)

오답 피하기

- 개체(Object) : 프레젠테이션의 한 화면을 구성하는 개개의 요소(그림이나 도형 등)
- 개요 : 시나리오에 의한 프레젠테이션의 줄거리로 전체 슬라이드의 문자열 내용을 의미함
- 스크린 팁(Screen Tip) : 도구 단추에 마우스 포인터를 대면 나타나는 도구 설명(Tool Tip)

기적의 TIP 프레젠테이션에서 화면 단위인 슬라이드에 관한 문제가 자주 출제되므로 그 기능에 대해 정확히 이해하도록 하세요.

3과목 PC 운영체제

039 운영체제의 개념

Point 34 참고

- 운영체제의 목적 : 처리 능력의 향상, 응답 시간(Turnaround Time) 단축, 사용 가능도 증대, 신뢰도 향상
- **운영체제의 성능 평가 요소**
  - 처리 능력(Throughput) 향상 : 시스템의 생산성을 가늠하는 단위로 일정 시간 동안 처리하는 일의 양
  - 응답 시간(Turnaround Time) 단축 : 시스템에서 결과가 얻어질 때까지의 시간
  - 사용 가능도(Availability) 증대 : 시스템을 얼마나 빠르게 사용할 수 있는가의 정도
  - 신뢰도(Reliability) 향상 : 주어진 문제를 얼마나 정확하게 처리하는가의 정도

07년 9월, 09년 7월, 10년 1월, 11년 7월, 13년 상시, 15년 상시, 20년 2회

75 시스템의 성능을 극대화하기 위한 운영체제의 목적으로 옳지 않은 것은?

① 응답 시간 지연 ② 처리 능력 증대
③ 신뢰도 향상 ④ 사용 가능도 증대

06년 1월, 09년 7월, 14년 상시, 16년 상시, 18년 상시, 20년 2회, 21년 1회

76 운영체제의 성능 평가에 대한 설명으로 옳지 않은 것은?

① 사용 가능도는 시스템을 얼마나 빨리 사용할 수 있는가의 정도를 나타낸다.
② 처리 능력은 수치가 높을수록 좋다.
③ 응답 시간은 수치가 높을수록 좋다.
④ 신뢰도는 시스템이 주어진 문제를 얼마나 정확하게 해결하는가를 나타내는 척도이다.

오답 피하기

응답 시간(Turnaround Time)은 결과를 얻게 될 때까지 걸리는 시간으로 짧을수록 좋음

기적의 TIP 운영체제의 성능 평가 요소 즉, 운영체제의 목적과 각 목적의 의미를 묻는 문제가 출제됩니다. 따라서 목적의 종류와 의미를 정확히 짚고 넘어가야 됩니다. 특히, 응답 시간에 대한 부분은 그 수치가 높다거나, 증가라는 표현을 이용하여 혼돈을 초래하게 하는 점에 유의하시기 바랍니다.

040 운영체제의 구성

Point 34 참고

- 제어 프로그램 : 감시 프로그램, 작업 관리 프로그램, 데이터 관리 프로그램
- 처리 프로그램 : 언어 번역, 서비스, 문제 처리 프로그램

09년 1월, 13년 상시, 15년 상시, 20년 4회, 22년 4회

77 운영체제를 구성하고 있는 시스템 프로그램 중 제어 프로그램에 해당하는 것은?

① 처리 프로그램
② 서비스 프로그램
③ 작업 관리 프로그램
④ 언어 처리 프로그램

03년 3월, 06년 7월, 07년 9월, 09년 3월, 10년 3월, 10년 10월, 15년 상시

78 운영체제를 제어 프로그램(Control Program)과 처리 프로그램(Processing Program)으로 분류했을 때 제어 프로그램에 해당하지 않는 것은?

① 감시 프로그램(Supervisor Program)
② 데이터 관리 프로그램(Data Management Program)
③ 문제 프로그램(Problem Program)
④ 작업 제어 프로그램(Job Control Program)

기적의 TIP 운영체제를 구성하는 제어 프로그램과 처리 프로그램중에서 해당하지 않는 프로그램을 고르는 형식으로 출제되므로 헷갈리지 않을 정도로 숙지하면 문제푸는 데 어려움이 없을 것입니다.

041 운영체제의 발전

Point 35 참고

- 실시간 처리 시스템(Real Time Processing System) : 좌석 예약과 같이 데이터 발생과 동시에 즉시 처리해야 하는 경우의 자료 처리 시스템
- 일괄 처리(Batch Processing) 방식 : 처리할 데이터를 일정 기간 또는 일정량 모았다가 한 번에 처리하는 방식으로 고객 명단 자료를 월 단위로 묶어 처리하는 시스템에 적합함

04년 10월, 06년 1월, 08년 3월, 11년 4월, 13년 상시, 19년 상시, 21년 3회

79 온라인 실시간 시스템의 조회 방식에 적합한 업무는?

① 객관식 채점 업무
② 좌석 예약 업무
③ 봉급 계산 업무
④ 성적 처리 업무

오답 피하기

객관식 채점 업무, 봉급 계산 업무, 성적 처리 업무 → 일괄 처리 방식

05년 1월, 05년 4월, 08년 3월, 10년 3월, 12년 상시, 17년 상시, 23년 1회

80 업무 처리를 실시간 시스템(Real-Time System)으로 처리할 필요가 없는 것은?

① 적의 공중 공격에 대비하여 동시에 여러 지점을 감시하는 시스템
② 가솔린 정련에서 온도가 너무 높이 올라가는 경우 폭발을 방지하기 위해 조치를 취하는 시스템
③ 고객 명단 자료를 월 단위로 묶어 처리하는 시스템
④ 교통 관리, 비행 조정 등과 같은 외부 상태에 대한 신속한 제어를 목적으로 하는 시스템

오답 피하기

고객 명단 자료를 월 단위로 묶어 처리 → 일괄 처리 방식

기적의 TIP 실시간 처리 시스템과 일괄 처리 시스템에 대한 정확한 이해와 그의 예에 대한 숙지가 필수입니다.

042 운영체제의 기능 – 페이지 교체 기법

Point 36 참고

- LRU(Least Recently Used) : 가장 오랫동안 사용되지 않은 페이지를 교체할 페이지로 선택하는 기법
- FIFO(First In First Out) : 주기억 장치 내에 가장 먼저 들어온, 가장 오래된 페이지를 교체할 페이지로 선택하는 기법
- LFU(Least Frequently Used) : 사용된 횟수가 가장 적은 페이지를 교체할 페이지로 선택하는 기법
- 최적화 기법(OPT : OPTimal replacement) : 앞으로 오랫동안 사용되지 않거나 사용도가 낮을 페이지를 선택하여 교체하는 기법

03년 3월, 04년 4월, 05년 7월, 06년 10월, 09년 3월, 10년 10월, 12년 상시

81 페이지 대체 알고리즘에서 계수기를 두어 가장 오랫동안 참조되지 않은 페이지를 교체할 페이지로 선택하는 방법은?

① FIFO ② LRU
③ LFU ④ OPT

04년 10월, 06년 1월, 07년 4월, 09년 7월, 12년 상시, 18년 상시, 21년 4회

82 프로세스 스케줄링 방법 중 가장 먼저 CPU를 요청한 프로세스에게 가장 먼저 CPU를 할당하여 실행할 수 있게 하는 방법은?

① FIFO ② FILO
③ LFU ④ LRU

기적의 TIP 스케줄링 기법과 페이지 교체 기법은 자주 출제되는 내용입니다. 따라서 종류별 특징에 대한 이해가 필요합니다.

043 DOS 명령어 – DIR

Point 37 참고

- **DIR(DIRectory)**

  디스크 내의 파일 목록, 파일에 대한 정보, 파일의 수, 파일의 크기, 생성 날짜와 시간, 디스크 정보를 표시해 주는 내부 명령어
- 사용법 : DIR [드라이브:][경로][파일명][/옵션]

옵션	기능
/P(Pause)	한 화면씩 표시
/W(Wide)	파일명과 확장자만 한 줄에 5개씩 표시, 화면에 많은 양의 내용이 보임
/O(Order)	정렬 방식대로 표시
/S(Subdirectory)	지정한 디렉터리와 하위 디렉터리의 파일까지 모두 표시
/A(All)	숨김 파일과 비 숨김 파일들을 모두 표시

- 정렬 옵션

옵션	기능
OD(Date)	날짜순으로 정렬
OE(Extension)	확장자의 알파벳순으로 정렬
ON(Name)	이름순으로 정렬
OS(Size)	크기순으로 정렬

03년 10월, 05년 4월, 10년 1월, 13년 상시, 15년 상시, 20년 4회, 22년 2회

83 도스(MS-DOS)에서 파일의 이름순으로 표시하는 명령어는?

① DIR/ON ② DIR/OS
③ DIR/OA ④ DIR/OD

05년 10월, 06년 4월, 09년 1월, 09년 7월, 16년 상시, 20년 2회

84 현재 디렉터리(Directory)의 내용을 확인하기 위하여 도스의 DIR 명령을 사용하는 경우 화면에 가장 많은 파일을 표현할 수 있는 명령 방식은?

① DIR/W ② DIR/P
③ DIR ④ DIR *.*

기적의 TIP MS-DOS에서 DIR 명령은 가장 기본이자 필수입니다. 기출문제 중심의 학습이 시험에 도움이 됩니다.

044 DOS 명령어 – FDISK

Point 38 참고

FDISK : 하드 디스크 파티션의 논리적 분할과 삭제 작업을 수행, 하드 디스크에만 사용이 가능하고 플로피 디스크에는 적용되지 않는 명령어

08년 2월, 09년 3월, 09년 9월, 10년 10월, 14년 상시, 17년 상시, 22년 4회

85 하드 디스크의 분할을 설정하고 논리적 드라이브 번호를 할당하는 DOS의 외부 명령어는?

① FDISK
② CHKDSK
③ RECOVER
④ DISKCOMP

오답 피하기
- CHKDSK : 디스크의 상태를 점검하고 손상된 부분을 복구
- DISKCOMP : 두 디스크의 내용을 비교

06년 7월, 07년 7월, 09년 1월, 11년 10월, 13년 상시, 15년 상시

86 도스(MS-DOS)에서 하드 디스크를 논리적으로 여러 개의 디스크로 나누어 각 볼륨이 서로 다른 드라이브 문자를 가진 별개의 드라이브로 동작하도록 사용하는 명령어는?

① FDISK
② CHKDSK
③ VOL
④ XCOPY

오답 피하기
- VOL : 드라이브의 볼륨명과 일련번호 표시
- XCOPY : 많은 파일을 빠르게 복사하고 하위 디렉터리 내의 파일 및 디렉터리 구조까지 복사

기적의 TIP FDISK 명령은 기능 면에 있어서 매우 중요한 명령이므로 시험을 떠나서라도 반드시 알아야 됩니다. 아울러 자주 출제되므로 반드시 신경써서 공부해 두시기 바랍니다.

045 DOS 명령어 – ATTRIB

Point 38 참고

ATTRIB
- 파일의 속성을 지정 및 해제하는 명령어
- 사용법 : ATTRIB [+속성 / –속성][드라이브:][경로][파일명][/옵션]
- + : 속성 설정, – : 속성 해제

속성	기능
R(Read Only)	읽기 전용 속성
A(Archive)	저장 기능 속성
S(System)	시스템 파일 속성
H(Hidden)	숨김 속성

06년 1월, 07년 4월, 09년 3월, 17년 상시, 19년 상시

87 도스(MS–DOS)에서 특정 파일의 감추기 속성, 읽기 속성을 지정할 수 있는 명령은?

① MORE
② FDISK
③ ATTRIB
④ DEFRAG

오답 피하기
- MORE : 한 화면 단위의 내용 출력과 파이프(|) 기호와 함께 사용
- FDISK : 논리적 드라이브 번호를 할당하는 명령어
- DEFRAG : 단편화 현상을 제거하는 명령어

07년 1월, 07년 7월, 08년 3월, 09년 9월, 10년 1월, 16년 상시, 22년 2회

88 도스(MS–DOS)에서 감추어진 파일의 속성을 해제하는 명령은?

① ATTRIB / +A
② ATTRIB / –A
③ ATTRIB / –H
④ ATTRIB / +H

기적의 TIP ATTRIB 명령은 자주 출제되는 문제로 특히 속성의 해제와 설정 방법에 유의해서 공부해야 합니다.

046 윈도우즈 기능 – Plug & Play

Point 39 참고

Plug & Play(PnP) 기능 : 새로운 하드웨어 설치 및 설정을 자동으로 처리

09년 9월, 10년 7월, 11년 4월, 14년 상시, 16년 상시, 17년 상시, 20년 3회

89 윈도우즈에서 새로운 하드웨어를 장착하고 시스템을 가동시키면 자동으로 하드웨어를 인식하고 실행하는 기능은?

① Interrupt 기능
② Auto & Play 기능
③ Plug & Play 기능
④ Auto & Plug 기능

05년 7월, 09년 7월, 16년 상시, 21년 3회, 22년 4회

90 윈도우즈 운영체제에서 Plug & Play란?

① 컴퓨터에 전원을 켜자마자 바로 시작되는 것
② 운영체제가 주변 기기를 자동 인식하는 것
③ 전원을 끈 상태에서도 컴퓨터가 작동되는 것
④ 전원을 그냥 꺼도 운영체제가 모든 응용 프로그램의 마무리 작업을 수행하는 것

기적의 TIP Plug & Play(PnP) 기능은 매우 중요하며 어렵지 않으므로 반드시 암기해 두도록 하세요.

047 바로 가기 키

Point 39 참고

바로 가기 키	기능
Ctrl+A	모두 선택
Ctrl+Shift+Delete	프로그램을 강제로 종료하거나 시스템을 종료시킬 수 있음
Shift+Delete	휴지통을 사용하지 않고 완전 삭제
Alt+F4	실행 중인 현재 창 종료
Alt+Tab	실행 중인 프로그램 간의 작업 전환

04년 7월, 07년 1월, 07년 4월, 08년 7월, 09년 9월, 17년 상시, 21년 2회

91 윈도우즈의 단축키 중 활성창을 닫고 프로그램을 종료하는 것은?

① Ctrl+Esc ② Ctrl+A

③ Alt+F4 ④ Alt+Tab

05년 4월, 06년 1월, 06년 7월, 08년 2월, 09년 3월, 23년 1회

92 Windows에서 파일 삭제 시 휴지통 폴더로 이동하지 않고 복원이 불가능한 삭제에 사용되는 키 입력은?

① Alt+Delete ② Shift+Delete

③ Ctrl+Delete ④ Tab+Delete

기적의 TIP 바로 가기 키는 시험에 자주 등장합니다. 주요 기능은 반드시 숙지하도록 하세요.

048 제어판 및 보조 프로그램

Point 40 참고

- 메모장 : 윈도우즈에서 제공하는 가장 기본적인 문서 편집기, 특수한 서식이 있거나 다른 문서와의 OLE(Object Linking & Embedding) 및 그래픽 기능은 지원하지 않음
- 메모장의 확장자 : *.TXT

07년 7월, 08년 10월, 18년 상시, 20년 4회, 21년 4회

93 윈도우즈의 메모장을 이용하여 문서를 작성하고 저장했을 때의 기본적인 파일 확장자명으로 옳은 것은?

① hwp ② txt

③ doc ④ bmp

오답 피하기

- *.hwp : 한글 워드프로세서의 확장자
- *.doc : MS-WORD의 확장자
- *.bmp : 그림판의 확장자

04년 4월, 08년 3월, 18년 상시

94 윈도우즈에서 텍스트 형식의 파일만 지원하며 간단한 문서를 작성하거나 편집할 수 있는 보조 프로그램은?

① 그림판 ② 워드패드

③ 메모장 ④ 한글

기적의 TIP 메모장은 보조 프로그램에서 출제되는 내용 중 가장 대표적인 부분입니다. 따라서 그 특징에 대해 반드시 익혀두어야 합니다.

049 파일 및 폴더 관리

Point 40 참고

- 비연속적인 여러 개의 파일 선택 : Ctrl
- 연속적인 여러 개의 선택 : Shift

07년 1월, 07년 9월, 08년 2월, 09년 7월, 15년 상시, 18년 상시, 20년 2회

95 윈도우즈의 탐색기에서 비연속적인 여러 개의 파일을 선택하는 방법은?

① Ctrl을 누른 상태에서 선택하려는 파일들을 왼쪽 마우스 버튼을 클릭하여 선택한다.

② Shift를 누른 상태에서 선택하려는 파일들을 왼쪽 마우스 버튼을 클릭하여 선택한다.

③ Alt를 누른 상태에서 선택하려는 파일들을 오른쪽 마우스 버튼을 클릭하여 선택한다.

④ Shift를 누른 상태에서 선택하려는 파일들을 오른쪽 마우스 버튼을 클릭하여 선택한다.

04년 10월, 06년 10월, 07년 7월, 08년 10월, 09년 9월, 17년 상시, 18년 상시

96 윈도우즈의 탐색기에서 연속적인 여러 개의 파일을 한꺼번에 선택할 때 마우스와 함께 사용하는 키는?

① Alt ② Shift

③ Ctrl ④ Tab

기적의 TIP 연속적인 선택과 비연속적인 선택 방법을 묻는 단순한 형식으로 출제되므로 반드시 숙지해 두도록 하세요.

050 휴지통

Point 40 참고

삭제한 파일 및 폴더를 임시로 보관하는 장소로 필요시 삭제 이전의 상태로 복원이 가능하며 각각의 드라이브마다 휴지통 설정이 가능하며 휴지통의 크기를 지정할 수 있음

06년 7월, 08년 7월, 16년 상시, 19년 상시, 21년 3회

97 윈도우즈 운영체제에서 지워진 파일이 임시로 보관되는 곳은?

① 휴지통 ② 내 문서
③ 내 컴퓨터 ④ 내 서류가방

오답 피하기

- 내 문서(My Documents) : 문서 파일이 기본적으로 저장되는 특수한 폴더
- 내 컴퓨터 : 컴퓨터 시스템을 구성하고 있는 장치 및 각종 드라이브와 폴더 구조를 표시
- 내 서류 가방 : 서로 다른 두 대의 컴퓨터 또는 여러 버전의 경우 문서를 체계화하고 항상 최신의 내용으로 유지

03년 10월, 07년 7월, 08년 10월, 10년 3월, 11년 10월, 16년 상시

98 윈도우즈 운영체제의 휴지통에 대한 설명으로 옳지 않은 것은?

① 삭제한 파일을 임시 저장하며 휴지통 내에 파일을 다시 복구할 수 있다.
② 휴지통의 크기를 변경시킬 수 없다.
③ 파일 삭제 시 휴지통에 보관하지 않고 즉시 삭제할지를 지정할 수 있다.
④ 파일 삭제 시 삭제 확인 메시지를 보이지 않게 지정할 수 있다.

기적의 TIP 휴지통은 윈도우즈에서 반드시 출제되는 중요한 내용 중 하나입니다. 따라서 그 특징과 기능에 대해 반드시 익혀두도록 하세요.

051 UNIX의 특징

Point 43 참고

시분할 온라인 대화식 시스템, C 언어 기반으로 제작된 운영체제, 확장성과 이식성이 우수함

06년 7월, 07년 1월, 08년 2월, 09년 1월, 09년 7월, 16년 상시, 22년 1회

99 UNIX 시스템에서 주로 사용한 프로그래밍 언어는?

① Pascal ② Fortran
③ C ④ Basic

오답 피하기

- Pascal : 교육용 언어이며 재귀적 알고리즘 표현이 용이하고 구조화 프로그래밍이 가능한 언어
- Fortran : 과학, 공학 분야에서 수학적 문제들을 해결하기 위한 과학 계산용 수치 언어
- Basic : 대화형 언어이며 다목적 언어로 인터프리터에 의해 번역

08년 7월, 16년 상시, 18년 상시, 20년 4회

100 UNIX 시스템이 이식성이 높은 가장 큰 이유는?

① C 언어로 구성되어 있기 때문에
② COBOL 언어로 구성되어 있기 때문에
③ BASIC 언어로 구성되어 있기 때문에
④ FORTRAN 언어로 구성되어 있기 때문에

기적의 TIP UNIX 시스템의 특징과 사용된 언어에 대해 묻는 문제가 출제되므로 혼동하지 않을 정도로 숙지해 두면 무난합니다.

052 UNIX의 구성 – Kernel

Point 43 참고

커널(Kernel) : UNIX 운영체제의 가장 핵심적인 부분으로 항상 주기억 장치에 상주하며 시스템의 자원을 관리, 프로세스 관리, 입출력 관리, 파일 관리, 메모리 관리, 시스템 호출, 프로세스 간 통신을 관리

03년 7월, 04년 10월, 06년 1월, 07년 9월, 09년 1월, 16년 상시

101 운영체제에서 가장 기초적인 시스템 기능을 담당하는 부분으로 관리자(Supervisor), 제어 프로그램(Control Program) 핵(Nucleus) 등으로 부르며 프로세스 관리, CPU 제어, 입출력 제어, 기억 장치 관리 등의 기능을 수행하는 것은?

① 커널(Kernel)
② 파일 시스템(File System)
③ 인터페이스(Interface)
④ 데이터 관리(Data Control)

05년 4월, 08년 2월, 13년 상시, 14년 상시, 20년 3회, 22년 4회

102 UNIX에서 태스크 스케줄링(Task-scheduling) 및 기억 장치 관리(Memory Management) 등의 일을 수행하는 부분은?

① Kernel
② Shell
③ Utility Program
④ Application Program

오답 피하기

- 셸(Shell) : 사용자와 UNIX 간의 인터페이스 역할, Shell 프로그램 언어를 제공하는 명령어 해석기
- 유틸리티(Utility Program) : DOS의 외부 명령어에 해당, 사용자 편리를 위해 준비된 시스템 프로그램, UNIX 시스템을 효과적으로 사용할 수 있도록 도와주는 응용 프로그램

기적의 TIP UNIX에서 커널(Kernel)의 역할에 대해 묻는 문제가 출제되므로 그 기능에 대한 숙지가 필요합니다.

053 UNIX의 명령어

Point 43 참고

ls : 지정한 디렉터리의 파일을 보여주는 명령으로 DOS의 DIR과 같음

04년 7월, 07년 1월, 08년 10월, 10년 1월, 11년 7월, 14년 상시, 21년 1회

103 유닉스(UNIX) 명령어 중 DOS의 DIR과 같은 역할을 하는 명령은?

① ls ② cd
③ pwd ④ cp

오답 피하기

- cd : 디렉터리 경로 변경
- pwd : 현재 디렉터리의 경로를 표시
- cp : 파일 복사 명령

04년 2월6년 10월, 07년 9월, 16년 상시, 20년 4회, 23년 1회

104 디렉터리 내의 파일을 열거하는데 사용되는 UNIX 명령어는?

① cd ② ls
③ tar ④ pwd

오답 피하기

tar : 파일과 디렉터리를 하나로 묶음(보조 기억 장치에 데이터를 압축 저장)

기적의 TIP UNIX에서 DOS의 DIR 명령처럼 가장 기본적인 명령에 해당하며 자주 출제되는 명령입니다. 따라서 DOS의 DIR 명령과 같은 기능으로 숙지해 두시면 됩니다.

054 Linux의 특징

Point 44 참고

대화식 시분할 운영체제로 대부분 C 언어로 작성되며, Multi-Tasking, Multi-User 시스템이 가능함

20년 3회, 21년 2회

105 다음 중 Linux에 대한 설명으로 옳지 않은 것은?

① 대화식 시분할 운영체제이다.
② 대부분 C 언으로 작성되어 있다.
③ 두 사람 이상의 사용자가 동시에 시스템을 사용할 수 있다.
④ 동시에 여러 작업을 수행하는 다중 작업(Multi-Tasking)을 지원하지 않는다.

오답 피하기

동시에 여러 작업이 가능한 멀티태스킹(Multi-Tasking)을 지원함

20년 3회, 21년 1회

106 Linux에 대한 설명으로 거리가 먼 것은?

① Linux는 대부분 C 언어로 작성되었다.
② Stand Alone 시스템에 주로 사용된다.
③ Multi-Tasking, Multi-User 시스템이다.
④ Networking 기능이 풍부하다.

오답 피하기

Linux는 여러 터미널을 지원하는 다중 사용자(Multi-User) 운영체제임

기적의 TIP Linux의 특징을 묻는 문제가 자주 출제되고 있습니다. 혼돈되지 않게 잘 숙지하시기 바랍니다.

055 Linux의 명령어

Point 45 참고

파일 관련 명령어

명령어	기능
ls	파일 목록 표시
cp	파일이나 디렉터리 복사(디렉터리 복사 옵션 : -r)
rm	• 파일이나 디렉터리 삭제 • 디렉터리 삭제 시 옵션 : -r • 삭제 여부 확인 없이 바로 삭제 시 옵션 : -f
mv	파일이나 디렉터리 이동 또는 이름 변경
file	파일의 종류 및 속성값 표시
locate	파일의 위치를 검색
find	조건으로 파일을 검색하여 경로를 표시
touch	• 파일의 용량이 0Byte인 빈 파일을 생성(파일이나 디렉터리가 존재하지 않을 때) • 파일의 최근 사용 및 수정 시간 등의 타임 스탬프를 변경
cat	파일의 내용을 출력
head	출력을 원하는 용량(-c)이나 줄 수(-숫자 또는 -n 숫자, 미지정 시 기본 10개씩 출력)만큼 파일의 앞부분을 출력함
tail	• 출력을 원하는 용량(-c)이나 줄 수(-숫자 또는 -n 숫자, 미지정 시 기본 10개씩 출력)만큼 파일의 뒷부분을 출력함 • -F 옵션 : 화면에 파일 내용을 계속 표시하며 내용 변경 시 변경된 내용을 업데이트함
more	화면 단위로 파일의 내용을 출력함
less	한 번에 한 화면씩 내용을 출력함

20년 2회, 21년 3회, 23년 1회

107 다음 중 파일이나 디렉터리를 복사할 때 사용하는 Linux 명령은?

① ls　② cp
③ copy　④ dup

20년 3회/4회, 21년 1회, 22년 1회

108 다음 중 파일이나 디렉터리를 삭제할 때 사용하는 Linux 명령은?

① ls　② cp
③ rm　④ mv

오답 피하기

- rm : 파일이나 디렉터리 삭제
- ls : 파일 목록 표시
- cp : 파일이나 디렉터리 복사
- mv : 파일이나 디렉터리 이동 또는 이름 변경

기적의 TIP Linux 명령은 UNIX 명령처럼 단어의 의미가 기능을 나타내며 명령어의 기능이 같으므로 UNIX 명령을 복습한다는 자세로 공부하시면 어렵지 않습니다.

056 Linux의 파일 처리 및 조작

Point 46 참고

i-node : 파일 소유자의 식별 번호 및 그룹 번호, 데이터 블록 주소, 파일 크기, 파일 형태(Type), 파일이 만들어진 시간, 파일이 가장 최근에 사용된 시간, 파일이 변경된 가장 최근의 시간, 파일 링크 수 등

20년 2회/3회, 21년 2회, 22년 2회

109 Linux에서 파일에 대한 정보를 가지고 있는 i-node의 내용으로 볼 수 없는 것은?

① 파일의 크기
② 최종 수정 시간
③ 소유자
④ 파일 경로명

20년 2회

110 Linux에서 각 파일에 대한 정보를 기억하고 있는 자료 구조로서 파일 소유자의 식별 번호, 파일 크기, 파일의 최종 수정 시간, 파일 링크 수 등의 내용을 가지고 있는 것은?

① 슈퍼 블록
② i-node
③ 디렉터리
④ 파일 시스템 마운팅

기적의 TIP i-node의 정의 및 명령어를 묻는 문제가 자주 출제되고 있습니다. 숙지해 두시기 바랍니다.

057 전산 영어

Point 47 참고

- 두 개 또는 그 이상의 프로세스들이 다른 프로그램에 의해 사용되고 있는 장치를 기다리기 때문에 처리가 진행되지 않는 상태 → 데드락(Deadlock)
- 멀티 프로그래밍에서 다른 프로그램에 의해 사용 중인 디바이스를 한 프로그램이 사용하려고 하기 때문에 사용할 수 없는 자원을 무한정 기다리는 상태 → 교착 상태(Deadlock)

05년 1월, 05년 7월, 07년 7월, 09년 3월, 12년 상시, 21년 1회

111 다음의 설명이 의미하는 것은?

> A situation that two or more processes are unable to proceed because each is waiting for the device in use by other program.

① Database ② Compiler
③ Deadlock ④ Spooling

08년 2월, 16년 상시, 18년 상시, 20년 2회

112 Which one does below sentence describe?

> It is situation of infinite waiting of unusable resources, Because one program is going to use the device in use by other program at multiprogramming.

① Paging ② Buffering
③ Deadlock ④ Overlay

기적의 TIP 전산 영어에 대한 문제는 대부분 같은 보기 형태 그대로 출제되는 경향을 보이고 있습니다. 하지만 교착 상태(Deadlock)에 대한 문제가 다르게 표현되어 출제된 적이 있으므로 그 의미를 잘 이해해 두셔야 합니다.

4과목 정보 통신 일반

058 정보 통신 시스템의 구성

Point 48 참고

- 데이터 처리계 : 데이터를 처리하는 컴퓨터를 의미하며 중앙 처리 장치(CPU)와 주변 장치로 구성됨
- 데이터 전송계 : 데이터의 입출력 및 송신을 담당하는 장치로 단말 장치, 데이터 전송 회선, 통신 제어 장치로 구성됨

08년 2월, 13년 상시, 14년 상시, 19년 상시, 20년 2회

113 정보 통신 시스템의 구성 요소 중 데이터 처리계에 해당하는 것은?

① 단말 장치 ② 데이터 전송 회선
③ 통신 제어 장치 ④ 중앙 컴퓨터

오답 피하기

통신 제어 장치(Communication Control Unit) : 데이터 전송 회선과 컴퓨터 사이를 연결하고 통신 회선과 중앙 처리 장치를 결합하여 데이터의 처리를 제어

06년 10월, 12년 상시, 16년 상시, 21년 4회

114 정보 통신 시스템의 구성 중 데이터 전송계에 해당되지 않는 것은?

① 모뎀 장치 ② 데이터 전송 회선
③ 중앙 처리 장치 ④ 통신 제어 장치

오답 피하기

모뎀(변복조기 : MODEM) : 변조(Modulation)와 복조(DEModulation)의 합성어로 변조는 디지털 신호를 아날로그 신호로 변환하는 과정, 복조는 아날로그 신호를 디지털 신호로 변환하는 과정을 의미

기적의 TIP 데이터 전송계와 처리계에 대한 구분을 묻는 형식으로 출제됩니다. 따라서 그 구분을 정확하게 이해해 두시면 됩니다.

059 정보 전송 선로 – 위성

Point 50 참고

정지형 통신 위성의 위치 : 지구 적도 상공 약 36,000[km]

06년 4월, 08년 7월, 16년 상시, 20년 4회, 23년 3회

115 다음 중 정지 위성의 위치는 지구 적도 상공 약 몇 [km]인가?

① 25,000 ② 36,000
③ 45,000 ④ 56,000

04년 10월, 05년 4월, 08년 2월, 11년 4월, 14년 상시

116 다음 중 무궁화 위성과 같은 정지형 통신 위성의 위치로 적합한 것은?

① 지상 약 15,000[km] 상공
② 지구 북회귀선 상공 약 25,000[km]
③ 지구 적도 상공 약 36,000[km]
④ 지구 극점 상공 약 45,000[km]

기적의 TIP 단순히 통신 위성의 위치를 묻는 형식으로 출제되므로 잘 숙지해 두시면 됩니다.

060 정보 전송 선로 – 광섬유 케이블

Point 49 참고

광섬유 케이블(Optical Fiber Cable)

- 규소(Si)을 주재료로 하며 빛의 반사 현상을 이용
- 온도 변화에 안정적이며 신뢰성이 높고 에러 발생률이 가장 적음
- 전력 유도나 전자 유도에 영향을 받지 않으므로 잡음이나 누화가 거의 없고 신호 감쇠 현상이 적음
- 광대역 전송, 작은 크기와 무게, 적은 감쇠도, 보다 넓은 리피터 간격과 같은 전송 특징이 있음
- 빛을 이용하여 전송하므로 보안성이 뛰어남
- 설치 시에 휘거나 꺾기가 어려워 접속과 연결이 용이하지 않음

08년 2월, 09년 3월, 16년 상시, 21년 3회

117 광섬유 케이블의 일반적인 특징으로 옳지 않은 것은?

① 빛을 사용함으로써 전기적인 간섭이 없다.
② 높은 전송 속도와 대역폭을 갖는다.
③ 동축 케이블보다 전송 신호의 손실이 적다.
④ 설치 시에 접속과 연결이 매우 용이하다.

12년 상시, 13년 상시, 15년 상시, 20년 3회

118 광케이블이 일반 전화용 평형 케이블과 비교하여 이점이 아닌 것은?

① 전송 용량이 커서 많은 신호를 한 번에 전송할 수 있다.
② 케이블 간의 누화는 무시될 수 있을 정도이다.
③ 주파수에 따른 신호 감쇠나 전송 지연의 변화가 크다.
④ 통신 신호의 전파 속도가 빠르다.

기적의 TIP 광섬유 케이블의 장단점에 대해 자주 출제되므로 반드시 특징에 대해 숙지해 두시기 바랍니다.

061 정보 전송 회선의 종류와 특성

Point 51 참고

통신 방식에 따른 분류

단방향 통신 (Simplex)	한쪽 방향으로만 정보 전송이 가능(예 TV, 라디오)
반이중 통신 (Half Duplex)	양쪽 방향 통신이 가능하지만 동시에는 불가능한 형태(예 무전기)
전이중 통신 (Full Duplex)	양쪽 방향으로 동시에 정보의 전송이 가능한 경우(예 전화)

03년 1월, 05년 1월, 13년 상시, 16년 상시, 21년 1회

119 정보 통신 신호의 전송이 양쪽에서 가능하나, 동시 전송은 불가능하고 한 쪽 방향으로만 전송이 교대로 이루어지는 통신 방식은?

① 반송 주파수 통신 방식
② 반이중 통신 방식
③ 단방향 통신 방식
④ 전이중 통신 방식

03년 3월, 03년 10월, 09년 3월, 10년 1월, 12년 상시, 18년 상시, 22년 4회

120 데이터 통신에서 서로 다른 방향에서 동시에 송·수신할 수 있는 것은?

① 이중 시스템(Dual System)
② 반이중 시스템(Half Duplex System)
③ 전이중 시스템(Full Duplex System)
④ 단향 시스템(Simplex System)

기적의 TIP 통신 방식에 대한 문제는 매우 중요하므로 각 방식에 대한 이해와 예를 반드시 숙지해 두어야 합니다.

062 통신 속도와 통신 용량

Point 53 참고

- 4비트(Quadbit)가 한 신호 단위인 경우 2400 × 4 = 9,600
- 트리비트(Tribit)인 경우 Bps = Baud × 3 = 1,600 × 3 = 4,800

03년 1월, 08년 10월, 11년 10월, 16년 상시, 20년 4회, 22년 3회

121 변조 속도가 2400[Baud]이고 쿼드비트(Quadbit)를 사용하는 경우 전송 속도는 몇 [bps]인가?

① 1,600 ② 2,400
③ 4,800 ④ 9,600

04년 10월, 06년 4월, 06년 10월, 08년 7월, 13년 상시

122 신호의 변조 속도가 1,600[Baud]이고, 트리비트(Tribit)인 경우 전송 속도[bps]는?

① 1,600 ② 2,400
③ 4,800 ④ 9,600

기적의 TIP 전송 속도를 산출하는 계산 문제는 자주 출제되는 문제이며 같은 유형으로 나오므로 혼동하지 않을 정도로 공부해 두면 무난합니다.

063 에러 복구 기법과 전송 에러

Point 58 참고

ARQ(Automatic Repeat reQuest) – 자동 재전송 방식

정지–대기 ARQ(Stop & Wait ARQ), 연속적 ARQ(Go–Back–N ARQ, 선택적 ARQ(Selective ARQ)), 적응적(Adaptive) ARQ

08년 3월, 09년 1월, 15년 상시, 20년 2회/3회

123 에러 검출 후 재전송(ARQ) 에러 제어 방식에 속하지 않는 것은?

① Stop–and–Wait ② Go–Back–N
③ 선택적 재전송 ④ 전진 에러 수정(FEC)

오답 피하기

전진 에러 수정 방식(FEC : Forward Error Correction) : ARQ 방식처럼 에러 검출 후 재전송이 이루어지지 않고 수정되는 방식으로 해밍 코드(Hamming Code)가 이에 해당됨

09년 3월, 12년 상시, 16년 상시, 21년 1회/2회

124 오류를 검출한 후 재전송하는 방식으로 옳지 않은 것은?

① 정지–대기(Stop and Wait) ARQ
② 연속적(Continuous) ARQ
③ 적응적(Adaptive) ARQ
④ 이산적(Discrete) ARQ

기적의 TIP 오류를 검출한 후 재전송하는 방식(ARQ)은 해밍 코드와 더불어 에러 복구 기법으로 시험에 자주 출제되므로 그 종류와 특징에 대해 이해하고 숙지해야 합니다.

064 정보 신호 변환 방식

Point 56 참고

- 주파수 변조(FM : Frequency Modulation) : 반송파의 주파수를 변조
- 진폭 변조(AM : Amplitude Modulation) : 반송파의 진폭을 변조
- 위상 변조(PM : Phase Modulation) : 반송파의 위상을 변조
- PCM(Pulse Code Modulation) : 아날로그 신호를 디지털 펄스로 변환하여 전송하고 수신측에서 이를 다시 본래의 아날로그 신호로 환원시키는 방식

15년 상시, 16년 상시, 21년 1회

125 다음 중 반송파 주파수를 변환시키는 변조 방식은?

① AM ② FM

③ PM ④ PCM

05년 10월, 11년 7월, 14년 상시, 18년 상시

126 반송파 신호(Carrier Signal)의 피크-투-피크(Peak-to-Peak) 전압이 변하는 아날로그 변조 방식은?

① AM(Amplitude Modulation)

② FM(Frequency Modulation)

③ PM(Phase Modulation)

④ PCM(Pluse Code Modulation)

기적의 TIP 반송파 주파수를 변환시키는 변조 방식을 묻는 문제로 각 방식에 대해 혼동하지 않도록 익혀두시면 됩니다.

065 정보 단말 설비

Point 59 참고

- 2번 핀 : 송신 데이터
- 3번 핀 : 수신 데이터
- 4번 핀 : 송신 요구
- 5번 핀 : 송신 준비 완료

07년 1월, 08년 2월, 14년 상시, 17년 상시, 20년 2회

127 RS-232C용 케이블 커넥터인 25핀에서 DTE와 DCE 간에 데이터의 송신과 수신용 핀 번호가 순서대로 옳은 것은?

① 2번, 3번 ② 7번, 8번

③ 14번, 16번 ④ 20번, 21번

07년 7월, 13년 상시, 16년 상시, 21년 3회

128 다음 중 DTE와 접속 규격의 25핀 커넥터에서 데이터의 송·수신에 관계되는 핀 단자 번호는?

① 8번과 12번 ② 2번과 3번

③ 5번과 7번 ④ 1번과 25번

기적의 TIP RS-232C가 25핀으로 구성된 것과 송신, 수신 핀 번호에 대해 출제되므로 혼동하지 않도록 숙지해 두시면 됩니다.

066 정보 교환 설비 – DSU

Point 60 참고

DSU(Digital Service Unit) : 디지털 서비스 유닛 장치라 하며 디지털 방식으로 전송하는 장비로 디지털 신호를 변조하지 않고 디지털 전송로를 이용하여 고속 전송하는 장치이다.

03년 7월, 08년 3월, 15년 상시, 19년 상시, 21년 3회

129 다음 중 데이터 단말 장치와 디지털 통신 회선 사이에 있는 DCE로 적합한 것은?

① 통신 제어 장치 ② 멀티플렉서
③ MODEM ④ DSU

오답 피하기

- 통신 제어 장치(Communication Control Unit) : 데이터 전송 회선과 컴퓨터 사이를 연결하고 통신 회선과 중앙 처리 장치를 결합하여 데이터의 처리를 제어
- 멀티플렉서(Muplexer) : 2^n개의 입력을 받아들여 하나의 출력선으로 정보를 출력하는 논리 회로
- 모뎀(변복조기 : MODEM) : 변조(Modulation)와 복조(DEModulation)의 합성어로 변조는 디지털 신호를 아날로그 신호로 변환하는 과정, 복조는 아날로그 신호를 디지털 신호로 변환하는 과정을 의미

06년 10월, 16년 상시, 18년 상시, 21년 4회, 23년 1회

130 데이터 회선 종단 장치(DCE)로써 디지털 전송 선로에 이용되는 것은?

① DSU ② MODEM
③ CCU ④ FEP

오답 피하기

FEP(Front End Processing) : 메인 프레임의 통신 제어를 위해 설계된 전용 컴퓨터

기적의 TIP 모뎀과 DSU는 시험에서 기능과 특징을 묻는 형식으로 출제되므로 이해를 통해 혼동하지 않도록 숙지해두시면 됩니다.

067 OSI 참조 모델

Point 62 참고

- **네트워크 계층(Network Layer) : 제3계층**
  제3계층으로 응용 프로세스가 존재하는 시스템 간 데이터의 교환 기능, 복수 망인 경우 중계 시스템에 대한 경로 선택 및 중계 기능을 제공, 데이터그램 또는 가상 회선 개설
- **데이터 링크 계층(Data Link Layer) : 제2계층**
  – 이웃한 통신 기기 사이의 연결 및 데이터 전송 기능과 관리를 규정
  – 동기화, 오류 제어, 흐름 제어 등의 기능을 사용
  – 데이터 블록을 인접 노드 간에 오류 없이 전송
  – 정보의 프레임화 및 순서 제어, 전송 확인, 오류 검출 및 복구, 흐름 제어, 데이터 링크의 접속과 단절 등

08년 7월, 09년 3월, 13년 상시, 14년 상시, 17년 상시, 21년 1회

131 OSI 7계층 참조 모델 중 논리적 링크라고 불리는 가상 회로와 관련 있는 것은?

① 데이터 링크 계층
② 네트워크 계층
③ 응용 계층
④ 세션 계층

07년 9월, 10년 3월, 16년 상시, 19년 상시, 22년 4회

132 OSI 7계층 참조 모델에서 인접 개방형 시스템 간의 데이터 전송, 에러 검출, 오류 회복 등을 취급하는 계층은?

① 물리적 계층 ② 데이터 링크 계층
③ 응용 계층 ④ 세션 계층

오답 피하기

하위층	1계층	물리 계층	매체 접근에 따른 기계적, 전기적, 물리적 절차를 규정
	2계층	데이터 링크 계층	인접 개방형 시스템 간의 정보 전송 및 오류 제어
	3계층	네트워크 계층	정보 교환, 중계 기능, 경로 선정, 유통 제어 등
	4계층	전송 계층	송 · 수신 시스템 간의 논리적 안정 및 균등한 서비스 제공
상위층	5계층	세션 계층	응용 프로세스 간의 연결 접속 및 동기 제어 기능
	6계층	표현 계층	정보의 형식 설정 및 부호 교환, 암호화, 해독, 압축 등
	7계층	응용 계층	응용 프로세스 간의 정보 교환 및 전자 사서함, 전송 등

기적의 TIP OSI 참조 모델은 정보 통신에서 매우 중요한 내용으로 시험에 자주 출제됩니다. 각 계층별 순서와 특징에 대해 반드시 숙지해 두도록 하세요.

068 정보 신호 변환 방식

Point 63 참고

통신 회선의 링크 수 : n(n−1)/2

07년 9월, 08년 3월, 09년 9월, 16년 상시, 21년 3회

133 30개의 교환국을 망형으로 상호 결선하려면 국간 필요한 통신 회선 수는?

① 225 ② 240
③ 435 ④ 450

오답 피하기

30(30−1) = 435

05년 1월, 05년 10월, 06년 1월, 08년 2월, 09년 1월, 11년 10월, 14년 상시

134 회선망 구성에 있어서 10개의 스테이션(국)을 전부 망형으로 구성하려면 몇 회선이 필요한가?

① 85 ② 65
③ 45 ④ 25

오답 피하기

10(10−1)/2 = 45

기적의 TIP 정보 통신망의 구성 형태와 특징에 대해 숙지해 두어야 합니다. 특히, 망형의 경우 통신 회선의 링크 수를 변경해서 산출하는 문제가 자주 출제됩니다.

069 정보 통신 교환망의 분류

Point 64 참고

정보 통신 교환망 : 회선 교환망, 메시지 교환망, 패킷 교환망

03년 10월, 06년 4월, 07년 4월, 07년 9월, 12년 상시, 16년 상시

135 다음 중 정보 통신 교환망에 해당되지 않는 것은?

① 회선 교환망
② 패킷 교환망
③ 메시지 교환망
④ 비트 교환망

04년 2월, 04년 10월, 05년 4월, 06년 7월, 14년 상시, 20년 4회

136 정보 통신 교환망에 해당하지 않는 것은?

① 회선 교환망
② 메시지 교환망
③ 패킷 교환망
④ 방송 통신 교환망

기적의 TIP 정보 통신 교환망의 종류와 특징에 대해 묻는 문제가 출제되므로 혼동하지 않도록 숙지해 두어야 합니다.

해설과 함께 보는
최신 기출문제

CONTENTS

해설과 함께 보는 최신 기출문제 01회

SELF CHECK 제한시간 60분 | 소요시간 　　분 | 전체 문항 수 60문항 | 맞힌 문항 수 　　문항

난이도 중 문제 진단 ○△×

01 다음 논리 회로에서 출력 f의 값은?

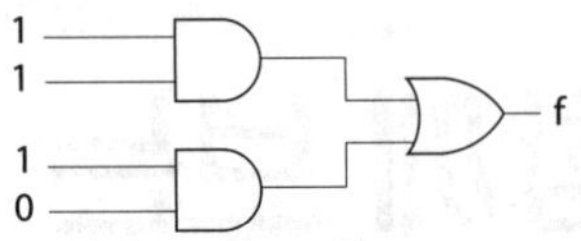

① −1　　② 0
③ 1/2　　④ 1

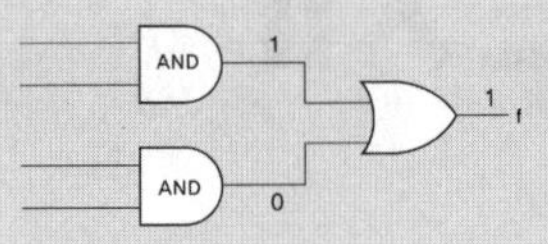

난이도 중 문제 진단 ○△×

02 JK 플립플롭(Flip Flop)에서 보수가 출력되기 위한 J, K의 입력 상태는?

① J = 1, K = 0　　② J = 0, K = 1
③ J = 1, K = 1　　④ J = 0, K = 0

JK 플립플롭은 RS 플립플롭(R=1, S=1일때 부정)의 단점을 개선한 플립플롭으로 J=K=1일 때 반전(보수)됨

난이도 중 문제 진단 ○△×

03 명령 레지스터(Instruction Register), 부호기, 번지 해독기, 제어 계수기 등과 관계있는 장치는?

① 제어 장치　　② 연산 장치
③ 입력 장치　　④ 기억 장치

제어 장치의 레지스터 : 번지 레지스터(MAR : Memory Address Register), 기억 레지스터(MBR : Memory Buffer Register), 명령 레지스터(IR : Instruction Register), 프로그램 카운터(PC : Program Counter), 명령 해독기(Instruction Decoder) 등

오답 피하기

연산 장치 : 누산기(ACC), 가산기(Adder), 데이터 레지스터, 상태 레지스터, 보수기 등

중요✓ 난이도 중 문제 진단 ○△×

04 다음 중 논리식 $(\overline{A} + B) \cdot (A + \overline{B})$와 결과가 같은 식은?

① $AB + \overline{AB}$
② $A\overline{B} + \overline{A}B$
③ $\overline{A}B(A + B)$
④ $(A + \overline{A})(B + \overline{B})$

$(\overline{A}+B) \cdot (A+\overline{B})$
$= \overline{A}A+\overline{A} \cdot \overline{B}+BA+B\overline{B}$(분배 법칙)
$= \overline{A} \cdot \overline{B}+BA$(곱의 법칙, $\overline{A}A=0$, $B\overline{B}=0$)
$= AB+\overline{A} \cdot \overline{B}$(교환 법칙)

난이도 상 문제 진단 ○△×

05 연산자부가 3Bit, 주소부는 5Bit로 되어있을 때, 이 명령어를 사용하는 컴퓨터는 최대 몇 가지의 동작이 가능한가?

① 256
② 16
③ 8
④ 32

연산자부(OP-Code)가 3Bit를 사용할 수 있는 경우 2^3=8개의 명령어를 가질 수 있음

난이도 상 문제 진단 ○△×

06 8진수 234를 16진수로 바르게 표현한 것은?

① $(9C)_{16}$
② $(AD)_{16}$
③ $(11B)_{16}$
④ $(BC)_{16}$

8진수 234를 2진수로 변환하면 010 011 100이며, 16진수로 나타내기 위해 뒤에서 4자리씩 잘라서 16진수로 변환하면 0000 1001 1100이므로 9C가 됨

ANSWER 01 ④ 02 ③ 03 ① 04 ① 05 ③ 06 ①

난이도 하 문제 진단 ◯△✕

07 반가산기(Half-Adder)의 논리 회로도에서 자리올림이 발생하는 회로는?

① OR ② NOT
③ Exclusive OR ④ AND

A	B	합(S)	자리올림수(C)
0	0	0	0
0	1	1	0
1	0	1	0
1	1	0	1
		XOR 회로	AND 회로

진리표에 의한 출력합(Sum)은 배타적 논리합(eXclusive OR) Gate의 진리표이고, 자리올림수(Carry)는 논리곱(AND)의 진리값과 같음

난이도 중 문제 진단 ◯△✕

08 중앙 처리 장치의 제어 부분에 의해서 해독되어 현재 실행 중인 명령어를 기억하는 레지스터는?

① PC(Program Counter)
② IR(Instruction Register)
③ MAR(Memory Address Register)
④ MBR(Memory Buffer Register)

IR(Instruction Register) : 현재 수행 중인 명령어를 기억

오답 피하기
- PC(Program Counter) : 다음에 수행할 명령어의 번지를 기억
- MAR(Memory Address Register) : 주소(번지)를 기억
- MBR(Memory Buffer Register) : 명령어나 데이터를 기억

난이도 중 문제 진단 ◯△✕

09 기계어의 Operand에는 주로 어떤 내용이 들어 있는가?

① Register Number ② Address
③ Instruction ④ OP-Code

번지부(Operand) : 주소부라고도 하며 찾아갈 메모리의 번지 부분이나 레지스터를 지정, 실제 데이터의 주소 자체이거나 주소를 구하는 데 필요한 정보 또는 명령어의 순서를 나타냄

난이도 중 문제 진단 ◯△✕

10 명령의 오퍼랜드 부분에 실제 데이터가 기록되어 있어 메모리 참조를 하지 않고 데이터를 처리하는 방식으로 수행 시간이 빠르지만 오퍼랜드 길이가 한정되어 실제 데이터의 길이에 제약을 받는 주소 지정 방식은?

① Direct Addressing
② Indirect Addressing
③ Relative Addressing
④ Immediate Addressing

즉시 주소 지정(Immediate Addressing) 방식 : 명령어 주소 부분에 있는 값 자체가 실제의 데이터가 되는 구조로 속도가 빠르며 주소부 길이의 제약으로 인해 모든 데이터의 표현이 어려움

오답 피하기
- 직접 주소 지정(Direct Addressing) 방식 : 주소 부분에 있는 값이 실제 데이터가 있는 주기억 장치 내의 주소를 나타내며 메모리 참조 횟수가 1회임
- 간접 번지 지정(Indirect Addressing) 방식 : 명령어의 주소 부분으로 지정한 기억 장소의 내용이 실제 데이터가 있는 곳의 주소로 사용되며 메모리 참조 횟수가 2회 이상임
- 상대 번지(Relative Address) : 별도로 지정된 번지를 기준으로 하여 상대적으로 나타내는 번지

난이도 중 문제 진단 ◯△✕

11 다음 진리표에 해당하는 논리식은?

A(입력)	B(입력)	F(출력)
0	0	1
0	1	0
1	0	0
1	1	0

① $C = A + B$ ② $C = A \cdot B$
③ $C = \overline{A} + \overline{B}$ ④ $C = \overline{A} \cdot \overline{B}$

두 수 모두 0이 입력될 때만 1이 출력(OR 결과의 부정)되므로 NOR 게이트의 논리식 $C = \overline{A} \cdot \overline{B}$가 됨

중요✓ 난이도 중 문제 진단 ○△✕

12 다음 회로(Circuit)에서 결과가 "1"(불이 켜진 상태)이 되기 위해서는 A와 B는 각각 어떠한 값을 갖는가?

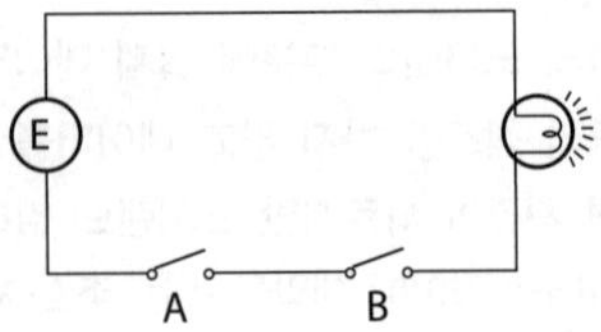

① A=0, B=1　　② A=0, B=0
③ A=1, B=1　　④ A=1, B=0

AND : 두 개의 입력 스위치가 직렬로 연결, 둘 다 동시에 ON 상태에서 불이 켜지므로 A=1, B=1가 됨

난이도 하 문제 진단 ○△✕

13 다음 중 합집합(A U B)으로 나타낼 수 있는 회로는?

①
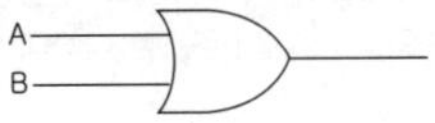

②
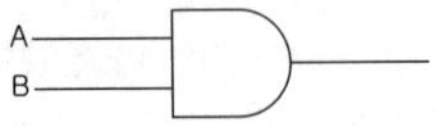

③
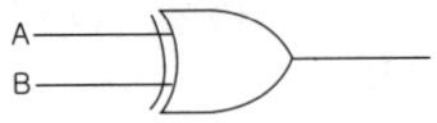

④
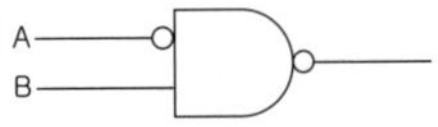

OR 게이트의 논리식은 A+B이며 합집합(AUB)으로 나타낼 수 있음

중요✓ 난이도 하 문제 진단 ○△✕

14 로더(Load)의 기능으로 옳지 않은 것은?

① 할당(Allocation)
② 번역(Compile)
③ 링킹(Linking)
④ 재배치(Relocation)

- 로더(Loader) : 로드 모듈 프로그램을 주기억 장치 내로 옮겨서 실행해 주는 소프트웨어
- 로더(Loader)의 기능 : 할당(Allocation), 연결(Linking), 재배치(Relocation), 적재(Loading) 등

난이도 상 문제 진단 ○△✕

15 4매로 이루어진 디스크팩에서 1면에 200개의 트랙을 사용할 수 있다고 할 때 이 디스크팩의 사용 가능한 실린더는 모두 몇 개인가?

① 100　　② 200
③ 400　　④ 800

실린더(Cylinder) : 동일한 수직선상의 트랙들의 집합(트랙 수 = 실린더 수)

오답 피하기

- 트랙(Track) : 회전축을 중심으로 구성된 여러 개의 동심원
- 섹터(Sector) : 트랙을 여러 구역으로 나누어 놓은 것
- 디스크 팩(Disk Pack) : 여러 장의 디스크를 하나의 축에 고정시켜 사용하는 것

난이도 중 문제 진단 ○△✕

16 연산의 중심이 되는 레지스터(Register)는?

① General Register
② Address Register
③ Accumulator
④ Flip Flop

Accumulator(누산기) : 연산 결과를 일시적으로 기억하는 레지스터

오답 피하기

- General Register(범용 레지스터) : 컴퓨터의 CPU 내에 있는 레지스터 중 계산 결과의 임시 저장, 산술 및 논리 연산 등의 여러 가지 목적으로 사용될 수 있는 레지스터
- Address Register(어드레스 레지스터) : 기억 장치 내의 주소를 기억하는 레지스터
- Flip Flop(플립플롭) : 1비트를 기억할 수 있는 기억 소자로 0 또는 1을 기억

난이도 중 문제 진단 ○△✕

17 입출력 장치의 동작 속도와 전자계산기 내부의 동작 속도를 맞추는데 사용되는 레지스터는?

① 버퍼 레지스터
② 시프트 레지스터
③ 어드레스 레지스터
④ 상태 레지스터

버퍼 레지스터(Buffer Register) : 읽거나 기록한 데이터를 일시적으로 기억할 수 있는 레지스터로 장치와 장치 간의 시간과 흐름의 차이를 위해 사용되는 임시 기억 레지스터

ANSWER 12 ③ 13 ① 14 ② 15 ② 16 ③ 17 ①

난이도 상 문제 진단 ○△✕

18 EBCDIC 코드는 몇 개의 Zone Bit를 갖는가?

① 1 ② 2
③ 3 ④ 4

EBCDIC 코드(Extended BCD Interchange Code : 확장 2진화 10진 코드) : Zone은 4비트, Digit는 4비트로 구성되며, 모두 8비트로 2^8=256가지의 표현이 가능함

난이도 중 문제 진단 ○△✕

19 연산 후 입력 자료가 변하지 않고 보존되는 특징의 장점을 갖는 명령어 형식은?

① 0-주소 명령어 형식
② 1-주소 명령어 형식
③ 2-주소 명령어 형식
④ 3-주소 명령어 형식

3-주소 형식(=범용 레지스터 구조) : 명령어에 오퍼랜드부가 3개 존재하므로 원래의 값이 보존됨

오답 피하기

- 0-주소 형식(=스택 구조) : 명령어에 오퍼랜드부가 없이 데이터가 명령어 자체에 있는 방식
- 1-주소 형식(=ACC(누산기) 구조) : 주소(오퍼랜드부)가 하나 존재
- 2-주소 형식(=범용 레지스터 구조) : 주소부가 2개인 가장 일반적인 형식

난이도 중 문제 진단 ○△✕

20 8개의 Bit로 표현 가능한 정보의 최대 가짓수는?

① 255 ② 256
③ 257 ④ 258

2^8=256이므로 8개의 Bit로 표현 가능한 정보의 최대 가짓수는 256이 됨

난이도 하 문제 진단 ○△✕

21 데이터베이스 관리 시스템(DBMS)의 필수 기능에 해당하지 않는 것은?

① 제어 기능 ② 정의 기능
③ 조작 기능 ④ 처리 기능

DBMS의 필수 기능 : 정의 기능, 조작 기능, 제어 기능

난이도 중 문제 진단 ○△✕

22 테이블 구조 변경 시 사용하는 SQL 명령은?

① CREATE TABLE
② ALTER TABLE
③ DROP TABLE
④ MODIFY TABLE

테이블 구조를 변경 : ALTER

오답 피하기

- 테이블 구조를 정의 : CREATE
- 테이블 구조를 제거 : DROP

난이도 중 문제 진단 ○△✕

23 관계 데이터베이스에서 하나의 애트리뷰트가 취할 수 있는 같은 타입의 모든 원자값 등의 집합을 무엇이라고 하는가?

① 튜플(Tuple)
② 도메인(Domain)
③ 스키마(Schema)
④ 인스턴스(Instance)

도메인(Domain) : 애트리뷰트가 취할 수 있는 값(Value)들의 집합

오답 피하기

- 튜플(Tuple) : 테이블에서 행을 나타내는 말로 레코드와 같은 의미임
- 스키마(Schema) : 데이터베이스를 구성하는 파일, 레코드, 항목의 형식과 상호 관계 전체를 정의한 것으로 외부 스키마, 개념 스키마, 내부 스키마가 있음
- 인스턴스(Instance) : 객체 지향에서 클래스의 연산과 추상 자료에 특정한 객체를 만들 때 대입되는 값

난이도 하 문제 진단 ○△✕

24 수치 계산과 관련된 업무에서 계산의 어려움과 비효율성을 개선하여 전표의 작성, 처리, 관리를 쉽게 할 수 있도록 한 것은?

① 스프레드시트 ② 데이터베이스
③ 프레젠테이션 ④ 워드프로세서

스프레드시트(Spreadsheet) : 수학적 함수나 통계 처리와 같은 수치 자료 계산을 행과 열이 만나 생기는 사각형 모양의 셀에 입력, 계산, 검색 등을 빠르고 쉽게 처리하는 소프트웨어

오답 피하기

- 데이터베이스(Database) : 자료 관리를 위한 응용 프로그램으로 재고 관리, 인사 관리, 고객 관리 등이 가능
- 프레젠테이션(Presentation) : 기업의 제품 소개나 연구 발표, 회의 내용 요약 등 각종 그림이나 도표, 그래프 등을 이용하여 많은 사람에게 효과적으로 의미를 전달할 때 사용되는 응용 프로그램
- 워드프로세서(Wordprocessor) : 문서 작성을 위한 문서 작성기 프로그램

ANSWER 18 ④ 19 ④ 20 ② 21 ④ 22 ② 23 ② 24 ①

난이도 하 문제 진단 ○△×

25 프레젠테이션을 구성하는 내용을 하나의 화면 단위로 나타낸 것을 의미하는 것은?

① 포인트
② 서식 파일
③ 슬라이드
④ 워드프로세서

슬라이드 : 프레젠테이션을 구성하는 한 페이지 단위를 의미

중요✓ 난이도 하 문제 진단 ○△×

26 데이터 정의어(DDL)에 해당하는 SQL은?

① UPDATE
② CREATE
③ INSERT
④ SELECT

데이터 정의 언어(DDL : Data Definition Language) : 데이터를 입력하기 위한, 테이블의 정의나 정보를 참조하기 위한, 뷰를 정의하기 위한 언어로 CREATE(작성), ALTER(변경), DROP(삭제) 등이 있음

오답 피하기

데이터 조작 언어(DML : Data Manipulation Language) : 테이블 내의 레코드를 검색(SELECT), 삽입(INSERT), 갱신(UPDATE), 삭제(DELETE)하고자 할 때 사용하는 데이터 조작 언어

난이도 중 문제 진단 ○△×

27 프레젠테이션에서 프레젠테이션의 흐름을 기획한 것을 무엇이라고 하는가?

① 셀
② 개체
③ 슬라이드
④ 시나리오

시나리오 : 프레젠테이션에서 프레젠테이션의 흐름을 기획한 것

오답 피하기

- 셀(Cell) : 스프레드시트에서의 기본 입력 단위
- 개체(Object) : 프레젠테이션의 한 화면을 구성하는 개개의 요소(그림이나 도형 등)
- 슬라이드(쪽) : 프레젠테이션에서 화면 전체를 전환하는 단위

난이도 상 문제 진단 ○△×

28 SQL문의 형식 중 옳지 않은 것은?

① INSERT – SET – WHERE
② UPDATE – SET – WHERE
③ DELETE – FROM – WHERE
④ SELECT – FROM – WHERE

데이터(행)을 삽입하며 INSERT – INTO – VALUES의 유형을 가짐

오답 피하기

- UPDATE(갱신문) : 갱신문으로 테이블에 저장되어 있는 데이터를 갱신하며 UPDATE – SET – WHERE의 유형을 가짐
- DELETE(삭제문) : 삭제문으로 테이블에 저장되어 있는 행을 삭제하며 DELETE – FROM – WHERE의 유형을 가짐
- SELECT(검색문) : 검색문으로 테이블에서 데이터를 검색하며 SELECT – FROM – WHERE의 유형을 가짐

중요✓ 난이도 하 문제 진단 ○△×

29 생성된 테이블을 삭제할 때 사용하는 SQL 명령은?

① DROP
② CLEAR
③ KILL
④ DELETE

DROP : 데이터베이스, 테이블, 뷰 등의 삭제

중요✓ 난이도 하 문제 진단 ○△×

30 3단계 스키마(Schema)의 종류가 아닌 것은?

① 개념 스키마
② 외부 스키마
③ 관계 스키마
④ 내부 스키마

스키마(Schema) : 데이터베이스를 구성하는 파일, 레코드, 항목의 형식과 상호 관계 전체를 정의한 것으로 외부 스키마, 개념 스키마, 내부 스키마가 있음

ANSWER 25 ③ 26 ② 27 ④ 28 ① 29 ① 30 ③

난이도 하 문제 진단 ○△×

31 윈도우즈 운영체제 환경에서 하나의 컴퓨터가 여러 개의 프로그램을 동시에 작업하는 것을 무엇이라 하는가?

① 멀티프로세서
② 멀티태스킹
③ 멀티프로그래밍
④ 멀티플렉서

멀티태스킹 : 한 사람의 사용자가 한 대의 컴퓨터로 2가지 이상의 작업을 동시에 처리하거나, 2가지 이상의 프로그램들을 동시에 실행시키는 것

오답 피하기

멀티프로그래밍 : 2개 이상의 프로그램을 주기억 장치에 기억시키고, 중앙 처리 장치(CPU)를 번갈아 사용하면서 처리하여 컴퓨터 자원을 최대로 활용하는 처리 기법

난이도 중 문제 진단 ○△×

32 UNIX 시스템에서 명령어 해석기에 해당하는 것은?

① 셸(Shell)
② 커널(Kernel)
③ 유틸리티(Utility)
④ 응용 프로그램(Application Program)

셸(Shell) : 사용자와 UNIX 간의 인터페이스 역할, Shell 프로그램 언어를 제공하는 명령어 해석기

오답 피하기

- 커널(Kernel) : UNIX의 가장 핵심적인 부분으로 항상 주기억 장치에 상주, 시스템의 자원을 관리
- 유틸리티(Utility) : DOS의 외부 명령어에 해당, 사용자 편리를 위해 준비된 시스템 프로그램

중요✓ 난이도 하 문제 진단 ○△×

33 도스(MS-DOS)에서 외부 명령어가 아닌 것은?

① FORMAT ② COPY
③ CHKDSK ④ LABEL

내부 명령어 : DOS로 부팅 시 COMMAND.COM이 실행될 때 주기억 장치에 상주하여 키보드를 통해 명령이 입력되면 바로 실행되는 명령어(DIR, DEL, VER, COPY, MD, CD, RD, DATE, PATH, CLS 등)

오답 피하기

외부 명령어 : 사용 횟수가 내부 명령어보다 비교적 적고 독립적인 파일이 존재함(FORMAT, CHKDSK, LABEL, DISKCOPY, FDISK, DELTREE, ATTRIB, SYS 등)

난이도 상 문제 진단 ○△×

34 다음 ( ) 안의 내용으로 가장 적절한 것은?

> A(n) ( ) is a program that acts an intermediary between a user of computer and the computer hardware.

① GUI
② Compiler
③ File System
④ Operating System

Operating System(운영체제) : 컴퓨터 사용자와 컴퓨터 하드웨어 사이의 중개 역할을 하는 시스템 소프트웨어

중요✓ 난이도 중 문제 진단 ○△×

35 스풀링과 버퍼링에 대한 설명으로 옳지 않은 것은?

① 스풀링은 저속의 입출력 장치와 고속의 CPU 간의 속도 차이를 해소하기 위한 방법이다.
② 버퍼링은 주기억 장치의 일부를 버퍼로 사용한다.
③ 버퍼링은 송신자와 수신자의 속도 차이를 해결하기 위하여 사용한다.
④ 버퍼링은 서로 다른 여러 작업에 대한 입출력과 계산을 동시에 수행한다.

버퍼링은 한 작업에 대한 입출력과 계산을 동시에 수행함

난이도 상 문제 진단 ○△×

36 도스(MS-DOS)의 내부 명령어에 대한 설명으로 옳은 것은?

① 디스크에 별도의 독립 파일로 존재한다.
② 프롬프트 상태에서 언제든지 사용 가능하다.
③ COMMAND.COM 파일이 없어도 사용할 수 있다.
④ 보조 기억 장치에 저장되어 있으므로 LOAD하여 사용한다.

내부 명령어 : DOS로 부팅 시 COMMAND.COM이 실행될 때 주기억 장치에 상주하여 키보드를 통해 명령이 입력되면 바로 실행되는 명령어

오답 피하기

- 디스크에 별도의 독립 파일로 존재한다. → 외부 명령어
- COMMAND.COM 파일이 없어도 사용할 수 있다. → 외부 명령어
- 보조 기억 장치에 저장되어 있으므로 LOAD하여 사용 → 외부 명령어

ANSWER 31 ② 32 ① 33 ② 34 ④ 35 ④ 36 ②

난이도 상 문제 진단 ○△✕

37 도스(MS-DOS)에서 감추어진 파일의 속성을 해제하는 명령은?

① ATTRIB +A ② ATTRIB −A
③ ATTRIB −H ④ ATTRIB +H

ATTRIB
- 파일의 속성을 지정 및 해제하는 명령어
- 사용법 : ATTRIB [+속성 / −속성][드라이브:][경로]파일명 [/옵션]
- + : 속성 설정, − : 속성 해제

속성	기능
R(Read Only)	읽기 전용 속성
A(Archive)	저장 기능 속성
S(System)	시스템 파일 속성
H(Hidden)	숨김 속성

난이도 중 문제 진단 ○△✕

38 Linux의 소유권과 관련된 명령어 중 파일과 디렉터리의 사용자 소유권과 그룹 소유권 모두를 변경할 수 있는 명령어는?

① chown ② chgrp
③ chmod ④ umask

② chgrp : 그룹 소유권만 변경할 수 있는 명령어
③ chmod : 파일이나 디렉터리의 접근 허가권을 변경하는 명령어
④ umask : 새로 생성되는 파일이나 디렉터리의 기본 허가권 값을 지정하는 명령어

난이도 중 문제 진단 ○△✕

39 UNIX에서 현재 작업 중인 프로세스의 상태를 알아볼 때 사용하는 명령어는?

① ls ② ps
③ kill ④ chmod

ps : 프로세스 상태 보기

오답 피하기
- ls : 지정한 디렉터리의 파일을 보여줌
- kill : 강제로 수행 중인 프로세스를 중지
- chmod : 파일의 사용 허가 및 파일이나 디렉터리의 속성 변경 지정

난이도 하 문제 진단 ○△✕

40 윈도우즈의 탐색기에서 마우스의 오른쪽 단추를 누르는 것과 같은 기능이 나타나게 하는 단축키는?

① Shift+F10 ② F9
③ Ctrl+F10 ④ Alt+F10

Shift+F10 : 프로그램이나 선택한 항목의 바로 가기 메뉴 표시

난이도 상 문제 진단 ○△✕

41 다음 보기는 유닉스(UNIX)의 어떤 작업과 가장 관계가 있는가?

vi, de, emacs

① 컴파일 ② CD 재생
③ 통신 ④ 편집

프로그램 편집기 : ed, ex, vi, emacs 등

난이도 중 문제 진단 ○△✕

42 다중 프로그래밍 시스템 내에서 서로 다른 프로세스가 일어날 수 없는 사건을 무한정 기다리고 있는 것을 무엇이라고 하는가?

① 세마포어(Semaphore)
② 가베지 수집(Garbage Collection)
③ 코루틴(Coroutine)
④ 교착 상태(Deadlock)

교착 상태(Deadlock) : 자원은 한정되어 있으나 각 프로세스가 서로 자원을 차지하려고 무한정 대기하는 상태로 해당 프로세스의 진행이 중단되는 상태를 의미

오답 피하기
- 세마포어(Semaphore) : 다중 프로그래밍에서 교착 상태(Deadlock)를 방지하고 시스템 자원을 공유하기 위한 동기화 방식
- 가베지 수집(Garbage Collection) : 메모리 안의 버려진 데이터 기억 영역을 이용할 수 있도록 정리하는 것
- 코루틴(Coroutine) : 대등한 입장에서 서로 호출할 수 있는 복수의 루틴이며 코루틴을 이용하는 대표적인 언어로는 Simula가 있음

ANSWER 37 ③ 38 ① 39 ② 40 ① 41 ④ 42 ④

난이도 중 문제 진단 ○△✕

43 Linux의 vi 편집기에서 문자열 검색을 위해 사용하는 명령이 아닌 것은?

① s ② n
③ / ④ ?

오답 피하기
② n은 같은 방향으로 다음 문자열을 검색
③ '/정규 표현식'은 해당 패턴을 가진 문자열을 현재 커서가 위치한 곳부터 아래 방향으로 검색
④ '?정규 표현식'은 해당 패턴을 가진 문자열을 현재 커서가 위치한 곳부터 위 방향으로 검색

난이도 중 문제 진단 ○△✕

44 문자(SMS)와 피싱(Phishing)의 합성어로 인터넷 접속이 가능한 스마트폰의 문자메시지를 이용한 휴대폰 해킹은?

① 스미싱 ② 스푸핑
③ 파밍 ④ 스니핑

스미싱(Smishing) : 문자 메시지(SMS)와 피싱(Phishing)의 합성어로 문자 메시지 내의 인터넷 주소를 클릭하면 악성코드가 설치되어 피해자가 모르는 사이에 소액결제 피해 발생 또는 개인 금융정보를 탈취하는 수법

중요✓ 난이도 하 문제 진단 ○△✕

45 도스(MS-DOS)에서 시스템 부팅 시 반드시 필요한 파일이 아닌 것은?

① IO.SYS
② MSDOS.SYS
③ COMMAND.COM
④ CONFIG.SYS

CONFIG.SYS : 시스템 환경을 설정해 주는 파일로 표준 장치 외 주변 장치에 대한 기본 환경 설정 가능

오답 피하기
부팅 시 필요한 시스템 파일 : MSDOS.SYS, IO.SYS, COMMAND.COM

난이도 상 문제 진단 ○△✕

46 RS-232C 25핀 커넥터 케이블에서 송신 준비 완료 신호(CTS) 핀(Pin) 번호는?

① 4 ② 5
③ 6 ④ 7

RS-232C 커넥터 주요 핀의 기능

핀 번호	핀 이름	기능
4	RTS(Request To Send)	송신 요청, DTE에서 DC한테 송신을 요청하는 기능
5	CTS(Clear To Send)	송신 준비 완료, DCE에서 DTE에게 송신 준비 완료를 알리는 기능
6	DSR(Data Set Ready)	DEC의 동작 상태, ON : 동작, OFF : 동작 안 함
7	SG(Signal Ground)	신호 접지

난이도 하 문제 진단 ○△✕

47 윈도우즈 운영체제에서 새로운 하드웨어를 장착하고 시스템을 가동 시키면 자동으로 하드웨어를 인식하고 실행하는 기능은?

① Interrupt 기능
② Auto & Play 기능
③ Plug & Play 기능
④ Auto & Plug 기능

Plug & Play(PnP) 기능 : 새로운 하드웨어 설치 및 설정을 자동으로 처리

중요✓ 난이도 하 문제 진단 ○△✕

48 온라인 실시간 시스템의 조회 방식에 적합한 업무는?

① 객관식 채점 업무
② 좌석 예약 업무
③ 봉급 계산 업무
④ 성적 처리 업무

실시간 처리 시스템(Real Time Processing System) : 좌석 예약과 같이 데이터 발생과 동시에 즉시 처리해야 하는 경우의 자료 처리 시스템

오답 피하기
객관식 채점 업무, 봉급 계산 업무, 성적 처리 업무 → 일괄 처리 방식

ANSWER 43 ① 44 ① 45 ④ 46 ② 47 ③ 48 ②

난이도 중 문제 진단 ○△✕

49 업무 처리를 실시간 시스템(Real-Time System)으로 처리할 필요가 없는 것은?

① 적의 공중 공격에 대비하여 동시에 여러 지점을 감시하는 시스템
② 가솔린 정련에서 온도가 너무 높이 올라가는 경우 폭발을 방지하기 위해 조치를 취하는 시스템
③ 고객 명단 자료를 월 단위로 묶어 처리하는 시스템
④ 교통 관리, 비행 조정 등과 같은 외부 상태에 대한 신속한 제어를 목적으로 하는 시스템

일괄 처리(Batch Processing) 방식 : 처리할 데이터를 일정 기간 또는 일정량 모았다가 한 번에 처리하는 방식으로 고객 명단 자료를 월 단위로 묶어 처리하는 시스템에 적합함

중요✓ 난이도 하 문제 진단 ○△✕

50 윈도우즈의 탐색기에서 연속된 여러 개의 파일을 선택할 때 첫 번째 파일을 선택한 후 마지막 파일 선택 시 동시에 누르는 키는?

① Ctrl ② Shift
③ Alt ④ Tab

연속적인 영역의 데이터를 선택하는 경우 : 영역의 첫 파일을 클릭한 후 Shift를 누른 상태로 마지막 파일을 클릭

오답 피하기

Ctrl+클릭 : 불연속적으로 데이터를 선택하는 경우

난이도 중 문제 진단 ○△✕

51 주파수 분할 다중 통신에서 각각의 신호를 추출하기 위해서는 무엇을 통과해야 하는가?

① 고역 여파기 ② 저역 감쇠기
③ 동기 신호 발생기 ④ 대역 여파기

주파수 분할 다중 통신은 일정한 폭을 가진 주파수를 여러 개의 작은 대역폭으로 나누기 위해 대역 여파기를 사용하여 신호를 추출함

난이도 상 문제 진단 ○△✕

52 중앙 집중식 시스템에 대한 분산 처리 시스템의 특징이 아닌 것은?

① 네트워크의 유연성
② 예비 시스템(Back-Up)으로의 활용
③ 자원(Resource)의 공유
④ 전산 자원 관리의 집중화

분산 처리 시스템은 전산 자원 관리의 분산화에 그 목적이 있음

난이도 중 문제 진단 ○△✕

53 다음 중 다중화 방식이 아닌 것은?

① TDM
② STDM
③ FDM
④ LDM

- FDM : 주파수 분할 다중화기
- TDM : 시분할 다중화기
- STDM : 동기 시분할 다중화기

난이도 상 문제 진단 ○△✕

54 전송 선로에 부정합이 존재할 때 나타나는 현상이 아닌 것은?

① 전력이 최대로 전달되지 않는다.
② 파형 왜곡의 원인이 된다.
③ 전송 손실이 없다.
④ 반사가 일어난다.

전송 선로에 부정합이 존재할 때 반사 발생 및 파형 왜곡, 전력과 전송 손실이 발생됨

난이도 중 문제 진단 ○△✕

55 다음 중 데이터 단말 장치와 디지털 통신 회선 사이에 있는 DCE로 적합한 것은?

① 통신 제어 장치
② 멀티플렉서
③ MODEM
④ DSU

DSU(Digital Service Unit) : 디지털 서비스 유닛 장치라 하며, 디지털 방식으로 전송하는 장비로 디지털 신호를 변조하지 않고 디지털 전송로를 이용하여 고속 전송하는 장치

오답 피하기

- 통신 제어 장치(Communication Control Unit) : 데이터 전송 회선과 컴퓨터 사이를 연결하고 통신 회선과 중앙 처리 장치를 결합하여 데이터의 처리를 제어
- 멀티플렉서(Multiplexer) : 2^n개의 입력을 받아들여 하나의 출력선으로 정보를 출력하는 논리 회로
- 모뎀(변복조기 : MODEM) : 변조(MOdulation)와 복조(DEModulation)의 합성어로 변조는 디지털 신호를 아날로그 신호로 변환하는 과정, 복조는 아날로그 신호를 디지털 신호로 변환하는 과정을 의미

ANSWER 49 ③ 50 ② 51 ④ 52 ④ 53 ④ 54 ③ 55 ④

난이도 상 문제 진단 ○△×

56 30개의 교환국을 망형으로 상호 결선하려면 국가 간 필요한 통신 회선 수는?

① 225 ② 240
③ 435 ④ 450

- 통신 회선의 링크 수 : n(n–1)/2
- 30(30–1)/2 = 435

난이도 중 문제 진단 ○△×

57 다음 중 위성 통신의 특징으로 거리가 먼 것은?

① 정보의 전송 지연이 발생한다.
② 전송에 광케이블이 이용된다.
③ 통신 용량이 대용량이다.
④ 기후의 영향을 받는다.

위성 통신은 대용량이며 기후의 영향을 받고, 전송(파) 지연이 발생되며 광케이블이 필요 없는 무선 선로임

난이도 중 문제 진단 ○△×

58 인터넷상에서 하이퍼텍스트를 전송하기 위한 프로토콜은?

① DDCMP ② SNMP
③ HDLC ④ HTTP

HTTP(HyperText Transfer Protocol) : 하이퍼텍스트 문서를 교환하기 위한 통신 규약

오답 피하기

- DDCM(Digital Data Communication Message) 프로토콜 : 바이트(Byte) 방식의 프로토콜
- SNMP(Simple Network Management Protocol) : 네트워크를 운영하기 위해 각종 기기를 관리하는 프로토콜
- HDLC 프로토콜 : OSI 7계층 중 데이터 링크 계층에서 사용되는 전송 프로토콜로 링크를 설정하고 해제하며, 노드 간의 신뢰성 있는 데이터 전송을 위해 오류 제어, 흐름 제어 등의 기능을 수행

난이도 중 문제 진단 ○△×

59 패킷 교환 방식에 대한 설명으로 옳지 않은 것은?

① 메시지를 일정 단위의 크기로 분할하여 전송한다.
② 속도가 서로 다른 단말기 간의 데이터 교환이 가능하다.
③ 교환기나 통신 회선에 장애가 발생한 경우 우회 경로를 선택할 수 있다.
④ 패킷 교환 방식은 디지털 전송로보다 아날로그 전송로에 유리하다.

패킷 교환 방식 : 패킷(Packet)이라 부르는 일정한 길이의 전송 단위로 나누어 전달하는 교환 방식으로, 공중 교환 데이터망(PSDN)에서 사용. 아날로그 보다 디지털 전송로에 유리함

중요 ✓ 난이도 중 문제 진단 ○△×

60 다음 중 ARQ 방식에 속하지 않는 것은?

① 전진 오류 수정(FEC)
② STOP–AND–WAIT ARQ
③ 적응적(Adaptive) ARQ
④ GO–BACK–N ARQ

전진 오류 수정(Forward Error Correction) : 에러의 검출과 수정을 동시에 수행하는 방식

오답 피하기

ARQ(Automatic Repeat reQuest : 자동 재전송 방식) : 정지–대기 ARQ(Stop & wait ARQ), 연속적 ARQ(Go–back–N ARQ, 선택적 ARQ), 적응적(Adaptive) ARQ 등

ANSWER 56 ③ 57 ② 58 ④ 59 ④ 60 ①

해설과 함께 보는 최신 기출문제 02회

SELF CHECK 제한시간 60분 | 소요시간 분 | 전체 문항 수 60문항 | 맞힌 문항 수 문항

난이도 중 문제 진단 ○△✕

01 일반적으로 Digital Type의 양을 바르게 표현한 것은?

① 시간의 흐름
② 연필의 개수
③ 온도의 변화
④ 식물의 성장

디지털형(Digital Type) : 자동차의 수, 연필의 개수와 같은 숫자를 셀 수 있는 데이터

오답 피하기

아날로그형(Analog Computer) : 시간의 흐름, 온도의 변화, 식물의 성장 등 셀 수 없는 연속적인 물리량(전류, 온도, 습도)

난이도 중 문제 진단 ○△✕

02 입력 단자와 출력 단자가 반대되는 즉, "0"이면 "1", "1"이면 "0"이 되는 것은?

① AND ② NOT
③ OR ④ Flip-Flop

NOT 게이트(=Inverter)는 부정을 만드는 논리 연산자로 입력값의 반대값이 출력됨

오답 피하기

- AND : 두 개의 입력값이 모두 1일 때만 출력값이 1이 됨(직렬 회로)
- OR : 두 개의 입력값 중 하나 이상 1이면 출력값이 1이 됨(병렬 회로)
- Flip-Flop : 1비트('0' 또는 '1')의 정보를 기억할 수 있는 최소의 기억 소자

난이도 상 문제 진단 ○△✕

03 16진수 FF를 10진수로 나타내면?

① 254 ② 255
③ 256 ④ 257

$(FF)_{16}$: $F \times 16^1 + F \times 16^0 = (255)_{10}$

난이도 중 문제 진단 ○△✕

04 다른 모든 플립플롭의 기능을 대용할 수 있으며 응용 범위가 넓고 집적 회로화되어, 가장 널리 사용되는 플립플롭은?

① RS 플립플롭
② JK 플립플롭
③ D 플립플롭
④ T 플립플롭

JK(Jack/King) 플립플롭 : RS 플립플롭에서 S=R=1인 경우에 발생하는 문제점(부정)을 보완 개선한 플립플롭으로 모든 플립플롭의 기능을 대용할 수 있으므로 응용 범위가 넓고 집적 회로화되어 가장 널리 사용됨

오답 피하기

- RS 플립플롭 : Reset 단자와 Set 단자의 신호에 따라 2진수 1자리를 기억
- D 플립플롭 : 한 개의 입력을 가지며, RS 플립플롭에 NOT 게이트를 추가해서 구현할 수 있음
- T 플립플롭 : JK 플립플롭의 JK를 하나로 묶어서 T로 표시

난이도 중 문제 진단 ○△✕

05 하나의 명령어가 2개의 오퍼랜드를 가지고 있으며, 처리할 데이터를 제1, 제2 오퍼랜드에 기억시키고 그 처리 결과를 제1 오퍼랜드에 기억시키므로 제1 오퍼랜드로 표시된 장소에 기억되어 있던 내용은 처리 후에 지워지게 되는 명령의 형식은?

① 1-Address 방식 ② 2-Address 방식
③ 3-Address 방식 ④ 2-Memory 방식

2-주소(Address) 방식 : 2-주소 형식(=범용 레지스터 구조)으로 주소부가 2개인 일반적인 형식이고 원래의 값은 보존되지 않으며 범용 레지스터 구조에 사용됨. 원래 결과는 주소 1에 기억되므로 이전에 기억되어 있던 내용은 연산 후에 지워짐

연산자(OP-Code)	주소1(결과)	주소2

오답 피하기

- 1-주소(Address) 방식 : 주소(오퍼랜드부)가 하나 존재
- 3-주소(Address) 방식 : 명령어에 오퍼랜드부가 3개 존재하므로 원래의 값이 보존됨

ANSWER 01 ② 02 ② 03 ② 04 ② 05 ②

난이도 중 문제 진단 ○△×

06 원판형의 자기 디스크 장치에서 하나의 원으로 구성된 기억 공간으로, 원판형을 따라 동심원으로 나눈 것은?

① 헤드(Head)
② 릴(Reel)
③ 실린더(Cylinder)
④ 트랙(Track)

트랙(Track) : 원축을 중심으로 한 동심원으로, 데이터가 기록되는 길

오답 피하기

- 릴(Reel) : 자기 테이프나 종이 테이프를 감는 틀, 틀(릴)에 감겨져 있는 한 권의 테이프(Volume)
- 헤드(Head) : 실제로 자료를 읽고 쓰는 장치
- 실린더(Cylinder) : 같은 번호를 갖는 트랙들의 집합

중요✓ 난이도 중 문제 진단 ○△×

07 2진수 10110을 1의 보수(1's Complement)로 표현한 것은?

① 11110
② 01000
③ 00110
④ 01001

보수(Complement) 계산

- $(10110)_2$의 1의 보수 : $(01001)_2$ ∴ 0 → 1, 1 → 0
- $(10110)_2$의 2의 보수 : 1의 보수+1 이므로 01001 + 1 = 01010

난이도 상 문제 진단 ○△×

08 8Bit 컴퓨터에서 부호와 절대치 방식으로 수치 자료를 표현했을 때, 기억된 값은 얼마인가?

1	0	0	0	1	0	1	1

① −11　② −12
③ 11　④ 12

- 부호와 절대치 : 최상위 1비트를 양수는 0, 음수는 1로 표현하고 나머지 비트는 절대치로 표현
- 최상위 비트가 1이므로 음수(−)이고 1011은 11이므로 −11이 됨

난이도 중 문제 진단 ○△×

09 다음 진리표와 같이 연산이 행해지는 게이트는?

입력		출력
X_1	X_2	Y
0	0	0
1	0	0
0	1	0
1	1	1

① OR　② AND
③ NAND　④ XOR

AND : 두 개의 입력값이 모두 1일 때만 출력값이 1이 됨(직렬 회로)

오답 피하기

- OR : 두 개의 입력값 중 하나 이상 1이면 출력값이 1이 됨(병렬 회로)
- NAND : 두 수 중 하나 이상 0이 입력될 때만 1이 출력(AND 결과의 부정)
- XOR : 둘 중 하나의 값이 1일 때만(서로 다를 때) 출력값이 1이 됨

난이도 중 문제 진단 ○△×

10 불대수(Boolean Algebra)의 정리 중 틀린 것은?

① $A + A = A$　② $A \cdot \overline{A} = 0$
③ $A + \overline{A} = 1$　④ $A + 1 = A$

A + 1 = 1임

난이도 상 문제 진단 ○△×

11 그림의 전기 회로를 컴퓨터의 논리 회로로 치환하면?

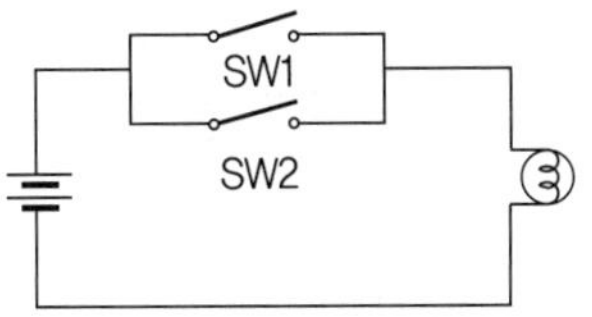

① AND　② OR
③ NOT　④ NAND

두 개의 입력 스위치가 병렬로 연결되어 있어서 둘 중 하나만 ON이면 불이 켜짐(OR : 병렬 연결)

ANSWER 06 ④ 07 ④ 08 ① 09 ② 10 ④ 11 ②

중요✓ 난이도 중 문제 진단 ○△✕

12 다음의 논리 회로에 맞는 불 대수식은? (단, A, B는 입력, Y는 출력)

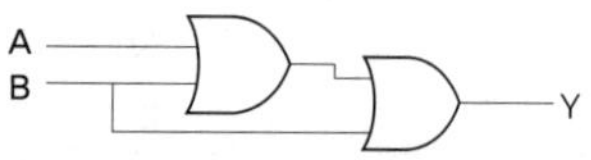

① Y = A · B
② Y = A + B
③ Y = A · (A + B)
④ Y = (A + B) · B

Y = A + B + B
= A + B(∴B + B = B)

난이도 중 문제 진단 ○△✕

13 2진수로 부여된 주소 값이 직접 기억 장치의 피연산자가 위치한 곳을 지정하는 주소 지정 방법은?

① 즉시 주소 지정(Immediate Addressing)
② 직접 주소 지정(Direct Addressing)
③ 간접 주소 지정(Indirect Addressing)
④ 인덱스 주소 지정(Index Addressing)

직접 주소 지정(Direct Addressing) : 주소 부분에 있는 값이 실제 데이터가 있는 주기억 장치 내의 주소를 나타냄

오답 피하기

- 즉시 주소 지정(Immediate Addressing) : 명령어 주소 부분에 있는 값 자체가 실제의 데이터가 되는 구조로 속도가 빠르며 주소부 길이의 제약으로 인해 모든 데이터의 표현이 어려움
- 간접 주소 지정(Indirect Addressing) : 명령어의 주소 부분으로 지정한 기억 장소의 내용이 실제 데이터가 있는 곳의 주소로 사용되며 메모리 참조 횟수가 2회 이상임
- 인덱스 주소 지정(Index Addressing) : 유효 번지 = 오퍼랜드 번지값 + 인덱스 레지스터의 내용

난이도 중 문제 진단 ○△✕

14 연산에 사용되는 데이터 및 연산의 중간 결과를 레지스터에 저장하는 주된 이유는?

① 비용 절약을 위하여
② 연산 속도의 향상을 위하여
③ 기억 장소의 절약을 위하여
④ 연산의 정확도를 높이기 위하여

레지스터(Register) : 중앙 처리 장치내의 고속 임시 기억 장치로 자료를 일시적으로 기억하며 연산 속도의 향상에 사용 목적이 있음

중요✓ 난이도 중 문제 진단 ○△✕

15 제어 논리 장치(CLU)와 산술 논리 연산 장치(ALU)의 실행 순서를 제어하기 위해 사용되는 레지스터는?

① 누산기(Accumulator)
② 프로그램 상태 워드(Program Status Word)
③ 명령 레지스터(Instruction Register)
④ 플래그 레지스터(Flag Register)

플래그 레지스터(Flag Register) : 산술 논리 연산 장치(ALU)와 제어 논리 장치(CLU)의 실행 순서 등을 제어하기 위한 정보와 프로세서의 상태가 저장되어 있는 레지스터

오답 피하기

- 누산기(Accumulator) : 연산 장치의 핵심 레지스터로서 중간 계산된 결과값을 보관함
- PSW(Program Status Word) : 중앙 처리 장치에서 명령이 실행되는 순서를 제어하거나 특정 프로그램에 관련된 컴퓨터 시스템의 상태를 나타내고 유지하기 위한 제어 워드로서 실행 중인 중앙 처리 장치의 상황을 나타내는 것임
- 명령 레지스터(Instruction Register) : 현재 수행 중인 명령어를 보관

난이도 중 문제 진단 ○△✕

16 전송 속도는 느리지만 동시에 많은 채널이 동작되도록 하며, 하나의 입출력 채널을 이용하여 시분할 방식으로 다수의 장치에서 데이터의 전송을 동시에 수행하도록 하는 채널은?

① 셀렉터 채널
② 멀티플렉서 채널
③ 입력 채널
④ 출력 채널

멀티플렉서 채널(Multiplexer Channel) : 저속의 여러 입출력 장치(프린터, 카드)를 동시에 조작할 수 있는 채널이며 바이트 단위로 전송되므로 Byte Multiplexer Channel이라고도 함

오답 피하기

셀렉터 채널(Selector Channel) : 고속의 입출력 장치 간의 데이터 전송에 사용하며 한 번에 한 개의 장치를 선택

ANSWER 12 ② 13 ② 14 ② 15 ④ 16 ②

난이도 중 문제 진단 ○△×

17 일반적으로 컴퓨터의 CPU에서 하나의 명령어를 실행하기 위하여 이루어지는 동작 단계를 바르게 나열한 것은?

① Fetch Cycle → Instruction Decoding Cycle → Write-Back 작업 → 명령어 실행 단계
② Fetch Cycle → Instruction Decoding Cycle → 명령어 실행 단계 → Write-Back 작업
③ Fetch Cycle → Write-Back 작업 → 명령어 실행 단계 → Instruction Decoding Cycle
④ Instruction Decoding Cycle → Fetch Cycle → 명령어 실행 단계 → Write-Back 작업

마이크로 오퍼레이션(Micro Operation) : 레지스터에 저장된 데이터를 가지고 명령을 수행하기 위해 CPU 내부에서 실행하는 동작으로, 하나의 연산 코드는 마이크로 오퍼레이션의 집합이 되며 그 동작 단계는 Fetch Cycle → Instruction Decoding Cycle → 명령어 실행 단계 → Write-Back 작업으로 이루어짐

난이도 중 문제 진단 ○△×

18 다음 그림에서 ALU로 2개의 값이 입력되었을 때 AND 연산 후의 값으로 맞는 것은?

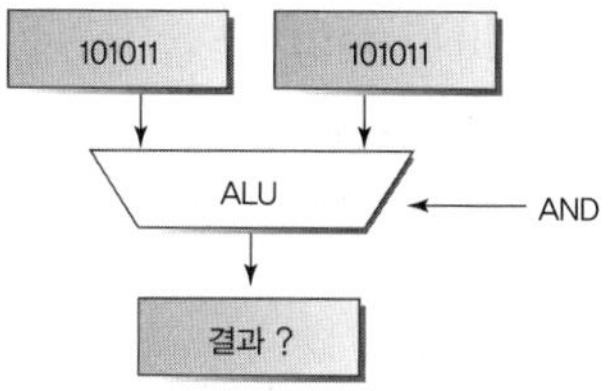

① 010100
② 001011
③ 101011
④ 111111

AND 연산은 입력 모두가 참(1)일 때만 참(1)이므로 결과는 101011이 됨

```
    101011
AND 101011
    101011
```

난이도 중 문제 진단 ○△×

19 레지스터 중 PC(Program Counter)를 바르게 설명한 것은?

① 현재 실행 중인 명령어의 내용을 기억한다.
② 다음에 수행할 명령어의 번지를 기억한다.
③ 기억 장소의 내용을 기억한다.
④ 연산의 결과를 일시적으로 보관한다.

프로그램 카운터(PC) : 다음에 수행할 명령어의 번지(주소)를 보관

오답 피하기

- 현재 실행 중인 명령어의 내용을 기억한다.
  → 명령 레지스터(IR : Instruction Register)
- 기억 장소의 내용을 기억한다.
  → 기억 레지스터(MBR : Memory Buffer Register)
- 연산의 결과를 일시적으로 보관한다. → 누산기(Accumulator)

난이도 하 문제 진단 ○△×

20 기억 장소인 스택(Stack)에 데이터를 저장하기 위해 사용되는 것은?

① Pull ② POP
③ Push ④ Move

스택(Stack)

- 삽입과 삭제가 한쪽 끝으로만 수행되며 가장 마지막에 입력된 자료가 가장 먼저 제거되는 LIFO(Last In First Out) 구조임
- 0-주소 지정 방식, 인터럽트 처리, 부 프로그램 분기, 컴파일러 등에 사용
- 삽입 : Push, 삭제 : POP

난이도 상 문제 진단 ○△×

21 다음 SQL 검색문의 의미로 가장 적절한 것은?

```
SELECT DISTINCT 학과명 FROM 학생;
```

① 학생 테이블의 학과명을 모두 검색하라.
② 학생 테이블의 학과명을 중복되지 않게 모두 검색하라.
③ 학생 테이블의 학과명 중에서 중복된 학과명을 모두 검색하라.
④ 학생 테이블을 학과명 구별하지 말고 모두 검색하라.

DISTINCT : 중복되는 데이터 값을 제거하여 검색

ANSWER 17 ② 18 ③ 19 ② 20 ③ 21 ②

중요✓ 난이도 하 문제 진단 ○△×

22 데이터베이스 개체(Entity)의 속성 중 하나의 속성이 가질 수 있는 모든 값의 집합을 무엇이라고 하는가?

① 객체(Object)
② 속성(Attribute)
③ 도메인(Domain)
④ 카디널리티(Cardinality)

도메인(Domain) : 하나의 속성이 취할 수 있는 값의 집합(예 성별의 경우 남, 여가 해당됨)

오답 피하기

- 객체(Object) : 여러 응용 프로그램에서 처리되는 도형이나 그림, 그래프 같은 시각적인 데이터
- 속성(Attribute) : 테이블에서 열을 나타내는 말로 필드와 같은 의미
- 카디널리티(Cardinality) : 기수라고도 하며 한 릴레이션(테이블)에서의 튜플의 개수

난이도 중 문제 진단 ○△×

23 SQL의 데이터 조작문(DML)에 해당하지 않는 것은?

① UPDATE
② DROP
③ INSERT
④ SELECT

데이터 조작 언어(DML : Data Manipulation Language) : 테이블 내의 레코드를 검색(SELECT), 삽입(INSERT), 갱신(UPDATE), 삭제(DELETE)하고자 할 때 사용하는 데이터 조작 언어

오답 피하기

데이터 정의 언어(DDL : Data Definition Language) : 데이터를 입력, 테이블의 정의나 정보를 참조, 뷰를 정의하기 위한 언어로 CREATE(작성), ALTER(변경), DROP(삭제) 등이 있음

난이도 중 문제 진단 ○△×

24 데이터베이스 구성 요소들의 상호 관계를 논리적으로 정의한 것으로, 데이터의 구조와 제약 조건에 대해 기술한 것은?

① 차수　　② 트랜잭션
③ 스키마　　④ 튜플

스키마(Schema) : 데이터베이스를 구성하는 파일, 레코드, 항목의 형식과 상호 관계 전체를 정의한 것으로 외부 스키마, 개념 스키마, 내부 스키마가 있음

오답 피하기

- 차수(Degree) : 한 릴레이션(테이블)에서 속성(필드=열)의 개수
- 트랜잭션(Transaction) : 데이터베이스 시스템에서 처리하는 데이터나 일의 업무 처리 단위
- 튜플(Tuple) : 테이블에서 행을 나타내는 말로 레코드와 같은 의미임

중요✓ 난이도 하 문제 진단 ○△×

25 DBMS의 필수 기능으로 가장 적절한 것은?

① 정의 기능, 조작 기능, 제어 기능
② 예비 기능, 회복 기능, 조작 기능
③ 참조 기능, 보안 기능, 저장 기능
④ 보안 기능, 병행 제어 기능, 검증 기능

DBMS의 필수 기능 : 정의 기능, 조작 기능, 제어 기능

오답 피하기

DBMS의 필수 기능

- 정의 기능 : 데이터베이스와 응용 프로그램 간의 상호 작용 수단을 제공
- 조작 기능 : 데이터베이스와 사용자 간의 상호 작용 수단(데이터 요청, 변경 등)을 제공
- 제어 기능 : 데이터베이스의 내용을 항상 정확하게 유지하여 데이터의 무결성이 파괴되지 않도록 함

난이도 하 문제 진단 ○△×

26 하나 이상의 기본 테이블로부터 유도되어 만들어지는 가상 테이블을 무엇이라 하는가?

① 뷰(View)
② 유리창(Window)
③ 테이블(Table)
④ 도메인(Domain)

뷰(VIEW) : 하나 이상의 기본 테이블에서 유도하여 만든 가상 테이블로 내용이 실제로 존재하지 않음

오답 피하기

- 테이블(Table) : 관계형 데이터베이스에서 2차원 형태의 가로, 세로 즉 행과 열의 형태로 나타내는 저장소를 의미하며 릴레이션(Relation)이라고도 함
- 도메인(Domain) : 하나의 속성이 취할 수 있는 값의 집합

난이도 하 문제 진단 ○△×

27 스프레드시트의 기능 중 조건에 맞는 내용만 선별하여 추출하는 기능은?

① 정렬　　② 필터
③ 슬라이드 쇼　　④ 매크로

필터(Filter) : 사용자가 설정하는 특정 조건을 만족하는 자료만 검색, 추출하는 기능

오답 피하기

- 정렬(Sort) : 문자 목록의 데이터를 특정 필드의 크기 순서에 따라 재배열하는 기능
- 슬라이드 쇼 : 각 개체에 애니메이션 효과를 설정한 후 실제 프레젠테이션을 실행하는 보기 형식
- 매크로(Macro) : 자주 사용하는 명령, 반복적인 작업 등을 매크로로 기록하여 해당 작업이 필요할 때마다 바로 가기 키나 실행 단추를 눌러 쉽고, 빠르게 작업을 수행하는 기능

ANSWER 22 ③ 23 ② 24 ③ 25 ① 26 ① 27 ②

중요✓ 난이도 하 문제 진단 ○△✕

28 프레젠테이션에서 사용하는 하나의 화면을 무엇이라 하는가?

① 슬라이드 ② 매크로
③ 개체 ④ 셀

슬라이드 : 프레젠테이션을 구성하는 한 페이지 단위

오답 피하기

- 개체(Object) : 슬라이드를 구성하는 그림이나 도형 등의 개개의 요소
- 셀(Cell) : 스프레드시트에서의 기본 입력 단위

난이도 상 문제 진단 ○△✕

29 다음 SQL 명령문의 의미로 가장 적절한 것은?

```
DROP TABLE 성적 CASCADE;
```

① 성적 테이블과 이 테이블을 참조하는 다른 테이블도 함께 제거하시오.
② 성적 테이블이 다른 테이블에 의해 참조 중이면 제거하지 마시오.
③ 성적 테이블만 제거하시오.
④ 성적 테이블의 인덱스만 제거하시오.

- DROP : 데이터베이스, 테이블, 뷰 등의 삭제
- CASCADE : 참조하는 테이블도 같이 삭제

난이도 하 문제 진단 ○△✕

30 스프레드시트 작업에서 반복적으로 실행하는 경우에 한 번의 명령으로 자동화시켜 처리하는 기능은?

① 필터 ② 정렬
③ 매크로 ④ 테이블

매크로(Macro) : 자주 사용하는 명령, 반복적인 작업 등을 매크로로 기록하여 해당 작업이 필요할 때마다 바로 가기 키나 실행 단추를 눌러 쉽고, 빠르게 작업을 수행하는 기능으로 매크로는 VBA(Visual Basic for Application) 언어를 기반으로 하며 모듈시트에 기록됨

난이도 하 문제 진단 ○△✕

31 시스템 프로그램을 디스크로부터 주기억 장치로 읽어 내어 컴퓨터를 이용할 수 있는 상태로 만들어 주는 과정은?

① 부팅(Booting)
② 스케줄링(Scheduling)
③ 업데이트(Update)
④ 데드락(Deadlock)

부팅(Booting) : 컴퓨터의 시동을 위해 DOS 프로그램을 주기억 장치로 적재(Loading)시켜 사용자가 컴퓨터를 사용할 수 있는 상태로 만드는 과정

오답 피하기

- 스케줄링(Scheduling) : 컴퓨터의 자원을 보다 효율적으로 이용하기 위해 작업 순서와 시간을 할당하는 것으로 프로세스들이 자원을 사용하는 순서를 결정하는 일
- 업데이트(Update) : 데이터의 내용을 추가, 삭제 및 변경하여 최신의 것으로 갱신하는 작업
- 데드락(Deadlock) : 교착 상태로 자원은 한정되어 있으나 각 프로세스가 서로 자원을 차지하려고 무한정 대기하는 상태로 해당 프로세스의 진행이 중단되는 상태를 의미

난이도 중 문제 진단 ○△✕

32 도스(MS-DOS) 명령어에 관한 설명 중 옳지 않은 것은?

① CLS : 화면을 깨끗이 지운다.
② MD : 새로운 디렉터리를 만든다.
③ CD : 현재의 디렉터리를 변경한다.
④ FC : 모든 열려 있는 파일을 닫는다.

FC : 두 개의 파일을 비교하여 그 차이를 표시

난이도 하 문제 진단 ○△✕

33 윈도우즈 운영체제에서 활성화된 여러 개의 창을 순차적으로 전환할 때 사용하는 단축키는?

① Ctrl+Esc
② F4
③ Shift+Delete
④ Alt+Tab

- Ctrl+Esc : [시작] 메뉴 호출
- F4 : 주소 표시줄 표시
- Shift+Delete : 휴지통을 사용하지 않고 완전 삭제

ANSWER 28 ① 29 ① 30 ③ 31 ① 32 ④ 33 ④

난이도 중 문제 진단 ○△✕

34 주기억 장치의 용량을 실제보다 크게 활용할 수 있도록 하기 위하여 실제 자료를 보조 기억 장치에 두고 주기억 장치에 있는 것과 같이 처리시킬 수 있는 기억 장치는?

① 가상 기억 장치
② 확장 기억 장치
③ 캐시 기억 장치
④ 기본 기억 장치

가상 기억 장치(Virtual Memory) : 주기억 장치의 용량이 부족하여 보조 기억 장치의 일부를 마치 주기억 장치인 것처럼 이용하는 메모리 관리 기법

오답 피하기

캐시 기억 장치(Cache Memory) : 중앙 처리 장치와 주기억 장치 사이의 속도 차이를 해결하기 위한 고속의 버퍼 메모리

난이도 중 문제 진단 ○△✕

35 시스템이 제공하는 편집기만으로 묶인 것은?

① ed, vi
② cat, get
③ cp, shell
④ pe2, edit

UNIX용 프로그램 편집기 : ed, ex, vi, emacs 등

난이도 중 문제 진단 ○△✕

36 A 드라이브의 디스켓을 빠른 포맷하고 시스템 파일을 복사하기 위한 DOS 명령은?

① format a: /f
② format a: /s
③ format a: /q
④ format a: /q /s

FORMAT

- 디스크에 데이터 저장이 가능하도록 트랙(Track)과 섹터(Sector)를 형성하여 초기화 작업을 수행
- 사용법 : FORMAT [드라이브:][/옵션]

옵션	기능
/V	디스크 이름을 지정
/Q	빠른 포맷
/F	포맷할 용량을 지정
/S	시스템 파일을 복사, 부팅 가능한 디스크로 만듦

중요✓ 난이도 중 문제 진단 ○△✕

37 8진 PSK 오류율은 2진 PSK 오류율의 몇 배인가?

① 2배 ② 3배
③ 6배 ④ 8배

8진 PSK = 2^3이므로 한 번 변조로 3비트 전송
2진 PSK = 2^1이므로 한 번 변조로 1비트 전송
따라서 8진 PSK는 2진 PSK에 비해 속도가 3배 빠르므로 8진 PSK 오류율은 루트 3배로 늘어남

난이도 상 문제 진단 ○△✕

38 UNIX에서 프롬프트가 %라면 사용자가 사용하고 있는 셸의 종류는?

① c shell
② korn shell
③ bourne shell
④ com shell

c shell : %

오답 피하기

korn shell, bourne shell : $

난이도 중 문제 진단 ○△✕

39 UNIX에서 사용되는 로그아웃 명령어로서 옳지 않은 것은?

① Ctrl+D ② logout
③ end ④ exit

시스템을 종료하는 방법에는 logout, exit, Ctrl+D 등이 있음

중요✓ 난이도 하 문제 진단 ○△✕

40 윈도우즈 운영체제에서 지워진 파일이 임시로 보관되는 곳은?

① 휴지통 ② 내 문서
③ 내 컴퓨터 ④ 내 서류가방

휴지통 : 삭제한 파일 및 폴더를 임시로 보관하는 장소이며 필요시 삭제 이전의 상태로 복원이 가능

ANSWER 34 ① 35 ① 36 ④ 37 ② 38 ① 39 ③ 40 ①

난이도 중 문제 진단 ○△✕

41 UNIX에서 명령어 mv의 기능으로 옳은 것은?

① 파일의 이름을 바꾼다.
② 파일을 복구한다.
③ 파일 목록을 열거한다.
④ 파일을 화면에 출력한다.

mv : 파일 및 디렉터리 이동 또는 이름 변경

난이도 중 문제 진단 ○△✕

42 다음 중 Linux의 pico 편집기에 대한 설명으로 틀린 것은?

① pico의 복제 프로그램에는 nano가 있다.
② 워싱턴 대학의 Aboil Kasar가 개발한 텍스트 편집기이다.
③ pico 편집기는 GPL 라이선스를 따른다.
④ Pine이라는 E-mail 클라이언트 프로그램과 같이 배포되었다.

pico 편집기는 자유 소프트웨어의 라이선스가 아님

난이도 상 문제 진단 ○△✕

43 다음 문장의 ( ) 안에 알맞은 내용은?

( ) selects from among the processes in memory that are ready to execute, and allocates the CPU to one of them.

① Cycle
② Spooler
③ Buffer
④ Scheduler

실행 준비가 되어 있는 메모리의 프로세스들 중 하나를 선택하고 그것을 CPU에 할당해 줌 → Scheduler(스케줄러)

중요✓ 난이도 중 문제 진단 ○△✕

44 CPU 스케줄링 알고리즘에서 규정 시간 또는 시간 조각(Slice)을 미리 정의하여 CPU 스케줄러가 준비 상태 큐에서 정의된 시간만큼 각 프로세스에 CPU를 제공하는 시분할 시스템에 적절한 스케줄링 알고리즘은?

① RR(Round-Robin)
② FCFS(Fist-Come-First-Served)
③ SJF(Shortest Job First)
④ SRT(Shortest Remaining Time)

RR(Round Robin) 스케줄링 : 각 프로세스에게 차례대로 일정한 시간 할당량(Time slice) 동안 처리기를 차지하도록 하는 기법으로 시분할 시스템에서 주로 사용됨

오답 피하기

- FCFS(Fist-Come-First-Served) : 먼저 들어온 것을 우선 처리(선입 선출)하는 방법으로 가장 간단한 방식이며, FIFO(First In First Out) 스케줄링 이라고도 함
- SJF(Shortest Job First) : 작업 시간이 가장 짧은 것부터 먼저 처리하는 방식
- SRT(Shortest Remaining Time) : 남은 처리 시간이 가장 짧은 프로세스에게 CPU를 할당하여 작업을 처리하도록 하는 방법

난이도 상 문제 진단 ○△✕

45 다음 ( ) 안에 가장 알맞은 단어는?

A(n) ( ) is a program that acts an intermediary between a user of computer and the computer hardware.

① Operating System
② GUI
③ Interpreter
④ File System

Operating System(운영체제) : 컴퓨터 사용자와 컴퓨터 하드웨어 사이의 중개 역할을 하는 시스템 소프트웨어

ANSWER 41 ① 42 ③ 43 ④ 44 ① 45 ①

난이도 하 문제 진단 ○△×

46 시스템의 날짜를 변경하거나, 확인할 수 있는 DOS 명령어는?

① CD ② DATE
③ CLS ④ COPY

DATE : 날짜 확인 및 설정

오답 피하기

- CD : 경로 변경
- CLS : 화면의 내용을 지움
- COPY : 파일 복사

난이도 중 문제 진단 ○△×

47 윈도우즈의 클립보드에 관한 설명 중 옳지 않은 것은?

① 다른 프로그램의 정보도 가져오거나 보낼 수 있다.
② 한 번에 한 가지의 정보만 저장할 수 있다.
③ 제일 마지막에 들어온 정보를 기억하고 있다.
④ 선정된 대상을 클립보드에 복사하는 기능키는 Shift+X이다.

선정된 대상을 클립보드에 복사하는 기능키 : Ctrl+C

중요✓ 난이도 중 문제 진단 ○△×

48 4Mhz의 대역폭에서 FM을 이용하여 부호화할 경우 대역폭은(Mhz)? (단, FCC는 무시한다.)

① 8 ② 16
③ 40 ④ 80

FM 신호는 원래 신호 대역폭의 10배를 필요로 하므로, FM의 대역폭은 40Mhz임

난이도 하 문제 진단 ○△×

49 다음 중 시스템 소프트웨어 개발자인 리누스 토발즈(Linus Torvalds)가 UNIX를 기반으로 개발한 운영체제로 호환성이 뛰어나며 대부분 C 언어로 작성되어 이식성이 좋은 것은?

① MS-DOS ② Windows
③ Linux ④ OS/2

Linux : 1991년 시스템 소프트웨어 개발자인 리누스 토발즈(Linus Torvalds)가 UNIX를 기반으로 개발한 운영체제로 UNIX와 완전한 호환이 가능하며 이식성이 좋은 운영체제

난이도 하 문제 진단 ○△×

50 도스(MS-DOS)의 필터(Filter) 명령어 중 하나 또는 여러 개의 파일에서 특정한 문자열을 검색하는 명령어는?

① FIND
② MORE
③ SORT
④ SEARCH

FIND : 하나 또는 여러 개의 파일에서 특정 문자열을 검색하는 명령어

오답 피하기

- MORE : 화면 단위 출력
- SORT : 정렬 및 결과를 화면, 파일 형태로 출력

난이도 상 문제 진단 ○△×

51 다음 중 모뎀을 단말기에 접속할 때 사용하는 방식은?

① TTL 접속 방식
② 와이어 접속 방식
③ 선로 스위칭 방식
④ RS-232C 접속 방식

RS-232C : EIA의 모뎀과 단말 장치의 접속 표준안으로 25핀으로 구성되고 2번, 3번 핀은 송 · 수신 데이터임

난이도 하 문제 진단 ○△×

52 PCM 통신에서 송신측 변조 과정이 아닌 것은?

① 양자화
② 부호화
③ 표본화
④ 복호화

복호화는 디지털 신호를 펄스 신호로 복원하는 단계이며 수신측에 해당함

오답 피하기

- 양자화 : 표본화된 값을 수량화하는 단계
- 부호화 : 양자화된 값을 디지털 신호로 변환(2진값)
- 표본화 : 아날로그 정보를 일정 간격으로 나누어 샘플마다 진폭값 부여

ANSWER 46 ② 47 ④ 48 ③ 49 ③ 50 ① 51 ④ 52 ④

난이도 상 문제 진단 ○△✕

53 신호의 변조 속도가 1,600[Baud]이고, 트리비트(Tribit)인 경우 전송 속도[BPS]는?

① 1,600
② 2,400
③ 4,800
④ 9,600

트리비트(Tribit)인 경우 BPS = Baud × 3 = 1,600 × 3 = 4,800

난이도 중 문제 진단 ○△✕

54 다음 중 공중 데이터 통신망을 통하여 순간적으로 대량의 패킷 데이터를 전송하는데 가장 적합한 것은?

① 메시지 교환
② 회선 교환
③ 시분할 교환
④ 패킷 교환

패킷 교환망(Packet Switching Network) : 패킷이라는 일정한 길이로 구분하여 보내는 방식. 송신측에서 모든 메시지를 일정한 크기의 패킷으로 분해한 후 전송. 회선 이용률이 가장 높고 전송량 제어와 전송 속도 변환이 쉬움

오답 피하기

- 메시지 교환망(Message Switching Network) : 수신한 데이터를 중앙에서 축적, 처리하는 방식(=축적 교환식)
- 회선 교환망(Circuit Switching Network) : 컴퓨터와 단말기, 컴퓨터 간 통신 회선을 설정하여 데이터를 교환하는 방식

난이도 중 문제 진단 ○△✕

55 다음 중 각 통화로에 여러 반송 주파수를 할당하여 동시에 많은 통화로를 구성하는 방식은?

① 시분할 방식
② 공간 분할 방식
③ 온라인 방식
④ 주파수 분할 방식

주파수 분할 방식 : 하나의 물리적 통신 채널을 여러 주파수 채널로 나누어 사용하므로 동시에 많은 통화로를 구성함

중요✓ 난이도 하 문제 진단 ○△✕

56 다음 중 LAN의 네트워크 형태와 가장 관계가 먼 것은?

① 스타(Star)형
② 링(Ring)형
③ 버스(Bus)형
④ 그물(Mesh)형

그물(Mesh)형 : 모든 단말기와 단말기들을 통신 회선으로 연결시킨 형태로 분산 처리 시스템이 가능하고 광역 통신망(WAN)에 적합함

난이도 상 문제 진단 ○△✕

57 두 지점 간을 직통 회선으로 연결한 회선 방식으로 트래픽이 많은 경우에 가장 적합한 방식은?

① 분기 회선 방식
② 전용 회선 방식
③ 루프 회선 방식
④ 교환 회선 방식

전용 회선 방식 : 교환기를 사용하지 않고 직접적, 직통적, 고정적으로 연결(점 대 점)하는 방식이며 데이터의 양이 많거나 이용 횟수가 많을 경우에 적합

오답 피하기

교환 회선 : 교환기를 통하여 연결된 여러 단말 장치에 대해 송 · 수신하는 방식. 전송할 데이터의 양이 적고 접속할 경우가 많은 경우에 유리

중요✓ 난이도 중 문제 진단 ○△✕

58 OSI 7계층 참조 모델 중 논리적 링크라고 불리는 가상 회로와 관련 있는 것은?

① 데이터 링크 계층
② 네트워크 계층
③ 응용 계층
④ 세션 계층

네트워크 계층(Network Layer) : 제3계층으로 응용 프로세스가 존재하는 시스템 간 데이터의 교환 기능. 복수 망인 경우 중계 시스템에 대한 경로 선택 및 중계 기능을 제공. 데이터그램 또는 가상 회선 개설

ANSWER 53 ③ 54 ④ 55 ④ 56 ④ 57 ② 58 ②

난이도 상 문제 진단 ○△×

59 **다음 중 정지 위성의 위치는 지구 적도 상공 약 몇 [km]인가?**

① 25,000
② 36,000
③ 45,000
④ 56,000

정지 위성의 위치 : 지구 적도 상공 약 36,000[km]

난이도 중 문제 진단 ○△×

60 **다음 중 데이터 통신의 에러 제어 방식에 속하지 않는 것은?**

① 반향 검사
② 검출 후 재전송
③ 전진 에러 수정
④ 자동 송출 제어

에러 검출 및 정정 기법 : 패리티 검사, 블록 합 검사(BSC), 순환 잉여도 검사(CRC), 궤환 전송 방식(Echo Check=반향 검사), 자동 재전송 방식(ARQ), 전진 에러 수정 방식(FEC) 등

ANSWER 59 ② 60 ④

해설과 함께 보는 최신 기출문제 03회

SELF CHECK　제한시간 60분 | 소요시간　　분 | 전체 문항 수 60문항 | 맞힌 문항 수　　문항

난이도 중 문제 진단 ○△×

01
JK 플립플롭(Flip Flop)에서 보수가 출력되기 위한 J, K의 입력 상태는?

① J=1, K=0
② J=0, K=1
③ J=1, K=1
④ J=0, K=0

JK 플립플롭은 RS 플립플롭(R=1, S=1일때 부정)의 단점을 개선한 플립플롭으로 J=K=1일 때 반전(보수)됨

난이도 하 문제 진단 ○△×

02
보기의 도형과 관련 있는 것은?

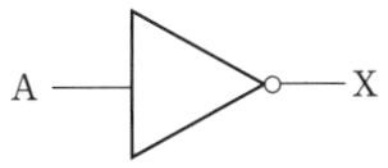

① OR 게이트
② 버퍼(Buffer)
③ NAND 게이트
④ 인버터(Inverter)

- NOT 게이트(Inverter) : 입력 값의 반대 값이 출력
- 논리식 : $X = \overline{A} = A'$

난이도 상 문제 진단 ○△×

03
논리식 $Z=A+(A\overline{B})$를 간소화하면 결과는?

① $Z = A+B$
② $Z = \overline{A}+B$
③ $Z = A$
④ $Z = 1$

$= A \cdot 1 + (A\overline{B})$ ◀ $A \cdot 1 = A$: 곱의 법칙
$= A \cdot (1 + \overline{B})$ ◀ $A \cdot (1+\overline{B}) = A \cdot 1 + (A \cdot \overline{B})$: 분배 법칙
$= A \cdot 1$ ◀ $(1 + \overline{B}) = 1$: 합의 법칙
$= A$ ◀ $A \cdot 1 = A$: 곱의 법칙

난이도 중 문제 진단 ○△×

04
중앙 처리 장치(CPU)에 해당하는 부분을 하나의 대규모 집적 회로의 칩에 내장시켜 기능을 수행하게 하는 것은?

① 마이크로프로세서
② 컴파일러
③ 소프트웨어
④ 레지스터

마이크로프로세서(Microprocessor) : 고밀도 집적 회로(LSI : Large Scale Integration Circuit)로 연산 장치, 제어 장치, 레지스터로 구성

오답 피하기
- 컴파일러(Compiler) : 고급 언어를 기계어로 번역하는 프로그램(FORTRAN, COBOL, PL/1, PASCAL, C 언어 등)으로 전체를 한 번에 번역
- 소프트웨어(Software) : 하드웨어를 움직여 주는 프로그램들을 의미, 인간의 정신(두뇌)에 해당
- 레지스터(Register) : 중앙 처리 장치 내의 고속 임시 기억 장치

난이도 중 문제 진단 ○△×

05
명령의 오퍼랜드 부분에 실제 데이터가 기록되어 있어 메모리 참조를 하지 않고 데이터를 처리하는 방식으로 수행 시간이 빠르지만 오퍼랜드 길이가 한정되어 실제 데이터의 길이에 제약을 받는 주소 지정 방식은?

① Direct Addressing
② Indirect Addressing
③ Relative Addressing
④ Immediate Addressing

즉시 주소 지정(Immediate Addressing) 방식 : 명령어 주소 부분에 있는 값 자체가 실제의 데이터가 되는 구조로 속도가 빠르며, 주소부 길이의 제약으로 인해 모든 데이터의 표현이 어려움

오답 피하기
- 직접 주소 지정(Direct Addressing) 방식 : 주소 부분에 있는 값이 실제 데이터가 있는 주기억 장치 내의 주소를 나타냄(메모리 참조 횟수 : 1회)
- 간접 번지 지정(Indirect Addressing) 방식 : 명령어의 주소 부분으로 지정한 기억 장소의 내용이 실제 데이터가 있는 곳의 주소로 사용되며 메모리 참조 횟수가 2회 이상임
- 상대 주소 지정(Relative Addressing) 방식 : 프로그램 카운터와 주소 부분의 값을 더해서 주소를 지정하는 방식

ANSWER 01 ③ 02 ④ 03 ③ 04 ① 05 ④

난이도 중 문제 진단 ○△×

06 배타적 논리합(XOR) 게이트를 나타내는 논리 기호는?

① 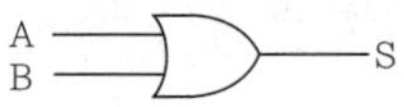

② 

③ 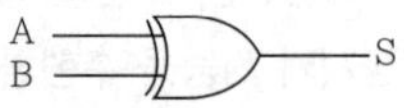

④ 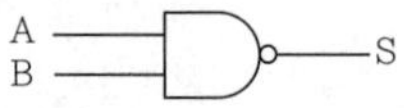

- XOR 게이트(eXclusive OR) : 둘 중 하나의 값이 1일 때만(서로 다를 때) 출력 값이 1이 됨

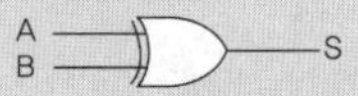

- 논리식 : $S = \overline{A} \cdot B + A \cdot \overline{B}$

중요✓ 난이도 중 문제 진단 ○△×

07 명령어의 주소(Address)부를 연산 주소(Address)로 이용하는 주소 지정 방식은?

① 상대 Addressing 방식
② 절대 Addressing 방식
③ 간접 Addressing 방식
④ 직접 Addressing 방식

직접 주소 지정(Direct Addressing) : 주소 부분에 있는 값이 실제 데이터가 있는 주기억 장치 내의 주소를 나타냄

오답 피하기

절대 번지(Absolute Address) : 기억 장치 고유의 번지로서 0, 1, 2, 3,…과 같이 16진수로 약속하여 순서대로 정해 놓은 번지

난이도 하 문제 진단 ○△×

08 연산자의 기능과 거리가 먼 것은?

① 주소 지정 기능
② 제어 기능
③ 함수 연산 기능
④ 입출력 기능

연산자(OP-Code)의 기능 : 함수 연산 기능, 전달 기능, 제어 기능, 입출력 기능

난이도 중 문제 진단 ○△×

09 자외선을 이용하여 메모리를 지우고 Writer로 다시 프로그램을 입력할 수 있는 기억 소자는?

① ROM ② EEPROM
③ CMOS ④ EPROM

EPROM(Erasable PROM) : 기억된 자료를 자외선을 이용하여 삭제 가능

오답 피하기

- ROM(Read Only Memory) : 기억된 내용을 읽기만 가능한 장치, 전원의 공급이 끊어져도 그 내용을 기억하는 비휘발성 기억 장치
- EEPROM(Electrically EPROM) : 전기적인 방법으로 내용을 지울 수 있는 ROM
- CMOS(Complementary Metal-Oxide Semiconductor) : 바이오스(BIOS)의 여러 사항을 설정, 메인 보드의 내장 기능 설정 및 주변 장치에 대한 정보를 기록할 수 있는 상보성 금속 산화물 반도체

중요✓ 난이도 중 문제 진단 ○△×

10 논리적 연산의 종류에 해당하지 않는 것은?

① AND ② OR
③ Rotate ④ ADD

비수치적 연산 : 논리적 연산에 사용되는 연산으로 Shift, Rotate, Move, AND, OR, NOT 등이 있음

오답 피하기

수치적 연산 : 수치적 연산에 사용되는 연산으로 사칙 연산, 산술적 Shift 등이 있음

난이도 상 문제 진단 ○△×

11 다음 논리 회로에서 입력 A, B, C에 대한 출력 Y의 값은?

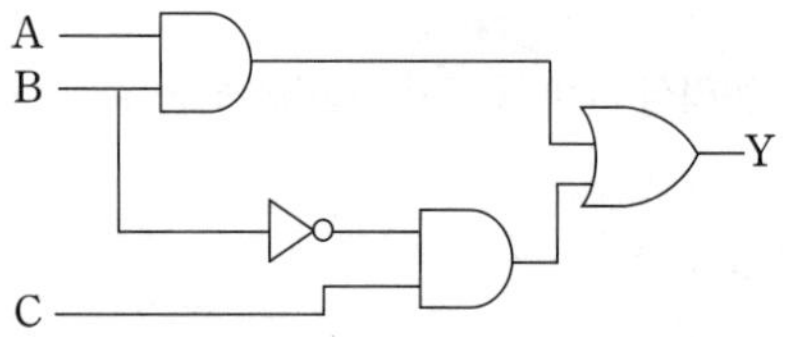

① $Y = AB + \overline{B}C$
② $Y = A + B + C$
③ $Y = AB + BC$
④ $Y = A\overline{B} + \overline{B}C$

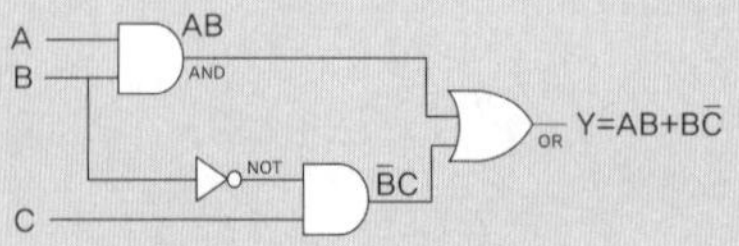

ANSWER 06 ③ 07 ④ 08 ① 09 ④ 10 ④ 11 ①

난이도 상 문제 진단 ○△×

12 디스크 팩이 6장으로 구성되었을 때 사용하여 기록할 수 있는 면의 수는?

① 6 ② 8
③ 10 ④ 12

- 여러 장의 디스크로 구성된 자기 디스크의 윗면과 밑면은 정보를 기억하지 않는 보호면으로 사용
- 실제 사용면 : 총 디스크 장수 × 2면 – 2(윗면 + 밑면)
- 6장의 디스크인 경우 = 6 × 2 – 2 = 10

난이도 중 문제 진단 ○△×

13 입출력 장치와 중앙 처리 장치의 속도 차이로 인한 단점을 해결하는 장치는?

① 채널 장치
② 제어 장치
③ 터미널 장치
④ 콘솔 장치

채널(Channel) : 입출력 장치와 주기억 장치 사이에 존재하며, 데이터 처리의 고속성을 위하여 입출력만을 목적으로 만든 입출력 전용 처리기

난이도 중 문제 진단 ○△×

14 특정한 장치에서 사용되는 정보를 다른 곳으로 전송하기 위하여 일정한 규칙에 따라 암호로 변환하는 장치는?

① 명령 계수기
② 명령 레지스터
③ 부호기(Encoder)
④ 해독기(Decoder)

부호기(Encoder) : 중앙 처리 장치에서 실행하기 위한 전기 신호로 변환하여 각 장치에 보내는 기능

오답 피하기

- 명령 계수기 : 프로그램 카운터(PC : Program Counter)로 다음에 수행할 명령어의 번지를 기억
- 명령 레지스터(IR : Instruction Register) : 현재 수행 중인 명령어의 내용을 기억
- 해독기(Decoder) : IR에 기억된 명령들을 해독해서 각 장치에 제어 신호를 보냄

중요 ✓ 난이도 하 문제 진단 ○△×

15 주기억 장치에서 자료 표현의 최소 단위는?

① 레코드(Record)
② 바이트(Byte)
③ 셀(Cell)
④ 블록(Block)

바이트(Byte) : 8개의 Bit로 구성되며 문자를 표현하는 기본 단위로 주기억 장치의 자료 표현의 최소 단위

오답 피하기

- 레코드(Record) : 하나 이상의 필드들이 모여서 구성된 자료 처리 단위
- 셀(Cell) : 스프레드시트의 워크시트에서 행과 열이 만나서 이루는 사각형으로 데이터가 입력되는 기본 단위
- 블록(Block) : 입출력 단위로서 하나 이상의 논리 레코드가 모여서 구성(=물리 레코드)

난이도 중 문제 진단 ○△×

16 주소 지정 방식 중 기억 장치에 접근할 피연산자가 없는 것으로 산술에 필요한 명령어는 스택 구조 형태에서 처리하도록 하는 것은?

① 0–주소 형식 ② 1–주소 형식
③ 2–주소 형식 ④ 3–주소 형식

0–주소 형식은 스택 구조라고 하며 명령어에 오퍼랜드부가 없이 데이터가 명령어 자체에 있는 방식으로 스택(Stack) 구조의 컴퓨터에서 사용됨

오답 피하기

- 1–주소 형식(=ACC(누산기) 구조) : 주소(오퍼랜드 부)가 하나 존재
- 2–주소 형식(=범용 레지스터 구조) : 주소부가 2개인 가장 일반적인 형식
- 3–주소 형식(=범용 레지스터 구조) : 명령어에 오퍼랜드부가 3개 존재하므로 원래의 값이 보존됨

난이도 중 문제 진단 ○△×

17 명령어(Instruction)의 구성을 가장 바르게 표현한 것은?

① 명령 코드부와 번지부로 구성
② 오류 검색 코드 형식
③ 자료의 표현과 주소 지정 방식
④ 주 프로그램과 부 프로그램

명령어(Instruction)의 형식 : 명령 코드부(OP–Code)와 번지부(Operand)로 구성됨

ANSWER 12 ③ 13 ① 14 ③ 15 ② 16 ① 17 ①

난이도 중 문제 진단 ○△✕

18 **두 비트를 더해서 합(S)과 자리올림수(C)를 구하는 반가산기에서 올림수(Carry) 비트를 나타낸 논리식은?**

① $C = A + B$
② $C = \overline{A} \cdot \overline{B}$
③ $C = A \cdot B$
④ $C = \overline{A} + \overline{B}$

반가산기(HA : Half Adder) : 진리표에 의해 출력합(Sum)은 배타적 논리합(eXclusive OR) Gate의 진리표이고, 자리올림수(Carry)는 논리곱(AND)의 진리값과 같음(∴ 논리식 : $S = \overline{A} \cdot B + A \cdot \overline{B} = A \oplus B$, $C = A \cdot B$)

난이도 중 문제 진단 ○△✕

19 **입출력 장치의 동작 속도와 전자계산기 내부의 동작 속도를 맞추는데 사용되는 레지스터는?**

① 시퀀스 레지스터(Sequence Register)
② 시프트 레지스터(Shift Register)
③ 버퍼 레지스터(Buffer Register)
④ 어드레스 레지스터(Address Register)

버퍼 레지스터(Buffer Register) : 읽거나 기록한 데이터를 일시적으로 기억할 수 있는 레지스터로 장치와 장치 간의 시간과 흐름의 차이를 위해 사용되는 임시 기억을 위한 레지스터

난이도 하 문제 진단 ○△✕

20 **데이터베이스 개체(Entity)의 속성 중 하나의 속성이 가질 수 있는 모든 값의 집합을 무엇이라고 하는가?**

① 객체(Object)
② 속성(Attribute)
③ 도메인(Domain)
④ 카디널리티(Cardinality)

도메인(Domain) : 하나의 속성이 취할 수 있는 값의 집합(예 월의 경우 1월에서 12월까지가 해당됨)

오답 피하기

- 객체(Object) : 여러 응용 프로그램에서 처리되는 도형이나 그림, 그래프 같은 시각적인 데이터를 의미함
- 속성(Attribute) : 테이블에서 열을 나타내는 말로 필드와 같은 의미임
- 카디널리티(Cardinality) : 기수라고도 하며 한 릴레이션(테이블)에서의 튜플의 개수

중요✓ 난이도 상 문제 진단 ○△✕

21 **주기억 장치, 제어 장치, 연산 장치 사이에서 정보가 이동되는 경로이다. 빈 부분에 알맞은 장치는?**

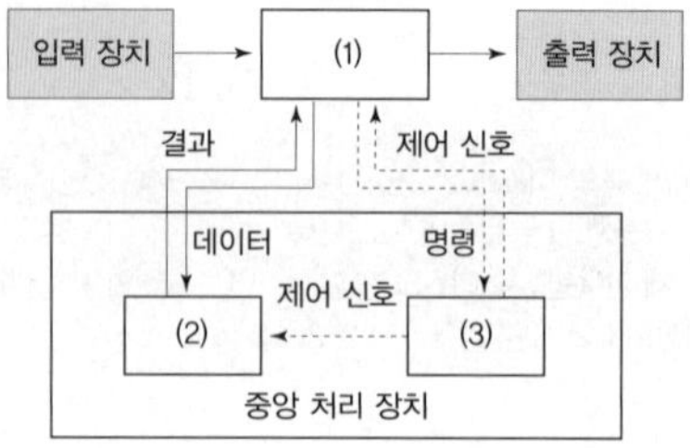

① (1) 제어 장치 (2) 주기억 장치 (3) 연산 장치
② (1) 주기억 장치 (2) 연산 장치 (3) 제어 장치
③ (1) 주기억 장치 (2) 제어 장치 (3) 연산 장치
④ (1) 제어 장치 (2) 연산 장치 (3) 주기억 장치

중앙 처리 장치 안에 연산 장치와 제어 장치가 포함되며 제어 장치에서 연산 장치와 주기억 장치로 제어 신호를 내보내고, 연산 장치에서 데이터의 연산이 이루어진 다음 그 결과를 주기억 장치로 보냄

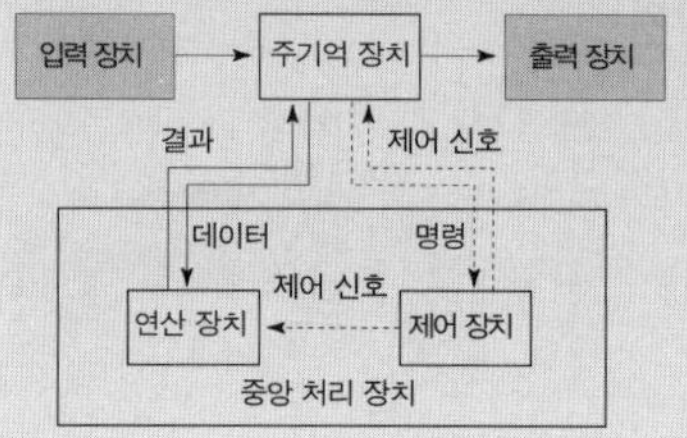

난이도 하 문제 진단 ○△✕

22 **프레젠테이션 프로그램의 사용 용도로 거리가 가장 먼 것은?**

① 교육 자료 작성
② 제품 설명회 및 자료 작성
③ 통계 자료 계산
④ 회의 자료 작성

통계 자료 계산은 스프레드시트 프로그램으로 작업하는 것이 효율적임

오답 피하기

프레젠테이션(Presentation) : 기업의 제품 소개나 연구 발표, 회의 내용 요약 등 각종 그림이나 도표, 그래프 등을 이용하여 많은 사람에게 효과적으로 의미를 전달할 때 사용되는 응용 프로그램

ANSWER 18 ③ 19 ③ 20 ③ 21 ② 22 ③

난이도 중 문제 진단 ○△✕

23 다음은 무엇에 대한 설명인가?

> • 기본 테이블로부터 유도되어 만들어지며 독자적으로 존재하지 못하는 가상 테이블이다.
> • 필요한 데이터만 정의해서 처리할 수 있기 때문에 관리가 용이하고 명령문이 간단해진다.

① VIEW ② TUPLE
③ CARDINALITY ④ DOMAIN

VIEW(뷰) : 하나 이상의 기본 테이블에서 유도하여 만든 테이블로 가상 테이블이라고도 함

중요 ✓ 난이도 하 문제 진단 ○△✕

24 수치 계산과 관련된 업무에서 계산의 어려움과 비효율성을 개선하여 전표의 작성, 처리, 관리를 쉽게 할 수 있도록 한 것은?

① 스프레드시트 ② 데이터베이스
③ 프레젠테이션 ④ 워드프로세서

스프레드시트(Spreadsheet) : 각종 계산 관련 업무를 처리하는 전자계산장으로 급여 계산, 판매 계획표, 성적 관리, 가계 분석, 재고 관리 등이 가능

오답 피하기

• 데이터베이스(DataBase) : 서로 관련 있는 데이터(파일)의 집합체 데이터 처리를 위해 중복을 최소화하여 공동으로 사용할 수 있도록 한 데이터의 연관 관계 모임
• 프레젠테이션(Presentation) : 기업의 제품 소개나 연구 발표, 회의 내용 요약 등 각종 그림이나 도표, 그래프 등을 이용하여 많은 사람에게 효과적으로 의미를 전달할 때 사용되는 응용 프로그램
• 워드프로세서(Wordprocessor) : 문서 작성을 위한 응용 프로그램

난이도 상 문제 진단 ○△✕

25 DBA의 역할로 거리가 먼 것은?

① DBMS의 성능 향상을 위한 데이터의 저장 구조 및 접근 방법의 결정
② 데이터베이스의 생성과 삭제
③ 데이터 보안에 대한 조치
④ 최종 사용자를 위한 응용 프로그램의 개발

응용 프로그래머 : 데이터 부속어와 호스트 프로그래밍 언어를 이용하여 응용 프로그램을 개발

난이도 상 문제 진단 ○△✕

26 SQL문의 형식으로 적당하지 않은 것은?

① SELECT – FROM – WHERE
② UPDATE – FROM – WHERE
③ INSERT – INTO – VALUES
④ DELETE – FROM – WHERE

UPDATE(갱신문) : 테이블에 저장되어 있는 데이터를 갱신하며 UPDATE – SET – WHERE의 유형을 가짐

오답 피하기

• SELECT(검색문) : 테이블에서 데이터를 검색하며 SELECT – FROM – WHERE의 유형을 가짐
• INSERT(삽입문) : 테이블에 새로운 데이터(행)을 삽입하며 INSERT – INTO – VALUES의 유형을 가짐
• DELETE(삭제문) : 테이블에 저장되어 있는 행을 삭제하며 DELETE – FROM – WHERE의 유형을 가짐

중요 ✓ 난이도 하 문제 진단 ○△✕

27 3단계 스키마(Schema)의 종류가 아닌 것은?

① 개념 스키마
② 외부 스키마
③ 관계 스키마
④ 내부 스키마

스키마(Schema) : 데이터베이스를 구성하는 파일, 레코드, 항목의 형식과 상호 관계 전체를 정의한 것으로 외부 스키마, 개념 스키마, 내부 스키마가 있음

난이도 중 문제 진단 ○△✕

28 SQL의 명령 중 DDL에 해당하는 것은?

① SELECT
② UPDATE
③ ALTER
④ INSERT

데이터 정의 언어(DDL : Data Definition Language) : 데이터를 입력하기 위한 테이블의 정의나 정보를 참조하기 위한 뷰를 정의하기 위한 언어

오답 피하기

데이터 조작 언어(DML : Data Manipulation Language) : 테이블 내의 레코드를 검색(SELECT), 삽입(INSERT), 갱신(UPDATE), 삭제(DELETE)하고자 할 때 사용하는 데이터 조작 언어

ANSWER 23 ① 24 ① 25 ④ 26 ② 27 ③ 28 ③

난이도 중 문제 진단 ○△×

29 다음 SQL 명령문의 의미로 가장 적절한 것은?

```
DROP TABLE 부서명;
```

① 부서명 테이블에 검색하라.
② 부서명 테이블을 삭제하라.
③ 부서명 필드를 생성하라.
④ 부서명 필드를 검색하라.

DROP : 데이터베이스, 테이블, 뷰 등의 삭제

난이도 하 문제 진단 ○△×

30 스프레드시트에서 입력의 기본 단위를 무엇이라고 하는가?

① 함수 ② 셀
③ 테이블 ④ 슬라이드

셀(Cell) : 스프레드시트의 워크시트에서 행과 열이 만나서 이루는 사각형으로 데이터가 입력되는 기본 단위

오답 피하기

- 함수 : 주어진 데이터를 처리하고, 그 결과를 반환하는 기능을 가진 것을 의미함
- 테이블 : 관계형 데이터베이스에서 2차원 형태의 가로, 세로 즉, 행과 열의 형태로 나타내는 저장소를 의미하며 릴레이션(Relation)이라고도 함
- 슬라이드 : 프레젠테이션을 구성하는 한 페이지 단위를 의미

난이도 중 문제 진단 ○△×

31 윈도우즈의 단축 아이콘에 대한 설명으로 옳지 않은 것은?

① 바탕 화면에서 단축 아이콘을 삭제하면 실제 연결되어 있는 프로그램도 삭제된다.
② 실제 실행 파일과 연결해 놓은 아이콘을 말한다.
③ 사용자 임의로 단축 아이콘을 생성하거나 삭제시킬 수 있다.
④ 일반 아이콘과 다른 것은 아이콘 밑에 화살표가 표시되어 있다.

바탕 화면에서 단축 아이콘을 삭제하더라도 실제 연결되어 있는 프로그램은 삭제되지 않음

중요✓ 난이도 중 문제 진단 ○△×

32 UNIX에서 파일을 삭제할 때 사용되는 명령어는?

① ls ② cp
③ pwd ④ rm

rm : 파일 삭제 명령으로 DOS 명령의 DEL과 같음

오답 피하기

- ls : 지정한 디렉터리의 파일을 보여줌
- cp : 파일 복사 명령
- pwd : 현재 디렉터리의 경로를 표시

난이도 하 문제 진단 ○△×

33 도스(MS-DOS)에서 두 개의 파일을 비교하여 그 차이를 나타내는 명령은?

① SHARE
② VER
③ MOVE
④ FC

FC : 두 개의 파일을 비교하여 그 차이를 표시

오답 피하기

- SHARE : 디스크 파일과 데이터 공유 사용을 제어
- VER : DOS의 버전을 표시
- MOVE : 파일, 디렉터리명 변경 및 이동

난이도 하 문제 진단 ○△×

34 도스(MS-DOS)에서 Ctrl + Alt + Delete를 눌러 재부팅하였다. 이러한 재부팅 방법을 무엇이라 하는가?

① 콜드 부팅(Cold Booting)
② 웜 부팅(Warm Booting)
③ 하드 부팅(Hard Booting)
④ 핫 부팅(Hot Booting)

웜 부팅(Warm Booting) : 소프트웨어적인 부팅으로 Ctrl+Alt+Delete를 동시에 눌러서 재부팅하는 방법

오답 피하기

콜드 부팅(Cold Booting) : 하드웨어적인 부팅으로 컴퓨터의 리셋(Reset) 키를 눌러 재부팅하는 방법

ANSWER 29 ② 30 ② 31 ① 32 ④ 33 ④ 34 ②

난이도 상 문제 진단 ○△✕

35 Which one is not related to Processing Program?

① Language Translate Program
② Service Program
③ Job Management Program
④ Problem Processing Program

다음 중 처리 프로그램과 연관 없는 것은? → Job Management Program(작업 관리 프로그램)

오답 피하기

- 처리 프로그램(Processing Program) : 언어 번역 프로그램(Language Translate Program), 서비스 프로그램(Service Program), 문제 처리 프로그램(Problem Processing Program)
- 제어 프로그램(Control Program) : 감시 프로그램(Supervisor Program), 자료 관리 프로그램(Data Management Program), 작업 관리 프로그램(Job Management Program)

난이도 중 문제 진단 ○△✕

36 UNIX에서 현재 실행 중인 프로세스를 종료하기 위한 명령어는?

① ps ② del
③ kill ④ stop

kill : 강제로 수행 중인 프로세스를 중지

오답 피하기

- ps : 실행 중인 프로세스들의 이름, 프로세스 ID, 명령어 이름, 단말기 번호 등과 같은 내용을 표시
- del : DOS의 파일 삭제 명령

중요✓ 난이도 중 문제 진단 ○△✕

37 유닉스(UNIX) 명령어 중 DOS의 DIR과 같은 역할을 하는 명령은?

① ls ② cd
③ pwd ④ cp

ls : 지정한 디렉터리의 파일을 보여주는 명령으로 DOS의 DIR과 같음

오답 피하기

- cd : 디렉터리 경로 변경
- pwd : 현재 디렉터리의 경로를 표시
- cp : 파일 복사 명령

난이도 하 문제 진단 ○△✕

38 윈도우즈의 탐색기에서 연속적인 여러 개의 파일을 한꺼번에 선택할 때 마우스와 함께 사용하는 키는?

① Alt ② Shift
③ Ctrl ④ Tab

- 연속적인 여러 개의 파일 선택 : Shift
- 비연속적인 여러 개의 파일 선택 : Ctrl

중요✓ 난이도 하 문제 진단 ○△✕

39 운영체제의 특성으로 옳지 않은 것은?

① 신뢰성 ② 효율성
③ 복잡성 ④ 용이성

운영체제의 특성 : 효율성, 신뢰성, 용이성 등

난이도 중 문제 진단 ○△✕

40 DOS(MS-DOS) 명령어 중 COMMAND.COM 파일이 관리하는 것은?

① CHKDSK
② DELTREE
③ COPY
④ FORMAT

COMMAND.COM : 명령어 해석 및 명령어 처리기 기능, 내부 명령어(COPY, DIR, DEL 등) 포함

난이도 상 문제 진단 ○△✕

41 다음 ( ) 안의 내용으로 적절하지 않은 것은?

> The UNIX operation system has three important features – ( ), ( ) and ( ).

① Kernel ② Shell
③ File System ④ Compiler

유닉스 운영체제는 커널(Kernel), 셸(Shell), 파일 시스템(File System)으로 구성됨

ANSWER 35 ③ 36 ③ 37 ① 38 ② 39 ③ 40 ③ 41 ④

난이도 중 문제 진단 ○△×

42 Linux에서 MS-DOS 운영체제의 COMMAND.COM과 같은 기능을 담당하는 것은?

① 셸 ② 커널
③ 유저 ④ 프롬프트

셸(Shell) : UNIX의 셸(Shell)과 MS-DOS 운영체제의 COMMAND.COM과 같은 기능을 담당

난이도 하 문제 진단 ○△×

43 윈도우즈 DOS의 디렉터리와 유사한 의미를 가진 것은?

① 파일(File) ② 트리(Tree)
③ 로그오프(Log-off) ④ 폴더(Folder)

폴더(Folder) : 서로 관련 있는 파일들을 저장하는 장소로 파일들을 효율적이고 체계적으로 관리할 수 있음(DOS의 디렉터리(Directory)와 같은 개념)

중요✓ 난이도 중 문제 진단 ○△×

44 윈도우즈의 휴지통에 대한 설명으로 옳지 않은 것은?

① 삭제한 파일을 임시 저장하며 휴지통 내에 파일을 다시 복구할 수 있다.
② 휴지통의 크기를 변경시킬 수 없다.
③ 파일 삭제 시 휴지통에 보관하지 않고 즉시 삭제할지를 지정할 수 있다.
④ 파일 삭제 시 삭제 확인 메시지를 보이지 않게 지정할 수 있다.

각각의 드라이브마다 휴지통 설정이 가능하며 휴지통의 크기를 지정할 수 있음

난이도 중 문제 진단 ○△×

45 윈도우즈의 메모장을 이용하여 문서를 작성하고 저장했을 때의 기본적인 파일 확장자명으로 옳은 것은?

① hwp ② txt
③ doc ④ bmp

메모장의 확장자 : .TXT

오답 피하기

- *.hwp : 한글 워드프로세서의 확장자
- *.doc : MS-WORD의 확장자
- *.bmp : 그림판의 확장자

난이도 중 문제 진단 ○△×

46 다중 프로그래밍 상에서 두 개의 프로세스가 실행 중에 있게 되면, 각 프로세스는 자신이 필요한 자원을 가지고 실행되다가 서로 자신이 점유하고 있는 자원을 포기하지 않은 상태에서 다른 프로세스의 자원을 요구하는 경우가 발생한다. 이 경우 두 프로세스는 모두 더 이상 실행을 할 수 없게 된다. 이러한 현상을 무엇이라 하는가?

① 교착 상태(Deadlock)
② 세마포어(Semaphore)
③ 가상 시스템(Virtual System)
④ 임계 영역(Critical Section)

교착 상태(Deadlock) : 자원은 한정되어 있으나 각 프로세스가 서로 자원을 차지하려고 무한정 대기하는 상태로 해당 프로세스의 진행이 중단되는 상태를 의미

오답 피하기

- 세마포어(Semaphore) : 운영체제의 자원을 경쟁적으로 사용하는 다중 프로세스에서 행동을 조정하거나 동기화시키는 기술로, 공유된 자원 접근 시 프로세스 간의 통신 기법
- 임계 영역(Critical Section) : 다중 프로그래밍 운영체제에서 여러 프로세스가 데이터를 공유하면서 수행될 때 각 프로세스에서 공유 데이터를 액세스하는 프로그램 코드 부분

난이도 상 문제 진단 ○△×

47 도스(MS-DOS)에서 ATTRIB 명령어의 옵션에 대한 설명으로 옳지 않은 것은?

① 백업 파일 속성 : A
② 시스템 파일 속성 : S
③ 읽기 전용 파일 속성 : P
④ 숨김 파일 속성 : H

ATTRIB

- 파일의 속성을 지정 및 해제하는 명령어
- 사용법 : ATTRIB [+속성 / -속성][드라이브:][경로]파일명 [/옵션]
- + : 속성 설정, - : 속성 해제
- 읽기 전용 파일 속성 : R(Read Only)

난이도 중 문제 진단 ○△×

48 컴퓨터 시스템의 성능을 최적화하기 위하여 사용되는 운영체제의 기능과 거리가 먼 것은?

① 초기 설정 기능
② 인터페이스 기능
③ 이식성 기능
④ 시스템 비보호 기능

운영체제의 기능 : 사용자와 컴퓨터의 인터페이스 제공, 자원 관리 기능, 자원의 공유, 시스템의 오류 처리, 초기 설정, 이식성 기능 등

ANSWER 42 ① 43 ④ 44 ② 45 ② 46 ① 47 ③ 48 ④

난이도 중 문제 진단 ○△×

49 컴퓨터 시스템을 구성하고 있는 하드웨어 장치와 일반 사용자에서 실행되는 응용 프로그램의 중간에 위치하여 컴퓨터 시스템을 제어하고 관리하는 것은?

① Operating System
② Loader
③ Compiler
④ Interpreter

운영체제(OS : Operating System) : 컴퓨터와 응용 프로그램, 컴퓨터와 사용자 간의 인터페이스 역할을 담당

오답 피하기

- 로더(Loader) : 로드 모듈 프로그램을 주기억 장치 내로 옮겨서 실행해 주는 소프트웨어
- 컴파일러(Compiler) : 원시 프로그램을 기계어로 번역하는 고급 언어 번역기로 목적 프로그램을 생성함
- 인터프리터(Interpreter) : 대화식 언어 번역기로 줄 단위 번역이며, 실행 속도가 느리고 목적 프로그램을 생성하지 않음

난이도 중 문제 진단 ○△×

50 데이터베이스 구조를 3단계의 스키마로 나눌 경우 포함되지 않는 것은?

① 외부 스키마 ② 개념 스키마
③ 논리 스키마 ④ 내부 스키마

- 외부 스키마 : 서브 스키마(Sub Schema)라고도 하며 사용자나 응용 프로그래머가 직접 필요로 하는 데이터 구조를 의미
- 개념 스키마 : 논리적(Logical) 입장에서의 데이터베이스 전체 구조로 데이터의 모양을 나타내는 도표로서 스키마로 불림
- 내부 스키마 : 물리적 스키마(Physical Schema)라고도 하며 물리적 입장에서 액세스하는 데이터베이스 구조를 의미

중요✓ 난이도 중 문제 진단 ○△×

51 다음 중 LAN의 특징이 아닌 것은?

① 광대역 전송 매체의 사용으로 고속 통신이 가능하다.
② 광역 공중망의 통신에 적합하다.
③ 정보 처리 기기의 재배치 및 확장성이 우수하다.
④ 다양한 디지털 미디어 정보의 전송이 가능하다.

LAN의 특징

- 광대역 전송 매체의 사용으로 고속 통신이 가능하며 에러율이 낮고, 공중 통신 회선을 사용하지 않음
- 채널의 공동 사용으로 인해서 경로 선택(Routing)이 필요 없음
- 데이터, 음성, 화상 등의 종합적인 정보 전송이 가능
- 정보 기기의 재배치 및 확장성이 우수함
- 자원의 공유와 데이터의 일관성

난이도 상 문제 진단 ○△×

52 광섬유를 이용한 LAN으로 전송로의 속도가 100[Mbps]의 전송이 가능한 것은?

① X.25
② X.28
③ FDDI
④ ANSI

FDDI(Fiber Distributed Data Interface) : 광섬유 케이블을 이용한 고속의 링(Ring) 방식으로 섬유 분산 데이터 인터페이스라고도 함

오답 피하기

- X.25 : 공중 데이터 네트워크(PSDN : Public Switched Data Network)와 패킷형 단말 장치와 신호 변환 장치의 인터페이스 규격
- X.28 : 비패킷형 단말 장치를 위한 인터페이스 규격
- ANSI : 미국 규격 협회(ANSI : American National Standards Institute), 1969년에 설립된 미국의 표준안 제정 기관, ASCII 제정

난이도 중 문제 진단 ○△×

53 동기식 전송 방식에 사용되는 SDLC, HDLC에서 주로 데이터 전송 시 사용하는 에러 검출 방식은?

① 패리티 방식
② ARQ 방식
③ 정 마크 부호 방식
④ CRC 방식

순환 잉여 검사(CRC : Cyclic Redundancy Check) : 블록마다 검사용 코드를 부가시켜 전송하는 방식으로 동기식 전송에서 주로 사용하며 여러 방식 중 신뢰성이 가장 우수함

오답 피하기

- 패리티(Parity) 방식 : 한 블록의 데이터 끝에 패리티 비트를 추가하는 에러 검출 방식
- ARQ 방식 : 에러 검출 후 송신측에게 에러가 발생한 데이터 블록을 다시 전송해 주도록 요청함으로써 에러를 정정하는 방식
- 정 마크 부호 방식 : 패리티(Parity) 검사가 코드 자체적으로 이루어지는 방식

난이도 상 문제 진단 ○△×

54 변조 속도가 2,400[Baud]이고 쿼드비트(Quadbit)를 사용하는 경우 전송 속도는 몇 [BPS]인가?

① 1,600
② 2,400
③ 4,800
④ 9,600

4비트(Quad Bit)가 한 신호 단위인 경우이므로 2,400*4=9,600이 됨

ANSWER 49 ① 50 ③ 51 ② 52 ③ 53 ④ 54 ④

난이도 중 문제 진단 ○△×

55 Linux에서 현재 디렉터리의 경로를 표시할 때 사용하는 명령어는?

① cd
② mkdir
③ rmdir
④ pwd

pwd : 현재 디렉터리의 경로를 표시

오답 피하기
- cd : 디렉터리 경로 변경
- mkdir : 디렉터리 생성
- rmdir : 디렉터리 삭제

난이도 중 문제 진단 ○△×

56 하나의 통신 선로를 이용하여 여러 신호를 서로 간섭받지 않고 전송함으로써 통신 선로의 이용 효율을 높일 수 있는 장치는?

① 다중화기
② 단말기
③ 변 · 복조기
④ PBX

다중화기(Multiplexer) : 다수의 단말기들이 각 신호를 하나의 통신 회선에 결합된 형태로 전송하면 수신측에서 이를 다시 분리하여 각 수신 장치에 입출력하는 장비

난이도 상 문제 진단 ○△×

57 다음 전송 제어 문자 중 정의가 잘못된 것은?

① EOT – 전송 종료
② DLE – 문자 동기
③ ACK – 긍정 응답
④ ETX – 텍스트 종료

- DLE(Data Link Escape) : 뒤따르는 연속된 몇 개 글자들의 의미를 변환할 때 사용하며 데이터 전송 제어 기능을 제공하기 위해 사용
- SYN(SYNchronous idle) : 문자를 전송하지 않은 상태에서 동기를 취하거나 동기를 유지하기 위해 사용

난이도 중 문제 진단 ○△×

58 HDLC 전송 프레임 중 시작과 끝을 나타내는 것은?

① 제어(CONTROL)부
② 프레임 검사 시퀀스(FCS)
③ 플래그(FLAG)
④ 주소(ADDRESS)부

HDLC Frame(프레임)의 구성 : 시작 플래그(Flag), 주소부(Addless), 제어부(Control), 정보부(Information), FCS, 종료 플래그(Flag)

중요 ✓ 난이도 상 문제 진단 ○△×

59 모뎀과 단말기 간을 연결해주는 RS-232C 25핀 커넥터의 기능에 해당되지 않는 것은?

① 전기적 장치
② 데이터의 송 · 수신
③ 인터페이스
④ 전자 유도 차폐

RS-232C : EIA에서 권고하는 모뎀과 단말 장치의 연결 규격 안으로 25핀으로 구성, 데이터의 송 · 수신과 인터페이스 기능을 담당함

난이도 중 문제 진단 ○△×

60 다음 중 대역 확산 기술을 이용한 다량 접속 방식에 해당되는 것은?

① TDMA ② CDMA
③ FDMA ④ WDMA

CDMA(Code Division Multiple Access) : 디지털 이동 통신 시스템 방식으로 코드를 분할하여 다중으로 접속하는 기법

ANSWER 55 ④ 56 ① 57 ② 58 ③ 59 ④ 60 ②

해설과 함께 보는 최신 기출문제 04회

SELF CHECK | 제한시간 60분 | 소요시간 분 | 전체 문항 수 60문항 | 맞힌 문항 수 문항

난이도 중 문제 진단 ○△×

01 클록 펄스(Clock Pulse)에 의해서 기억 내용을 한 자리씩 이동하는 레지스터는?

① 시프트 레지스터
② B 레지스터
③ 누산기
④ D 레지스터

시프트 레지스터 : 기억되어 있는 자료를 우측이나 좌측으로 움직일 수 있는 레지스터

중요✓ 난이도 중 문제 진단 ○△×

02 다음 블록화 레코드에서 블록화 인수는?

IBG	논리 레코드	논리 레코드	논리 레코드	IBG	논리 레코드	논리 레코드	논리 레코드	IBG

① 1 ② 3
③ 4 ④ 2

블록화 인수(Blocking Factor) : 하나의 물리 레코드(블록) 내에 존재하는 논리 레코드의 수

난이도 상 문제 진단 ○△×

03 2진수 1011을 그레이 코드(Gray Code)로 변환하면?

① 0100
② 1110
③ 0111
④ 1010

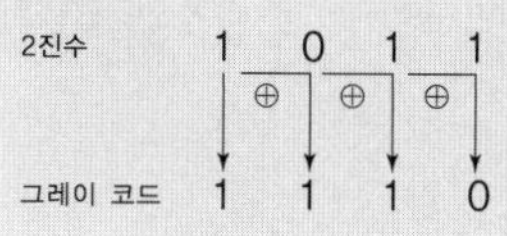

난이도 하 문제 진단 ○△×

04 원격지에 설치된 입출력 장치를 무엇이라 하는가?

① X-Y 플로터
② 콘솔(Console)
③ 단말 장치
④ 변복조 장치(MODEM)

단말 장치(DTE) : 컴퓨터로 데이터를 송 · 수신하기 위해 필요한 입출력 장치

오답 피하기
- X-Y 플로터 : 설계 도면 등을 출력하는 장치
- 콘솔(Console) : 컴퓨터와 오퍼레이터가 의사 전달을 할 수 있는 장치
- 변복조 장치(MODEM) : 신호 변환 장치

난이도 중 문제 진단 ○△×

05 순차적인 주소 지정 등에 유리하며, 주소 지정에 레지스터 2개가 사용되는 방식은?

① 간접 Addressing ② 직접 Addressing
③ 색인 Addressing ④ 상대 Addressing

색인 주소 지정(Indexed Addressing) : 인덱스 레지스터와 주소 부분을 더해서 주소를 지정하는 방식

난이도 중 문제 진단 ○△×

06 RS Flip-Flop에서 CP = 1이고 S = 0, R = 0이면 출력 Q의 상태는?

① 불변 상태이다.
② 1로 SET 된다.
③ 0으로 RESET 된다.
④ 부정이 된다.

RS(Reset/Set) 플립플롭

S	R	$Q_{(t+1)}$	비고
0	0	$Q_{(t)}$	상태 불변
0	1	0	Reset(Clear)
1	0	1	Set
1	1	X	허가 금지(부정)

ANSWER 01 ① 02 ② 03 ② 04 ③ 05 ③ 06 ①

중요✓ 난이도 중 문제 진단 ○△×

07 EBCDIC 코드는 몇 개의 Zone Bit를 갖는가?

① 4　　② 3

③ 2　　④ 1

EBCDIC 코드는 Zone 4비트와 Digit 4비트로 256(2^8)개의 문자 표현이 가능함

난이도 중 문제 진단 ○△×

08 명령어 형식(Instruction Format)에서 첫 번째 바이트에 기억되는 것은?

① Operand

② OP-Code

③ Length

④ Question Mark

- 명령어(Instruction)는 명령 코드부(OP-Code)와 주소부(Operand)로 구성
- OP-Code : 명령어의 첫 번째 바이트에 기억되며 명령어의 형식, 연산자, 자료의 종류를 나타냄

오답 피하기

Operand : 명령어의 주소 부분에 해당하며 주소 또는 주소를 구하기 위해 필요한 정보와 명령의 순서를 나타냄

난이도 하 문제 진단 ○△×

09 로더(Loader)의 기능이 아닌 것은?

① 링킹(Linking)

② 재배치(Relocation)

③ 할당(Allocation)

④ 스케줄링(Scheduling)

로더(Loader)의 기능 : 할당(Allocation), 연결(Linking), 재배치(Relocation), 적재(Load)

난이도 중 문제 진단 ○△×

10 다음 논리 회로를 나타내는 불 대수식은?

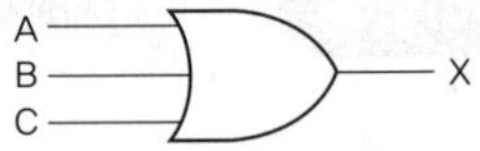

① X = ABC

② $X = \overline{A} + \overline{B} + \overline{C}$

③ X = AB + C

④ X = A + B + C

OR 회로 : 2개의 입력 신호 중 어느 하나만 1이라도 출력이 1이 되는 논리합의 회로

난이도 하 문제 진단 ○△×

11 2개의 조건을 동시에 만족해야 출력하는 논리 연산자는?

① OR　　② NOT

③ NAND　　④ AND

- OR 회로 : 여러 조건 중 하나만 만족하면 출력하는 회로
- NOT : 보수 회로
- NAND 회로 : AND 회로에 NOT 회로를 더한 것으로 AND 회로 반대의 출력값을 나타내는 회로

난이도 중 문제 진단 ○△×

12 채널(Channel)은 어느 곳에 위치하는가?

① 주기억 장치와 CPU의 중간에 위치한다.

② 주기억 장치와 입출력 장치의 중간에 위치한다.

③ 연산 장치와 레지스터 중간에 위치한다.

④ 주기억 장치와 보조 기억 장치의 양쪽에 위치한다.

채널(Channel) : 중앙 처리 장치의 간섭없이 입출력 동작을 수행하도록 지시하고, 작업이 끝나면 중앙 처리 장치에게 인터럽트로 알림

ANSWER 07 ① 08 ② 09 ④ 10 ④ 11 ④ 12 ②

난이도 상 문제 진단 ○△×

13 8Bit 컴퓨터에서 부호와 절대치 방식으로 수치 자료를 표현했을 때, 기억된 값은 얼마인가?

1	0	0	0	1	0	1	1

① 11　　② −11
③ −12　　④ 12

부호와 절대치는 음수일 때 왼쪽 맨 처음 자리가 1이 됨
$1011 = 1 \times 2^3 + 0 \times 2^2 + 1 \times 2^1 + 1 \times 2^0 = 8 + 2 + 1 = 11$

난이도 중 문제 진단 ○△×

14 특정값을 여러 자리인 2진수로 변환하거나 특정 장치로부터 보내오는 신호를 여러 개의 2진 신호로 바꾸어 변환시키는 장치는?

① 인코더
② 플립플롭
③ 디코더
④ 멀티플렉서

- 디코더(=해독기) : n개의 입력 신호를 2^n개의 출력선 중 하나로 선택 출력하는 회로
- 멀티플렉서 : 2^n개 입력 신호 중 하나를 선택하여 출력하는 회로

중요✓ 난이도 중 문제 진단 ○△×

15 다음에 나열된 내용과 관계되는 장치는 어느 것인가?

논리 회로, 누산기, 가산기, 보수기

① 기억 장치
② 제어 장치
③ 보조 기억 장치
④ 연산 장치

- 연산 장치 : 논리 회로, 누산기, 가산기, 보수기
- 제어 장치에 사용되는 레지스터 : 프로그램 카운터(PC), 명령어 레지스터(IR), 명령 해독기, 기억 번지 레지스터(MAR), 기억 버퍼 레지스터(MBR) 등

중요✓ 난이도 중 문제 진단 ○△×

16 누산기(Accumulator)에 대한 설명으로 옳은 것은?

① 연산 부호를 해독하는 장치이다.
② 레지스터의 일종으로 산술 연산이나 논리 연산의 결과를 일시적으로 기억하는 장치이다.
③ 연산 명령이 주어지면 연산 준비를 하는 장치이다.
④ 연산 명령의 순서를 기억하는 장치이다.

누산기 : 산술 및 논리 연산의 결과를 일시적으로 기억하는 기억 장치

난이도 중 문제 진단 ○△×

17 기억 장치 고유의 번지로서 0, 1, 2, 3, …과 같이 16진수로 약속하여 순서대로 결정해 놓은 번지, 즉 기억 장치 중의 기억 장소를 직접 숫자로 지정하는 주소로서 기계어 정보가 기억되어 있는 번지는?

① 변위 번지　　② 기호 번지
③ 절대 번지　　④ 상대 번지

절대 번지(Absolute Address) : 기억 장치 고유의 번지로서 0, 1, 2, … 와 같이 16진수를 이용하여 순서대로 정해 놓은 번지

오답 피하기

상대 번지(Relative Address) : 특정 번지를 기준으로 하여 상대적 위치를 나타내는 번지

난이도 상 문제 진단 ○△×

18 레지스터(Register) 내로 새로운 자료(Data)를 읽어들이면 어떤 변화가 발생하는가?

① 레지스터의 먼저 내용이 지워진다.
② 그 레지스터가 누산기일 때만 새 자료가 읽어질 수 있다.
③ 그 레지스터가 누산기이거나 명령 레지스터일 때만 자료를 읽어들일 수 있다.
④ 현존하는 내용에 아무런 영향도 없다.

레지스터(Register) : 중앙 처리 장치가 자료를 처리하는 동안 사용할 값이나 연산의 중간 결과를 일시적으로 저장해 두기 위해 사용하는 중앙 처리 장치 내의 고속 임시 기억 장치로서, 새로운 자료를 저장하면 기존의 자료는 소멸됨

ANSWER 13 ② 14 ① 15 ④ 16 ② 17 ③ 18 ①

난이도 중 문제 진단 ○△✕

19 누를 때마다 ON, OFF가 교차되는 스위치를 만들고자 할 때 사용되는 플립플롭은?

① T 플립플롭
② D 플립플롭
③ JK 플립플롭
④ RS 플립플롭

T 플립플롭 : 토글 플립플롭으로서, 입력이 0일 경우에는 상태가 불변이고, 입력이 1일 경우에는 보수가 출력됨

난이도 중 문제 진단 ○△✕

20 하나의 레지스터에 기억된 자료를 모두 다른 레지스터로 옮길 때 사용하는 논리 연산은?

① Rotate
② Shift
③ Move
④ Complement

오답 피하기
- Rotate : 밀려간 비트가 반대쪽 끝으로 다시 채워짐 → 순환
- Shift : 왼쪽 또는 오른쪽으로 1Bit씩 자리를 이동시킴 → 자리 이동
- Complement : 입력에 대한 1의 보수를 구함 → 보수

난이도 하 문제 진단 ○△✕

21 윈도우즈용 프레젠테이션에서 프레젠테이션의 한 화면을 구성하는 개개의 요소들을 무엇이라고 하는가?

① 시나리오(Scenario)
② 슬라이드(Slide)
③ 개체(Object)
④ 개요

오답 피하기
- 시나리오 : 다양한 결과값의 변화를 가상의 상황을 만들어 분석
- 슬라이드 : 프레젠테이션에서 사용하는 하나의 화면
- 개요 : 프레젠테이션에서 프레젠테이션의 흐름을 기획

중요 ✓ 난이도 하 문제 진단 ○△✕

22 기업체의 발표회나 각종 회의 등에서 빔프로젝터 등을 이용하여 제품에 대한 소개나 회의 내용을 요약 정리하여 청중에게 효과적으로 전달하기 위한 도구를 의미하는 것은?

① 데이터베이스
② 프레젠테이션
③ 스프레드시트
④ 워드프로세서

프레젠테이션 : 기업체의 발표회나 각종 회의 등에서 빔프로젝터 등을 이용하여 제품에 대한 소개나 회의 내용을 요약 정리하여 많은 사람에게 효과적으로 전달하기 위한 도구

난이도 상 문제 진단 ○△✕

23 데이터베이스 디자인 단계의 순서가 옳은 것은?

(1) 데이터베이스의 목적을 정의
(2) 데이터베이스에서 필요한 테이블을 정의
(3) 테이블에서 필요한 필드를 정의
(4) 테이블 간의 관계를 정의

① (1) - (4) - (2) - (3)
② (1) - (3) - (2) - (4)
③ (1) - (2) - (4) - (3)
④ (1) - (2) - (3) - (4)

데이터베이스의 설계 단계 : 데이터베이스의 목적을 정의 → 데이터베이스의 테이블 정의 → 테이블 상의 필드(Field) 정의 → 테이블 간의 관계 정의

중요 ✓ 난이도 하 문제 진단 ○△✕

24 프레젠테이션 프로그램을 사용하는 용도 중 가장 거리가 먼 것은?

① 회사의 제품 선전용
② 강연회 준비
③ 신제품 설명회
④ 통계 자료 작성

통계 자료 작성은 스프레드시트의 용도임

ANSWER 19 ① 20 ③ 21 ③ 22 ② 23 ④ 24 ④

난이도 중 문제 진단 ○△✕

25 SQL의 SELECT문에서 특정 열의 값을 기준으로 정렬할 때 사용하는 절은?

① ORDER TO 절
② ORDER BY 절
③ SORT BY 절
④ SORT 절

ORDER BY 정렬할 필드명 [ASC | DESC]
- ASC : 오름차순
- DESC : 내림차순

난이도 중 문제 진단 ○△✕

26 학생 테이블에 데이터를 입력한 후, 주소 필드가 누락되어 이를 추가하려고 할 때의 적합한 SQL 명령은?

① CREATE TABLE
② ADD TABLE
③ ALTER TABLE
④ MODIFY TABLE

CREATE TABLE문 : 새로운 테이블 생성

난이도 하 문제 진단 ○△✕

27 스키마(Schema)의 종류가 아닌 것은?

① 내부 스키마
② 외부 스키마
③ 개념 스키마
④ 관계 스키마

스키마의 종류

내부 스키마	물리적인 데이터 구성
개념 스키마	데이터베이스의 논리적 구조
외부 스키마	데이터베이스와 사용자 간의 직접적인 매개 역할을 담당하는 구조

난이도 하 문제 진단 ○△✕

28 DBMS의 필수 기능으로 거리가 먼 것은?

① 정의 기능 ② 조작 기능
③ 제어 기능 ④ 연산 기능

데이터베이스 관리 시스템의 필수 기능

정의 기능	데이터베이스와 응용 프로그램 간의 상호 작용 수단을 제공하는 기능
조작 기능	데이터베이스와 사용자 간의 상호 작용 수단을 제공하는 기능
제어 기능	데이터베이스의 내용을 항상 정확하게 유지할 수 있도록 제어하는 기능

난이도 하 문제 진단 ○△✕

29 SQL에서 기본 테이블을 생성하는 명령은?

① CREATE ② SELECT
③ DROP ④ UPDATE

오답 피하기
- SELECT : 자료의 검색을 위한 명령어
- DROP : 테이블 삭제문
- UPDATE : 갱신문

난이도 상 문제 진단 ○△✕

30 다음 SQL 문의 의미는? (단, REQUISITE는 판매 테이블이며, ITEM은 품명이다.)

```
DELETE FROM REQUISITE WHERE ITEM = '사과' ;
```

① 판매 테이블에서 품명이 '사과'인 항목을 검색하라.
② 판매 테이블에서 품명이 '사과'인 항목을 갱신하라.
③ 판매 테이블에서 품명이 '사과'인 항목의 개수를 검색하라.
④ 판매 테이블에서 품명이 '사과'인 항목을 삭제하라.

DELETE는 삭제문임

ANSWER 25 ② 26 ③ 27 ④ 28 ④ 29 ① 30 ④

중요✓ 난이도 하 문제 진단 ○△✕

31 운영체제의 특성으로 거리가 먼 것은?

① 효율성
② 신뢰성
③ 복잡성
④ 용이성

운영체제의 특징 : 효율성, 신뢰성, 용이성

난이도 중 문제 진단 ○△✕

32 윈도우즈에서 복사 또는 이동시킬 파일(내용)이 잠시 기억되는 임시 기억 장소로서 일종의 버퍼(Buffer) 역할을 수행하는 것은?

① 바탕 화면
② 임시 폴더
③ 휴지통
④ 클립보드

클립보드(Clipboard) : 윈도우즈 작업 도중 복사 또는 이동할 파일이 잠시 기억되는 임시 기억 장소

중요✓ 난이도 중 문제 진단 ○△✕

33 작업 수행 중 예기치 못한 돌발적인 사태가 발생하여 잠시 작업 수행을 멈추고 상황에 맞는 처리를 한 후, 다시 프로그램을 진행해 나가는 것을 의미하는 것은?

① 인터럽트
② 버퍼링
③ 스풀링
④ 폴링

오답 피하기

- 버퍼링(Buffering) : 정보의 송 · 수신을 원활하게 하기 위해서 정보를 일시적으로 지정하여 처리 속도의 차를 흡수하는 방법
- 스풀링(Spooling) : 출력 정보를 보조 기억 장치에 일시적으로 저장하여 CPU의 효율성을 향최신키는 방법
- 폴링(Polling) : 컴퓨터가 단말 장치에게 '송신할 데이터가 있는가'라고 묻는 것

난이도 중 문제 진단 ○△✕

34 윈도우즈에서 도스를 실행시켰더니 전체 화면 형태로서 도구들이 보이지 않아 불편하였다. 도스의 화면을 창 형태로 전환하려면 어떤 키를 눌러야 하는가?

① Ctrl + Space Bar
② Alt + Space Bar
③ Ctrl + Enter
④ Alt + Enter

Alt + Enter : 전체 화면에서 창 형태로 바꾸거나 창 형태에서 전체 화면으로 바꿈

난이도 하 문제 진단 ○△✕

35 윈도우즈 운영체제에서 비연속적인 여러 개의 파일을 선택하는 방법은?

① Shift를 누른 상태에서 선택하려는 파일들을 오른쪽 마우스 버튼을 클릭하여 선택한다.
② Shift를 누른 상태에서 선택하려는 파일들을 왼쪽 마우스 버튼을 클릭하여 선택한다.
③ Alt를 누른 상태에서 선택하려는 파일들을 오른쪽 마우스 버튼을 클릭하여 선택한다.
④ Ctrl을 누른 상태에서 선택하려는 파일들을 왼쪽 마우스 버튼을 클릭하여 선택한다.

오답 피하기

'②'는 연속적인 여러 개의 파일을 선택하는 방법

난이도 상 문제 진단 ○△✕

36 도스(MS-DOS)에서 "CONFIG.SYS" 파일에 "break = on"을 설정하는 이유는?

① 드라이브를 읽기 전용(Read Only)으로 만들기 위하여
② 중첩 확장 메모리 영역의 사용을 위하여
③ Ctrl + C에 의한 작업 중지 명령을 위하여
④ 숨김(Hidden) 파일을 만들기 위하여

Break=on : Ctrl + C에 의한 작업 중지 명령을 위함

ANSWER 31 ③ 32 ④ 33 ① 34 ④ 35 ④ 36 ③

난이도 중 문제 진단 ○△✕

37 윈도우즈의 단축키 중 활성창을 닫고 프로그램을 종료하는 것은?

① Ctrl+Esc
② Ctrl+C
③ Alt+F4
④ Alt+Tab

오답 피하기
- Ctrl+Esc : 시작 메뉴 표시
- Ctrl+C : 복사
- Alt+Tab : 여러 개의 응용 프로그램을 순서대로 전환할 때(창의 활성화 여부는 상관없음)

중요✓ 난이도 상 문제 진단 ○△✕

38 유닉스(UNIX)에서 프롬프트가 %라면 사용자가 사용하고 있는 셸의 종류는?

① bourne shell
② c shell
③ korn shell
④ com shell

UNIX Shell의 종류
- sh(표준 셸) : UNIX 표준의 Bourne shell($)
- csh(C 셸) : 미국 버클리 대학에서 개발한 C shell(%)
- ksh(콘 셸) : David Korn이 개발한 Korn shell($)

난이도 중 문제 진단 ○△✕

39 도스(MS-DOS)에서 감추어진 파일의 속성을 해제하는 명령은?

① ATTRIB –H
② ATTRIB –A
③ ATTRIB +H
④ ATTRIB +A

ATTRIB : 파일의 속성 표시, 부여, 해제하는 데 사용
(+ : 속성을 부여할 때, – : 속성을 해제할 때)

속성	내용
R	읽기 전용 파일 속성
A	저장 속성
S	시스템 파일 속성
H	숨김 파일 속성

난이도 중 문제 진단 ○△✕

40 다음 Linux 명령 중 디렉터리를 생성하는 명령은?

① cd ② mkdir
③ rmdir ④ pwd

mkdir : 디렉터리 생성

오답 피하기
- cd : 디렉터리 경로 변경
- rmdir : 디렉터리 삭제
- pwd : 현재 디렉터리의 경로를 표시

중요✓ 난이도 중 문제 진단 ○△✕

41 UNIX에서 파일의 내용을 화면에 보여주는 명령은?

① type ② mv
③ cat ④ rm

오답 피하기
- type : DOS 명령어
- mv : 파일명의 변경과 이동
- rm : 파일 삭제

난이도 중 문제 진단 ○△✕

42 윈도우즈 운영체제에서 파일을 삭제하는 방법에 대한 설명으로 옳지 않은 것은?

① 마우스 오른쪽 버튼을 클릭하여 [삭제] 메뉴를 이용한다.
② Delete 버튼을 누른다.
③ 휴지통에 드래그 앤 드롭한다.
④ Esc 버튼을 누른다.

Esc : 현재 작업을 취소

난이도 중 문제 진단 ○△✕

43 패리티 검사에 대한 설명으로 틀린 것은?

① 동기식 전송에 주로 사용된다.
② 오류를 검출만 할 수 있고, 수정은 하지 못한다.
③ 패리티 검사는 주로 저속 비동기 방식에서 이용된다.
④ 패리티 검사를 통한 전송 신뢰도를 높일 수 있다.

순환 중복 검사 : 동기식 전송에 주로 사용됨

ANSWER 37 ③ 38 ② 39 ① 40 ② 41 ③ 42 ④ 43 ①

난이도 상 문제 진단 ○△×

44 도스(MS-DOS)에서 "CONFIG.SYS" 파일에 "LAST-DRIVE = D"의 설정이 의미하는 것은?

① 드라이브 용량을 의미한다.
② 드라이브 개수를 의미한다.
③ 드라이브 속도를 의미한다.
④ 드라이브 모양을 의미한다.

LASTDRIVE : DOS가 인식할 수 있는 드라이브의 최대수를 지정하는 명령

난이도 상 문제 진단 ○△×

45 다음은 무엇에 관한 내용인가?

> It may happen that waiting processors will never again change state, because the resources they have requested are hold by waiting processes.

① System Call
② Deadlock
③ Emulator
④ Processing

요청된 자원이 대기 프로세스에 의해 점유되기 때문에 대기 프로세서(처리기)가 다시 상태를 바꾸는 일은 결코 일어나지 않을 것이다. → 교착 상태(Deadlock)

난이도 하 문제 진단 ○△×

46 도스(MS-DOS)에서 하드 디스크의 파티션을 설정하고 논리적 드라이브 번호를 할당하는 명령은?

① CHKDSK
② FORMAT
③ FDISK
④ DEFRAG

오답 피하기
- CHKDSK : 디스크 상태 점검
- FORMAT : 디스크 초기화
- DEFRAG : 디스크 조각 모음

난이도 중 문제 진단 ○△×

47 디렉터리 내의 파일을 열거하는데 사용되는 UNIX의 명령어는?

① pwd ② cd
③ ls ④ cat

오답 피하기
- pwd : 현재 작업 디렉터리의 경로 표시
- cd : 디렉터리 경로 변경
- cat : 파일 내용을 화면에 출력

난이도 상 문제 진단 ○△×

48 Which of the following key strokes is able to copy it to the clipboard in Windows?

① Ctrl+C
② Ctrl+X
③ Ctrl+V
④ Alt+C

윈도우즈 운영체제에서 클립보드에 자료를 복사할 때 누르는 키는 어느 것인가? → Ctrl+C

난이도 상 문제 진단 ○△×

49 Linux 명령에 대한 기능이 잘못 설명된 것은?

① cal : 시스템의 달력이나 달을 출력한다.
② clear : 터미널의 내용을 지운다.
③ wall : 로그인된 상태의 모든 계정으로 메시지를 전달한다.
④ write : 터미널의 경로명과 파일명을 출력한다.

write : 설정 계정으로 메시지 전달

오답 피하기

tty : 터미널의 경로명과 파일명을 출력

ANSWER 44 ② 45 ② 46 ③ 47 ③ 48 ① 49 ④

난이도 중 문제 진단 ○△✕

50 컴퓨터 내에서 실행되는 명령어와 데이터가 이동되는 통로를 일컫는 것은?

① 라인
② 체인
③ 버스
④ 드라이버

버스 : 컴퓨터 내 · 외부 각종 신호원 간의 데이터나 전원 전송용 공통 전송로

난이도 상 문제 진단 ○△✕

51 데이터 전송 선로의 감쇠량에 대한 극소 조건이 성립되었을 때 선로의 특성 임피던스(Zo)는? (단, R : 저항, L : 인덕턴스, C : 캐퍼시턴스)

① $Z_o = \sqrt{\frac{C}{R}}$
② $Z_o = \sqrt{LC}$
③ $Z_o = \sqrt{RC}$
④ $Z_o = \sqrt{\frac{L}{C}}$

$Z_o = \sqrt{\frac{R+L}{G+C}}$ 감쇄량에 대한 극소 조건 대입(R=0, G=0)
$\Rightarrow Z_o = \sqrt{\frac{L}{C}}$

난이도 중 문제 진단 ○△✕

52 디지털 신호를 직접 전화 회선에 전송하지 않고 MODEM을 사용하는 가장 큰 이유는?

① 전송 속도의 개선
② 신호 일그러짐(Distortion) 개선
③ 임피던스 정합(Matching) 기능
④ 타기종 간 인터페이스(Interface) 작용

디지털 신호를 직접 전화 회선에 전송하지 않고 MODEM을 사용하는 가장 큰 이유는 신호 일그러짐 개선 효과를 얻기 위해서임

난이도 상 문제 진단 ○△✕

53 4위상 변조를 하여 데이터를 전송하는데 신호의 전송 속도가 60보(Baud)라 할 때, 이것을 BPS 속도로 나타내면 얼마인가?

① 240 ② 200
③ 120 ④ 60

2Bit 전송(Dibit, 4위상)
BPS = 2 × Baud
BPS = 2 × 60(Baud) = 120

난이도 상 문제 진단 ○△✕

54 데이터 교환 방식 중 메시지 교환 방식의 특성이 아닌 것은?

① 이용자의 형편에 따라 우선순위 전송이 가능하다.
② 고장이 난 터미널로 가는 메시지를 교환기가 보관하거나 지정된 다른 터미널로 전송할 수 있다.
③ 같은 내용의 메시지를 동시에 여러 곳의 터미널로 보낼 수 없다.
④ 메시지의 분실을 방지하기 위해 번호를 부여하거나 전송 날짜, 시간 등을 메시지에 추가 전송이 가능하다.

메시지 교환 방식은 동일 데이터를 여러 곳에 전송 가능함

중요 ✓ 난이도 중 문제 진단 ○△✕

55 정보 통신 교환망에 해당되지 않는 것은?

① 방송 통신 교환망
② 회선 교환망
③ 메시지 교환망
④ 패킷 교환망

- 회선 교환망 : 데이터를 전송하기 전에 컴퓨터와 단말기 사이에 통신 회선(전송 회선)을 설정한 통신 정보를 송 · 수신하는 방식을 취하는 교환망
- 메시지 교환망 : 축적 후 전달 또는 전문 교환형 통신망으로, 기억 장치에 정보를 기억해 두었다가 단말기에게 전송하는 방식
- 패킷 교환망 : 전송하고자 하는 데이터를 보관해 두었다가 패킷 단위로 분해한 후 전송하는 방식

ANSWER 50 ③ 51 ④ 52 ② 53 ③ 54 ③ 55 ①

난이도 중 문제 진단 ○△✕

56 데이터 통신에 의한 처리 형태로 가장 적합한 것은?

① 온라인 처리
② 오프라인 리얼 타임 처리
③ 오프라인 처리
④ 온라인 리얼 타임 처리

데이터 통신은 데이터가 입력되면 즉시 처리하는 Real Time Processing System(실시간 처리 시스템)에 적합

중요✓ 난이도 중 문제 진단 ○△✕

57 ISO의 OSI 7 참조 모델의 계층 레벨에 속하지 않는 것은?

① 전기 계층
② 물리 계층
③ 데이터 링크 계층
④ 응용 계층

응용 계층(최상위 계층 → 표현 계층 → 세션 계층 → 전송 계층 → 네트워크 계층 → 데이터 링크 계층 → 물리 계층(최하위 계층)

난이도 상 문제 진단 ○△✕

58 아래와 같은 형태의 부호 전송 방식은?

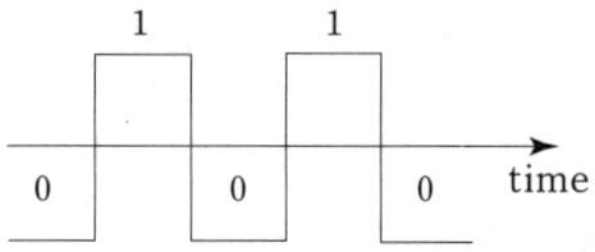

① baud ② digit
③ unipolar ④ bipolar

단극성(Unipolar)
- 데이터 비트가 '0'일 때는 (–), 데이터 비트가 '1'일 때는 (+) 전압을 유지하는 방식
- 동일한 신호가 계속되는 경우에는 상태 변화가 없음

난이도 중 문제 진단 ○△✕

59 시분할 멀티플렉싱에 대한 설명에 해당하는 것은?

① 각 채널당 고정된 프레임을 구성하여 전송한다.
② 주로 병렬 전송을 행한다.
③ 채널별 대역 필터가 필요하다.
④ 주파수 대역을 나누어 여러 채널로 사용한다.

시분할 다중화기 방식 : 시간을 타임 슬롯(Time Slot)이라는 기본 단위로 나누고, 이들을 일정한 크기의 프레임으로 묶어서 채널별로 특정 시간대에 해당하는 슬롯에 배정하는 방식

난이도 하 문제 진단 ○△✕

60 빛을 이용하여 정보를 전송하는 전송 매체는?

① 동축 케이블
② 통신 위성
③ 광케이블
④ 극초단파

광케이블(광섬유 케이블)
- 빛의 반사 현상을 이용하여 정보를 전송하므로 다른 전송로에 비해 속도가 빠름
- 누화나 충격 잡음의 영향이 거의 없음

ANSWER 56 ④ 57 ① 58 ③ 59 ① 60 ③

해설과 함께 보는 최신 기출문제 05회

SELF CHECK | 제한시간 60분 | 소요시간 분 | 전체 문항 수 60문항 | 맞힌 문항 수 문항

중요✓ 난이도 중 문제 진단 ○△✕

01 현재 디지털 컴퓨터의 모체가 되는 것은?

① 파스칼의 치차식 계산기
② 배비지의 해석 기관
③ 홀러리스의 PCS
④ MARK-I

배비지의 해석 기관 : 현재의 디지털 컴퓨터의 모체가 된 계산기

난이도 중 문제 진단 ○△✕

02 다음 중 주요 소자로 트랜지스터가 쓰였던 세대의 연산 속도는?

① milli second
② micro second
③ nano second
④ pico second

트랜지스터를 주요 소자로 사용한 세대는 2세대이며, 2세대의 연산 속도는 ㎲ : micro second(10^{-6})임

중요✓ 난이도 하 문제 진단 ○△✕

03 AUB에 해당하는 게이트는?

① OR
② AND
③ XOR
④ NOT

AUB는 A와 B의 합집합, 즉 합을 의미하므로 OR 게이트에 해당함

난이도 중 문제 진단 ○△✕

04 CPU의 작동을 제어하기 위한 기본적인 제어 정보를 의미하며 CPU 내의 레지스터 가운데 산술 연산 후의 오버플로, 캐리, 부호, 인터럽트 발생을 허용하는 비트를 포함하는 레지스터는?

① PSW
② MAR
③ MBR
④ ACC

PSW(Program Status Word) : CPU의 작동을 제어하기 위한 기본적인 제어 정보 포함

난이도 하 문제 진단 ○△✕

05 다음 컴퓨터의 특성 중 일부분에 국한되지 않고 다목적으로 사용 가능한 특성은?

① 신속성 ② 정확성
③ 호환성 ④ 범용성

범용성 : 일부분에 국한되지 않고 과학, 사무 업무, 교육, 문화, 게임 등 다목적으로 사용 가능

난이도 상 문제 진단 ○△✕

06 5Bit의 2진 Counter가 있는데 각 Flip-Flop이 그림과 같은 상태에 있다면 Counter의 수는 얼마인가?

FF5	FF4	FF3	FF2	FF1
1	0	1	1	1

① 23 ② 24
③ 27 ④ 32

플립플롭 상태가 1인 경우만 카운터의 수에 해당하므로 FF5 + FF3 + FF2 + FF1 = 16 + 4 + 2 + 1 = 23이 됨

ANSWER 01 ② 02 ② 03 ① 04 ① 05 ④ 06 ①

난이도 중 문제 진단 ○△✕

07 다음 불 대수 X + 1과 $X + \overline{X}$의 결과값은?

① 1, 1 ② X, X

③ 1, 0 ④ 1, X

$X + 1 = 1, X + \overline{X} = 1$

난이도 상 문제 진단 ○△✕

08 Packed Decimal 표시법에서 5자리 숫자를 표시하기 위해서는 최소 몇 Byte가 필요한가?

① 5Byte

② 3Byte

③ 4Byte

④ 6Byte

Pack Format : 1Byte에 2숫자 표현

난이도 하 문제 진단 ○△✕

09 워드에는 ( )바이트의 Half Word와 ( )바이트의 Full Word, ( )바이트의 Double Word가 있다. 괄호 안에 들어갈 숫자를 순서대로 나열하면?

① 1, 2, 3

② 2, 4, 6

③ 2, 4, 8

④ 3, 6, 9

Half Word : 2바이트, Full Word : 4바이트, Double Word : 8바이트로 구성

난이도 중 문제 진단 ○△✕

10 다음 중 부동 소수점 방식과 관계가 있는 것은?

① 명령 해독기

② 부호기

③ 소수부, 지수부

④ 음수

부동 소수점 형식은 부호, 지수부, 가수부로 구성되며 소수점은 묵시적으로 지수부와 가수부 사이에 있는 것으로 간주함

난이도 중 문제 진단 ○△✕

11 다음 중 중앙 처리 장치에 해당하는 것으로 보기 어려운 것은?

① 제어 장치

② 출력 장치

③ 연산 장치

④ 주기억 장치

중앙 처리 장치 : 제어 장치, 연산 장치, 주기억 장치

오답 피하기

주변 장치 : 입력 장치, 출력 장치, 보조 기억 장치

난이도 중 문제 진단 ○△✕

12 기억 장소를 직접 지정하는 주소로, 주소부에서 지정한 기억 장소의 내용을 명령어(오퍼랜드)로 사용하는 주소는?

① 상대 주소

② 절대 주소

③ 직접 주소

④ 간접 주소

직접 주소 방식은 주소 부분에 있는 값이 실제 데이터가 있는 주기억 장치 내의 주소를 나타냄

난이도 상 문제 진단 ○△✕

13 다음 중 콘솔에 관한 설명으로 옳지 않은 것은?

① 컴퓨터의 동작 개시와 정지를 한다.

② 오퍼레이터는 콘솔을 통해서 프로그램 및 소프트웨어만 총괄한다.

③ 입출력 장치를 선택한다.

④ 기억 장치 내 정보의 입출력과 컴퓨터와 사용자 사이에서 메시지로 의사 전달을 주고받는다.

오퍼레이터는 콘솔을 통해서 프로그램뿐만 아니라 주변 장치까지도 총괄함

ANSWER 07 ① 08 ② 09 ③ 10 ③ 11 ② 12 ③ 13 ②

난이도 중 문제 진단 ○△✕

14 다음 중 연산 장치와 제어 장치 사이에서 자료 및 신호를 주고받기 위한 통로로 사용되는 버스의 종류에 해당하지 않는 것은?

① 제어 버스
② 데이터 버스
③ 입출력 버스
④ 주소 버스

버스의 종류 : 제어 버스, 데이터 버스, 주소 버스

난이도 상 문제 진단 ○△✕

15 다음 컴퓨터의 세대별 특징에 대한 설명 중 옳지 않은 것은?

① 제1세대의 주기억 장치로는 자기 드럼이 이용되었다.
② 고밀도 집적 회로가 이용된 세대의 연산 속도는 ps이다.
③ 제4세대에는 전문가 시스템과 퍼지(Fuzzy) 이론이 도입되었다.
④ 집적 회로는 제3세대의 주요 소자이다.

제5세대 : 전문가 시스템, 퍼지(Fuzzy) 이론, 의사 결정 지원 시스템, 패턴 인식 등

중요✓ 난이도 하 문제 진단 ○△✕

16 다음 중 아날로그형 데이터의 예로 적당하지 않은 것은?

① 자동차의 속도
② 오늘의 기온
③ 연필의 개수
④ 가전제품의 전류

연필의 개수는 디지털형의 이산적인 데이터임

난이도 중 문제 진단 ○△✕

17 다음 입출력 장치에 대한 설명 중 옳지 않은 것은?

① MICR은 은행에서 자기앞 수표 등에 이용된다.
② 호퍼(Hopper)는 천공된 카드를 읽기 위해 쌓아 놓는 곳이다.
③ 백화점, 슈퍼마켓, 종합 소매상 등 유통업의 전산 시스템으로 바코드에 의한 관리를 MIS라 한다.
④ OMR, OCR, MICR 등은 턴어라운드 시스템의 입출력 매체이다.

바코드에 의한 재고 관리, 배송 관리, 상품 발주 등의 효율적인 관리는 POS(Point Of Sales)로 함

난이도 하 문제 진단 ○△✕

18 어셈블러나 컴파일러로 번역되어 만들어지는 프로그램을 무엇이라 하는가?

① 원시 프로그램
② 목적 프로그램
③ 로더
④ 링커

원시 프로그램을 어셈블러나 컴파일러 같은 언어 번역기로 번역한 프로그램을 목적 프로그램이라 함

중요✓ 난이도 하 문제 진단 ○△✕

19 다음 중 순차 처리(SASD) 방식이 아닌 것은?

① 줄 서서 전철 타기
② 번호순으로 좌석에 앉기
③ CD에서 세 번째 음악 듣기
④ TAPE에서 음악 듣기

SASD(Sequential Access Storage Device) : 순서(차)적으로 자료 접근을 하는 방식으로, 자기 테이프 등이 대표적임

ANSWER 14 ③ 15 ③ 16 ③ 17 ③ 18 ② 19 ③

난이도 중 문제 진단 ○△✕

20 데이터를 읽거나 기록하거나 지우는 데 사용되는 주요 장치는?

① 헤드(Head)
② 릴(Reel)
③ 레지스터(Register)
④ 팩(Pack)

헤드(Head) : 데이터를 읽거나 기록할 때 이용하는 장치

오답 피하기

- 릴(Reel) : 자기 테이프 또는 종이 테이프 등과 같은 기록 매체를 감는 장치
- 레지스터(Register) : 컴퓨터의 중앙 처리 장치에서 사용되는 고속의 기억 장치

난이도 중 문제 진단 ○△✕

21 액세스에서 필드의 데이터 형식 종류가 아닌 것은?

① 날짜/시간
② 문자열
③ 사용자 정의
④ 일련번호

데이터 형식 종류 : 문자열, 숫자, 통화, 날짜/시간, 예/아니오, 메모, 일련번호, 조회 마법사, OLE 개체, 하이퍼링크

난이도 상 문제 진단 ○△✕

22 다음은 회원 테이블의 데이터를 갱신하는 SQL문이다. (　　)에 알맞은 것은?

```
UPDATE 회원
(          ) 보너스 = 보너스 * 1.5
WHERE 보너스 >= 200000 AND 보너스 <= 800000;
```

① BETWEEN　　② SET
③ LIKE　　④ FROM

- 테이블의 데이터 갱신 : UPDATE 테이블명 SET 변경할 값 WHERE 조건식;
- 회원 테이블에서 보너스가 200,000에서 800,000인 데이터의 보너스를 50% 인상하는 구문

난이도 상 문제 진단 ○△✕

23 다음과 같은 결과를 표시하기 위해 가장 적당한 SQL문은?

[인사] 테이블

사원번호	성명	부서	기본급
1111	구승원	인사부	100000
2222	지유환	총무부	200000
3333	이상영	인사부	300000
4444	박우식	영업부	500000
5555	최아롱	총무부	600000

[결과]

부서	기본급
영업부	500000
인사부	400000
총무부	600000

① SELECT 부서, AVG(기본급) AS 기본급총계 FROM 인사 GROUP BY 부서;
② UPDATE 부서, SUM(기본급) FROM 인사 ORDER BY 부서;
③ UPDATE 부서, AVG(기본급) FROM 인사 ORDER BY 부서;
④ SELECT 부서, SUM(기본급) AS 기본급총계 FROM 인사 GROUP BY 부서;

- 부서로 그룹화하여 기본급총계를 구해야 하므로 'SELECT 필드명, 함수(필드명) AS 새 필드명 FROM 테이블명 GROUP BY 그룹화할 기준 필드명;'을 사용함
- ORDER BY는 기준 필드로 정렬, AVG 함수는 평균을 구해줌

난이도 하 문제 진단 ○△✕

24 다음 중 테이블의 변경 사항을 취소하는 SQL은?

① GRANT
② REVOKE
③ COMMIT
④ ROLLBACK

ROLLBACK : 테이블에 대한 변경을 취소

오답 피하기

- GRANT : 데이터에 대한 조작 권한을 사용자에게 부여
- REVOKE : 데이터에 대한 조작 권한을 해제
- COMMIT : 테이블에 대한 변경을 확정

ANSWER 20 ① 21 ③ 22 ② 23 ④ 24 ④

난이도 중 문제 진단 ○△X

25 다음 관계형 데이터 모델에서 차수(Degree)는?

코드	상품명	단가
AAA	모니터	220,000
BBB	마우스	10,000
CCC	키보드	15,000

① 1 ② 2
③ 3 ④ 4

차수(Degree) : 관계형 데이터 모델에서 속성의 개수를 의미(속성(열) – 코드, 상품명, 단가)

난이도 상 문제 진단 ○△X

26 SQL에서 레코드가 중복되지 않게 지정하기 위한 방법은?

① SELECT DISTINCT DEPT
FROM STUDENT
② SELECT * DEPT
FROM STUDENT
③ SELECT UNIQUE DEPT
FROM STUDENT
④ SELECT DEPT IS NOT NULL
FROM STUDENT

DISTINCT : 중복된 레코드는 한 번만 출력

난이도 하 문제 진단 ○△X

27 다음 함수 중 순위를 구할 때 사용하는 함수는?

① RANK ② ROUND
③ IF ④ SQRT

- ROUND : 반올림을 할 때 사용(예 = ROUND(12.567, 2) → 12.57)
- IF : 조건 비교(예 = IF(B2 > 0,"양수","음수") → B2 셀이 0보다 크면 양수, 그렇지 않으면 음수로 표시)
- SQRT : 제곱근을 구함(예 = SQRT(16) → 4)

난이도 중 문제 진단 ○△X

28 다음 중 SQL에서 2개 이상의 테이블을 공통 필드값에 따라 합칠 경우 사용하는 것은?

① 선택 ② 조인
③ 결합 ④ 차집합

조인 : 2개의 테이블을 공동 필드의 값에 따라 합치는 연산

난이도 중 문제 진단 ○△X

29 SQL의 함수 중 지정한 자리부터 필요한 개수만큼의 문자열을 추출하는 함수는?

① LOWER
② SUBSTRING
③ LENGTH
④ ABS

- LOWER : 대문자를 소문자로 변환
- LENGTH : 문자열의 길이를 구함
- ABS : 절대값을 구함

중요✓ 난이도 중 문제 진단 ○△X

30 다음 중 SQL이 처리할 수 있는 것과 관계가 먼 것은?

① 데이터 정의
② 데이터 조작
③ 데이터 제어
④ 데이터 경로

SQL 언어 : 데이터 정의 언어(DDL), 데이터 조작 언어(DML), 데이터 제어 언어(DCL)

ANSWER 25 ③ 26 ① 27 ① 28 ② 29 ② 30 ④

난이도 상 문제 진단 ○△✕

31 다음은 무엇에 대한 설명인가?

- A program that replicates itself on a computer system.
- This program could be very dangerous.
- This program that modifies other programs in un-authorized ways.
- You have to install a vaccine program protect your system.

① Virus ② Compiler
③ Operating System ④ Throughput

- 자기 자신을 컴퓨터에 복제시키는 프로그램
- 이 프로그램은 매우 위험함
- 이 프로그램은 다른 프로그램을 임의로 변경함
- 백신 프로그램을 설치하여 컴퓨터를 보호해야 함
→ 바이러스(Virus)

난이도 상 문제 진단 ○△✕

32 다음 내용이 설명하는 것은 무엇인가?

The term often used for starting a computer, especially one that loads its operation system from the disk.

① Loader ② Bootstrap
③ Spooler ④ Driver

컴퓨터가 기동할 때 사용되는 용어로, 특히 디스크로부터 운영체제(OS)를 로드할 때 사용 → 부트스트랩(Bootstrap)

중요✓ 난이도 하 문제 진단 ○△✕

33 다음 중 기억 장치의 배치 전략이 아닌 것은?

① Best Fit ② First Fit
③ Worst Fit ④ Small Fit

기억 장치 배치 전략

최초 적합(First Fit)	기억할 수 있는 공간 중 제일 먼저 발견된 공간에 할당
최적 적합(Best Fit)	기억할 수 있는 공간 중 가장 알맞은 공간에 할당
최악 적합(Worst Fit)	기억할 수 있는 공간 중 가장 큰 공간(차이가 많은)에 할당

난이도 중 문제 진단 ○△✕

34 CHKDSK 명령 실행 결과에서 알 수 있는 내용과 관계 없는 것은?

① 디스크의 총 용량
② 앞으로 수록될 파일의 수와 사용될 용량
③ 전체 기본 메모리와 사용 가능한 메모리
④ 결함이 있는 경우 불량 섹터의 용량

현재 수록된 파일의 수와 사용된 용량을 알 수 있음

난이도 중 문제 진단 ○△✕

35 현재 수행하고 있는 응용 프로그램에 문제가 발생했을 때 해당 응용 프로그램을 강제 종료시키고 모든 시스템 자원을 반환하는 것을 지칭하는 용어는 무엇인가?

① 비선점형 멀티태스킹
② 플러그 앤 플레이
③ 멀티미디어 Autodisplay
④ 선점형 멀티태스킹

선점형 멀티태스킹
- 운영체제가 응용 프로그램에 대한 제어권을 가지고 있어, 비정상적으로 실행 중인 프로그램을 강제로 종료시킬 수 있는 기능
- 선점형 멀티태스킹의 수행키 : Ctrl + Alt + Delete

난이도 중 문제 진단 ○△✕

36 다음 중 프로세스(Process)의 정의로 가장 거리가 먼 것은?

① 실행(Running) 중인 프로그램을 의미한다.
② 프로그램을 실행하여 처리하는 단위이다.
③ 입출력 장치와 CPU의 속도 차이를 해결하기 위한 병렬 처리 방법이다.
④ 운영체제의 PCB(Process Control Block) 내에 존재하는 것이다.

입출력 장치와 CPU의 속도 차이를 해결하기 위한 병렬 처리 방법은 스풀(Spool)임

ANSWER 31 ① 32 ② 33 ④ 34 ② 35 ④ 36 ③

난이도 중 문제 진단 ○△✕

37 사용자 작업의 크기가 분할에 맞지 않아서 더 이상 사용되지 않는 상태로 남게 되는 것을 무엇이라고 하는가?

① 단편화(Fragmentation)
② 교착 상태(Deadlock)
③ SRT(Shortest Remaining Time)
④ 비선점(Non-Preemptive) 스케줄링

단편화(Fragmentation) : 주기억 장치에서 실제로 작업에 의해 사용되지 않고 유용하게 사용될 수 없는 부분적인 기억 공간

오답 피하기

비선점(Non-Preemptive) 스케줄링 : 1개의 프로세스가 CPU를 사용하고 있으면 프로세스의 작업이 완료되기까지는 다른 프로세스가 CPU를 점유할 수 없는 스케줄링 기법

난이도 하 문제 진단 ○△✕

38 교착 상태(Deadlock)의 예방법 중 교착 상태가 일어나려고 할 때 적절히 피해 가는 것을 무엇이라고 하는가?

① 예방 ② 발견
③ 회피 ④ 회복

회피 : 교착 상태가 일어나려고 할 때 적절히 피해가는 것

오답 피하기

- 예방 : 교착 상태의 발생 가능성을 미리 제거하는 것
- 발견 : 교착 상태 발생을 허용하고 발생시 원인 규명을 통해 해결하는 것
- 회복 : 교착 상태에 빠진 프로세스를 중단하고 자원을 회수하여 교착 상태를 제거하는 것

난이도 상 문제 진단 ○△✕

39 LOT.TXT의 내용을 확인한 후 인쇄물로 보관하고자 할 때 어떻게 처리해야 하는가?

① TYPE LOT.TXT 〈 CON
② TYPE LOT.TXT 〉 CON
③ TYPE LOT.TXT 〈 PRN
④ TYPE LOT.TXT 〉 PRN

- TYPE(내부 명령어) : 텍스트의 원하는 내용을 확인
- 〉: 출력을 지정한 파일로 보냄
- PRN : 실행 결과를 프린터로 출력

난이도 중 문제 진단 ○△✕

40 다음 중 일괄 처리 명령에 대한 설명으로 옳지 않은 것은?

① REM은 주석을 표시해 주는 명령이다.
② PAUSE는 일괄 처리를 일시 정지해 주는 명령이다.
③ CALL은 다른 일괄 처리 파일을 실행시켜 주는 명령이다.
④ ECHO는 파라미터를 대응시켜 주는 명령이다.

- ECHO : 배치 명령어의 화면 출력 금지, 해제 명령
- SHIFT : 파라미터(%0~%9)와 실행 시 지정되는 값이 대응되도록 하는 명령

중요✓ 난이도 중 문제 진단 ○△✕

41 송신자와 수신자 간의 속도 차이를 해결하기 위한 것으로 주기억 장치의 일부를 버퍼로 사용하는 것을 무엇이라고 하는가?

① 스풀링(Spooling)
② 로딩(Loading)
③ 디버깅(Debugging)
④ 버퍼링(Buffering)

오답 피하기

스풀링(Spooling) : 프로세스가 입출력 장치를 액세스하지 않고 자기 디스크 장치를 이용하여 입출력 자료를 임시로 보관한 후 입출력을 수행하는 기법으로, 한 작업의 입출력과 다른 작업을 중복 처리할 수 있음

난이도 상 문제 진단 ○△✕

42 다음 명령의 수행 결과로 올바른 것은?

```
C:\DOS〉COPY APPLE.BAT A: BANANA.BAT
```

① C:\DOS에 있는 APPLE.BAT를 복사한다.
② C:\DOS에 있는 APPLE.BAT를 A 드라이브에 BANANA.BAT의 파일명으로 복사한다.
③ C:\DOS에 APPLE.BAT의 이름을 BANANA.BAT로 변경한다.
④ C:\DOS에 있는 APPLE.BAT를 A 드라이브에 있는 BANANA.BAT와 합친다.

COPY 파일명 새 파일명 : 복사한 후 새로운 파일명으로 이름 변경

ANSWER 37 ① 38 ③ 39 ④ 40 ④ 41 ④ 42 ②

난이도 중 문제 진단 ○△✕

43 다음 중 디렉터리가 차지하는 디스크의 사용량을 알고 싶을 때 사용하는 Linux 명령은?

① du ② ls
③ df ④ cp

du : 지정한 디렉터리의 디스크 사용량을 표시

난이도 상 문제 진단 ○△✕

44 윈도우즈 운영체제에서 휴지통을 거치지 않고 파일을 바로 삭제하는 단축키는 무엇인가?

① Shift + Delete
② Ctrl + Delete
③ Alt + Delete
④ Space Bar + Delete

Shift + Delete : 파일이나 폴더를 휴지통에 넣지 않고 영구히 삭제

중요 ✓ 난이도 하 문제 진단 ○△✕

45 한글 윈도우즈의 탐색기에서 폴더 옆의 [+]가 의미하는 것은?

① 폴더를 다 표시하였음을 의미한다.
② 폴더 안에 실행 파일이 있음을 의미한다.
③ 폴더를 복사할 수 있음을 의미한다.
④ 하위 폴더가 있음을 의미한다.

[−] : 하위 폴더를 모두 표시했다는 의미

난이도 상 문제 진단 ○△✕

46 송신측에서 정보의 정확한 전송을 위해서 전송할 데이터의 앞부분과 뒷부분에 헤더(Header)와 트레일러(Trailer)를 첨가하는 과정은?

① 정보의 캡슐화
② 연결 제어
③ 정보의 분할
④ 정보의 분석

정보의 캡슐화 : 전송할 데이터 앞뒤에 헤더(Header)와 트레일러(Trailer) 같은 제어 정보를 추가하여 전송하는 것

중요 ✓ 난이도 중 문제 진단 ○△✕

47 다음 중 자료가 삭제된 후 복구되는 경우는?

① 폴더 안에 하위 폴더가 있는 경우
② DOS 모드에서 파일 자체를 삭제한 경우
③ 휴지통 비우기를 한 경우
④ 플로피 디스크에서 삭제한 경우

폴더 안에 하위 폴더가 있을 때 복원하면 하위 폴더 내용까지 복원 가능함

난이도 하 문제 진단 ○△✕

48 신호 속도인 보오(Baud) 속도가 1,600[Baud]이고, 한 신호 단위가 트리비트(Tribit)인 경우 전송 속도[bps]는?

① 1,600[bps]
② 2,400[bps]
③ 4,800[bps]
④ 9,600[bps]

한 신호에 트리비트를 전송하므로 상태 변화 비트 수는 3임 → 신호 속도(bps)는 1,600 × 3 = 4,800bps

난이도 하 문제 진단 ○△✕

49 윈도우즈 운영체제의 탐색기에서 한 폴더를 클릭하고 Ctrl을 누른 채 (C:)로 드래그한 결과는?

① 해당 폴더가 (C:)에 복사된다.
② 해당 폴더가 (C:)에 이동된다.
③ 해당 폴더가 삭제된다.
④ 해당 폴더가 하위 내용까지 보여지게 된다.

복사 : Ctrl을 누른 채 드래그

ANSWER 43 ① 44 ① 45 ④ 46 ① 47 ① 48 ③ 49 ①

난이도 상 문제 진단 ○△X

50 **다음 중 현재 실행 중인 프로세스의 상태와 프로세스를 종료하는 Linux 명령으로 옳게 짝지어진 것은?**

① ps, kill
② alias, unalias
③ which, kill
④ ps, df

- ps : 현재 실행 중인 프로세스의 상태 출력
- kill : 프로세스 종료

오답 피하기

- alias : 자주 사용하는 명령어를 사용하기 쉽게 설정
- unalias : alias 명령을 해제
- which : 명령어의 경로를 확인
- df : 디스크의 사용량을 표시, 사용 가능한 용량을 알 수 있음

중요✓ 난이도 중 문제 진단 ○△X

51 **정보 통신이 발달하게 된 직접적 요인과 관계가 먼 것은?**

① 인구 증가
② 통신 기술의 발전
③ 컴퓨터 개발
④ 대용량 정보의 증가

컴퓨터의 개발, 통신 기술의 발전, 대용량 정보의 증가에 따라 정보 통신이 발달하게 됨

중요✓ 난이도 하 문제 진단 ○△X

52 **아날로그 전송 방식으로 원거리 통신을 할 때 신호의 세기를 증대시키기 위해서 필요한 장비는?**

① 증폭 장치
② 리피터
③ 라우터
④ 게이트웨이

아날로그 전송 : 증폭기

오답 피하기

디지털 전송 : 리피터(중계기), 게이트웨이, 라우터(다른 네트워크 연결)

난이도 중 문제 진단 ○△X

53 **다음 중 백색 잡음에 대한 설명 중 틀린 것은?**

① 가우스 잡음이라고도 한다.
② 열 잡음이라고도 한다.
③ 주로 교환기의 충격에 의해 발생한다.
④ 모든 주파수에 걸쳐 존재한다.

백색 잡음

- 분자나 원자의 열 운동에 의해서 생기는 잡음
- 열 잡음 또는 가우스 잡음이라고도 함
- 모든 주파수에 걸쳐서 존재하며, 제거될 수 없는 잡음임
- 교환기의 충격에 의해 발생하는 잡음은 충격성 잡음임

난이도 중 문제 진단 ○△X

54 **다음 중 분산 네트워크의 장점에 속하지 않는 것은?**

① 다양한 입력 방식 채택이 용이하다.
② 컴퓨터를 관리하기 쉽다.
③ 네트워크 확장이 용이하다.
④ 한 구간이 마비되어도 전체 시스템에 영향을 미치지 않는다.

분산 네트워크

- 지역별, 기능별로 호스트 컴퓨터가 분화되어 있는 방식
- 작업이 분산적으로 진행되기 때문에 데이터 처리 효율성이 높음, 관리가 쉽지 않음

난이도 하 문제 진단 ○△X

55 **다음 중 온라인 실시간 시스템(On-line Real Time System)의 특징이 아닌 것은?**

① 입력된 레코드 단위로 처리한다.
② 다른 방식에 비해서 응답 시간이 빠르다.
③ 발생된 데이터를 일정량 모아 단말 장치에 입력한다.
④ 중앙 처리 장치의 제어 하에 처리하는 방식이다.

③은 일괄 처리 시스템(Batch Processing System)에 대한 설명임

ANSWER 50 ① 51 ① 52 ① 53 ③ 54 ② 55 ③

난이도 상 문제 진단 ○△✕

56 **비트 위주의 프로토콜인 HDLC(High-level Data Link Control)의 특징이 아닌 것은?**

① 점 대 점 및 멀티 포인트에서 사용
② 반이중과 전이중 통신 모두 지원
③ 동기식 전송 방식 사용
④ 에러 제어 방식으로 Stop-and-Wait ARQ 사용

HDLC는 에러 제어 방식으로 Go-Back-N ARQ를 사용함

난이도 중 문제 진단 ○△✕

57 **디지털 데이터를 아날로그 신호로 변환하는 방법이 아닌 것은?**

① 진폭 편이 변조
② 위상 편이 변조
③ 베이스밴드 변조
④ 주파수 편이 변조

아날로그 변조 방법 : 진폭 편이 변조(ASK : Amplitude Shift Keying), 위상 편이 변조(PSK : Phase Shift Keying), 주파수 편이 변조(FSK : Frequency Shift Keying)

난이도 중 문제 진단 ○△✕

58 **다음 중 ISDN에 대한 설명으로 옳지 않은 것은?**

① 하나의 회선으로 여러 서비스를 종합적으로 제공한다.
② 디지털 통신이 가능하다.
③ 기존의 전화망에 서비스를 그대로 유지한다.
④ D 채널을 통해 아날로그 음성 신호를 전송한다.

ISDN의 채널
- A 채널 : 아날로그 음성 신호를 전송
- B 채널 : 정보용 채널로, 사용자가 보내고자 하는 데이터를 전송
- D 채널 : 신호용 채널로, 회선 접속 신호 정보를 전송
- H 채널 : 정보용 채널로, 고속 팩시밀리 등과 같은 고속의 사용자 정보를 전송

중요 ✓ 난이도 하 문제 진단 ○△✕

59 **정보 전달의 5단계에서 가장 먼저 이루어지는 작업은?**

① 링크 확립
② 회로 연결
③ 회로 절단
④ 링크 절단

정보 전달의 5단계 : 회로 연결 → 링크 확립 → 메시지 전달 → 링크 절단 → 회로 절단

난이도 중 문제 진단 ○△✕

60 **전송 중에 나타나는 감쇠 현상에 대한 설명 중 옳지 않은 것은?**

① 높은 주파수에 더 많은 영향을 미친다.
② 아날로그 전송 시 증폭기를 사용해서 신호의 강도를 회복시킨다.
③ 디지털 전송 시에는 리피터로 비트 정보를 복원시킨다.
④ 디지털 신호에서 더 심하게 발생한다.

감쇠 현상은 아날로그 신호에서 더욱 심하게 발생함

ANSWER 56 ④ 57 ③ 58 ④ 59 ② 60 ④

해설과 따로 보는 최신 기출문제

CONTENTS

해설과 따로 보는 최신 기출문제 01회

SELF CHECK | 제한시간 60분 | 소요시간 분 | 전체 문항 수 60문항 | 맞힌 문항 수 문항

중요✓ 난이도 중 문제 진단 ○△×

01 현재 수행 중에 있는 명령어 코드(Code)를 저장하고 있는 임시 저장 장치는?

① 인덱스 레지스터(Index Register)
② 명령 레지스터(Instruction Register)
③ 누산기(Accumulator)
④ 메모리 레지스터(Memory Register)

난이도 중 문제 진단 ○△×

02 반가산기(Half-Adder)에서 두 개의 입력 비트가 모두 1일 때 합(Sum)은?

① 0 ② 1
③ 10 ④ 11

중요✓ 난이도 중 문제 진단 ○△×

03 EBCDIC 코드의 존(Zone) 코드는 몇 비트로 구성되어 있는가?

① 8 ② 7
③ 6 ④ 4

난이도 중 문제 진단 ○△×

04 주기억 장치에서 기억 장치의 지정은 무엇에 따라 행하여지는가?

① 레코드(Record)
② 블록(Block)
③ 어드레스(Address)
④ 필드(Field)

난이도 상 문제 진단 ○△×

05 레지스터에 새로운 데이터를 전송하면 먼저 있던 내용은 어떻게 되는가?

① 기억된 내용에 아무런 변화가 없다.
② 먼저 내용은 지워지고 새로운 내용만 기억된다.
③ 먼저 내용은 다른 곳으로 전송되고 새로운 내용만 기억된다.
④ 누산기(Accumulator)에서는 덧셈이 이루어진다.

난이도 상 문제 진단 ○△×

06 2진수 "101111110"을 8진수로 변환하면?

① $(576)_8$ ② $(567)_8$
③ $(558)_8$ ④ $(557)_8$

난이도 중 문제 진단 ○△×

07 진리표가 다음 표와 같이 되는 논리 회로는?

입력 A	입력 B	출력 F
0	0	1
0	1	1
1	0	1
1	1	0

① AND 게이트 ② OR 게이트
③ NOR 게이트 ④ NAND 게이트

난이도 하 문제 진단 ○△×

08 다음 중 입력이 어느 하나라도 1이면 출력이 1이 되고, 입력이 모두 0일 때만 출력이 0이 되는 게이트는?

① NOT ② AND
③ OR ④ XOR

난이도 중 문제 진단 ○△×

09 명령어는 연산자 부분과 주소 부분으로 구성되는데 주소(Operand) 부분의 구성 요소가 아닌 것은?

① 데이터의 주소 자체
② 명령어 순서
③ 데이터 종류
④ 데이터가 있는 주소를 구하는 데 필요한 정보

난이도 중 문제 진단 ○△×

10 1비트(Bit) 기억 장치로 가장 적합한 것은?

① 레지스터 ② 누산기
③ 계전기 ④ 플립플롭

- 각 문항을 문제의 난이도 등급에 따라 상 중 하로 분류하였습니다.
- 중요 ✓ 표시가 있는 문제는 출제 빈도가 높은 문제입니다.
- 문제의 이해도에 따라 ○△✕ 체크하여 완벽하게 정리하세요.

중요 ✓ 난이도 중 문제 진단 ○△✕

11 그림과 같은 논리 회로에서 출력 X에 알맞은 식은? (단, A, B, C는 입력임)

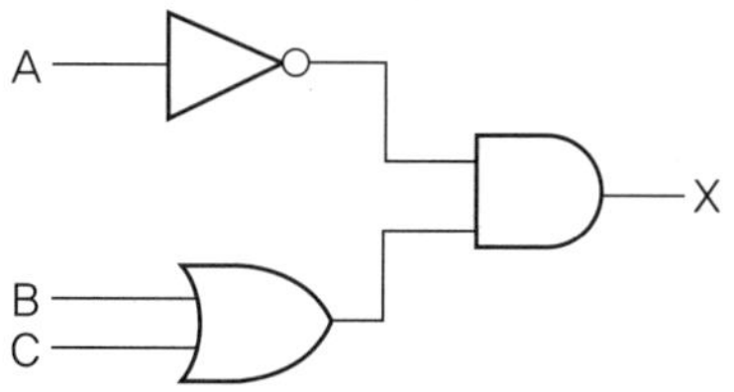

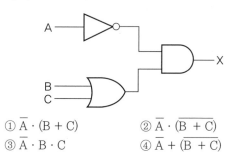

① $\overline{A} \cdot (B + C)$ ② $\overline{A} \cdot \overline{(B + C)}$
③ $\overline{A} \cdot B \cdot C$ ④ $\overline{A} + \overline{(B + C)}$

난이도 중 문제 진단 ○△✕

12 다음 보기의 연산은?

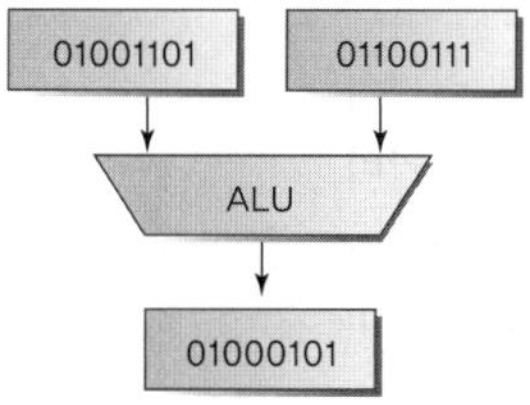

① AND 연산 ② OR 연산
③ MOVE 연산 ④ Complement 연산

난이도 상 문제 진단 ○△✕

13 (A + 1) · (B + 1) + C의 논리식을 간단히 한 것은?

① 1 ② 0
③ A ④ C

난이도 중 문제 진단 ○△✕

14 중앙 처리 장치에서 명령이 실행될 차례를 제어하거나 특정 프로그램과 관련된 컴퓨터 시스템의 상태를 나타내고 유지해 두기 위한 제어 워드로서, 실행 중인 CPU의 상태를 포함하고 있는 것은?

① PSW ② SP
③ MAR ④ MBR

난이도 상 문제 진단 ○△✕

15 아래는 명령어 인출 절차이다. 올바른 순서로 나열된 것은?

> (1) 프로그램 카운터를 증가시킨다.
> (2) 명령어를 주기억 장치로부터 인출한다.
> (3) 명령 코드를 명령 레지스터에 옮긴다.
> (4) 프로그램 카운터의 값을 번지 레지스터에 옮긴다.

① (1) → (2) → (3) → (4)
② (3) → (2) → (1) → (4)
③ (4) → (2) → (1) → (3)
④ (1) → (3) → (4) → (2)

난이도 중 문제 진단 ○△✕

16 다음 중 제어 장치에서의 명령 사이클에 해당하지 않는 것은?

① 인출 주기(Fetch Cycle)
② 직접 주기(Direct Cycle)
③ 간접 주기(Indirect Cycle)
④ 실행 주기(Execute Cycle)

난이도 중 문제 진단 ○△✕

17 중앙 처리 장치(CPU)의 기능을 설명한 것으로 옳지 않은 것은?

① 작업을 감독하는 기능을 수행
② 산술 연산, 논리 연산을 수행
③ 프로그램과 데이터를 저장하는 기능 수행
④ 원시 프로그램을 목적 프로그램으로 변환하는 기능 수행

난이도 중 문제 진단 ○△✕

18 RS 플립플롭에서 S=1, R=1이면 출력은 어떤 상태가 되는가?

① 불변(No Change)
② 0으로 Reset됨
③ 1로 Set됨
④ 불능(Not Allowed)

중요✓ 난이도 중 문제 진단 ○△X

19 오퍼랜드(Operand) 자체가 연산 대상이 되는 주소 지정 방식은?

① 즉시 주소 지정(Immediate Addressing)
② 직접 주소 지정(Direct Addressing)
③ 간접 주소 지정(Indirect Addressing)
④ 묵시적 주소 지정(Implied Addressing)

난이도 상 문제 진단 ○△X

20 마이크로 프로세서의 성능을 나타내는 MIPS는 무엇의 약자인가?

① Micro Instruction Per Second
② Million Instruction Per Second
③ Minute Instruction Per Second
④ Medium Instruction Per Second

난이도 상 문제 진단 ○△X

21 사원(사원번호, 이름) 테이블에서 "사원번호"가 "200"인 튜플을 삭제하는 SQL문은?

① REMOVE TABLE 사원 WHERE 사원번호=200;
② KILL 사원번호, 이름 FROM 사원 WHERE 사원번호=200;
③ DELETE FROM 사원 WHERE 사원번호=200;
④ DROP TABLE 사원 WHERE 사원번호=200;

난이도 하 문제 진단 ○△X

22 SQL 명령어 중 데이터 정의문(DDL)에 해당하는 것은?

① UPDATE ② CREATE
③ SELECT ④ DELETE

중요✓ 난이도 중 문제 진단 ○△X

23 관계 데이터 모델에서 하나의 애트리뷰트가 취할 수 있는 같은 타입의 원자 값들의 집합을 무엇이라고 하는가?

① 도메인 ② 속성
③ 스키마 ④ 튜플

난이도 하 문제 진단 ○△X

24 프레젠테이션 프로그램의 사용 용도로 거리가 먼 것은?

① 교육 자료 제작
② 제품 설명회 자료 작성
③ 통계 자료 계산
④ 회의 자료 작성

난이도 중 문제 진단 ○△X

25 SQL 구문 형식으로 옳지 않은 것은?

① SELECT ~ FROM ~ WHERE ~
② DELETE ~ FROM ~ WHERE ~
③ INSERT ~ INTO ~ WHERE ~
④ UPDATE ~ SET ~ WHERE ~

난이도 하 문제 진단 ○△X

26 데이터베이스의 구조를 3단계로 구분할 때 해당하지 않는 것은?

① 내부 스키마
② 외부 스키마
③ 개념 스키마
④ 내용 스키마

난이도 중 문제 진단 ○△X

27 테이블에서 각 레코드를 식별할 수 있는 유일한 값을 갖는 필드를 무엇이라 하는가?

① 셀 ② 블록
③ 기본키 ④ 슬라이드

중요✓ 난이도 하 문제 진단 ○△X

28 DBMS의 필수 기능에 해당하지 않는 것은?

① 정의 기능 ② 조작 기능
③ 독립 기능 ④ 제어 기능

난이도 하 문제 진단 ○△X

29 스프레드시트에서 행과 열이 교차하면서 만들어지는 사각형으로, 데이터가 입력되는 기본 단위를 무엇이라고 하는가?

① 클립보드 ② 필터
③ 슬라이드 ④ 셀

중요✓ 난이도 하 문제 진단 ○△×

30 스프레드시트에서 반복 실행해야 하는 동일 작업이나 복잡한 작업을 하나의 명령으로 정의하여 실행할 수 있는 기능을 무엇이라고 하는가?

① 슬라이드 ② 매크로
③ 필터 ④ 시나리오

난이도 하 문제 진단 ○△×

31 윈도우즈에서 여러 개의 활성화된 창을 순차적으로 전환할 때 사용하는 단축키는?

① Alt+Tab ② Ctrl+Esc
③ Ctrl+Tab ④ Shift+Tab

난이도 상 문제 진단 ○△×

32 컴퓨터에 하드 디스크를 새로 장착하고 부팅 가능한 하드 디스크로 만들기 위한 도스 명령어는?

① FORMAT C:/S
② FORMAT C:/B
③ FORMAT C:/T
④ FORMAT C:/Q

난이도 상 문제 진단 ○△×

33 컴퓨터 센터에 작업을 지시하고 나서부터 결과를 받을 때까지 경과 시간은?

① 서치 시간(Search Time)
② 액세스 시간(Access Time)
③ 프로세스 시간(Process Time)
④ 턴어라운드 시간(Turnaround Time)

난이도 중 문제 진단 ○△×

34 중앙 처리 장치와 같이 처리 속도가 빠른 장치와 프린터와 같이 처리 속도가 느린 장치 간의 처리 속도 문제를 해결하기 위한 방법은?

① 링킹 ② 스풀링
③ 매크로 작업 ④ 컴파일링

난이도 중 문제 진단 ○△×

35 윈도우즈의 특징으로 옳지 않은 것은?

① 플러그 앤 플레이 기능이 있다.
② 네트워크에 필요한 기능이 추가되어 모뎀이 없어도 통신이 가능하다.
③ 멀티태스킹이 가능하여 여러 작업을 동시에 실행할 수 있다.
④ 프로그램이나 폴더 등을 아이콘화하여 사용자가 편리하게 접근할 수 있다.

난이도 하 문제 진단 ○△×

36 도스(MS-DOS)에서 "config.sys" 파일과 "autoexec.bat" 파일의 수행을 사용자가 선택하여 실행하려고 하는 경우 사용하는 기능키(Function Key)는?

① F4 ② F5
③ F7 ④ F8

난이도 하 문제 진단 ○△×

37 현재 디렉터리(Directory)의 내용을 확인하기 위하여 도스의 DIR 명령을 사용하는 경우 화면에 가장 많은 파일을 표현할 수 있는 명령 방식은?

① DIR/W ② DIR/P
③ DIR ④ DIR *.*

난이도 상 문제 진단 ○△×

38 운영체제에서 가장 기초적인 시스템 기능을 담당하는 부분으로 관리자(Supervisor), 제어 프로그램(Control Program) 핵(Nucleus) 등으로 부르며 프로세스 관리, CPU 제어, 입출력 제어, 기억 장치 관리 등의 기능을 수행하는 것은?

① 커널(Kernel)
② 파일 시스템(File System)
③ 인터페이스(Interface)
④ 데이터 관리(Data Control)

난이도 상 문제 진단 ○△×

39 Linux에서 파일 내용을 화면에 표시하는 명령과 파일의 보호 모드를 설정하여 파일의 사용 허가를 지정하는 명령을 순서적으로 옳게 나열한 것은?

① cp, rm ② open, chown
③ cat, chmod ④ type, mkdir

난이도 상 문제 진단 ○△×

40 운영체제를 구성하고 있는 시스템 프로그램 중 제어 프로그램에 해당하는 것은?

① 처리 프로그램
② 서비스 프로그램
③ 작업 관리 프로그램
④ 언어 처리 프로그램

난이도 중 문제 진단 ○△×

41 90% 이상이 고급 언어인 C로 구성되어 있으며, 시스템이 모듈화되어 있어 필요에 따라 변경 확장할 수 있고 다중 사용자를 위한 대화식 운영체제는?

① UNIX ② PASCAL
③ MS-DOS ④ 윈도우즈

난이도 중 문제 진단 ○△×

42 윈도우즈 운영체제에서 컴퓨터를 종료하지 않고 사용자를 변경하는 메뉴는?

① 실행 ② 절전
③ 시스템 종료 ④ 로그오프

중요 ✓ 난이도 하 문제 진단 ○△×

43 도스(MS-DOS)에서 외부 명령어가 아닌 것은?

① FORMAT ② COPY
③ CHKDSK ④ LABEL

난이도 하 문제 진단 ○△×

44 윈도우즈에서 작업 표시줄에 볼륨 조절 표시 아이콘을 생성할 수 있는 제어판의 아이콘은?

① 사운드
② 멀티미디어
③ 내게 필요한 옵션
④ 시스템

난이도 하 문제 진단 ○△×

45 16진수 2C를 10진수로 변환한 것으로 옳은 것은?

① 44 ② 43
③ 42 ④ 41

중요 ✓ 난이도 중 문제 진단 ○△×

46 윈도우즈 운영체제에서 이웃한 파일을 그룹으로 선택하는 단축키와 이웃하지 않는 파일을 그룹으로 선택하는 단축키가 올바르게 나열된 것은?

① Shift, Ctrl ② Ctrl, Alt
③ Alt, Shift ④ Shift, Alt

난이도 중 문제 진단 ○△×

47 디렉터리 내의 파일을 열거하는데 사용되는 UNIX 명령어는?

① cd ② ls
③ tar ④ pwd

난이도 중 문제 진단 ○△×

48 도스(MS-DOS)에서 하드 디스크를 논리적으로 여러 개의 디스크로 나누어 각 볼륨이 서로 다른 드라이브 문자를 가진 별개의 드라이브로 동작하도록 하는 명령어는?

① FDISK ② CHKDSK
③ VOL ④ XCOPY

난이도 상 문제 진단 ○△×

49 What is the name of the program that can fix minor errors on your hard drive?

① SCANDISK ② FDISK
③ FORMAT ④ MEM

난이도 상 문제 진단 ○△×

50 도스(MS-DOS)에서 다음의 내용이 설명하는 것은?

This file configures the user's computer for various kinds of hardware device that might be installed system.

① FDISK.EXE ② CONFIG.SYS
③ SYS.COM ④ FORMAT.COM

난이도 상 문제 진단 ○△×

51 주파수 분할 다중화에서 부채널(Sub-channel) 간의 상호 간섭을 방지하기 위한 완충 대역은?

① 채널(Channel)
② 가드 밴드(Guard Band)
③ 네트워크(Network)
④ 마스터 그룹

중요✓ 난이도 중 문제 진단 ○△×

52 다음 중 PCM 통신 방식의 수신측에서 이루어지는 과정은?

① 복호화 ② 양자화
③ 부호화 ④ 표본화

중요✓ 난이도 중 문제 진단 ○△×

53 에러 검출 후 재전송(ARQ) 에러 제어 방식에 속하지 않는 것은?

① Stop-and-Wait
② Go-back-N
③ 선택적 재전송
④ 전진 에러 수정(FEC)

난이도 상 문제 진단 ○△×

54 터미널 8개가 설치된 시스템에서 각 터미널 상호 간을 망형으로 결선하려면 최소로 필요한 회선 수는?

① 8회선 ② 16회선
③ 28회선 ④ 42회선

난이도 중 문제 진단 ○△×

55 TV 화면과 화면 사이의 수직 귀선 시간을 이용하여 정보를 전송하는 뉴 미디어는?

① Videotex ② HDTV
③ Teletext ④ CATV

난이도 중 문제 진단 ○△×

56 패킷 교환 방식에 대한 설명으로 옳지 않은 것은?

① 통신망에 의한 패킷의 손실이 있을 수 있다.
② 패킷의 저장 및 전송으로 이루어진다.
③ 전송 속도와 코드 변환이 가능하다.
④ 공중 데이터 교환망에는 사용되고 있지 않다.

난이도 중 문제 진단 ○△×

57 다음 중 광통신에서 발광기로 사용되는 다이오드는?

① 제너 다이오드
② 에사키 다이오드
③ 스위칭 다이오드
④ 레이저 다이오드

중요✓ 난이도 상 문제 진단 ○△×

58 다음 중 RS-232C와 가장 관련 있는 것은?

① MPEG 압축
② HDLC 프로토콜
③ INTERNET 주소
④ 물리 계층

난이도 중 문제 진단 ○△×

59 데이터 통신의 전송 시스템에 순간적으로 일어나는 높은 전력의 잡음을 무엇이라 하는가?

① 충격성 잡음 ② 백색 잡음
③ 상호 변조 잡음 ④ 위상 왜곡

난이도 중 문제 진단 ○△×

60 다음 중 2개 파일의 내용을 비교하여 다른 부분을 출력하는 Linux 명령은?

① wc ② grep
③ split ④ diff

빠른 정답표 확인하기

① 모바일로 QR 코드를 스캔합니다.
② 해당 회차의 정답표를 확인합니다.
③ 빠르고 간편하게 채점해 보세요.

정답 241p

해설과 따로 보는 최신 기출문제 02회

SELF CHECK | 제한시간 60분 | 소요시간 분 | 전체 문항 수 60문항 | 맞힌 문항 수 문항

난이도 중 문제 진단 ○△✕

01 명령어(Instruction)의 구성에서 처음의 바이트(Byte)에 기억되는 것은?

① Operand
② Length
③ Comma
④ OP–Code

난이도 중 문제 진단 ○△✕

02 다음 주소 지정 방법 중 처리 속도가 가장 빠른 것은?

① Direct Address
② Indirect Address
③ Calculated Address
④ Immediate Address

중요✓ 난이도 상 문제 진단 ○△✕

03 다음 중 불(Boolean) 대수의 정리로 옳지 않은 것은?

① $A + \overline{A} = 1$　② $A + 0 = 0$
③ $A \cdot \overline{A} = 0$　④ $A + A = A$

난이도 상 문제 진단 ○△✕

04 그림과 같은 논리 회로의 출력 C는 얼마인가? (단, A=1, B=1)

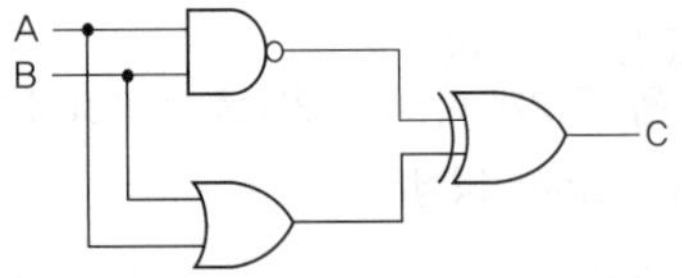

① 0　② 1
③ 10　④ 11

난이도 상 문제 진단 ○△✕

05 A · (A · B + C)를 간단히 한 결과로 옳은 것은?

① A · (B + C)　② A
③ B　④ C

난이도 중 문제 진단 ○△✕

06 1면에 100개의 트랙을 사용할 수 있는 양면 자기 디스크에서 1트랙은 4개의 섹터로 되어 있으며 섹터당 320word를 기억시킬 수 있다고 할 경우, 이 디스크는 몇 Word를 기억시킬 수 있는가?

① 372,000　② 256,000
③ 254,000　④ 124,000

난이도 중 문제 진단 ○△✕

07 동시에 여러 개의 입출력 장치가 작동되도록 설계된 것은?

① Simplex Channel
② Multiplexer Channel
③ Selector Channel
④ Register Channel

난이도 하 문제 진단 ○△✕

08 정보 처리 속도 단위 중 초당 100만 개의 연산을 수행한다는 의미의 단위는?

① MIPS　② KIPS
③ MFLOPS　④ LIPS

난이도 중 문제 진단 ○△✕

09 JK 플립플롭에서 J=0, K=0이 입력되면 동작 상태는 어떻게 되는가?

① 변화 없음
② Clear 상태
③ Set 상태
④ 반전

중요✓ 난이도 하 문제 진단 ○△✕

10 로더(Loader)의 기능이 아닌 것은?

① 할당(Allocation)
② 링킹(Linking)
③ 재배치(Relocation)
④ 스케줄링(Scheduling)

난이도 중 문제 진단 ○△×

11 주소 10에 20이란 값이 저장되어 있고, 주소 20에는 40이라는 값이 저장되어 있다고 할 때 간접 주소 지정에 의해 10번지를 접근하면 실제 처리되는 값은?

① 10 ② 20
③ 30 ④ 40

난이도 상 문제 진단 ○△×

12 16진수 2C를 10진수로 변환한 것으로 옳은 것은?

① 41 ② 42
③ 43 ④ 44

중요 ✓ 난이도 상 문제 진단 ○△×

13 2진수 0110을 그레이코드로 변환하면?

① 0010 ② 0111
③ 0101 ④ 1110

난이도 중 문제 진단 ○△×

14 다음 진리표에 해당하는 GATE는?

A(입력)	B(입력)	S(출력)
0	0	0
0	1	0
1	0	0
1	1	1

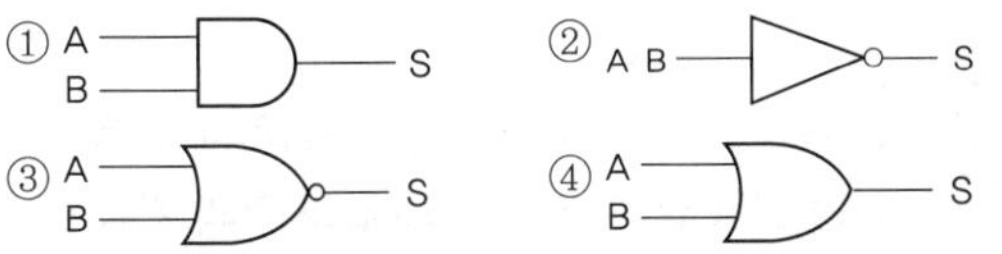

난이도 중 문제 진단 ○△×

15 컴퓨터 시스템에서 명령어를 실행하기 위하여 CPU에서 이루어지는 동작 단계의 하나로서, 기억 장치로부터 명령어를 읽어 들이는 단계는?

① 재기록(Write Back) 단계
② 해독(Decoding) 단계
③ 인출(Fetch) 단계
④ 실행(Execute) 단계

난이도 중 문제 진단 ○△×

16 하나의 레지스터에 기억된 자료를 모두 다른 레지스터로 옮길 때 사용하는 논리 연산은?

① Rotate
② Shift
③ Move
④ Complement

중요 ✓ 난이도 중 문제 진단 ○△×

17 현재 실행 중인 명령어를 기억하고 있는 제어 장치 내의 레지스터는?

① 누산기(Accumulator)
② 인덱스 레지스터(Index Register)
③ 메모리 레지스터(Memory Register)
④ 명령 레지스터(Instruction Register)

난이도 중 문제 진단 ○△×

18 도스(MS-DOS)에서 파일을 읽기 전용 속성으로 지정하는 명령어는?

① ATTRIB +H
② ATTRIB +V
③ ATTRIB +R
④ ATTRIB +A

난이도 중 문제 진단 ○△×

19 레지스터, 가산기, 보수기 등으로 구성되는 장치는?

① 제어 장치
② 입출력 장치
③ 기억 장치
④ 연산 장치

난이도 하 문제 진단 ○△×

20 전가산기(Full Adder)는 어떤 회로로 구성되는가?

① 반가산기 1개와 OR 게이트로 구성된다.
② 반가산기 1개와 AND 게이트로 구성된다.
③ 반가산기 2개와 OR 게이트로 구성된다.
④ 반가산기 2개와 AND 게이트로 구성된다.

난이도 중 문제 진단 ○△✕

21 판매 테이블에서 품명이 '카메라'인 항목을 삭제하는 SQL문은?

① DELETE FROM 판매 WHERE 품명='카메라';
② DELETE FROM 품명='카메라' WHERE 판매;
③ DELETE SET 판매, WHERE 품명='카메라';
④ DELETE SET 품명='카메라' WHERE 판매;

난이도 상 문제 진단 ○△✕

22 데이터베이스 설계 단계의 순서로 옳은 것은?

(1) 개념적 데이터베이스 설계 (2) 논리적 데이터베이스 설계 (3) 물리적 데이터베이스 설계

① (2) → (1) → (3)
② (3) → (1) → (2)
③ (1) → (2) → (3)
④ (1) → (3) → (2)

난이도 중 문제 진단 ○△✕

23 급여 테이블에 데이터를 입력한 후 시간외 수당 필드가 누락되어 이를 추가하고자 할 경우에 사용하는 SQL 명령으로 옳은 것은?

① ALTER TABLE
② ADD TABLE
③ MODIFY TABLE
④ MAKE TABLE

중요✓ 난이도 하 문제 진단 ○△✕

24 프레젠테이션에서 사용하는 하나의 화면을 무엇이라고 하는가?

① 슬라이드 ② 매크로
③ 개체 ④ 셀

난이도 하 문제 진단 ○△✕

25 SQL의 DDL에 해당하지 않는 것은?

① CREATE ② UPDATE
③ ALTER ④ DROP

난이도 중 문제 진단 ○△✕

26 고객 테이블의 모든 자료를 출력하는 SQL문으로 옳은 것은?

① SELECT % FROM 고객;
② SELECT ? FROM 고객;
③ SELECT * FROM 고객;
④ SELECT # FROM 고객;

중요✓ 난이도 하 문제 진단 ○△✕

27 데이터베이스 개체(Entity)의 속성 중 하나의 속성이 가질 수 있는 모든 값의 집합을 무엇이라고 하는가?

① 객체(Object)
② 속성(Attribute)
③ 도메인(Domain)
④ 카디널리티(Cardinality)

난이도 하 문제 진단 ○△✕

28 강연회나 세미나, 연구발표, 교육안 제작 등 상대방에게 보다 효과적으로 의사를 전달하고자 할 때 사용하는 것은?

① 워드프로세서
② 프레젠테이션
③ 데이터베이스
④ 운영체제

중요✓ 난이도 하 문제 진단 ○△✕

29 단순하게 반복되는 작업을 특정키나 이름에 기록하여 자동 실행 할 수 있는 스프레드시트의 기능은?

① 정렬
② 필터
③ 부분합
④ 매크로

중요✓ 난이도 하 문제 진단 ○△✕

30 3단계 스키마의 종류에 해당하지 않는 것은?

① 개념 스키마(Conceptual Schema)
② 관계 스키마(Relational Schema)
③ 내부 스키마(Internal Schema)
④ 외부 스키마(External Schema)

난이도 중 문제 진단 ○△×

31 UNIX에서 현재 작업 중인 프로세스의 상태를 알아볼 때 사용하는 명령어는?

① ls ② ps
③ kill ④ chmod

난이도 상 문제 진단 ○△×

32 UNIX 시스템의 구성을 크게 세 부분으로 나눌 때 해당하지 않는 것은?

① Block ② Kernel
③ Shell ④ Utility

중요✓ 난이도 중 문제 진단 ○△×

33 컴퓨터 시스템 내부에서 실행 중인 프로그램을 정의하는 용어는?

① 프로세스 ② 버퍼
③ 인터럽트 ④ 커널

난이도 하 문제 진단 ○△×

34 50보오(Baud) 통신 속도로 송신할 경우 1초간 송신되는 최단 펄스의 수는?

① 200 ② 100
③ 50 ④ 25

난이도 중 문제 진단 ○△×

35 페이지 대체 알고리즘에서 계수기를 두어 가장 오랫동안 참조되지 않은 페이지를 교체할 페이지로 선택하는 방법은?

① FIFO ② LRU
③ LFU ④ OPT

중요✓ 난이도 상 문제 진단 ○△×

36 UNIX에서 "who" 명령은 현재 로그인 중인 각 사용자에 관한 정보를 보여준다. "who" 명령으로 알 수 없는 내용은?

① 단말명
② 로그인명
③ 로그인 일시
④ 사용 소프트웨어

난이도 중 문제 진단 ○△×

37 도스(MS-DOS)에서 특정 파일의 감추기 속성, 읽기 속성을 지정할 수 있는 명령은?

① MORE ② FDISK
③ ATTRIB ④ DEFRAG

난이도 중 문제 진단 ○△×

38 운영체제의 목적과 가장 거리가 먼 것은?

① 성능 향상
② 응답 시간 단축
③ 단위 작업량의 소형화
④ 신뢰성 향상

난이도 하 문제 진단 ○△×

39 윈도우즈에서 파일을 삭제하는 방법으로 옳지 않은 것은?

① 휴지통을 이용하여 삭제
② [Delete]를 이용하여 삭제
③ [Esc]를 이용하여 삭제
④ 마우스의 오른쪽 버튼을 이용하여 삭제

난이도 상 문제 진단 ○△×

40 Which of the following key strokes is able to copy it to the clipboard in Windows?

① [Alt]+[C]
② [Ctrl]+[V]
③ [Ctrl]+[A]
④ [Ctrl]+[C]

난이도 상 문제 진단 ○△×

41 운영체제를 제어 프로그램(Control Program)과 처리 프로그램(Processing Program)으로 분류했을 때 제어 프로그램에 해당하지 않는 것은?

① 감시 프로그램(Supervisor Program)
② 데이터 관리 프로그램(Data Management Program)
③ 문제 프로그램(Problem Program)
④ 작업 제어 프로그램(Job Control Program)

난이도 중 문제 진단 ○△✕

42 윈도우즈를 종료시키는 방법으로 옳지 않은 것은?

① 시작 버튼에서 시스템 종료를 누르고 시스템 종료를 선택한다.
② 바탕 화면에서 Alt+F4를 누르고 시스템 종료를 선택한다.
③ Ctrl+Alt+Delete를 누르고 시스템 종료를 선택한다.
④ Ctrl+Alt+Shift를 누르고 시스템 종료를 선택한다.

난이도 하 문제 진단 ○△✕

43 하드 디스크의 분할을 설정하고 논리적 드라이브 번호를 할당하는 DOS의 외부 명령어는?

① FDISK ② CHKDSK
③ RECOVER ④ DISKCOMP

난이도 하 문제 진단 ○△✕

44 도스(MS-DOS)에서 사용자가 파일을 잘못해서 정보를 삭제하였을 때, 이를 복원하는 명령어는?

① DELETE ② UNDELETE
③ FDISK ④ ANTI

난이도 중 문제 진단 ○△✕

45 UNIX에서 네트워크상의 문제를 진단할 수 있는 명령어는?

① ping ② cd
③ pwd ④ who

난이도 중 문제 진단 ○△✕

46 도스(MS-DOS)에서 사용할 수 있는 드라이브의 최대 수를 지정하는 명령어는?

① LASTDRIVE
② BLOCKS
③ FILES
④ PRIMARYDISK

난이도 중 문제 진단 ○△✕

47 다음 Linux 명령 중 기능이 다른 명령어는?

① vi ② vim
③ emacs ④ fork

난이도 하 문제 진단 ○△✕

48 윈도우즈에서 화면 보호기의 설정은 어디에서 하는가?

① 시스템
② 멀티미디어
③ 디스플레이
④ 내게 필요한 옵션

난이도 하 문제 진단 ○△✕

49 도스(MS-DOS)에서 화면의 내용을 깨끗이 지워주는 역할을 하는 명령어는?

① CD ② PATH
③ CLS ④ DATE

난이도 상 문제 진단 ○△✕

50 다음의 설명이 의미하는 것은?

> A situation that two or more processes are unable to proceed because each is waiting for the device in use by other program.

① Database ② Compiler
③ Deadlock ④ Spooling

난이도 상 문제 진단 ○△✕

51 고속 광 전송 장치에서 빛의 파장을 여러 개 사용하여 다중화하는 방식은?

① WDM ② FDM
③ TDM ④ CDM

난이도 중 문제 진단 ○△×

52 다음 중 파일이나 디렉터리에 대한 접근 허가 모드를 변경하는 Linux 명령어는?

① stat ② chmod
③ chown ④ mount

중요✓ 난이도 상 문제 진단 ○△×

53 다음 중 PCM 전송에서 송신측 과정은?

① 음성 → 양조화 → 표본화 → 부호화
② 음성 → 복호화 → 변조화 → 부호화
③ 음성 → 2진화 → 압축화 → 부호화
④ 음성 → 표본화 → 양자화 → 부호화

난이도 중 문제 진단 ○△×

54 광섬유 케이블의 일반적인 특징으로 옳지 않은 것은?

① 빛을 사용함으로써 전기적인 간섭이 없다.
② 높은 전송 속도와 대역폭을 갖는다.
③ 동축 케이블보다 전송 신호의 손실이 적다.
④ 설치 시에 접속과 연결이 매우 용이하다.

난이도 중 문제 진단 ○△×

55 오류를 검출한 후 재전송하는 방식으로 옳지 않은 것은?

① 정지-대기(Stop and Wait) ARQ
② 연속적(Continuous) ARQ
③ 적응적(Adaptive) ARQ
④ 이산적(Discrete) ARQ

난이도 상 문제 진단 ○△×

56 가입자의 집안까지 광케이블로 연결함으로써 광대역 통합망 구축을 위한 가입자망 기수로 평가받고 있는 것은?

① FTTH ② FTTO
③ FTTC ④ FTTB

난이도 중 문제 진단 ○△×

57 다음 중 변조 방식을 분류한 것에 속하지 않는 것은?

① 진폭 편이 변조
② 주파수 편이 변조
③ 위상 편이 변조
④ 멀티 포인트 변조

난이도 중 문제 진단 ○△×

58 다음 중 이동 통신망의 다원 접속 방식이 아닌 것은?

① TDMA ② FDMA
③ CSMA ④ CDMA

중요✓ 난이도 중 문제 진단 ○△×

59 ISO(국제표준기구)의 OSI 7계층에서 Network Layer는 어느 계층에 해당 되는가?

① 제1계층 ② 제2계층
③ 제3계층 ④ 제4계층

난이도 중 문제 진단 ○△×

60 데이터 통신 시스템 중 서로 다른 방향에서 동시에 송·수신을 할 수 있는 것은?

① 이중 시스템(Dual System)
② 반이중 시스템(Half Duplex System)
③ 전이중 시스템(Full Duplex System)
④ 단방향 시스템(Simplex System)

빠른 정답표 확인하기

① 모바일로 QR 코드를 스캔합니다.
② 해당 회차의 정답표를 확인합니다.
③ 빠르고 간편하게 채점해 보세요.

정답 246p

해설과 따로 보는 최신 기출문제 03회

SELF CHECK　제한시간 60분 | 소요시간　　분 | 전체 문항 수 60문항 | 맞힌 문항 수　　문항

난이도 중　문제 진단 ○△×

01 명령어(Instruction) 형식에서 첫 번째 바이트의 기능이 아닌 것은?

① 자료의 주소 지정 기능
② 제어 기능
③ 자료 전달 기능
④ 함수 연산 기능

난이도 상　문제 진단 ○△×

02 다음 불대수(Boolean Algebra)의 기본 법칙을 바르게 표현한 것은?

A + (B + C) = (A + B) + C

① 교환 법칙　② 분배 법칙
③ 흡수 법칙　④ 결합 법칙

난이도 중　문제 진단 ○△×

03 명령어 형식(Instruction Format)에서 첫 번째 바이트에 기억되는 것은?

① Operand　② Length
③ Question Mark　④ OP-Code

중요 ✓　난이도 중　문제 진단 ○△×

04 EBCDIC 코드는 몇 개의 Zone Bit를 갖는가?

① 1　② 2
③ 3　④ 4

중요 ✓　난이도 중　문제 진단 ○△×

05 주소 지정 방식 중 처리 속도가 가장 빠르며, 명령의 피연산자부에 피연산자의 주소가 있는 것이 아니라 피연산자의 값 그 자체를 포함하고 있는 주소 지정 방식은?

① 레지스터 지정
② 직접 주소 지정
③ 즉시 주소 지정
④ 간접 주소 지정

난이도 상　문제 진단 ○△×

06 다음 그림의 논리 회로에서 입력 A, B, C에 대한 출력 Y의 값은?

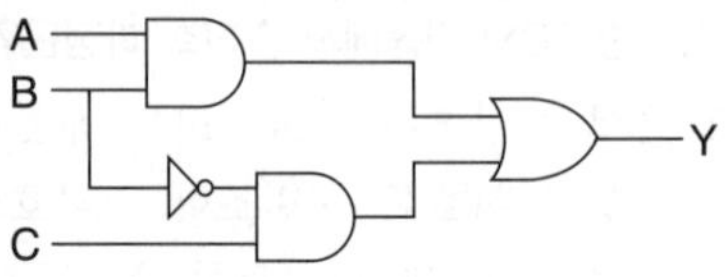

① $Y = AB + \overline{B}C$
② $Y = A + B + C$
③ $Y = AB + BC$
④ $Y = \overline{A}B + \overline{B}C$

중요 ✓　난이도 중　문제 진단 ○△×

07 다음과 같은 회로에서 입력 A=1, B=1일 경우에 합 S와 자리올림 C의 값은?

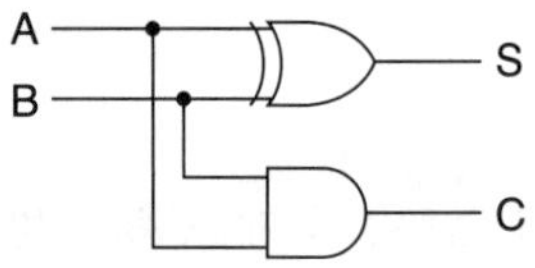

① S=0, C=0
② S=0, C=1
③ S=1, C=0
④ S=1, C=1

난이도 중　문제 진단 ○△×

08 CPU에서 명령이 실행되는 순서를 제어하거나 특정 프로그램에 관련된 컴퓨터 시스템의 상태를 나타내고 유지하기 위한 제어 워드로서, 실행 중인 CPU의 상황을 나타내는 것은?

① PSW　② MBR
③ MAR　④ PC

난이도 하　문제 진단 ○△×

09 0-주소 명령은 연산 시 어떤 자료 구조를 이용하는가?

① STACK
② TREE
③ QUEUE
④ DEQUE

난이도 중 문제 진단 ○△✕

10 레지스터 중 Program Counter의 기능을 바르게 설명한 것은?

① 현재 실행 중인 명령어의 내용을 기억한다.
② 주기억 장치의 번지를 기억한다.
③ 다음에 수행할 명령어의 번지를 기억한다.
④ 연산의 결과를 일시적으로 보관한다.

난이도 상 문제 진단 ○△✕

11 8진수 234를 16진수로 바르게 표현한 것은?

① $(9C)_{16}$
② $(AD)_{16}$
③ $(11B)_{16}$
④ $(BC)_{16}$

난이도 중 문제 진단 ○△✕

12 중앙 처리 장치의 제어 부분에 의해서 해독되어 현재 실행 중인 명령어를 기억하는 레지스터는?

① PC(Program Counter)
② IR(Instruction Register)
③ MAR(Memory Address Register)
④ MBR(Memory Buffer Register)

중요✓ 난이도 상 문제 진단 ○△✕

13 2진수 $101011_{(2)} - 11001_{(2)}$를 계산하면?

① $10010_{(2)}$ ② $10001_{(2)}$
③ $10101_{(2)}$ ④ $10011_{(2)}$

난이도 하 문제 진단 ○△✕

14 프로그램이 컴퓨터의 기종에 관계없이 수행될 수 있는 성질을 의미하는 것은?

① 가용성 ② 신뢰성
③ 호환성 ④ 안정성

난이도 중 문제 진단 ○△✕

15 동시에 여러 개의 입출력 장치를 제어할 수 있는 것은?

① Duplex Channel
② Multiplexer Channel
③ Register Channel
④ Selector Channel

난이도 상 문제 진단 ○△✕

16 A · (A · B + C)를 간략화하면?

① A ② B
③ C ④ A · (B + C)

난이도 중 문제 진단 ○△✕

17 다음에 표시된 진리표가 나타내는 회로는? (단, 입력은 A, B이고 출력은 S(Sum)와 C(Carry)이다.)

A	B	S	C
0	0	0	0
0	1	1	0
1	0	1	0
1	1	0	1

① AND 회로
② 반가산기 회로
③ OR 회로
④ 전가산기 회로

난이도 중 문제 진단 ○△✕

18 특정 비트 또는 특정 문자를 삭제하기 위해 사용하는 연산은?

① OR ② AND
③ MOVE ④ Complement

난이도 중 문제 진단 ○△✕

19 기억 장치의 맨 처음 장소부터 1Byte마다 연속된 16진수의 번호를 부여하는 번지는?

① Symbolic Address
② Absolute Address
③ Relative Address
④ Mnemonic Address

난이도 중 문제 진단 ○△✕

20 컴퓨터 시스템의 중앙 처리 장치를 구성하는 하나의 회로로서, 산술 및 논리 연산을 수행하는 장치는?

① Arithmetic Logic Unit
② Memory Unit
③ I/O Unit
④ Associative Memory Unit

난이도 하 문제 진단 ○△×

21 다음 중 강연회나 세미나, 연구 발표, 교육안 등을 상대방에게 보다 효과적으로 의사전달을 하고자 할 때 사용하는 것은?

① DBMS ② 스프레드시트
③ 프레젠테이션 ④ 워드프로세서

난이도 중 문제 진단 ○△×

22 데이터베이스 시스템의 전체적인 관리 및 운영을 책임지는 사람을 의미하는 것은?

① DEGREE ② SCHEMA
③ DBA ④ DBM

난이도 중 문제 진단 ○△×

23 다음 SQL 검색문의 의미로 옳은 것은?

```
SELECT * FROM 학생;
```

① 학생 테이블에서 첫 번째 레코드의 모든 필드를 검색하라.
② 학생 테이블에서 마지막 레코드의 모든 필드를 검색하라.
③ 학생 테이블에서 전체 레코드의 모든 필드를 검색하라.
④ 학생 테이블에서 "*" 값이 포함된 레코드의 모든 필드를 검색하라.

난이도 하 문제 진단 ○△×

24 프레젠테이션의 용도로 거리가 먼 것은?

① 기업체의 설명회 또는 신제품 발표회
② 기업체 내의 부서별 세미나 자료 작성
③ 기업체 내의 통계 자료 계산
④ 학습용 교육 자료 작성

중요✓ 난이도 하 문제 진단 ○△×

25 UNIX에서 현재 실행 중인 프로세스를 삭제하기 위한 명령어는?

① stop ② kill
③ dd ④ del

중요✓ 난이도 중 문제 진단 ○△×

26 다음 SQL문의 실행 결과를 가장 올바르게 설명한 것은?

```
DROP Table 인사 Cascade;
```

① 인사 테이블을 삭제함
② 인사 테이블과 인사 테이블을 참조하는 모든 테이블을 삭제함
③ 인사 테이블이 참조 중이면 삭제하지 않음
④ 인사 테이블을 삭제할지 여부를 사용자에게 다시 질의함

난이도 하 문제 진단 ○△×

27 데이터베이스 관리 시스템의 필수 기능 중 사용자와 데이터베이스 사이의 인터페이스를 위한 수단을 제공하는 기능에 해당하는 것은?

① 정의 기능
② 조작 기능
③ 제어 기능
④ 통제 기능

중요✓ 난이도 하 문제 진단 ○△×

28 프레젠테이션에서 사용하는 하나의 화면을 의미하는 것은?

① 셀
② 슬라이드
③ 워크시트
④ 프로젝트

중요✓ 난이도 하 문제 진단 ○△×

29 스프레드시트에서 반복되고 규칙적인 작업을 일괄 자동 처리하는 기능을 무엇이라고 하는가?

① 필터 기능 ② 차트 기능
③ 매크로 기능 ④ 셀 기능

난이도 하 문제 진단 ○△×

30 SQL의 DML에 해당하지 않는 것은?

① INSERT ② SELECT
③ UPDATE ④ CREATE

난이도 상 문제 진단 ○△✕

31 Which one does below sentence describe?

> The quantity of work which a computer system can process within a given time.

① Throughput
② Operating System
③ Central Processing
④ Turn-around Time

난이도 하 문제 진단 ○△✕

32 윈도우즈 환경에서 여러 개의 프로그램을 동시에 작업하는 것을 무엇이라 하는가?

① 멀티유저 ② 멀티태스킹
③ 멀티스케줄링 ④ 멀티컨트롤

난이도 하 문제 진단 ○△✕

33 윈도우즈에서 PLUG & PLAY란?

① 컴퓨터에 전원을 켜자마자 바로 시작되는 것
② 운영체제가 주변 기기를 자동 인식하는 것
③ 전원을 끈 상태에서도 컴퓨터가 작동되는 것
④ 전원을 그냥 꺼도 운영체제가 모든 응용 프로그램의 마무리 작업을 수행하는 것

중요✓ 난이도 하 문제 진단 ○△✕

34 윈도우즈의 탐색기에서 비연속적인 여러 개의 파일을 선택하는 방법은?

① Ctrl 을 누른 상태에서 선택하려는 파일들을 왼쪽 마우스 버튼을 클릭하여 선택한다.
② Shift 를 누른 상태에서 선택하려는 파일들을 왼쪽 마우스 버튼을 클릭하여 선택한다.
③ Alt 를 누른 상태에서 선택하려는 파일들을 오른쪽 마우스 버튼을 클릭하여 선택한다.
④ Shift 를 누른 상태에서 선택하려는 파일들을 오른쪽 마우스 버튼을 클릭하여 선택한다.

난이도 하 문제 진단 ○△✕

35 윈도우즈의 탐색기에서 마우스의 오른쪽 단추를 누르는 것과 같은 기능이 나타나게 하는 단축키는?

① Shift + F10
② F9
③ Ctrl + F10
④ Alt + F10

난이도 중 문제 진단 ○△✕

36 Linux에서 무결성 검사를 하기 위한 명령은?

① fsck ② eject
③ fdisk ④ mkfs

난이도 중 문제 진단 ○△✕

37 컴퓨터에게는 효율적인 자원 관리를, 사용자에게는 편리한 사용을 제공하기 위한 목적을 가진 소프트웨어를 무엇이라고 하는가?

① 컴파일러 ② 인터프리터
③ 운영체제 ④ 워드프로세서

중요✓ 난이도 상 문제 진단 ○△✕

38 윈도우즈에서 특정 파일을 찾고자 할 때 "찾기"를 이용한다. 다음 중 "찾기" 방법에 의해 특정 파일을 찾을 수 있는 경우가 아닌 것은?

① 파일의 형식을 알고 있는 경우
② 변경된 날짜를 알고 있는 경우
③ 파일의 작성자를 알고 있는 경우
④ 파일에 포함된 문자열을 알고 있는 경우

난이도 중 문제 진단 ○△✕

39 Linux에서 명령어의 경로를 확인할 때 사용하는 명령어는?

① which ② ps
③ alias ④ chsh

난이도 하 문제 진단 ○△✕

40 도스(MS-DOS)에서 지정한 파일의 이름을 바꾸어 주는 명령은?

① REN ② MD
③ XCOPY ④ CHKDSK

난이도 중 문제 진단 ○△✕

41 도스(MS-DOS)의 내부 명령어에 대한 설명으로 옳은 것은?

① 디스크에 별도의 독립 파일로 존재한다.
② 프롬프트 상태에서 언제든지 사용 가능하다.
③ COMMAND.COM 파일이 없어도 사용할 수 있다.
④ 보조 기억 장치에 저장되어 있으므로 Load하여 사용한다.

난이도 하 문제 진단 ○△✕

42 윈도우즈에서 현재 선택된 프로그램 창을 종료하는 단축키는?

① Alt+F4 ② Alt+F1
③ Shift+Esc ④ Ctrl+Esc

난이도 중 문제 진단 ○△✕

43 유닉스(UNIX) 운영체제의 기초가 되는 언어는?

① C ② COBOL
③ PASCAL ④ BASIC

난이도 중 문제 진단 ○△✕

44 현재의 작업 디렉터리를 나타내기 위한 UNIX 명령은?

① cd ② pwd
③ kill ④ cp

중요✓ 난이도 중 문제 진단 ○△✕

45 UNIX에서 "who" 명령은 현재 로그인 중인 각 사용자에 관한 정보를 보여준다. "who" 명령으로 알 수 없는 것은?

① 단말명 ② 로그인 일시
③ 로그인명 ④ 사용 소프트웨어

난이도 상 문제 진단 ○△✕

46 다음은 무엇에 대한 설명인가?

> A hardware signal that suspends execution of a program and calls a special handler program. It breaks the normal flow of the program execution. After the handler program executed, the suspended program is resumed.

① Interrupt ② Polling
③ Method Invocation ④ Virus

난이도 중 문제 진단 ○△✕

47 프로세스 스케줄링 방법 중 가장 먼저 CPU를 요청한 프로세스에게 가장 먼저 CPU를 할당하여 실행할 수 있게 하는 방법은?

① FIFO ② LRU
③ LFU ④ FILO

난이도 하 문제 진단 ○△✕

48 윈도우즈에서 데이터를 복사하거나 오려둘 때, 그 데이터를 임시로 기억하고 있는 장소는?

① 편집기 ② 클립보드
③ 문서 ④ 아이콘

난이도 중 문제 진단 ○△✕

49 도스(MS-DOS)의 DIR 명령 중 한 줄에 5개씩 파일 이름이나 디렉터리를 출력해 주는 것은? (단, 현재 디렉터리는 C:\임)

① C:\>DIR/P ② C:\>DIR/W
③ C:\>DIR/S ④ C:\>DIR/AD

난이도 중 문제 진단 ○△✕

50 운영체제의 성능 평가에 대한 설명으로 옳지 않은 것은?

① 신뢰도는 시스템이 주어진 문제를 얼마나 정확하게 해결하는가를 나타내는 척도이다.
② 처리 능력은 수치가 높을수록 좋다.
③ 사용 가능도는 시스템을 얼마나 빨리 사용할 수 있는가의 정도를 나타낸다.
④ 응답 시간은 수치가 높을수록 좋다.

난이도 상 문제 진단 ○△✕

51 다음 중 10[mW]는 몇 [dBm]에 해당되는가?

① 1[dBm] ② 10[dBm]
③ 100[dBm] ④ 1000[dBm]

난이도 상 문제 진단 ○△✕

52 다음 중 DTE/DCE의 접속 규격에 관한 것이 아닌 것은?

① 기계적 특성 ② 전기적 특성
③ 통신적 특성 ④ 절차적 특성

난이도 중 문제 진단 ○△✕

53 다음 중 데이터 통신에서 데이터 전송 시 발생되는 오류의 검출과 재전송 등을 주로 수행하는 것은?

① 다중화 장치 ② 통신 제어 장치
③ 회선 종단 장치 ④ 전화 교환 장치

중요✓ 난이도 상 문제 진단 ○△✕

54 HDLC(High-level Data Link Control) 프레임을 구성하는 순서로 바르게 열거한 것은?

① 플래그, 주소부, 정보부, 제어부, 검색부, 플래그
② 플래그, 주소부, 제어부, 정보부, 검색부, 플래그
③ 플래그, 검색부, 주소부, 정보부, 제어부, 플래그
④ 플래그, 제어부, 주소부, 정보부, 검색부, 플래그

난이도 중 문제 진단 ○△✕

55 정보 통신 시스템의 잡음 중에서 내부 잡음에 해당하는 것은?

① 열 잡음 ② 충격 잡음
③ 누화 잡음 ④ 우주 잡음

난이도 상 문제 진단 ○△✕

56 다음 중 LAN의 표준에 대한 관계가 잘못 짝지어진 것은?

① IEEE 802.2 : 논리적 링크 제어
② IEEE 802.3 : CSMA/CD
③ IEEE 802.5 : 토큰링
④ IEEE 802.10 : 무선 LAN

난이도 중 문제 진단 ○△✕

57 다음 중 LAN의 구성 요소와 거리가 먼 것은?

① 브릿지 ② 전송 매체
③ 라우터 ④ 모뎀

난이도 중 문제 진단 ○△✕

58 다음 중 정보 통신 시스템에서 최종적으로 데이터를 보내거나 받는 기능을 수행하는 것은?

① 데이터 단말 장치
② 데이터 회선 종단 장치
③ 데이터 전송 장치
④ 데이터 교환 장치

난이도 중 문제 진단 ○△✕

59 초고속 인터넷망을 이용하여 제공되는 양방향 텔레비전 서비스로 시청자가 자신이 편리한 시간에 보고 싶은 프로그램을 볼 수 있는 뉴미디어는?

① IPTV ② DMB
③ 블루투스 ④ 유비쿼터스

난이도 상 문제 진단 ○△✕

60 위상 변조를 하는 동기식 변 · 복조기의 변조 속도가 1200보오(Baud)이고, 디비트(Dibit)를 사용한다면 통신 속도[BPS]는?

① 1200 ② 2400
③ 4800 ④ 9600

빠른 정답표 확인하기

① 모바일로 QR 코드를 스캔합니다.
② 해당 회차의 정답표를 확인합니다.
③ 빠르고 간편하게 채점해 보세요.

정답 250p

해설과 따로 보는 최신 기출문제 04회

SELF CHECK | 제한시간 60분 | 소요시간 분 | 전체 문항 수 60문항 | 맞힌 문항 수 문항

난이도 중 문제 진단 ○△✕

01 입출력 장치와 주기억 장치 사이에 위치하여 데이터 처리 속도의 차이를 줄이는데 도움이 되는 장치는?

① 입출력 채널
② 명령 해독기
③ 연산 장치
④ 인덱스 레지스터

중요✓ 난이도 중 문제 진단 ○△✕

02 컴퓨터에 의하여 다음에 수행될 명령어의 주소가 저장되어 있는 기억 장소는?

① 프로그램 카운터(Program Counter)
② 메모리 레지스터(Memory Register)
③ 명령어 레지스터(Instruction Register)
④ 인덱스 레지스터(Index Register)

난이도 상 문제 진단 ○△✕

03 다음 중 $(11111)_2 + (01011)_2$의 결과로 옳은 것은?

① $(101010)_2$
② $(110101)_2$
③ $(101001)_2$
④ $(010101)_2$

난이도 하 문제 진단 ○△✕

04 동시에 여러 개의 입출력 장치를 제어할 수 있는 채널(Channel)은?

① Multiplexer
② Duplex
③ Register
④ Selector

난이도 상 문제 진단 ○△✕

05 다음과 같은 설명에 해당하는 용어는?

> 컴퓨터가 정상적인 업무를 수행하는 도중에 발생하는 예기치 않은 일들에 대하여 컴퓨터의 작동이 중단 없이 계속적으로 업무를 수행할 수 있도록 하는 기능

① Spooling
② Buffering
③ Interrupt
④ Virtual Memory

난이도 중 문제 진단 ○△✕

06 기억 장치에서 읽어낸 명령을 받고 이것을 실행하기 위하여 일시적으로 기억하는 레지스터는?

① 명령(Instruction)
② 누산기(Accumulator)
③ 저장(Storage)
④ 인덱스(Index)

난이도 상 문제 진단 ○△✕

07 2진수 $(110010101011)_2$을 8진수와 16진수로 올바르게 변환한 것은?

① $(5253)_8$, $(BAB)_{16}$
② $(5253)_8$, $(CAB)_{16}$
③ $(6253)_8$, $(BAB)_{16}$
④ $(6253)_8$, $(CAB)_{16}$

난이도 중 문제 진단 ○△✕

08 이항(Binary) 연산에 해당하는 것은?

① COMPLEMENT
② AND
③ ROTATE
④ SHIFT

중요✓ 난이도 중 문제 진단 ○△✕

09 다음 블록화 레코드에서 블록화 인수는?

IBG	논리 레코드	논리 레코드	논리 레코드	IBG	논리 레코드	논리 레코드	논리 레코드	IBG

① 1　② 2
③ 3　④ 4

중요✓ 난이도 상 문제 진단 ○△✕

10 불(Boolean) 대수의 정리 중 틀린 것은?

① 1 + A = A
② 1 · A = A
③ 0 + A = A
④ 0 · A = 0

난이도 하 문제 진단 ○△✕

11 원격지에 설치된 입출력 장치는?

① 변복조 장치
② 스캐너
③ 단말 장치
④ X-Y 플로터

난이도 중 문제 진단 ○△✕

12 다음 주소 지정 방법 중 처리 속도가 가장 빠른 것은?

① 직접 주소 지정(Direct Addressing)
② 간접 주소 지정(Indirect Addressing)
③ 즉시 주소 지정(Immediate Addressing)
④ 인덱스 주소 지정(Index Addressing)

난이도 상 문제 진단 ○△✕

13 정보 검색 엔진에서 AND, OR, NOT과 같은 연산자가 사용된다. 이 연산자를 무슨 연산자라 하는가?

① 불 연산자
② 드모르간 연산자
③ 우선 연산자
④ 키워드 연산자

난이도 중 문제 진단 ○△✕

14 다음 진리표와 같이 연산이 행해지는 게이트는?

입력		출력
X_1	X_2	Y
0	0	0
1	0	0
0	1	0
1	1	1

① OR　② AND
③ NAND　④ XOR

중요✓ 난이도 중 문제 진단 ○△✕

15 다음 불 대수식을 간단히 하면?

$\overline{X}Y + XY$

① $\overline{Y}$　② X
③ $\overline{X}$　④ Y

중요✓ 난이도 중 문제 진단 ○△✕

16 다음 회로(Circuit)에서 결과가 "1"(불이 켜진 상태)이 되기 위해서는 A와 B는 각각 어떠한 값을 갖는가?

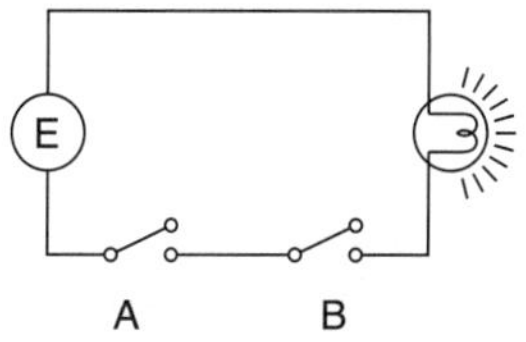

① A = 0, B = 1
② A = 0, B = 0
③ A = 1, B = 1
④ A = 1, B = 0

난이도 상 문제 진단 ○△✕

17 명령어의 구성이 연산자부가 3bit, 주소부는 5bit로 되어있을 때, 이 명령어를 사용하는 컴퓨터는 최대 몇 가지의 동작이 가능한가?

① 256　② 16
③ 8　④ 32

난이도 중 문제 진단 ○△×

18 **입출력 장치의 동작 속도와 전자계산기 내부의 동작 속도를 맞추는데 사용되는 레지스터는?**

① 버퍼 레지스터
② 시프트 레지스터
③ 어드레스 레지스터
④ 상태 레지스터

난이도 중 문제 진단 ○△×

19 **연산 후 입력 자료가 변하지 않고 보존되는 특징의 장점을 갖는 명령어 형식은?**

① 0-주소 명령어 형식
② 1-주소 명령어 형식
③ 2-주소 명령어 형식
④ 3-주소 명령어 형식

난이도 중 문제 진단 ○△×

20 **RS Flip-Flop 회로의 동작에서 R=1, S=1을 입력하였을 때 출력으로 옳은 것은?**

① 1
② 부정(Not Allowed)
③ 0
④ 변화 없음(No Change)

난이도 하 문제 진단 ○△×

21 **프레젠테이션의 기능과 역할에 대한 설명으로 틀린 것은?**

① 정보 전달 및 의사 결정 도구
② 컴퓨터를 이용하여 계산과 관련된 작업을 쉽게 처리 분석하여 활용할 수 있도록 개발된 응용 프로그램
③ 전달하고자 하는 정보를 빠르고, 쉽고, 효과적으로 전달 가능
④ 정확한 데이터와 설득력 있는 논리를 통하여 정보 전달

중요✓ 난이도 하 문제 진단 ○△×

22 **도메인에 대한 설명으로 가장 적합한 것은?**

① 하나의 속성에 취할 수 있는 값의 범위
② 튜플을 구분할 수 있는 범위
③ 튜플들의 관계를 표현하는 범위
④ 릴레이션을 표현하는 기본 단위

난이도 중 문제 진단 ○△×

23 **SQL 명령을 사용 용도에 따라 구분할 경우, 다음 중 성격이 나머지 셋과 다른 것은?**

① CREATE ② ALTER
③ DROP ④ INSERT

난이도 하 문제 진단 ○△×

24 **SQL에서 검색 결과에 대한 레코드의 중복을 제거하기 위해 사용하는 명령은?**

① DESC ② DELETE
③ GRANT ④ DISTINCT

난이도 하 문제 진단 ○△×

25 **SQL의 SELECT문에서 특정 열의 값을 기준으로 정렬할 때 사용하는 절은?**

① SORT BY 절
② ORDER BY 절
③ ORDER TO 절
④ SORT 절

중요✓ 난이도 하 문제 진단 ○△×

26 **스프레드시트에서 반복되고 규칙적인 작업을 일괄 자동 처리하는 기능은?**

① 차트 기능
② 분석 기능
③ 매크로 기능
④ 데이터베이스 기능

난이도 중 문제 진단 ○△×

27 스프레드시트의 기능과 거리가 먼 것은?

① 데이터 연산 결과를 사용자가 다양한 서식으로 자유롭게 표현한다.
② 입력된 자료 또는 계산된 자료를 가지고 여러 유형의 그래프를 작성한다.
③ 동영상 처리 및 애니메이션 효과를 구현할 수 있다.
④ 특정 자료의 검색, 추출 및 정렬을 한다.

난이도 상 문제 진단 ○△×

28 데이터베이스관리자(DBA)의 임무와 거리가 먼 것은?

① 시스템 문서화에 표준을 정하여 시행
② 복구 절차와 무결성 유지를 위한 대책 수립
③ 일반 사용자의 고급 질의문을 저급 DML 명령어로 변환
④ 시스템의 감시 및 성능 분석

난이도 중 문제 진단 ○△×

29 데이터베이스에서 정보 부재를 명시적으로 표시하기 위해 사용하는 특수한 데이터 값은?

① 공백(Blank)
② 영(Zero)
③ 널(Null)
④ 샵(#)

중요✓ 난이도 중 문제 진단 ○△×

30 다음 SQL문의 의미로 적합한 것은?

```
SELECT * FROM 사원;
```

① 사원 테이블을 삭제한다.
② 사원 테이블에서 전체 레코드의 모든 필드를 검색한다.
③ 사원 테이블에서 "*" 값이 포함된 모든 필드를 검색한다.
④ 사원 테이블의 모든 필드에서 "*" 값을 추가한다.

난이도 상 문제 진단 ○△×

31 다음 ( ) 안에 공통으로 들어갈 알맞은 용어는?

> When the program and data are ready to be used, they are copied into the primary memory unit from an input device or storage device. Once the program and data have been loaded into the primary memory, the (   ) performs computation on the data. The (   ) is made up of a control unit and an arithmetical logical unit.

① Input/Output Device
② Primary Memory Unit
③ Address/Data Bus
④ Central Processing Unit

난이도 중 문제 진단 ○△×

32 다음 보기는 유닉스(UNIX)의 어떤 작업과 가장 관계가 있는가?

> vi, ed, emacs

① 컴파일
② CD 재생
③ 통신
④ 편집

난이도 하 문제 진단 ○△×

33 윈도우즈의 단축키 중 활성화된 창을 닫고 프로그램을 종료하는 것은?

① Ctrl + Shift
② Ctrl + Esc
③ Alt + F4
④ Shift + Tab

난이도 하 문제 진단 ○△×

34 도스(MS-DOS)에서 별도의 실행 파일이 존재하지 않고 "COMMAND.COM"이 메모리에 상주하고 있을 경우, 항상 사용할 수 있는 명령어를 의미하는 것은?

① 내부 명령어
② 외부 명령어
③ 배치 명령어
④ 실행 명령어

중요✓ 난이도 하 문제 진단 ○△X

35 윈도우즈의 탐색기에서 이웃하는 파일들을 선택할 때 사용하는 키와 이웃하지 않는 파일들을 선택할 때 사용하는 키의 나열이 순서적으로 옳은 것은?

① [Ctrl], [Alt]
② [Shift], [Alt]
③ [Alt], [Ctrl]
④ [Shift], [Ctrl]

난이도 중 문제 진단 ○△X

36 도스에서 DIR 명령은 현재 디렉터리와 파일 등에 관한 정보를 표시해 주는 명령이다. 이 명령의 옵션(Option) 중 하위 디렉터리의 정보까지 표시해 주는 명령은?

① DIR/P　② DIR/A
③ DIR/S　④ DIR/W

난이도 중 문제 진단 ○△X

37 8Bit 컴퓨터에서 부호와 절대치 방식으로 수치 자료를 표현했을 때, 기억된 값은 얼마인가?

1	0	0	0	1	0	1	1

① −11　② 11
③ −12　④ 12

난이도 중 문제 진단 ○△X

38 UNIX에서 현재의 작업 디렉터리가 어디인지를 확인하는 명령은?

① pwd　② rmdir
③ chmod　④ groups

난이도 상 문제 진단 ○△X

39 다음은 무엇을 설명하고 있는가?

> Jobs are submitted in sequential batches on input devices such as card readers, and job results are similarly received in batches from output devices such as printers.

① Interactive　② Real-time
③ Print Processing　④ Batch Processing

난이도 하 문제 진단 ○△X

40 도스(MS-DOS)에서 디스크의 상태를 점검하는 명령은?

① CHKDSK
② FORMAT
③ PROMPT
④ DELTREE

중요✓ 난이도 중 문제 진단 ○△X

41 UNIX에서 파일의 내용을 화면에 보여 주는 명령은?

① rm
② cat
③ mv
④ type

난이도 하 문제 진단 ○△X

42 윈도우즈에서 새로운 하드웨어를 장착하고 시스템을 가동시키면 자동으로 하드웨어를 인식하고 실행하는 기능은?

① Interrupt 기능
② Auto & Play 기능
③ Plug & Play 기능
④ Auto & Plug 기능

난이도 중 문제 진단 ○△X

43 윈도우즈 운영체제에서 도스를 실행시켰더니 전체 화면 형태로 도구들이 보이지 않아 불편하였다. 도스의 창 형태로 전환하려면 어떤 키를 눌러야 하는가?

① [Ctrl]+[Space Bar]
② [Ctrl]+[Enter]
③ [Alt]+[Space Bar]
④ [Alt]+[Enter]

난이도 상 문제 진단 ○△X

44 UNIX시스템은 "Shell"이라는 명령어 해석기를 사용하는데 다음 중 Shell의 종류로 옳지 않은 것은?

① C Shell
② Bourne Shell
③ System Shell
④ Korn Shell

난이도 중 문제 진단 ○△×

45 Linux 명령인 mv의 기능으로 올바른 것은?

① 파일의 목록을 표시한다.
② 파일을 복사한다.
③ 파일을 삭제한다.
④ 파일을 이동한다.

난이도 하 문제 진단 ○△×

46 윈도우즈에서 클립보드(Clipboard)의 역할은?

① 도스 영역을 확보해 준다.
② 그래픽 영역을 설정해 준다.
③ 프로그램 간에 전송되는 자료를 일시적으로 보관해 준다.
④ 네트워크 환경을 자동으로 설정해 준다.

난이도 중 문제 진단 ○△×

47 윈도우즈 운영체제에서 파일명에 대한 설명으로 틀린 것은?

① 파일명은 255자 이내로 작성할 수 있다.
② 하나의 폴더 내에는 동일한 이름의 파일이 존재할 수 없다.
③ 파일명에 공백을 포함할 수 없다.
④ * / ? 〈 〉 등의 특수 기호는 파일명에 사용할 수 없다.

중요 ✓ 난이도 중 문제 진단 ○△×

48 컴퓨터에서 수행 중인 프로그램을 의미하는 용어는?

① 레지스터
② 프로세스
③ 인터럽트
④ 버퍼

난이도 하 문제 진단 ○△×

49 도스(MS-DOS)에서 하드 디스크의 파티션을 설정하고 논리적 드라이브 번호를 할당하는 명령은?

① FORMAT
② DEFRAG
③ DOSKEY
④ FDISK

난이도 중 문제 진단 ○△×

50 운영체제를 기능상 분류했을 경우 다음 내용에 해당하는 프로그램은?

작업의 연속 처리를 위한 스케줄 및 시스템 자원 할당 등을 담당

① 작업 관리 프로그램
② 서비스 프로그램
③ 감시 프로그램
④ 데이터 관리 프로그램

난이도 중 문제 진단 ○△×

51 다음 중 데이터 전송계에 해당되지 않는 것은?

① 데이터베이스 장치
② 단말 장치
③ 통신 회선
④ 통신 제어 장치

난이도 중 문제 진단 ○△×

52 단말기가 12개인 경우 이를 모두 망형으로 네트워크를 형성하고자 할 때 최소로 필요한 회선 수는?

① 33 ② 44
③ 55 ④ 66

난이도 중 문제 진단 ○△×

53 다음 중 PCM 변조 절차와 가장 거리가 먼 것은?

① 표본화(Sampling)
② 양자화(Quantization)
③ 부호화(Encoding)
④ 다중화(Multiplexing)

난이도 중 문제 진단 ○△×

54 다음 중 데이터 전송 매체로 잡음과 보안에 가장 우수한 것은?

① 가입 전화선 ② 광섬유 케이블
③ 동축 케이블 ④ M/W 무선 회선

난이도 중 문제 진단 ○△×

55 **인터넷상에서 메일을 주고받을 수 있는 프로토콜에 해당하는 것은?**

① HTTP
② SNMP
③ SMTP
④ FTP

난이도 중 문제 진단 ○△×

56 **공중파 TV 방송신호는 일정한 대역폭에 맞추어 음성과 영상 신호들을 각 채널 반송파에 할당하여 전송한다. 이러한 방식에 해당되는 것은?**

① 시분할 다중화
② 통계적 시분할 다중화
③ 코드 분할 다중화
④ 주파수 분할 다중화

난이도 중 문제 진단 ○△×

57 **회선 교환 방식에 대한 일반적인 설명으로 틀린 것은?**

① 고정된 대역폭 전송 방식이다.
② 실시간 전송에 적합하다.
③ 접속에는 짧은 시간이 소요되며 전송 지연은 길다.
④ 속도나 코드 변환이 불가능하다.

난이도 중 문제 진단 ○△×

58 **다음 중 Linux 명령어에 대한 설명으로 옳지 않은 것은?**

① mkfs : 파일 시스템 생성
② unmount : 각 장치와 파일 시스템을 연결 해제
③ mke2fs : ext2, ext3, ext4 타입의 Linux 파일 시스템을 생성
④ chown : 파일이나 디렉터리에 대한 접근 허가 모드 변경

중요✓ 난이도 중 문제 진단 ○△×

59 **개방형 시스템(OSI) 계층 모델에서 네트워크 구조에 대한 계층 순서가 차례대로 옳게 나열된 것은?**

① 물리 계층 – 데이터 링크 계층 – 네트워크 계층 – 트랜스포트 계층 – 세션 계층 – 프레젠테이션 계층 – 응용 계층
② 물리 계층 – 네트워크 계층 – 데이터 링크 계층 – 트랜스포트 계층 – 세션 계층 – 프레젠테이션 계층 – 응용 계층
③ 물리 계층 – 네트워크 계층 – 트랜스포트 계층 – 데이터 링크 계층 – 세션 계층 – 프레젠테이션 계층 – 응용 계층
④ 물리 계층 – 네트워크 계층 – 데이터 링크 계층 – 트랜스포트 계층 – 프레젠테이션 계층 – 세션 계층 – 응용 계층

난이도 하 문제 진단 ○△×

60 **다음 중 멀티미디어 요소로 볼 수 없는 것은?**

① 그래픽 ② 비디오
③ 사운드 ④ DVD

빠른 정답표 확인하기

① 모바일로 QR 코드를 스캔합니다.
② 해당 회차의 정답표를 확인합니다.
③ 빠르고 간편하게 채점해 보세요.

해설과 따로 보는 최신 기출문제 05회

SELF CHECK | 제한시간 60분 | 소요시간 분 | 전체 문항 수 60문항 | 맞힌 문항 수 문항

난이도 상 문제 진단 ○△✕

01 스택 연산에서 데이터를 삽입하거나 삭제하는 동작을 나타내는 연산으로 바르게 나타낸 것은?

① ADD, SUB
② LOAD, STORE
③ PUSH, POP
④ MOV, MUL

난이도 중 문제 진단 ○△✕

02 MIMD(Multiple Instruction Multiple Data) 구조를 갖는 것은?

① 다중 처리기
② 배열 처리기
③ 벡터 처리기
④ 파이프라인 처리기

난이도 중 문제 진단 ○△✕

03 논리적 주소에서 물리적 주소 또는 다른 논리적 주소로 번역하는 것은?

① 매핑 ② 적재
③ 재배치 ④ 주소 바인딩

난이도 중 문제 진단 ○△✕

04 중앙 처리 장치(CPU)의 구성 부분에 해당되지 않는 것은?

① 주기억 장치
② 연산 장치
③ 보조 기억 장치
④ 제어 장치

중요✓ 난이도 중 문제 진단 ○△✕

05 명령어의 주소(Address)부를 연산 주소(Address)로 이용하는 주소 지정 방식은?

① 상대 Address 방식
② 절대 Address 방식
③ 간접 Address 방식
④ 직접 Address 방식

난이도 중 문제 진단 ○△✕

06 인터럽트 발생 시 인터럽트를 처리하고 원래 수행하고 있었던 프로그램으로 되돌아가는데 사용되는 레지스터는?

① Stack ② PC
③ MBR ④ PSW

난이도 중 문제 진단 ○△✕

07 다음과 가장 관계있는 장치로 옳은 것은?

논리 회로, 가산기, 누산기, 감산기

① 입출력 장치 ② 제어 장치
③ 연산 장치 ④ 기억 장치

난이도 하 문제 진단 ○△✕

08 전원이 꺼져도 내용이 그대로 저장되어 있는 메모리는?

① Flash Memory
② SRAM
③ DDR RAM
④ SDRAM

난이도 중 문제 진단 ○△✕

09 누를 때마다 ON, OFF가 교차되는 스위치를 만들고자 할 때 사용되는 플립플롭은?

① RS 플립플롭 ② D 플립플롭
③ JK 플립플롭 ④ T 플립플롭

난이도 상 문제 진단 ○△✕

10 1~2개의 대규모 집적 회로의 칩을 중앙 처리 장치에 해당하는 부분을 내장시켜 기능을 수행하게 하는 것은?

① 레지스터
② 컴파일러
③ 소프트웨어
④ 마이크로프로세서

난이도 상 문제 진단 ○△✕

11 **패리티 검사(Parity Check)에 대한 설명으로 옳은 것은?**

① 기수 패리티 체크는 1bit의 수가 짝수가 되도록 한다.
② 두 bit가 동시에 에러를 발생해도 검출이 가능하다.
③ 우수 패리티 체크는 1bit의 개수가 홀수가 되도록 한다.
④ 코드에 여분의 비트를 검사 비트로 첨가하여 착오를 검출하는 방법이다.

난이도 중 문제 진단 ○△✕

12 **다음 게이트에서 입력 A, B에 대한 설명으로 옳은 것은?**

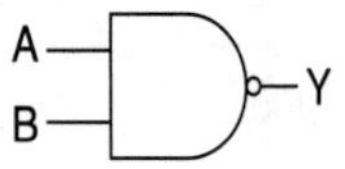

① $\overline{A} + B$　　② $A + \overline{B}$
③ $\overline{A} + \overline{B}$　　④ $A + B$

중요✓ 난이도 상 문제 진단 ○△✕

13 **논리식 $F = AB + \overline{A}C + BCD$를 간단히 하면?**

① $AB + A\overline{C}$
② $AB + \overline{A}C$
③ $\overline{A}B + AC$
④ $A\overline{B} + AC$

난이도 중 문제 진단 ○△✕

14 **기계어의 Operand에는 주로 어떤 내용이 들어 있는가?**

① Register Number
② Address
③ Instruction
④ OP-Code

난이도 중 문제 진단 ○△✕

15 **컴퓨터의 채널(Channel) 부분이 위치하는 곳은?**

① 주기억 장치와 입출력 장치의 중간에 위치한다.
② 연산 장치와 레지스터의 중간에 위치한다.
③ 주기억 장치와 보조 기억 장치의 양쪽에 위치한다.
④ 주기억 장치와 CPU의 중간에 위치한다.

난이도 중 문제 진단 ○△✕

16 **한번에 1비트씩만 변화되기 때문에 기계적인 동작을 통하는 적합한 코드는?**

① 해밍 코드
② 그레이 코드
③ 3초과 코드
④ 가중 코드

난이도 상 문제 진단 ○△✕

17 **다음 그림에서 A값으로 1010, B의 값으로 0101이 입력되었다고 할 때 그 결과값은?**

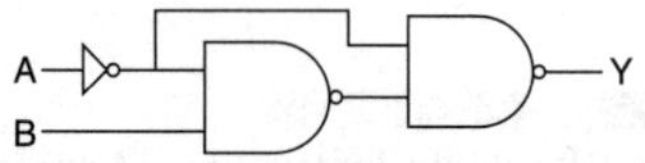

① 1000　　② 0001
③ 1111　　④ 0101

난이도 상 문제 진단 ○△✕

18 **일반적으로 컴퓨터의 CPU에서 하나의 명령어를 실행하기 위하여 이루어지는 동작 단계를 바르게 나열한 것은?**

① Fetch Cycle → Instruction Decoding Cycle → Write-Back 작업 → 명령어 실행 단계
② Fetch Cycle → Instruction Decoding Cycle → 명령어 실행 단계 → Write-Back 작업
③ Fetch Cycle → 명령어 실행 단계 → Write-Back 작업 → Instruction Decoding Cycle
④ Instruction Decoding Cycle → Fetch Cycle → 명령어 실행 단계 → Write-Back 작업

난이도 중 문제 진단 ○△✕

19 **CPU에서 처리된 데이터나 기억 장치에 저장된 데이터들이 전달되는 양방향의 전송 통로는?**

① 입출력 모듈
② ALU
③ 버스(BUS)
④ SDRAM

중요✓ 난이도 중 문제 진단 ○△✕

20 주소 접근 방식 중 약식 주소 표현 방식에 해당하는 것은?

① 직접 주소
② 간접 주소
③ 상대 주소
④ 계산에 의한 주소

난이도 중 문제 진단 ○△✕

21 다음 SQL문에서 ORDER BY 절의 의미를 옳게 설명한 것은?

ORDER BY 가산점 DESC, 사원번호 ASC

① 가산점은 오름차순으로, 사원번호는 내림차순으로 정렬
② 가산점은 내림차순으로, 사원번호는 오름차순으로 정렬
③ 가산점은 사원번호를 하나의 그룹으로 묶어 내림차순으로 정렬
④ 가산점은 사원번호를 하나의 그룹으로 묶어 오름차순으로 정렬

난이도 중 문제 진단 ○△✕

22 SQL 명령에서 DISTINCT의 의미를 가장 잘 설명한 것은?

SELECT DISTINCT 학과명 FROM 학생 WHERE 총점 〉80

① 학과명이 중복되지 않게 검색한다.
② 중복된 학과명만 검색한다.
③ 중복된 학과명은 모두 삭제한다.
④ 학과명만 제외하고 검색한다.

중요✓ 난이도 하 문제 진단 ○△✕

23 데이터베이스 관리 시스템(DBMS)의 필수 기능에 해당되지 않는 것은?

① 연산 기능
② 제어 기능
③ 조작 기능
④ 정의 기능

중요✓ 난이도 하 문제 진단 ○△✕

24 프레젠테이션을 구성하는 내용을 하나의 화면 단위로 나타낸 것은?

① 셀
② 슬라이드
③ 시나리오
④ 매크로

난이도 하 문제 진단 ○△✕

25 스프레드시트의 주요 기능과 거리가 먼 것은?

① 탁상출판(DTP) 기능
② 문서 작성 기능
③ 차트 작성 기능
④ 자동 계산 기능

난이도 하 문제 진단 ○△✕

26 다음 중 프레젠테이션을 사용하기에 적합하지 않은 것은?

① 과제 발표
② 강의 자료
③ 상품 선전
④ 독후감 쓰기

난이도 하 문제 진단 ○△✕

27 테이블을 제거할 때 사용하는 SQL 명령어는?

① DELETE
② DROP
③ VIEW
④ ALTER

난이도 상 문제 진단 ○△✕

28 다음의 데이터베이스 설계 항목들을 순서대로 옳게 나열한 것은?

㉮ 요구 조건 분석	㉯ 물리적 설계
㉰ 논리적 설계	㉱ 개념적 설계
㉲ 구현	

① ㉮ → ㉯ → ㉰ → ㉱ → ㉲
② ㉮ → ㉯ → ㉱ → ㉰ → ㉲
③ ㉮ → ㉰ → ㉯ → ㉱ → ㉲
④ ㉮ → ㉱ → ㉰ → ㉯ → ㉲

중요✓ 난이도 하 문제 진단 ○△×

29 3단계 스키마(Schema)의 종류가 아닌 것은?

① 개념 스키마 ② 외부 스키마
③ 관계 스키마 ④ 내부 스키마

중요✓ 난이도 하 문제 진단 ○△×

30 SQL에서 데이터 정의어(DDL)에 해당하는 것은?

① UPDATA
② DELETE
③ SELECT
④ CREATE

난이도 하 문제 진단 ○△×

31 도스(MS-DOS)에서 파일의 이름을 알파벳순으로 표시하는 명령어는?

① DIR/ON
② DIR/OS
③ DIR/OA
④ DIR/OD

난이도 중 문제 진단 ○△×

32 윈도우즈에서 DOS의 디렉터리와 유사한 의미를 가지는 것은?

① 파일
② 트리
③ 드라이브
④ 폴더

난이도 하 문제 진단 ○△×

33 윈도우즈에서 워드패드로 작성한 파일 저장 시 기본적으로 제공되는 확장자명은?

① bmp
② gif
③ hwp
④ doc

난이도 상 문제 진단 ○△×

34 다음의 설명이 가장 적합한 것은?

Before a disk can store data, it must be divided into sectors that the disk controller can read and write.

① Booting
② Backup
③ File Store
④ Formatting

난이도 하 문제 진단 ○△×

35 윈도우즈의 탐색기에서 파일이나 폴더를 같은 드라이브로 이동 및 선택하는 방법으로 틀린 것은?

① 비연속인 여러 개의 파일이나 폴더를 선택할 경우 Shift를 사용한다.
② 마우스의 오른쪽 단추를 누른 후 드래그 앤 드롭을 이용하여 이동한다.
③ 마우스의 왼쪽 단추로 드래그 앤 드롭을 이용하여 이동한다.
④ 이동할 파일이나 폴더의 전체항목을 선택하는 단축키는 Ctrl+A이다.

난이도 중 문제 진단 ○△×

36 다중 프로그래밍 시스템 내에서 서로 다른 프로세스가 일어날 수 없는 사건을 무한정 기다리고 있는 것은?

① 세마포어
② 가베지 수집
③ 코루틴
④ 교착 상태

난이도 중 문제 진단 ○△×

37 다음이 설명하고 있는 것은?

컴퓨터 시스템을 구성하고 있는 하드웨어 장치와 일반 컴퓨터 사용자 또는 컴퓨터에서 실행되는 응용 프로그램의 중간에 위치하여 사용자들이 보다 쉽고 간편하게 컴퓨터 시스템을 이용할 수 있도록 제어 관리하는 프로그램

① 컴파일러
② 운영체제
③ 스풀러
④ 매크로

난이도 상 문제 진단 ○△✕

38 다음은 컴퓨터에 프로그램 언어의 처리 과정을 나타내고 있다. ( ) 안에 들어갈 과정을 차례로 나열한 것은?

컴파일러 → ( ) → ( ) → 실행

① 링킹(Linking) → 로딩(Loading)
② 로딩(Loading) → 링킹(Linking)
③ 링킹(Linking) → 어셈블링(Assembling)
④ 어셈블링(Assembling) → 링킹(Linking)

난이도 중 문제 진단 ○△✕

39 운영체제를 구성하는 프로그램 중 처리 프로그램에 해당하는 것은?

① 감독 프로그램(Supervisor Program)
② 작업 관리 프로그램(Job Management Program)
③ 언어 번역 프로그램(Language Translator Program)
④ 데이터 관리 프로그램(Data Management Program)

난이도 중 문제 진단 ○△✕

40 UNIX에서 사용할 수 있는 편집기가 아닌 것은?

① ed
② v
③ ex
④ et

난이도 중 문제 진단 ○△✕

41 도스(MS-DOS)에서 숨겨진 파일의 속성을 지정하는 명령은?

① ATTRIB +R
② ATTRIB +A
③ ATTRIB +S
④ ATTRIB +H

난이도 상 문제 진단 ○△✕

42 도스(MS-DOS)에서 "CONFIG.SYS" 파일에 "LASTDRIVE=D"의 설정이 의미하는 것은?

① 드라이브 용량을 의미한다.
② 드라이브 모양을 의미한다.
③ 드라이브 속도를 의미한다.
④ 드라이브 개수를 의미한다.

난이도 상 문제 진단 ○△✕

43 다음 중 네트워크 인터페이스의 IP 주소를 설정하거나 정보를 출력하는 Linux 명령은?

① ifconfig
② traceroute
③ nslookup
④ netstat

중요✓ 난이도 상 문제 진단 ○△✕

44 스풀링(Spooling)에 대한 설명으로 틀린 것은?

① 프로세서와 입출력 장치와의 속도 차이를 해결하여 시스템의 효율을 높이는 방법이다.
② 스풀링의 방법은 출력 장치로 직접 보내는 것이다.
③ 출력 시 출력할 데이터를 만날 때마다 디스크로 보내 저장시키는 것이다.
④ 프로그램 실행과 속도가 느린 입출력을 이원화한다.

난이도 중 문제 진단 ○△✕

45 실행 중인 프로그램이나 시스템을 중지시킬 수 있는 수행 중단 기능(Break On)을 설정할 수 있는 도스 파일은?

① IO.SYS
② COMMAND.COM
③ AUTOEXEC.BAT
④ CONFIG.SYS

난이도 상 문제 진단 ○△×

46 다음 문장에서 "this system"이 의미하는 것은?

> This system was developed in which users could interface directly with the computer through terminals. Programs in the system are given a limited amount of CPU time called a time-slice.

① time sharing system
② multi processing system
③ batch system
④ single user system

난이도 하 문제 진단 ○△×

47 도스(MS-DOS)에서 외부 명령어에 대한 설명으로 옳은 것은?

① 독립된 파일의 형태로 DIR 명령어로 확인이 가능하다.
② COMMAND.COM이 주기억 장치에 올려짐으로써 사용할 수 있다.
③ 주기억 장치에 항상 올려져 있는 명령어이다.
④ DIR은 외부 명령어의 하나이다.

중요 ✓ 난이도 상 문제 진단 ○△×

48 UNIX 명령어 중 DOS의 DIR과 같은 역할을 하는 것은?

① ls ② cd
③ pwd ④ cp

난이도 하 문제 진단 ○△×

49 새로운 서브 디렉터리를 만드는 DOS 명령어는?

① COPY ② DEL
③ MD ④ DIR

난이도 중 문제 진단 ○△×

50 UNIX에서 CPU, 메모리, 하드 디스크 등의 하드웨어를 관리하여 스케줄링, 기억 장치 관리, 파일 관리, 시스템 호출 인터페이스 등의 기능을 제공하는 것은?

① 커널(Kernel)
② 셸(Shell)
③ 유틸리티(Utility)
④ 코어(Core)

난이도 상 문제 진단 ○△×

51 헤딩과 텍스트로 이루어진 정보 메시지가 3개의 블록으로 분할되어 전송될 경우 최종 블록에 들어갈 전송 제어 문자는?

① ETB ② ETX
③ SOH ④ STX

난이도 중 문제 진단 ○△×

52 다음 중 오류 검출 및 정정이 가능한 코드는?

① 그레이 코드
② 해밍 코드
③ 아스키 코드
④ BCD 코드

난이도 중 문제 진단 ○△×

53 단말기에서 메시지(Message) 출력 중 동시에 호스트 컴퓨터로부터 입력 신호를 받아들일 수 있는 방식은?

① 전이중 방식
② 반이중 방식
③ 단향 방식
④ 우회 방식

난이도 중 문제 진단 ○△×

54 데이터 통신에서 회선 접촉 불량에 의해서 주로 생기는 것은?

① 위상 왜곡(Phase Distortion)
② 충격성 잡음(Impulse Noise)
③ 열잡음(Thermal Noise)
④ 비선형 왜곡(Nonlinear Distortion)

난이도 중 문제 진단 ○△×

55 다음 통신 회선 중 가장 큰 대역폭을 갖는 것은?

① 폼스킨 케이블
② UTP 케이블
③ 광섬유 케이블
④ 동축 케이블

중요✓ 난이도 중 문제 진단 ○△✕

56 OSI 7계층 참조 모델에서 코드 변환, 암호화, 해독 등을 주로 담당하는 계층은?

① 응용 계층 ② 표현 계층
③ 세션 계층 ④ 트랜스포트 계층

난이도 중 문제 진단 ○△✕

57 다음 중 트래픽 제어(Traffic Control)에 해당되지 않는 것은?

① 흐름 제어(Flow Control)
② 교착 회피 제어(Deadlock Avoidance Control)
③ 오류 제어(Error Control)
④ 폭주 제어(Congestion Control)

중요✓ 난이도 하 문제 진단 ○△✕

58 LAN의 망 구성 형태로 적합하지 않은 것은?

① 스타형
② 링
③ 버스형
④ 그물형

중요✓ 난이도 중 문제 진단 ○△✕

59 PCM 통신 방식에서 PAM 신호를 허용된 몇 단계의 레벨 값으로 근사화시키는 과정은?

① 양자화
② 부호화
③ 표본화
④ 다중화

난이도 중 문제 진단 ○△✕

60 다음 중 디스크의 사용 가능한 용량을 알고 싶을 때 사용하는 Linux 명령은?

① du
② ls
③ df
④ cp

빠른 정답표 확인하기

① 모바일로 QR 코드를 스캔합니다.
② 해당 회차의 정답표를 확인합니다.
③ 빠르고 간편하게 채점해 보세요.

정답 258p

해설과 따로 보는 최신 기출문제 06회

SELF CHECK | 제한시간 60분 | 소요시간 분 | 전체 문항 수 60문항 | 맞힌 문항 수 문항

난이도 중 문제 진단 ○△✕

01 입출력 채널의 기능으로 적합하지 않은 것은?

① 입출력 명령을 해독한다.
② 각 입출력 장치의 명령 실행을 지시한다.
③ 지시된 명령의 실행 상황을 제어한다.
④ 많은 입출력 장치를 한 번에 종속적으로 동작시킨다.

난이도 상 문제 진단 ○△✕

02 연속되는 2개의 숫자를 표현한 코드에서 한 개의 비트를 변경하면 새로운 코드가 되기 때문에 아날로그-디지털 변환, 데이터 전송 등에 주로 사용되는 코드는?

① EBCDIC Code
② Hamming Code
③ ASCII Code
④ Gray Code

난이도 상 난이도 중 문제 진단 ○△✕

03 1비트(bit)를 기억할 수 있는 능력을 가진 기억의 최소 단위로 클록이 있는 순서 회로에 기억된 기억 소자는?

① 플립플롭(Flip-Flop)
② 전가산기(Full Adder)
③ 반가산기(Half Adder)
④ 부호기(Encoder)

난이도 중 문제 진단 ○△✕

04 다음 그림과 같은 논리 회로는?

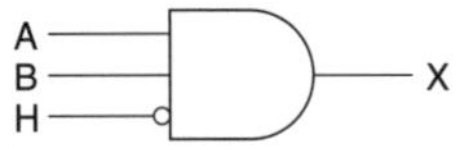

① Inhibit
② OR
③ AND
④ Flip-Flop

난이도 중 문제 진단 ○△✕

05 연산의 중심이 되는 레지스터(Register)는?

① General Register
② Address Register
③ Accumulator
④ Flip-Flop

중요✓ 난이도 중 문제 진단 ○△✕

06 순차적인 주소 지정 등에 유리하며, 주소 지정에 2개의 레지스터가 사용되는 방식은?

① 직접 Addressing
② 간접 Addressing
③ 상대 Addressing
④ 색인 Addressing

난이도 하 문제 진단 ○△✕

07 다음 중 연산자의 기본 기능에 속하지 않는 것은?

① 전달 기능
② 제어 기능
③ 데이터 검색 기능
④ 입출력 기능

난이도 중 문제 진단 ○△✕

08 마이크로프로세서의 기능이 아닌 것은?

① 기억 기능
② 메모리 관리
③ 산술 및 논리 연산
④ 제어 기능

난이도 중 문제 진단 ○△✕

09 시프트 마이크로 동작의 종류에 해당하지 않는 것은?

① 논리 시프트(Logical Shift)
② 순환 시프트(Circulate Shift)
③ 산술 시프트(Arithmetic Shift)
④ 로테이트 시프트(Rotate Shift)

난이도 중 문제 진단 ○△✕

10 **기억 장치에 액세스(Access)할 필요 없이 스택(Stack)을 이용하여 연산을 행하는 명령어 형식은?**

① 0-주소 명령어
② 1-주소 명령어
③ 2-주소 명령어
④ 3-주소 명령어

난이도 상 문제 진단 ○△✕

11 **다음 중 가장 작은 수는?**

① 2진수 101011000
② 8진수 531
③ 10진수 345
④ 16진수 159

중요✓ 난이도 중 문제 진단 ○△✕

12 **다음 중 절대 주소(Absolute Address) 표현 방식인 것은?**

① 즉시 주소(Immediate Address) 지정 방식
② 직접 주소(Direct Address) 지정 방식
③ 간접 주소(Indirect Address) 지정 방식
④ 계산에 의한 주소 지정 방식

난이도 하 문제 진단 ○△✕

13 **기억된 내용을 읽을 수만 있고, 전원이 차단되어도 기억된 내용이 소멸되지 않는 것은?**

① RAM ② ROM
③ DAM ④ DOM

난이도 중 문제 진단 ○△✕

14 **이항(Binary) 연산에 해당하는 것은?**

① 논리곱 연산
② 시프트 연산
③ 로테이트 연산
④ 보수 연산

난이도 중 문제 진단 ○△✕

15 **입출력 제어 방식 중 DMA(Direct Memory Access) 방식의 설명으로 옳은 것은?**

① 중앙 처리 장치의 많은 간섭을 받는다.
② 프로그램에 의한 방법과 인터럽트에 의한 방법을 갖고 있다.
③ 입출력 장치와 기억 장치 간에 직접 데이터를 주고받는다.
④ 입출력을 제어하는 방식에서 가장 원시적인 방법이다.

중요✓ 난이도 하 문제 진단 ○△✕

16 **다음 중 로더(Loader)의 기능이 아닌 것은?**

① 할당(Allocation)
② 번역(Compiler)
③ 링킹(Linking)
④ 재배치(Relocation)

난이도 상 문제 진단 ○△✕

17 **CISC(Complex Instruction Set Computer)의 특징으로 옳지 않은 것은?**

① 명령어의 개수가 보통 100~250개로 많다.
② RISC에 비해 빠른 처리 속도를 제공한다.
③ 명령어의 길이가 가변적이다.
④ 명령어는 기억 장치 내의 오퍼랜드를 처리(Manipulate)한다.

난이도 상 난이도 중 문제 진단 ○△✕

18 **그림과 같은 논리 회로에서 A의 값이 1010, B의 값이 1110일 때 출력 Y의 값은?**

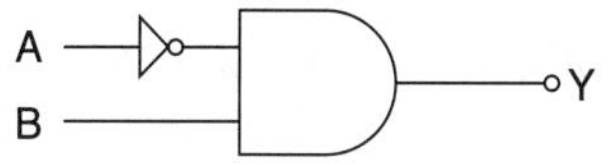

① 1111
② 1001
③ 1010
④ 0100

중요✓ 난이도 중 문제 진단 ○△✕

19 다음 진리표에 해당하는 논리식은?

A(입력)	B(입력)	S(출력)
0	0	1
1	0	0
0	1	0
1	1	0

① $S = A + B$
② $S = A \cdot B$
③ $S = \overline{A} + \overline{B}$
④ $S = \overline{A} \cdot \overline{B}$

난이도 상 문제 진단 ○△✕

20 16진수의 3D를 10진수로 변환하면?

① 48 ② 61
③ 62 ④ 49

난이도 하 문제 진단 ○△✕

21 하나 이상의 기본 테이블로부터 유도되어 만들어지는 가상 테이블은?

① 뷰(View)
② 윈도우(Window)
③ 테이블(Table)
④ 도메인(Domain)

난이도 중 문제 진단 ○△✕

22 SQL의 형식으로 적당하지 않은 것은?

① SELECT – FORM – WHERE
② UPDATE – FROM – WHERE
③ INSERT – INTO – VALUE
④ DELETE – FROM – WHERE

난이도 중 문제 진단 ○△✕

23 스프레드시트 프로그램을 사용하여 처리할 업무와 거리가 먼 것은?

① 직원들의 급여를 계산한다.
② 주문서와 견적서를 만들어 출력한다.
③ 동영상을 포함한 광고를 제작하여 발표한다.
④ 차트와 그래프를 만들어 재무 분석에 이용한다.

난이도 하 문제 진단 ○△✕

24 프레젠테이션을 구성하는 하나의 화면 단위는?

① 시트
② 개체
③ 슬라이드
④ 셀

중요✓ 난이도 하 문제 진단 ○△✕

25 스프레드시트에서 반복 실행하여야 하는 동일 작업이나 복잡한 작업을 하나의 명령으로 정의하여 실행할 수 있는 기능은?

① 슬라이드
② 매크로
③ 필터
④ 셀

중요✓ 난이도 하 문제 진단 ○△✕

26 데이터베이스의 구조를 3단계로 구분할 때 해당하지 않는 것은?

① 내부 스키마
② 외부 스키마
③ 개념 스키마
④ 관계 스키마

난이도 하 문제 진단 ○△✕

27 테이블, 뷰, 스키마, 도메인, 인덱스를 제거할 때 사용하는 SQL 명령어는?

① CREATE
② DROP
③ ALTER
④ DELETE

난이도 중 문제 진단 ○△✕

28 다음 SQL 문장의 의미는? (단, PURCHASE는 구매테이블, ITEM은 품명이다.)

```
SELECT SUM(*) FROM PURCHASE WHERE ITEM=
"사과"
```

① 주문한 전체 사과 수량의 평균값을 구한다.
② 주문한 수량 중 최대값을 구한다.
③ 주문한 수량 중 최소값을 구한다.
④ 주문한 사과의 전체 수량을 구한다.

중요✓ 난이도 하 문제 진단 ○△✕

29 데이터베이스 관리 시스템의 필수 기능과 거리가 먼 것은?

① 처리 기능
② 정의 기능
③ 조작 기능
④ 제어 기능

난이도 하 문제 진단 ○△✕

30 SQL의 DML에 해당하지 않는 것은?

① INSERT
② UPDATE
③ DROP
④ DELETE

난이도 중 문제 진단 ○△✕

31 업무 처리로 실시간 시스템(Real-time System)으로 처리할 필요가 없는 것은?

① 적의 공중 공격에 대비하여 동시에 여러 지점을 감시하는 시스템
② 가솔린 정련에서 온도가 너무 높이 올라가는 경우 폭발을 방지하기 위해 조치를 취하는 시스템
③ 고객명단 자료를 월 단위로 묶어 처리하는 시스템
④ 교통 관리, 비행조정 등과 같은 외부 상태에 대한 신속한 제어를 목적으로 하는 시스템

난이도 하 문제 진단 ○△✕

32 도스(MS-DOS)의 COMMAND.COM에서 처리하는 것이 아닌 것은?

① DIR ② COPY
③ CLS ④ DISKCOPY

중요✓ 난이도 중 문제 진단 ○△✕

33 윈도우즈에서 파일 삭제 시 휴지통 폴더로 이동하지 않고 복원이 불가능한 삭제에 사용되는 키 입력은?

① Alt + Delete
② Ctrl + Delete
③ Shift + Delete
④ Tab + Delete

난이도 중 문제 진단 ○△✕

34 도스(MS-DOS)에서 웜부팅(Warm Booting)에 해당하는 것은?

① 전원 스위치를 이용하여 부팅
② Ctrl, Alt, Delete를 이용하여 부팅
③ Reset을 이용하여 부팅
④ Ctrl, Break를 이용하여 부팅

난이도 하 문제 진단 ○△✕

35 도스(MS-DOS)에서 내부 명령어에 해당하지 않는 것은?

① DEL ② DIR
③ XCOPY ④ COPY

난이도 하 문제 진단 ○△✕

36 다음 설명에 해당하는 DOS 명령어는?

> 지정된 디렉터리를 포함한 하위 디렉터리와 모든 파일을 복사하는 외부 명령어

① COPY ② DISKCOPY
③ XCOPY ④ ZCOPY

난이도 상 문제 진단 ○△✕

37 다음 문장의 (   )에 들어갈 용어는?

> Computer components fall into blank three categories : processor, input and output. The processor consists of primary storage or memory, the arithmetic and logic unit and the (   ) unit.

① control ② bus
③ process ④ screen

난이도 중 문제 진단 ○△✕

38 운영체제의 성능 평가 항목과 가장 거리가 먼 것은?

① 신뢰도 ② 처리 능력
③ 비용 ④ 사용 가능도

난이도 중 문제 진단 ○△✕

39 운영체제(Operating System)에 대한 설명으로 틀린 것은?

① 컴퓨터 사용자와 하드웨어 간의 매개자 역할을 하는 프로그램의 집합체이다.
② 운영체제의 목적은 사용자에게 쉽게 컴퓨터를 사용할 수 있는 환경의 제공이다.
③ 운영체제는 사용자 중심으로 시스템을 제어, 관리하지만 에러(Error) 처리는 지원하지 않는다.
④ 운영체제의 종류로는 UNIX, 윈도우즈 등이 있다.

중요✓ 난이도 중 문제 진단 ○△✕

40 윈도우즈의 휴지통에 대한 설명으로 틀린 것은?

① 일반적으로 삭제된 파일이 저장되는 공간이다.
② 휴지통의 용량은 조절할 수 있다.
③ 휴지통에 있는 파일을 직접 실행시키려면 해당 파일을 더블클릭한다.
④ 휴지통 비우기를 실행하면 복구가 불가능해진다.

난이도 중 문제 진단 ○△✕

41 Linux의 ls 명령에서 숨겨진 파일을 포함한 모든 파일과 디렉터리를 표시하는 옵션은?

① −a ② −l
③ −t ④ −x

난이도 상 문제 진단 ○△✕

42 UNIX 운영체제의 특징에 대한 설명으로 틀린 것은?

① 타 기종에 비해 이식성(Portability)이 높다.
② 가상 메모리(Virtual Memory)를 지원한다.
③ 다중 사용자(Multi-User), 다중 작업(Multi-Tasking)의 기능을 지원한다.
④ 대부분 어셈블리 언어로 이루어져 있어 강력한 Network 기능을 수행한다.

중요✓ 난이도 중 문제 진단 ○△✕

43 운영체제의 역할로 틀린 것은?

① 시스템의 효율적인 운영과 관리를 한다.
② 사용자 간의 데이터 교환을 가능하게 한다.
③ 하드웨어의 메모리 관리와 입출력을 보조한다.
④ 원시 프로그램을 기계어로 번역한다.

난이도 상 문제 진단 ○△✕

44 UNIX에서 note라는 파일의 접근 허용 상태가 rwxrwxrwx일 때, 소유자만 파일을 수정할 수 있도록 하는 명령으로 옳은 것은?

① chmod u−w note
② chmod u+w note
③ chmod go−w note
④ chmod o+w note

난이도 하 문제 진단 ○△✕

45 윈도우즈에서 컴퓨터의 내용, 폴더 계층 및 폴더의 파일을 볼 수 있게 해주는 것은?

① 탐색기
② 워드패드
③ 시스템 도구
④ 하이퍼터미널

난이도 상 문제 진단 ○△✕

46 MS−DOS 부팅 시 필요한 파일의 읽는 순서를 옳게 나열한 것은?

(1) MSDOS.SYS	(2) IO.SYS
(3) CONFIG.SYS	(4) AUTOEXET.BAT
(5) COMMAND.COM	

① (1)−(2)−(3)−(4)−(5)
② (2)−(1)−(3)−(5)−(4)
③ (2)−(1)−(3)−(4)−(5)
④ (1)−(2)−(5)−(3)−(4)

난이도 상 문제 진단 ○△✕

47 다음 설명은 무엇에 관한 내용인가?

> It is a program that acts as an intermediary between a user of a computer and computer hardware.

① Application Program
② Operating System
③ Job Scheduling
④ File System

난이도 중 문제 진단 ○△×

48 준비 상태(Ready)에 있는 프로세스들 중에서 우선순위가 가장 높은 프로세스를 선택하여 CPU를 할당(Running 상태)하는 것은?

① 디스패치(Dispatch)
② 타이머 종료(Timer Run-out)
③ 사건 대기(Event Wait)
④ 깨어남(Wake Up)

난이도 하 문제 진단 ○△×

49 윈도우즈 설치 시 바탕 화면에 기본적으로 등록되어 있는 아이콘이 아닌 것은?

① 내 컴퓨터
② 탐색기
③ 휴지통
④ 네트워크 환경

난이도 중 문제 진단 ○△×

50 윈도우즈에 대한 설명으로 틀린 것은?

① 폴더(Folder)란 도스에서 사용하는 디렉터리와 같은 개념으로 폴더 이름을 바꾸거나 삭제, 생성할 수 있다.
② 바탕 화면의 휴지통은 삭제된 파일 또는 폴더를 보관하는 장소로서 휴지통 내의 파일 또는 폴더는 복구할 수 없다.
③ 바탕 화면의 "네트워크 환경"은 현재 연결된 네트워크에서 사용 가능한 자원을 표시한다.
④ 바탕 화면의 "내 컴퓨터"는 현재 사용 중인 시스템의 내용을 볼 수 있으며 파일 및 폴더를 관리한다.

난이도 중 문제 진단 ○△×

51 다음 중 광섬유 케이블에 대한 설명으로 틀린 것은?

① 대용량 전송이 가능하다.
② 누화나 전기적 잡음의 영향을 받지 않는다.
③ 보안성이 취약하다.
④ 장거리 전송이 가능하다.

난이도 중 문제 진단 ○△×

52 다음 중 변복조기(Modem)의 변복조 방식이 아닌 것은?

① 주파수 편이 변조
② 진폭 편이 변조
③ 평균 전압 편이 변조
④ 위상 편이 변조

중요✓ 난이도 중 문제 진단 ○△×

53 OSI 7계층 참조 모델에서 하위 계층에 속하지 않는 것은?

① 물리 계층
② 데이터 링크 계층
③ 네트워크 계층
④ 트랜스포트 계층

난이도 중 문제 진단 ○△×

54 인터넷에서 패킷의 경로 설정 역할을 주로 하는 것은?

① 라우터
② 랜카드
③ 리피터
④ 브리지

난이도 상 문제 진단 ○△×

55 스펙트럼 확산 기술을 응용한 다원 접속 방식으로 보내고자 하는 신호를 그 주파수 대역보다 넓은 주파수 대역으로 확산시켜 전송하는 방식은?

① FDMA
② TDMA
③ STDMA
④ CDMA

난이도 중 문제 진단 ○△×

56 데이터 통신 네트워크 유형 중 분산 처리 네트워크의 장점과 거리가 먼 것은?

① 데이터의 신속한 현장 처리가 가능하다.
② 시스템의 운영 조직이 간단해진다.
③ 장애 발생 시 전체적으로 기능이 마비되지 않는다.
④ 자원의 공유가 가능하다.

난이도 중 문제 진단 ○△×

57 **전자, 정전 결합 등 전기적 결합에 의하여 서로 다른 회선에 영향을 주는 현상은?**

① 감쇠
② 누화
③ 위상 왜곡
④ 비선형 왜곡

난이도 중 문제 진단 ○△×

58 **Linux 운영체제에서 사용자가 운영체제와 대화하기 위한 기반을 제공하는 프로그램으로 명령어를 해석하고, 오류의 원인을 알려주는 역할을 하는 것은?**

① 커널(Kernel)
② 셸(Shell)
③ 시스템 호출(System Call)
④ 응용 프로그램

난이도 상 문제 진단 ○△×

59 **30개의 교환국을 망형으로 상호 결선하려면 국간 필요한 최소 통신 회선 수는?**

① 225
② 240
③ 435
④ 450

중요✓ 난이도 중 문제 진단 ○△×

60 **다음 중 에러 검출 코드가 아닌 것은?**

① 2 out-of 5
② Biquinary
③ CRC
④ BCD

빠른 정답표 **확인하기**

① 모바일로 QR 코드를 스캔합니다.
② 해당 회차의 정답표를 확인합니다.
③ 빠르고 간편하게 채점해 보세요.

해설과 따로 보는 최신 기출문제 07회

SELF CHECK | 제한시간 60분 | 소요시간 분 | 전체 문항 수 60문항 | 맞힌 문항 수 문항

난이도 상 문제 진단 ○△✕

01 **중앙 처리 장치의 한 종류인 CISC(Complex Instruction Set Computer)에 대한 설명으로 틀린 것은?**

① 복잡하고 기능이 많은 명령어로 구성된다.
② 다양한 크기의 명령어를 사용한다.
③ 많은 수의 레지스터를 사용한다.
④ 마이크로 코드 설계가 어렵다.

중요✓ 난이도 하 문제 진단 ○△✕

02 **에러를 검출하고 검출된 에러를 교정하기 위하여 사용되는 코드는?**

① BCC 코드
② Hamming 코드
③ 8421 코드
④ ASCII 코드

난이도 중 문제 진단 ○△✕

03 **n 비트의 2진 코드 입력에 의해 최대 2^n개의 출력이 나오는 회로로 2진 코드를 다른 부호로 바꾸고자 할 때 사용하는 회로는?**

① 디코더(Decoder)
② 카운터(Counter)
③ 레지스터(Register)
④ RS 플립플롭(RS Flip-Flop)

난이도 중 문제 진단 ○△✕

04 **제어 장치의 기능에 대한 설명으로 틀린 것은?**

① 산술 및 논리 연산을 실행하는 장치이다.
② 입출력 장치를 제어한다.
③ 주기억 장치에 기억된 명령을 꺼내어 해독한다.
④ 프로그램 카운터와 명령 레지스터를 이용하여 명령어 처리 순서를 제어한다.

난이도 중 문제 진단 ○△✕

05 **다음과 같은 논리 회로는?**

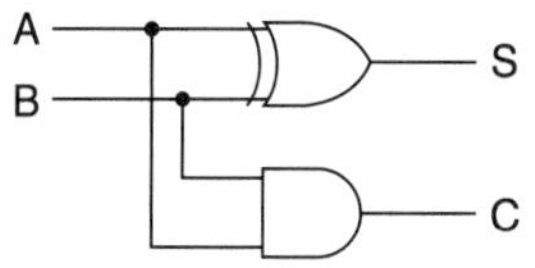

① 전가산기
② 반가산기
③ 카운터
④ 패리티 발생기

난이도 중 문제 진단 ○△✕

06 **입출력 조작의 시간과 중앙 처리 장치의 처리 시간과의 불균형을 보완하는 것은?**

① 채널 장치 ② 제어 장치
③ 터미널 장치 ④ 콘솔 장치

난이도 중 문제 진단 ○△✕

07 **명령어(Instruction)가 제공하는 정보가 아닌 것은?**

① 작업 소요 시간 ② 명령어 형식
③ 연산자 ④ 데이터의 주소

난이도 상 문제 진단 ○△✕

08 **$(1011)_2-(1101)_2$의 값을 10진수로 나타내면?**

① −1 ② −2
③ −3 ④ −4

난이도 중 문제 진단 ○△✕

09 **소프트웨어에 의하여 우선순위를 판별하는 방법은?**

① 인터럽트 벡터
② 데이지 체인
③ 폴링
④ 핸드 쉐이킹

난이도 하 문제 진단 ○△×

10 장치로부터 전송된 메모리 워드나 기억될 메모리를 일시적으로 저장하는 레지스터는?

① PSW
② Queue
③ MBR
④ DMA

난이도 상 문제 진단 ○△×

11 다음 중 컴퓨터 시스템에서 처리할 경우 연산 속도가 가장 빠른 것은?

① S = A / B
② S = A + B
③ S = A − B
④ S = A * B

난이도 중 문제 진단 ○△×

12 1비트(Bit) 기억 장치로 가장 적절한 것은?

① 레지스터
② 누산기
③ 계전기
④ 플립플롭

중요✓ 난이도 상 문제 진단 ○△×

13 $Y = A + \overline{A} \cdot B$를 간소화하면?

① A ② B
③ A + B ④ A · B

난이도 중 문제 진단 ○△×

14 토글 또는 보수 플립플롭으로서, JK 플립플롭의 J와 K를 묶어서 입력이 구성되며, 입력이 0일 경우에는 상태가 불변이고, 입력이 1일 경우에는 보수가 출력되는 것은?

① D 플립플롭
② RS 플립플롭
③ P 플립플롭
④ T 플립플롭

중요✓ 난이도 중 문제 진단 ○△×

15 제어 장치가 앞의 명령 실행을 완료한 후, 다음에 실행할 명령을 기억 장치로부터 가져오는 동작을 완료할 때까지의 주기를 무엇이라고 하는가?

① Fetch Cycle
② Transfer Cycle
③ Search Time
④ Run Time

난이도 중 문제 진단 ○△×

16 기억 장치 고유의 번지로서 0, 1, 2, 3과 같이 16진수로 약속하여 순서대로 정해놓은 번지, 즉, 기억 장치 중의 기억 장소를 직접 숫자로 지정하는 주소로서 기계어 정보가 기억되어 있는 것은?

① 메모리 주소
② 베이스 주소
③ 상대 주소
④ 절대 주소

난이도 하 문제 진단 ○△×

17 이항(Binary) 연산에 해당하는 것은?

① Rotate
② Shift
③ Complement
④ OR

난이도 중 문제 진단 ○△×

18 레지스터 중 PC(Program Counter)를 바르게 설명한 것은?

① 현재 실행 중인 명령어의 내용을 기억한다.
② 다음에 수행할 명령어의 번지를 기억한다.
③ 기억 장소의 내용을 기억한다.
④ 연산의 결과를 일시적으로 보관한다.

난이도 상 문제 진단 ○△×

19 **그림과 같은 논리 회로에서 출력 X에 알맞은 것은?**

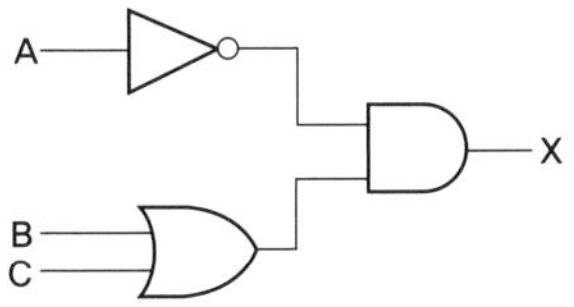

① $\overline{A} \cdot (B + C)$ ② $\overline{A} \cdot (\overline{B + C})$
③ $\overline{A} \cdot \overline{B} \cdot \overline{C}$ ④ $\overline{A} + \overline{B + C}$

중요✓ 난이도 중 문제 진단 ○△×

20 **오퍼랜드(Operand) 자체가 연상 대상이 되는 주소 지정 방식은?**

① 즉시 주소 지정(Immediate Addressing)
② 직접 주소 지정(Direct Addressing)
③ 간접 주소 지정(Indirect Addressing)
④ 묵시적 주소 지정(Implied Addressing)

중요✓ 난이도 하 문제 진단 ○△×

21 **3단계 데이터베이스 구조에서 각 단계의 스키마에 해당하지 않는 것은?**

① 내부 스키마
② 외부 스키마
③ 개념 스키마
④ 물리 스키마

난이도 중 문제 진단 ○△×

22 **데이터베이스 관리자(DBA)의 역할과 거리가 먼 것은?**

① 스키마 정의
② 무결성 제약조건의 인정
③ 데이터 액세스 권한의 인정
④ 프로그램의 논리 및 알고리즘의 설계

난이도 중 문제 진단 ○△×

23 **학생 테이블에 데이터를 입력한 후, 주소 필드가 누락되어 이를 추가하려고 할 경우 적합한 SQL 명령은?**

① MORE TABLE ~
② ALTER TABLE ~
③ ADD TABLE ~
④ MODIFY TABLE ~

난이도 중 문제 진단 ○△×

24 **SQL에서 DROP문의 옵션(Option) 중 "RESTRICT"의 역할에 대한 설명으로 가장 적합한 것은?**

① 제거할 요소들을 기록 후 제거한다.
② 제거할 요소가 참조 중일 경우에만 제거한다.
③ 제거할 요소들에 대한 예비조치(Back Up) 작업을 한다.
④ 제거할 요소가 참조 중이면 제거하지 않는다.

난이도 하 문제 진단 ○△×

25 **스프레드시트에서 사용자가 설정하는 특정 조건을 만족하는 자료만 검색, 추출하는 기능은?**

① 정렬(Sort)
② 필터(Filter)
③ 매크로(Macro)
④ 차트(Chart)

난이도 하 문제 진단 ○△×

26 **스프레드시트에서 행과 열이 만나서 이루는 사각형으로 데이터가 입력되는 기본 단위는?**

① 피치(Pitch)
② 셀(Cell)
③ 도트(Dot)
④ 포인트(Point)

중요✓ 난이도 하 문제 진단 ○△×

27 **DBMS의 필수 기능으로 옳은 것은?**

① 조작 기능, 제어 기능, 연산 기능
② 정의 기능, 제어 기능, 연산 기능
③ 정의 기능, 조작 기능, 연산 기능
④ 정의 기능, 조작 기능, 제어 기능

난이도 하 문제 진단 ○△×

28 **프레젠테이션에서 화면을 구성하는 그림이나 도형들은?**

① 슬라이드 ② 개체
③ 시나리오 ④ 개요

난이도 중 문제 진단 ○△✕

29 SQL 구문 형식으로 옳지 않은 것은?

① SELECT ~ FROM ~ WHERE
② DELETE ~ FROM ~ WHERE
③ INSERT ~ INTO ~ WHERE
④ UPDATE ~ SET ~ WHERE

중요✓ 난이도 하 문제 진단 ○△✕

30 SQL의 데이터 정의어에 해당되지 않는 것은?

① SELECT
② CREATE
③ ALTER
④ DROP

난이도 중 문제 진단 ○△✕

31 UNIX의 특징으로 옳지 않은 것은?

① 대화식 운영체제이다.
② 하나의 컴퓨터를 여러 사람이 사용할 수 있다.
③ 이식성과 확장성이 뛰어난 폐쇄형 시스템이다.
④ 파일 시스템이 Tree 형태의 계층적 구조로 되어 있다.

난이도 중 문제 진단 ○△✕

32 신호의 변조 속도가 1600(baud)이고, 트리비트(tribit)를 사용하는 경우 전송 속도[bps]는?

① 9600
② 1600
③ 4800
④ 2400

난이도 상 문제 진단 ○△✕

33 Which one is not related to Processing Program?

① Language Translate Program
② Service Program
③ Job Management Program
④ Problem Program

난이도 중 문제 진단 ○△✕

34 운영체제(OS)에 대한 설명으로 틀린 것은?

① OS는 컴퓨터와 사용자 간의 중간자 역할을 한다.
② OS는 H/W 및 주변 장치를 관리하는 역할을 한다.
③ 하나의 컴퓨터 내의 모든 소프트웨어는 각각 자신의 OS를 따로 가지고 있어야 한다.
④ 일반적으로 OS는 사용자가 컴퓨터를 제어하기 쉽게 할 수 있는 인터페이스를 제공한다.

난이도 중 문제 진단 ○△✕

35 UNIX의 가장 핵심 요소로서, 메모리, CPU, 프린터 등의 시스템 자원 활용도를 높이기 위해 스케줄링과 자료 관리를 하는 것은?

① 채널 ② 유틸리티
③ 커널 ④ 셸

난이도 하 문제 진단 ○△✕

36 도스(MS-DOS)에서 단편화되어 있는 파일의 저장 상태를 최적화하여 디스크의 작동 효율을 높이는 명령은?

① DISKCOMP
② CHKDSK
③ DEFRAG
④ DISKCOPY

중요✓ 난이도 중 문제 진단 ○△✕

37 UNIX 명령어 "rm"의 설명으로 옳은 것은?

① 파일 삭제
② 디렉터리 생성
③ 디렉터리 이동
④ 파일 이동

난이도 중 문제 진단 ○△✕

38 가상 기억 장치 관리 기법인 페이지 대체 알고리즘에 대한 설명으로 틀린 것은?

① FIFO : 가장 처음에 기록된 페이지를 교체
② LRU : 최근 쓰이지 않은 페이지를 교체
③ LFU : 사용 횟수가 가장 적은 페이지를 교체
④ MRU : 사용 빈도가 가장 많은 페이지를 교체

난이도 상 문제 진단 ○△✕

39 **교착 상태(Deadlock)에 관한 설명으로 옳지 않은 것은?**

① 교착 상태는 둘 이상의 프로세스들이 서로 다른 프로세스가 차지하고 있는 자원을 요구하여 무한정 기다리게 함으로 인해 결국 해당 프로세스의 진행이 중단되는 현상이다.
② 교착 상태는 어떤 자원을 한 프로세스가 사용 중일 때 다른 프로세스가 그 작업이 끝날 때까지 기다리는데서 발생한다.
③ 교착 상태는 한 프로세스에게 할당된 자원을 스스로 내놓기 전에는 다른 자원을 강제로 빼앗을 수 없을 때 발생한다.
④ 교착 상태는 프로세스들이 자신의 자원을 내놓고 상대방의 자원을 요구하는 것이 순환을 이룰 때 발생한다.

난이도 하 문제 진단 ○△✕

40 **컴퓨터를 재부팅할 때의 방법으로 틀린 것은?**

① Reset을 누른다.
② 시작 메뉴를 이용하여 재부팅한다.
③ Esc를 누른다.
④ Alt+F4를 이용하여 재부팅한다.

난이도 상 문제 진단 ○△✕

41 What is the name of the program that can fix minor errors on your hard drive?

① SCANDISK
② FDISK
③ FORMAT
④ MEM

난이도 중 문제 진단 ○△✕

42 **프로세스의 상태 변화 중 우선순위가 가장 높은 프로세스가 준비 상태에서 실행 상태로 전환되는 것은?**

① 웨이크 업
② 타이머 종료
③ 디스패치
④ 블록

중요✓ 난이도 중 문제 진단 ○△✕

43 **윈도우즈의 휴지통에 대한 설명으로 틀린 것은?**

① 삭제한 파일을 임시 저장하며, 휴지통 내에 파일을 다시 복구할 수 있다.
② 휴지통의 크기를 변경시킬 수 없다.
③ 파일 삭제 시 휴지통에 보관하지 않고 즉시 삭제할지의 여부를 지정할 수 있다.
④ 파일 삭제 시 삭제 확인 메시지를 보이지 않게 지정할 수 있다.

난이도 중 문제 진단 ○△✕

44 **Linux에서 셸(Shell)에 대한 설명으로 옳지 않은 것은?**

① 사용자 명령을 받아 해석하고 수행시키는 명령어 해석기이다.
② 프로세스 관리, 기억 장치 관리, 파일 관리 등의 기능을 수행한다.
③ 시스템과 사용자 간의 인터페이스를 담당한다.
④ 커널처럼 메모리에 상주하지 않기 때문에 필요할 경우 교체될 수 있다.

난이도 중 문제 진단 ○△✕

45 **다음 프로그램 편집기 중 유니코드가 지원되며 다양한 색상을 이용하여 편집이 가능한 것은?**

① vi
② vim
③ pico
④ nano

난이도 중 문제 진단 ○△✕

46 **윈도우즈에서 다음 설명에 해당하는 것은?**

> • 확장자가 .LNK인 파일이다.
> • 해당 프로그램을 찾아서 실행하지 않고 바탕 화면에서 바로 실행할 수 있도록 도와준다.
> • 삭제 시 해당 프로그램에는 영향이 없다.
> • 그림 아래에 화살표가 표시된다.

① 아이콘
② 단축 아이콘
③ 폴더
④ 작업 표시줄

난이도 중 문제 진단 ○△×

47 컴퓨터 간이나 컴퓨터와 단말 장치 사이에 효율적이며, 신뢰성 있는 정보를 주고받기 위해 미리 정보의 송 · 수신측 사이에 일상 언어의 문법과 같이 설정한 법칙이나 규범은?

① 트렁크(Trunk)
② 프로토콜(Protocol)
③ 네트워크(Network)
④ 아키텍처(Architecture)

난이도 중 문제 진단 ○△×

48 도스(MS-DOS)에서 명령어 중 COMMAND.COM 파일이 관리하는 것은?

① CHKDSK
② DELTREE
③ COPY
④ FORMAT

중요✓ 난이도 하 문제 진단 ○△×

49 윈도우즈에서 하드웨어 장치를 장착하면 자동 인식하는 것은?

① 멀티태스킹(Multi-tasking)
② 오토 컨넥트(Auto-connect)
③ 드래그 앤 드롭(Drag & Drop)
④ 플러그 앤 플레이(Plug & Play)

난이도 중 문제 진단 ○△×

50 두 개의 파일에 차이가 있을 때 차이점이 나타난 바이트 위치와 행 번호를 표시하는 UNIX 명령어는?

① diff
② comm
③ cmp
④ paste

난이도 상 문제 진단 ○△×

51 중앙 내부의 구리 심선과 원통형의 외부도체로 구성되어 있고 그 사이에는 절연물로 채워져 있으며 주로 CATV용 구내 전송 선로에 이용되는 케이블은?

① 국내 케이블
② 동축 케이블
③ 폼스킨 케이블
④ 광 케이블

난이도 중 문제 진단 ○△×

52 송 · 수신 간에 통신 회선이 고정적이고, 언제나 통신이 가능하며 많은 양의 데이터 전송에 효율적인 회선은?

① 중계 회선
② 구내 회선
③ 전용 회선
④ 교환 회선

난이도 중 문제 진단 ○△×

53 송신측에서 정보의 정확한 전송을 위해서 전송할 데이터의 앞부분과 뒷부분에 헤더(Header)와 트레일러(Trailer)를 첨가하는 과정은?

① 정보의 캡슐화
② 연결 제어
③ 정보의 분할
④ 정보의 분석

난이도 상 문제 진단 ○△×

54 전력이 10[W]인 경우 [dBm]의 값은?

① 10[dBm]
② 20[dBm]
③ 30[dBm]
④ 40[dBm]

난이도 중 문제 진단 ○△×

55 이동 전화 시스템에서 CDMA 방식의 의미는?

① 채널 분할 다중화 방식
② 코드 분할 다원 접속 방식
③ 캐리어 변복조 방식
④ 공간 분할 다중 접속 방식

난이도 중 문제 진단 ○△×

56 다음 중 디지털 신호의 장거리 전송을 위해 전송 신호를 새로 재생시키거나 전압을 높여 주는 물리적 계층의 기능만을 수행하는 것은?

① 게이트웨이
② 라우터
③ 리피터
④ 브리지

중요✓ 난이도 중 문제 진단 ○△×

57 다음 중 데이터 통신의 교환 방식이 아닌 것은?

① 메시지 교환 방식
② 패킷 교환 방식
③ 기계 교환 방식
④ 회선 교환 방식

중요✓ 난이도 상 문제 진단 ○△×

58 정지-대기(stop and wait) ARQ 방식을 가장 적합하게 설명한 것은?

① 오류 발생 때만 NAK로 검출한다.
② 송신 완료 후 오류 블록만 재송신을 요구한다.
③ 비동기에서 오류를 수정한다.
④ 매 블록마다 ACK와 NAK로 응답한다.

난이도 중 문제 진단 ○△×

59 다음 중 광섬유 케이블의 손실에 해당하지 않는 것은?

① 접속 손실
② 산란 손실
③ 흡수 손실
④ 유전체 손실

난이도 상 문제 진단 ○△×

60 데이터 전달의 기본 단계를 순서대로 옳게 나열한 것은?

① 회선 연결 → 링크 확립 → 메시지 전달 → 링크 단절 → 회선 단절
② 링크 확립 → 회선 연결 → 메시지 전달 → 회선 단절 → 링크 단절
③ 회선 연결 → 링크 단절 → 메시지 전달 → 링크 확립 → 회선 단절
④ 링크 확립 → 회선 단절 → 메시지 전달 → 회선 연결 → 링크 단절

빠른 정답표 확인하기

① 모바일로 QR 코드를 스캔합니다.
② 해당 회차의 정답표를 확인합니다.
③ 빠르고 간편하게 채점해 보세요.

정답 266p

해설과 따로 보는 최신 기출문제 08회

SELF CHECK 제한시간 60분 | 소요시간 분 | 전체 문항 수 60문항 | 맞힌 문항 수 문항

난이도 중 문제 진단 ○△×

01 다음이 설명하고 있는 데이터 입출력 방식은?

- 데이터의 입출력 전송이 CPU를 통하지 않고, 입출력 장치와 기억 장치 간에 직접 데이터를 주고 받는다.
- CPU와 주변 장치 간의 속도 차를 줄일 수 있다.

① DCA
② DMA
③ Multiplexer
④ Channel

난이도 중 문제 진단 ○△×

02 컴퓨터 시스템의 중앙 처리 장치를 구성하는 하나의 회로로써 산술 및 논리 연산을 수행하는 장치는?

① Arithmetic Logic Unit
② Memory Unit
③ I/O Unit
④ Associative Memory Unit

난이도 상 문제 진단 ○△×

03 제어 논리 장치(CLU)와 산술 논리 연산 장치(ALU)의 실행 순서를 제어하기 위해 사용되는 레지스터는?

① 누산기(Accumulator)
② 프로그램 상태 워드(Program Status Word)
③ 명령 레지스터(Instruction Register)
④ 플래그 레지스터(Flag Register)

난이도 중 문제 진단 ○△×

04 번지(Address)로 지정된 저장 위치(Storage Location)의 내용이 실제 번지가 되는 주소 지정 번지는?

① 간접 지정 방식
② 완전 지정 방식
③ 절대 지정 방식
④ 상대 지정 방식

난이도 중 문제 진단 ○△×

05 JK 플립플롭(Flip-Flop)에서 보수가 출력되기 위한 J, K의 입력 상태는?

① J=1, K=0 ② J=0, K=1
③ J=1, K=1 ④ J=0, K=0

중요✓ 난이도 중 문제 진단 ○△×

06 2진수 (10001010)를 2의 보수로 옳게 표현한 것은?

① 01110101
② 01110110
③ 10001011
④ 10000110

난이도 중 문제 진단 ○△×

07 하나의 명령어를 중앙 처리 장치에서 처리하는데 포함된 일련의 동작들을 총칭하여 명령어 주기(Instruction Cycle)라 하는데, 명령어 주기에 속하지 않는 것은?

① Branch Cycle
② Fetch Cycle
③ Indirect Cycle
④ Interrupt Cycle

중요✓ 난이도 상 문제 진단 ○△×

08 주기억 장치, 제어 장치, 연산 장치 사이에서 정보가 이동되는 경로이다. 빈 부분에 알맞은 장치는?

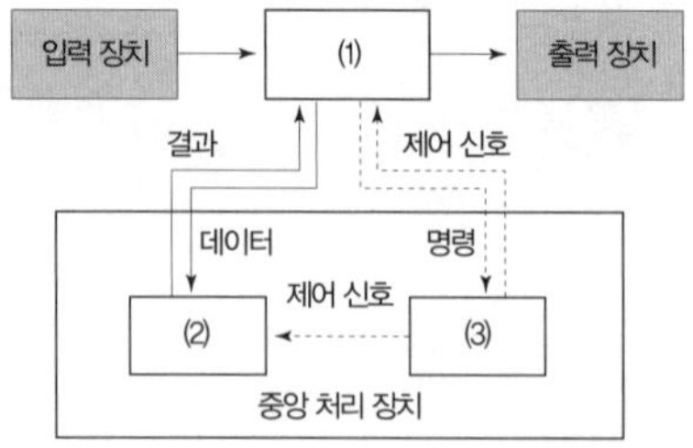

① (1) 제어 장치 (2) 주기억 장치 (3) 연산 장치
② (1) 주기억 장치 (2) 연산 장치 (3) 제어 장치
③ (1) 주기억 장치 (2) 제어 장치 (3) 연산 장치
④ (1) 제어 장치 (2) 연산 장치 (3) 주기억 장치

난이도 중 문제 진단 ○△✕

09 연산을 자료의 성격에 따라 나눌 때, 논리적 연산에 해당하지 않는 것은?

① ROTATE
② AND
③ MULTIPLY
④ COMPLEMENT

난이도 상 난이도 중 문제 진단 ○△✕

10 진리표가 다음 표와 같이 되는 논리 회로는?

입력 A	입력 B	출력 F
0	0	1
0	1	1
1	0	1
1	1	0

① AND 게이트
② OR 게이트
③ NOR 게이트
④ NAND 게이트

중요✓ 난이도 상 문제 진단 ○△✕

11 A · (A · B + C)를 간략화하면?

① A ② B
③ C ④ A · (B + C)

난이도 중 문제 진단 ○△✕

12 채널은 어떤 장치에서 명령을 받는가?

① 기억 장치
② 출력 장치
③ 입력 장치
④ 제어 장치

난이도 하 문제 진단 ○△✕

13 여러 개의 입력 정보(2^n) 중에서 하나를 선택하여 한 곳으로 출력시키는 조합 논리 회로는?

① 반가산기
② 멀티플렉서
③ 디멀티플렉서
④ 인코더

난이도 하 문제 진단 ○△✕

14 연산자의 기능과 거리가 먼 것은?

① 주소 지정 기능
② 제어 기능
③ 함수 연산 기능
④ 입출력 기능

난이도 중 문제 진단 ○△✕

15 다음과 같은 논리 회로에서 A=1, B=1, C=0일 때, X로 출력되는 값은?

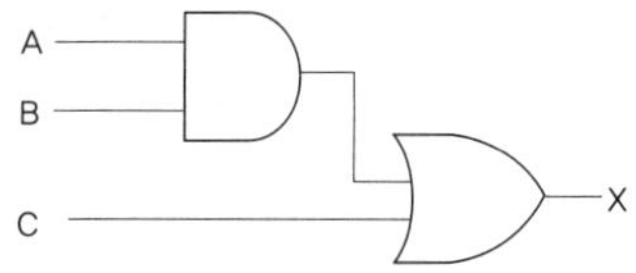

① 0 ② 1
③ 10 ④ 11

난이도 하 문제 진단 ○△✕

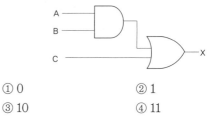

16 프로그램들이 기억 장치 내의 임의의 장소에 적재될 수 있도록 조정하는 작업을 재배치(Relocation)라 하는데 이 기능을 수행하는 재배치 로더(Loader)의 역할이 아닌 것은?

① 기억 장소 할당
② 목적 프로그램의 기호적 호출 연결
③ 원시 프로그램을 읽어서 명령어를 해석
④ 기계어 명령들을 기억 장치에 적재

난이도 중 문제 진단 ○△✕

17 연산 장치에서 연산 결과에 대한 부호를 저장하는 것은?

① 가산기
② 기억 레지스터
③ 상태 레지스터
④ 보수기

중요✓ 난이도 중 문제 진단 ○△X

18 EBCDIC 코드의 존(Zone) 코드는 몇 비트로 구성되어 있는가?

① 3 ② 4
③ 5 ④ 6

난이도 하 문제 진단 ○△X

19 입력 장치로만 나열된 것은?

① 키보드, OCR, OMR, 라인 프린터
② 키보드, OCR, OMR, 플로터
③ 키보드, 라인 프린터, OMR, 플로터
④ 키보드, OCR, OMR, MICR

난이도 상 문제 진단 ○△X

20 8비트 컴퓨터에서 10진수 –13을 부호화 절대치 방식으로 표현한 것은?

① 10001101
② 10001110
③ 11111110
④ 01111101

난이도 하 문제 진단 ○△X

21 스프레드시트 작업에서 반복되거나 복잡한 단계를 수행하는 작업을 일괄적으로 자동화시켜 처리하는 방법에 해당하는 것은?

① 매크로 ② 정렬
③ 검색 ④ 필터

난이도 하 문제 진단 ○△X

22 스프레드시트의 입력된 자료에서 사용자가 원하는 레코드만을 선택하여 표시하는 기능은?

① 필터 ② 슬라이드
③ 셀 ④ 개요

중요✓ 난이도 중 문제 진단 ○△X

23 도메인에 대한 설명으로 가장 적합한 것은?

① 릴레이션을 표현하는 기본 단위
② 튜플들의 관계를 표현하는 범위
③ 튜플들을 구분할 수 있는 범위
④ 표현되는 속성 값의 범위

난이도 중 문제 진단 ○△X

24 SQL에서 테이블의 PRICE를 기준으로 오름차순 정렬하고자 할 경우 사용되는 명령은?

① SORT BY PRICE ASC
② SORT BY PRICE DESCM
③ ORDER BY PRICE ASC
④ ORDER BY PRICE DESC

난이도 중 문제 진단 ○△X

25 SQL 테이블 구조에서 정의, 변경, 제거하는 명령을 순서대로 옳게 나열한 것은?

① CREATE, MODIFY, DELETE
② MAKE, MODIFY, DELETE
③ MAKE, ALTER, DROP
④ CREATE, ALTER, DROP

중요✓ 난이도 하 문제 진단 ○△X

26 프레젠테이션에서 사용하는 하나의 화면은?

① 슬라이드
② 매크로
③ 개체
④ 셀

난이도 하 문제 진단 ○△X

27 데이터베이스 관리 시스템(DBMS : Databases Management System)의 주요 기능에 속하지 않는 것은?

① 관리 기능
② 정의 기능
③ 조작 기능
④ 제어 기능

난이도 중 문제 진단 ○△X

28 관계 데이터베이스에서 속성(Attribute)의 수를 의미하는 것은?

① 카디널리티(Cardinality)
② 도메인(Domain)
③ 차수(Degree)
④ 릴레이션(Relation)

난이도 하 문제 진단 ○△×

29 SQL 명령어 중 데이터 정의문(DDL)에 해당하는 것은?

① UPDATE
② CREATE
③ SELECT
④ DELETE

난이도 중 문제 진단 ○△×

30 DBMS에 대한 설명으로 틀린 것은?

① 데이터 보안성 보장
② 데이터 공유
③ 데이터 중복성 최대화
④ 데이터 무결성 유지

중요✓ 난이도 상 문제 진단 ○△×

31 스풀링과 버퍼링에 대한 설명으로 틀린 것은?

① 버퍼링은 송신자와 수신자의 속도 차이를 해결하기 위하여 사용한다.
② 버퍼링은 주기억 장치의 일부를 버퍼로 사용한다.
③ 스풀링은 저속의 입출력 장치와 고속의 CPU 간의 속도 차이를 해소하기 위한 방법이다.
④ 버퍼링은 서로 다른 여러 작업에 대한 입출력과 계산을 동시에 수행한다.

난이도 중 문제 진단 ○△×

32 도스(MS-DOS)에서 "Config.sys" 파일과 "Autoexec.bat" 파일의 수행을 사용자가 선택하여 실행하려고 하는 경우 사용하는 기능키(Function Key)는?

① F4　② F5
③ F7　④ F8

난이도 상 문제 진단 ○△×

33 다음 UNIX 명령어에 대한 기능으로 옳은 것은?

vi, ed, emacs

① 컴파일　② 로더
③ 통신 지원　④ 문서 편집

난이도 중 문제 진단 ○△×

34 CPU 스케줄링 방법 중 우선순위에 의한 방법의 단점은 무한 정지(Indefinite blocking)와 기아(Starvation) 현상이다. 이 단점을 해결하는 방안으로 가장 적합한 것은?

① 순환 할당
② 다단계 큐 방식
③ 에이징(Aging) 방식
④ 최소 작업 우선

난이도 상 문제 진단 ○△×

35 다음 문장의 (　)에 알맞은 용어는?

A(n) (　) is a situation where a group of processes are permanently blocked as a result of each process having acquired a subset of the resources needed for its completion and waiting for release of the remaining resources held by others in the same group–thus making it impossible for any of the processes to proceed.

① Processing
② Deadlock
③ Operating System
④ System Call

중요✓ 난이도 중 문제 진단 ○△×

36 비선점(Non-preemptive) 프로세스 스케줄링 방식에 해당하는 것은?

① SJF, SRT
② SJF, FIFO
③ Round-Robin, SRT
④ Round-Robin, SJF

난이도 중 문제 진단 ○△×

37 도스에서 CONFIG.SYS 파일의 특징으로 옳지 않은 것은?

① 도스가 처음 부트할 때 자신에게 필요한 시스템 환경을 설정해 주는 파일이다.
② 일괄 처리 배치 파일로서 부팅 시에 정해진 처리 및 환경 설정을 수행한다.
③ 디스크의 동작 속도를 향상시켜 주는 버퍼/캐시를 설정할 수 있다.
④ 키보드, 마우스, 기타 주변 장치 활용 방법을 설정할 수 있다.

난이도 상 문제 진단 ○△×

38 다중 프로그래밍 환경에서 CPU가 주기억 장치 내부 프로그램을 실행하는데 걸리는 시간보다 페이지 부재에 따른 페이지 대체에 많은 시간을 보내게 됨으로써 전체 컴퓨터 시스템의 성능이 급격히 저하되는 현상은?

① Workload
② Locality
③ Thrashing
④ Collision

난이도 중 문제 진단 ○△×

39 도스(MS-DOS)의 시스템 파일 중 감춤(Hidden) 속성의 파일로만 짝지어진 것은?

① COMMAND.COM, IO.SYS
② COMMAND.COM, MSDOS.SYS
③ COMMAND.COM, MSDOS.SYS, IO.SYS
④ MSDOS.SYS, IO.SYS

난이도 중 문제 진단 ○△×

40 윈도우즈에서 "바로 가기 아이콘"에 대한 설명으로 틀린 것은?

① 바로 가기 아이콘을 삭제하면 원본 파일도 삭제된다.
② 원본 파일과 연결되어 있는 .LNK 확장자를 가진다.
③ 실행 파일뿐만 아니라 문서 파일에 대한 바로 가기 아이콘을 만들 수 있다.
④ 바로 가기 아이콘은 원본 파일의 위치를 기억하고 있다.

난이도 하 문제 진단 ○△×

41 윈도우즈에서 도스 창을 열어 작업한 후, 다시 윈도우즈로 복귀하고자 할 때 도스 창을 종료하는 방법은?

① [Esc]를 누른다.
② [Alt]+[F4]를 누른다.
③ [Ctrl]+[Enter]를 누른다.
④ "EXIT" 명령어를 입력하고 [Enter]를 누른다.

난이도 중 문제 진단 ○△×

42 페이지 알고리즘에서 계수기를 두어 가장 오랫동안 참조되지 않은 페이지를 교체할 페이지로 선택하는 것은?

① FIFO ② LRU
③ LFU ④ OPT

난이도 중 문제 진단 ○△×

43 Linux에서 기존 파일 시스템에 새로운 파일 시스템을 서브 디렉터리에 연결할 때 사용하는 명령은?

① mount ② mkfs
③ fsck ④ chmod

중요✓ 난이도 중 문제 진단 ○△×

44 다음 중 빈 파일을 생성하고자 할 때 사용하는 Linux 명령어는?

① file ② locate
③ find ④ touch

난이도 중 문제 진단 ○△×

45 컴퓨터 하드웨어와 사용자를 연결시켜 사용자로 하여금 컴퓨터 시스템을 이용, 응용 프로그램을 수행할 수 있도록 도와주는 필수적인 프로그램은?

① 컴파일러
② 응용 프로그램
③ 문서 편집 프로그램
④ 운영체제

난이도 하 문제 진단 ○△X

46 도스(MS-DOS)에서 특정한 디렉터리 내의 모든 파일 및 하부 디렉터리까지 복사해주는 명령어는?

① COPY ② XCOPY
③ FDISK ④ SORT

난이도 중 문제 진단 ○△X

47 UNIX에서 사용하는 셸(Shell)이 아닌 것은?

① C Shell
② Bourn Shell
③ DOS Shell
④ Korn Shell

난이도 상 문제 진단 ○△X

48 다음 ( ) 안에 알맞은 용어는?

> (   ) are used in environments where a large number of events, mostly external to the computer system, must be accepted and processed in a short time or within certain deadlines.

① Time-sharing systems
② Real-time operating systems
③ Distributed operating systems
④ Batch operating systems

난이도 중 문제 진단 ○△X

49 SQL의 기본 검색문 형식으로 괄호 (㉠)~(㉣)의 내용이 옳게 짝지어진 것은?

```
SELECT ( ㉠ )
FROM ( ㉡ )
WHERE ( ㉢ )
GROUP BY ( ㉣ )
```

① (㉠)열 이름 (㉡)속성 (㉢)테이블 (㉣)조건
② (㉠)열 이름 (㉡)속성 (㉢)조건 (㉣)테이블
③ (㉠)열 이름 (㉡)테이블 (㉢)조건 (㉣)그룹
④ (㉠)릴레이션 (㉡)열 이름 (㉢)조건 (㉣)그룹

난이도 상 문제 진단 ○△X

50 운영체제를 제어 프로그램(Control Program)과 처리 프로그램(Processing Program)으로 분류했을 때, 제어 프로그램에 해당하지 않는 것은?

① 감시 프로그램
② 데이터 프로그램
③ 문제 프로그램
④ 작업 제어 프로그램

난이도 중 문제 진단 ○△X

51 원거리에서 일괄 처리를 수행하는 터미널(Terminal)은?

① 인텔리전트 터미널(Intelligent Terminal)
② 리모트 배치 터미널(Remote Batch Terminal)
③ 키 엔트리 터미널(Key Entry Terminal)
④ 논-인텔리전트 터미널(Non-Intelligent Terminal)

난이도 중 문제 진단 ○△X

52 다음 중 통신 제어 장치의 역할과 거리가 먼 것은?

① 통신 회선과 중앙 처리 장치의 결합
② 중앙 처리 장치와 데이터의 송 · 수신 제어
③ 데이터의 교환 및 축적 제어
④ 회선 접속 및 전송 에러 제어

난이도 하 문제 진단 ○△X

53 데이터 통신에서 사용되는 전송 속도의 기본 단위는?

① erlang ② db
③ km/s ④ bps

중요✓ 난이도 중 문제 진단 ○△X

54 분산된 터미널 또는 여러 컴퓨터가 중앙의 호스트 컴퓨터와 집중 연결되어 있는 정보 통신망의 구성 형태는?

① 루프형 ② 스타형
③ 그물형 ④ 나무형

난이도 중 문제 진단 ○△×

55 **광통신 케이블의 전송 방식에 이용되는 빛의 특성은?**

① 회절 ② 산란
③ 흡수 ④ 전반사

중요✓ 난이도 중 문제 진단 ○△×

56 **FTP는 OSI 7계층 중 어느 계층에 속하는가?**

① 데이터 링크 계층 ② 네트워크 계층
③ 세션 계층 ④ 응용 계층

중요✓ 난이도 중 문제 진단 ○△×

57 **다음 중 데이터 통신 교환 방식이 아닌 것은?**

① 회선 교환 방식 ② 메시지 교환 방식
③ 패킷 교환 방식 ④ 선로 교환 방식

난이도 중 문제 진단 ○△×

58 **변복조기의 역할과 거리가 먼 것은?**

① 통신 신호의 변환기라고 볼 수 있다.
② 디지털 신호를 아날로그 신호로 변환한다.
③ 공중전화 통신망에 적합한 통신 신호로 변환한다.
④ 컴퓨터 신호를 광케이블에 적합한 광신호로 변환한다.

난이도 상 문제 진단 ○△×

59 **전화용 동케이블과 비교하여 광케이블의 특성이 아닌 것은?**

① 전송 용량이 커서 많은 신호를 전송할 수 있다.
② 케이블 간의 누화가 없다.
③ 주파수에 따른 신호 감쇠 및 전송 지연의 변화가 크다.
④ 통신의 보안성이 우수하다.

난이도 하 문제 진단 ○△×

60 **프로토콜의 기본적인 요소가 아닌 것은?**

① 구문 ② 의미
③ 타이밍 ④ 처리

빠른 정답표 **확인하기**

① 모바일로 QR 코드를 스캔합니다.
② 해당 회차의 정답표를 확인합니다.
③ 빠르고 간편하게 채점해 보세요.

정답 270p

해설과 따로 보는 최신 기출문제 09회

SELF CHECK | 제한시간 60분 | 소요시간 분 | 전체 문항 수 60문항 | 맞힌 문항 수 문항

난이도 중 문제 진단 ○△✕

01 CPU를 경유하지 않고 고속의 입출력 장치와 기억 장치가 직접 데이터를 주고받는 방식은?

① DMA(Direct Memory Access)
② 프로그램에 의한 입출력(Programmed I/O)
③ 인터럽트에 의한 입출력(Interrupt Driven I/O)
④ 채널 제어기에 의한 입출력

난이도 하 문제 진단 ○△✕

02 순차 처리(Sequential Access)만 가능한 장치는?

① Magnetic Core
② Magnetic Drum
③ Magnetic Disk
④ Magnetic Tape

난이도 상 문제 진단 ○△✕

03 16진수 2C를 10진수로 변환한 것으로 옳은 것은?

① 41 ② 42
③ 43 ④ 44

난이도 중 문제 진단 ○△✕

04 레지스터 중 Program Counter의 기능을 바르게 설명한 것은?

① 현재 실행 중인 명령어의 내용을 기억한다.
② 주기억 장치의 번지를 기억한다.
③ 다음에 수행할 명령어의 번지를 기억한다.
④ 연산의 결과를 일시적으로 보관한다.

난이도 하 문제 진단 ○△✕

05 캐시 메모리(Cache Memory)의 설명으로 옳은 것은?

① 대용량 기억 장치용으로 주로 사용된다.
② 전원이 꺼져도 내용은 그대로 유지된다.
③ 컴퓨터의 주기억 장치로 주로 이용된다.
④ CPU와 주기억 장치 사이의 속도 차이를 해결하기 위한 고속 메모리로 이용된다.

난이도 상 문제 진단 ○△✕

06 RISC(Reduced Instruction Set Computer)에 대한 설명으로 틀린 것은?

① 하드웨어나 마이크로 코드 방식으로 구현한다.
② 모든 명령어를 1사이클에 실행한다.
③ 단순한 파이프 라인 구조를 가진다.
④ 명령어와 데이터에 대한 통합 캐시를 이용한다.

중요✓ 난이도 중 문제 진단 ○△✕

07 2진수로 부여된 주소 값이 직접 기억 장치의 피연산자가 위치한 곳을 지정하는 주소 지정 방식은?

① 즉시 주소 지정(Immediate Addressing)
② 직접 주소 지정(Direct Addressing)
③ 간접 주소 지정(Indirect Addressing)
④ 인덱스 주소 지정(Index Addressing)

난이도 중 문제 진단 ○△✕

08 다음과 같이 현재 번지부에 표현된 값이 실제 데이터가 기억된 번지가 아니고, 그곳에 기억된 내용이 실제의 데이터 번지가 되도록 표시하는 주소 지정 방식은?

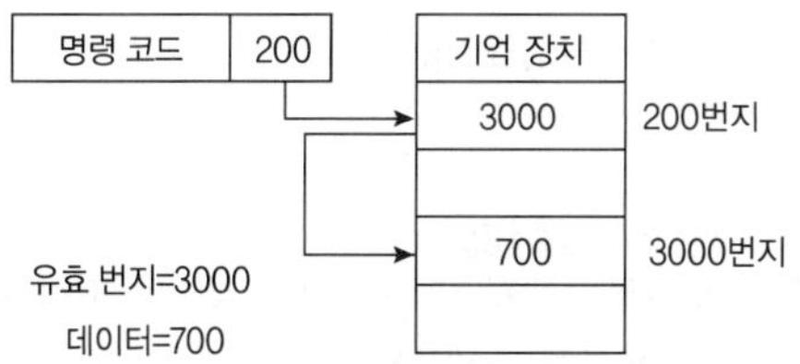

① 직접 주소(Direct Address)
② 간접 주소(Indirect Address)
③ 상대 주소(Relative Address)
④ 묵시 주소(Implied Address)

난이도 중 문제 진단 ○△X

09 다음을 논리식으로 바르게 표현한 것은?

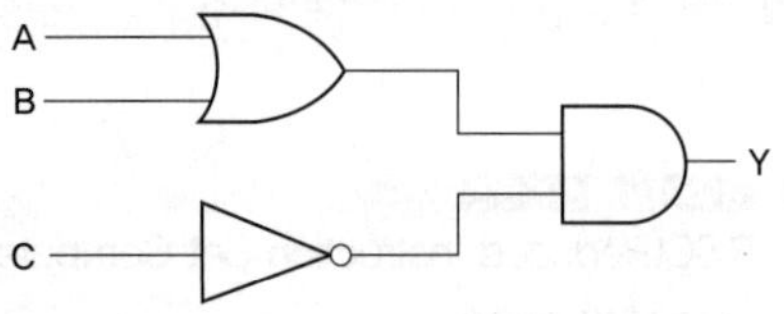

① $(A + B) + \overline{C}$　　② $(A + B) \cdot \overline{C}$
③ $A + B + C$　　④ $A\overline{C} + \overline{C} + A$

난이도 중 문제 진단 ○△X

10 주기억 장치에서 기억 장치의 지정은 무엇에 따라 행하여지는가?

① 레코드(Record)
② 블록(Block)
③ 어드레스(Address)
④ 필드(Field)

난이도 중 문제 진단 ○△X

11 특정 값을 여러 자리인 2진수로 변환하거나 특정 장치로부터 보내오는 신호를 여러 개의 2진 신호로 바꾸어 변환시키는 장치는?

① 인코더(Encoder)
② 디코더(Decoder)
③ 멀티플렉서(Multiplex)
④ 플립플롭(Flip-Flop)

난이도 중 문제 진단 ○△X

12 PC 내의 레지스터 중 연산 결과에 따라 자리올림이나 오버플로가 발생했는지 여부와 외부로부터의 인터럽트 신호까지 나타내는 것은?

① 상태 레지스터
② 데이터 레지스터
③ 명령 레지스터
④ 인덱스 레지스터

난이도 상 문제 진단 ○△X

13 16진수 4CD를 8진수로 변환하면?

① $(2315)_8$　　② $(2325)_8$
③ $(2335)_8$　　④ $(2336)_8$

난이도 중 문제 진단 ○△X

14 중앙 처리 장치와 입출력 장치의 속도 차이를 해결하기 위하여 필요로 하는 것은?

① 버퍼　　② 모뎀
③ 라우터　　④ D/A 변환기

난이도 중 문제 진단 ○△X

15 컴퓨터 내에서 실행되는 명령어와 데이터가 이동되는 통로를 일컫는 것은?

① 라인　　② 버스
③ 체인　　④ 드라이버

중요✓ 난이도 중 문제 진단 ○△X

16 다음 회로(Circuit)에서 결과가 "1"(불이 켜진 상태)이 되기 위해서는 A와 B는 각각 어떠한 값을 갖는가?

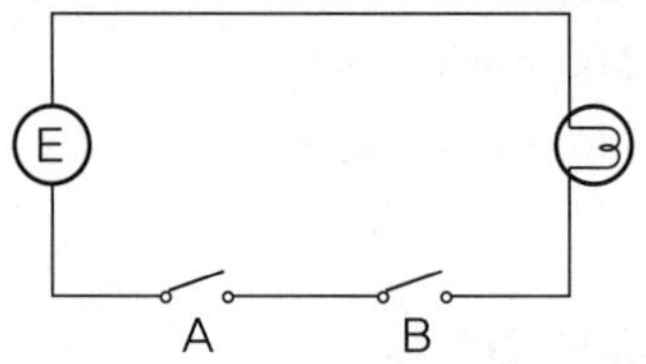

① A = 0, B = 1　　② A = 0, B = 0
③ A = 1, B = 1　　④ A = 1, B = 0

난이도 상 문제 진단 ○△X

17 -14를 부호화된 2의 보수로 표현하면?

① 10001110
② 11100011
③ 11110010
④ 11111001

중요✓ 난이도 상 문제 진단 ○△X

18 불 대수의 정리로 옳지 않은 것은?

① $\overline{A} + \overline{B} = \overline{AB}$
② $\overline{A} \cdot A = 0$
③ $A + B \cdot B = A + B$
④ $A + A = 1$

난이도 중 문제 진단 ○△✕

19 명령어(Instruction)의 구성을 가장 바르게 표현한 것은?

① 명령 코드부와 번지부로 구성
② 오류 검색 코드 형식
③ 자료의 표현과 주소 지정 방식
④ 주 프로그램과 부 프로그램

난이도 중 문제 진단 ○△✕

20 명령어(Instruction) 설계 시 고려할 사항으로 옳지 않은 것은?

① 컴파일러 기술의 사용
② 메모리 접근 횟수 감소
③ 많은 범용 레지스터의 사용
④ 제한적이고 복잡한 명령어 세트

난이도 중 문제 진단 ○△✕

21 SQL 구문 형식으로 옳지 않은 것은?

① SELECT ~ FROM ~ WHERE ~
② DELETE ~ FROM ~ WHERE ~
③ INSERT ~ INTO ~ WHERE ~
④ UPDATE ~ SET ~ WHERE ~

중요✓ 난이도 하 문제 진단 ○△✕

22 DBMS의 필수 기능에 해당하지 않는 것은?

① 정의 기능　② 조작 기능
③ 독립 기능　④ 제어 기능

중요✓ 난이도 하 문제 진단 ○△✕

23 테이블을 삭제하기 위한 SQL 명령은?

① DROP
② DELETE
③ CREATE
④ ALTER

난이도 하 문제 진단 ○△✕

24 스프레드시트에서 기본 입력 단위는?

① 셀
② 툴바
③ 탭
④ 블록

난이도 하 문제 진단 ○△✕

25 SQL의 데이터 조작문(DML)에 해당하지 않는 것은?

① UPDATE
② DROP
③ INSERT
④ SELECT

중요✓ 난이도 하 문제 진단 ○△✕

26 데이터베이스 3단계 스키마의 종류에 해당하지 않는 것은?

① 외부(External) 스키마
② 처리(Process) 스키마
③ 내부(Internal) 스키마
④ 개념(Conceptual) 스키마

난이도 중 문제 진단 ○△✕

27 관계형 데이터베이스의 속성 또는 필드에서 나타낼 수 있는 값의 범위를 의미하는 것은?

① 도메인
② 차수
③ 널(NULL)
④ 튜플

난이도 하 문제 진단 ○△✕

28 스프레드시트에서 조건을 부여하여 이에 맞는 자료들만 추출하여 표시하는 것을 무엇이라 하는가?

① 프레젠테이션
② 필터
③ 매크로
④ 정렬

난이도 하 문제 진단 ○△☓

29 프레젠테이션에서 화면을 전환하는 단위는?

① 셀
② 개체
③ 슬라이드
④ 시나리오

중요✓ 난이도 중 문제 진단 ○△☓

30 다음 SQL문의 의미로 적합한 것은?

```
SELECT * FROM 사원;
```

① 사원 테이블을 삭제한다.
② 사원 테이블에서 전체 레코드의 모든 필드를 검색한다.
③ 사원 테이블에서 "*"값이 포함된 모든 필드를 검색한다.
④ 사원 테이블의 모든 필드에 "*"값을 추가한다.

난이도 중 문제 진단 ○△☓

31 도스(MS-DOS)에서 하드 디스크(HDD)의 영역을 논리적으로 설정하고 사용 가능하도록 분할하는 명령어는?

① FDISK
② CHKDSK
③ FORMAT
④ SCANDISK

중요✓ 난이도 중 문제 진단 ○△☓

32 UNIX에서 파일의 내용을 화면에 보여주는 명령은?

① rm ② cat
③ mv ④ type

난이도 중 문제 진단 ○△☓

33 UNIX 시스템에서 현재 작업 중인 프로세스의 상태를 알기 위해 사용하는 명령어는?

① cat ② ps
③ ls ④ cp

중요✓ 난이도 중 문제 진단 ○△☓

34 윈도우즈에서 [휴지통]에 관한 설명으로 옳은 것은?

① [휴지통]의 크기에 대한 초기 설정은 하드 디스크의 20%이다.
② [휴지통]에 있는 파일들은 디스크의 공간을 차지하지 않는다.
③ [휴지통]에 있는 파일들은 자동으로 삭제된다.
④ Shift를 누른 상태로 해당 파일을 드래그하여 [휴지통]에 넣으면 파일이 [휴지통]에 보관되지 않고 바로 삭제된다.

난이도 중 문제 진단 ○△☓

35 그레이 코드에 대한 설명으로 옳지 않은 것은?

① 코드의 위치별로 가중치가 부여되는 가중치 코드(Weighted Code)이다.
② 이진수를 그레이 코드로 변환 시, 이진수 최대 자릿수는 그대로 쓰고, 그 비트를 다음 이진수 비트에 합하여 올림수를 제거한 합을 그레이 코드의 다음 수로 정해 나간다.
③ 아날로그와 디지털 간의 변환기 등에 주로 사용된다.
④ 입출력 장치 코드로 유용하게 사용된다.

난이도 상 문제 진단 ○△☓

36 다음이 설명하고 있는 것은?

> The term often used for starting a computer, especially one that loads its operationg software from the disk.

① Bootstrap
② Store
③ Replacing
④ Spooling

중요✓ 난이도 하 문제 진단 ○△☓

37 도스(MS-DOS)에서 시스템 부팅 시 반드시 필요한 파일이 아닌 것은?

① IO.SYS
② MSDOS.SYS
③ COMMAND.COM
④ CONFIG.SYS

난이도 상 문제 진단 ○△✕

38 다음 ( ) 안의 내용으로 가장 적절한 것은?

> A(n) (　　　) is a program that acts an intermediary between a user of computer and the computer hardware.

① GUI
② Compiler
③ File System
④ Operating System

난이도 중 문제 진단 ○△✕

39 스풀링(Spooling)에 대한 설명으로 틀린 것은?

① 프로세서와 입출력 장치와의 속도 차이를 해결하여 시스템의 효율을 높이는 방법이다.
② 여러 개의 작업에 대해서 CPU 작업과 입출력 작업으로 분할한다.
③ 출력 시 출력할 데이터를 만날 때마다 주기억 장치로 보내 저장시키는 장치이다.
④ 프로그램 실행과 속도가 느린 입출력을 이원화한다.

난이도 중 문제 진단 ○△✕

40 시스템의 성능을 극대화하기 위한 운영체제의 목적으로 틀린 것은?

① 처리 능력 증대
② 사용 가능도 증대
③ 신뢰도 향상
④ 응답 시간 지연

난이도 중 문제 진단 ○△✕

41 다음 중 조건으로 파일을 검색할 수 있는 Linux 명령은?

① file　② locate
③ find　④ touch

난이도 하 문제 진단 ○△✕

42 시스템 프로그램을 디스크로부터 주기억 장치로 읽어내어 컴퓨터를 이용할 수 있는 상태로 만들어 주는 과정은?

① 부팅(Booting)
② 스케줄링(Scheduling)
③ 업데이트(Update)
④ 데드락(Deadlock)

난이도 상 문제 진단 ○△✕

43 윈도우즈의 바로 가기 아이콘에 대한 특징으로 옳은 것은?

① 바로 가기 아이콘은 자주 사용하는 문서나 프로그램을 빠르게 실행시키기 위한 아이콘으로, 실제 실행 파일과 연결되지는 않는다.
② 바로 가기 아이콘은 단축 아이콘이라고도 하며, 폴더나 파일 등의 개체에 작성할 수 있으나 디스크 드라이브, 다른 컴퓨터, 프린터 등은 작성이 불가능하다.
③ 바로 가기 아이콘의 확장자는 .LNK이며, 컴퓨터에 여러 개 존재해도 상관없다.
④ 바로 가기 아이콘을 삭제하면 원본 파일도 삭제되므로 항상 주의해야 한다.

난이도 상 문제 진단 ○△✕

44 윈도우즈에서 작업 표시줄(Task Bar)의 속성에 대한 설명으로 틀린 것은?

① 작업 표시줄 자동 숨기기를 설정하면 화면에 필요시만 나타난다.
② 현재 실행 중인 프로그램은 작업 표시줄에 표시된다.
③ 작업 표시줄 여백에 마우스 포인터를 위치시키고 마우스의 왼쪽 버튼을 눌러 속성을 볼 수 있다.
④ 작업 표시줄 잠금은 작업 표시줄의 영역을 임의로 설정하지 못한다.

난이도 하 문제 진단 ○△×

45 윈도우즈에서 활성화된 창을 클립보드에 복사하는 단축키는? (단, [Print Screen]은 프린트 스크린 키이다.)

① [Alt]+[Print Screen]
② [Shift]+[Print Screen]
③ [Ctrl]+[Print Screen]
④ [Space Bar]+[Print Screen]

난이도 중 문제 진단 ○△×

46 다음 중 디스크의 사용 가능한 용량을 알고 싶을 때 사용하는 Linux 명령은?

① du ② ls
③ df ④ cp

난이도 중 문제 진단 ○△×

47 기억 장소의 크기가 너무 작아서 이용할 수 없는 부분으로 남아 있는 상태는?

① Compaction
② Fragmentation
③ Garbage Collection
④ Replacemen

난이도 중 문제 진단 ○△×

48 도스(MS-DOS)에서 사용자가 파일을 잘못해서 정보를 삭제하였을 때, 이를 복원하는 명령어는?

① DELETE
② UNDELETE
③ BACKUP
④ ANTI

난이도 중 문제 진단 ○△×

49 윈도우즈에서 파일이나 폴더를 이동하거나 복사할 때 또는 창의 크기를 조절할 때 사용되는 마우스 조작은?

① 클릭(Click)
② 더블클릭(Double Click)
③ 드래그 앤 드롭(Drag & Drop)
④ 오른쪽 단추 클릭

난이도 상 문제 진단 ○△×

50 도스(MS-DOS)에서 "ATTRIB" 명령 사용 시, 읽기 전용 속성을 해제할 때 사용하는 옵션은?

① +H ② −S
③ −A ④ −R

난이도 중 문제 진단 ○△×

51 위성 통신의 다원 접속 방법이 아닌 것은?

① 주파수 분할 다원 접속
② 코드 분할 다원 접속
③ 시분할 다원 접속
④ 신호 분할 다원 접속

중요✓ 난이도 상 문제 진단 ○△×

52 통신 속도가 50[Baud]일 때 최단 부호 펄스의 시간은?

① 0.1[sec] ② 0.02[sec]
③ 0.05[sec] ④ 0.01[sec]

난이도 중 문제 진단 ○△×

53 정보 통신 시스템을 구성하는 기본 요소가 아닌 것은?

① 통신 제어 장치
② 전송 회선
③ 호스트 컴퓨터
④ 멀티 시스템계

난이도 중 문제 진단 ○△×

54 비동기 변복조기에서 주로 널리 이용되는 변조 방법은?

① 위상 편이 변조(PSK)
② 주파수 편이 변조(FSK)
③ 펄스 코드 변조(PCM)
④ 델타 변조(DM)

난이도 상 문제 진단 ○△×

55 하나의 정보를 여러 개의 반송파로 분할하고, 분할된 반송파 사이의 간격을 최소화하기 위해 직교 다중화해서 전송하는 통신 방식으로, 와이브로 및 디지털 멀티미디어 방송 등에 사용되는 기술은?

① TDM ② OFDM
③ DSSS ④ FHSS

중요✓ 난이도 하 문제 진단 ○△✕

56 **아날로그 신호를 디지털 신호로 전송하기 위해 필수적인 처리 과정이 아닌 것은?**

① 표본화
② 정보화
③ 양자화
④ 부호화

난이도 하 문제 진단 ○△✕

57 **정보 통신에서 1초에 전송되는 비트(bit)의 수를 나타내는 전송 속도의 단위는?**

① bps ② baud
③ cycle ④ Hz

난이도 중 문제 진단 ○△✕

58 **다음 중 변조 방식을 분류한 것에 속하지 않는 것은?**

① 진폭 편이 변조
② 주파수 편이 변조
③ 위상 편이 변조
④ 멀티포인트 변조

난이도 상 문제 진단 ○△✕

59 **이동 통신의 전파 특성 중 이동체가 송신측으로 빠르게 다가오거나 멀어짐에 따라 수신 신호의 주파수 천이가 발생하는 현상은?**

① 지연 확산
② 심볼 간 간섭 현상
③ 경로 손실
④ 도플러 효과

난이도 상 문제 진단 ○△✕

60 **TDM과 관련된 설명으로 옳은 것은?**

① 주로 아날로그 병렬 전송에 이용된다.
② 채널별 대역 필터가 필요하다.
③ 주파수 대역을 나누어 여러 채널로 사용한다.
④ 채널별 고정된 프레임을 구성하여 전송한다.

빠른 정답표 확인하기

① 모바일로 QR 코드를 스캔합니다.
② 해당 회차의 정답표를 확인합니다.
③ 빠르고 간편하게 채점해 보세요.

해설과 따로 보는 최신 기출문제 10회

SELF CHECK 제한시간 60분 | 소요시간 분 | 전체 문항 수 60문항 | 맞힌 문항 수 문항

중요✓ 난이도 중 문제 진단 ○△✕

01 현재 수행 중에 있는 명령어 코드(Code)를 저장하고 있는 임시 저장 장치는?

① 인덱스 레지스터(Index Register)
② 명령 레지스터(Instruction Register)
③ 누산기(Accumulator)
④ 메모리 레지스터(Memory Register)

난이도 상 문제 진단 ○△✕

02 다음 중 RISC(Reduced Instruction Set Computer)의 설명으로 옳은 것은?

① 메모리에 대한 액세스는 LOAD와 STORE만으로 한정되어 있다.
② 명령어마다 다른 수행 사이클을 가지므로 파이프라이닝이 효율적이다.
③ 마이크로 코드에 의해 해석 후 명령어를 수행한다.
④ 주소 지정 방식이 다양하게 존재한다.

난이도 중 문제 진단 ○△✕

03 클록펄스에 의해서 기억된 내용을 한 자리씩 우측이나 좌측으로 이동시키는 레지스터는?

① 시프트 레지스터
② 범용 레지스터
③ 베이스 레지스터
④ 인덱스 레지스터

난이도 상 문제 진단 ○△✕

04 중앙 처리 장치(CPU)에 해당하는 부분을 하나의 대규모 집적 회로의 칩에 내장시켜 기능을 수행하게 하는 것은?

① 마이크로프로세서
② 컴파일러
③ 소프트웨어
④ 레지스터

난이도 중 문제 진단 ○△✕

05 다음에 실행할 명령어의 번지를 기억하는 레지스터는?

① Program Counter
② Memory Address Register
③ Instruction Register
④ Processor Register

난이도 상 문제 진단 ○△✕

06 8비트짜리 레지스터 A와 B에 각각 11010101과 11110000이 들어 있다. 레지스터 A의 내용이 00100101로 바뀌었다면 두 레지스터 A, B 사이에 수행된 논리 연산은?

① Exclusive-OR
② AND 연산
③ OR 연산
④ NOR 연산

중요✓ 난이도 상 문제 진단 ○△✕

07 2진수 $(101010101010)_2$을 10진수로 변환하면?

① $(2730)_{10}$ ② $(2630)_{10}$
③ $(2740)_{10}$ ④ $(2640)_{10}$

중요✓ 난이도 중 문제 진단 ○△✕

08 다음 진리표에 대한 논리식으로 올바른 것은?

A	B	Y
0	0	1
0	1	0
1	0	0
1	1	0

① $Y = A \cdot B$
② $Y = \overline{A \cdot B}$
③ $Y = A + B$
④ $Y = \overline{A + B}$

난이도 중 문제 진단 ○△×

09 0-주소 명령의 연산 시 사용하는 자료 구조로 적당한 것은?

① Stack ② Graph
③ Queue ④ Deque

난이도 중 문제 진단 ○△×

10 8개의 bit로 표현 가능한 정보의 최대 가짓수는?

① 255 ② 256
③ 257 ④ 258

난이도 중 문제 진단 ○△×

11 연관 기억 장치의 구성 요소에 해당하지 않는 것은?

① 검색 자료 레지스터
② 마스크 레지스터
③ 일치 지시기
④ 인덱스 레지스터

난이도 중 문제 진단 ○△×

12 다음과 같은 계산에 의해 주소를 지정하는 방식은?

> 유효 번지
> = 프로그램 카운터(PC) + 주소 부분(Operand)

① 색인 주소 지정
② 상대 주소 지정
③ 베이스 주소 지정
④ 절대 주소 지정

난이도 중 문제 진단 ○△×

13 다음 중 기억 장치로부터 읽혀지거나 기록할 자료를 임시로 보관하는 Register는?

① PC(Program Counter)
② MAR(Memory Address Register)
③ IR(Instruction Register)
④ MBR(Memory Buffer Register)

난이도 중 문제 진단 ○△×

14 PC 내에서 데이터를 이동하는데 사용하는 버스(Bus)의 종류로 옳지 않은 것은?

① 내부 버스
② 데이터 버스
③ 어드레스 버스
④ 제어 버스

난이도 중 문제 진단 ○△×

15 ALU의 구성요소가 아닌 것은?

① 가산기
② 누산기
③ 상태 레지스터
④ 명령 레지스터

난이도 중 문제 진단 ○△×

16 다음 논리 회로에서 출력 f의 값은?

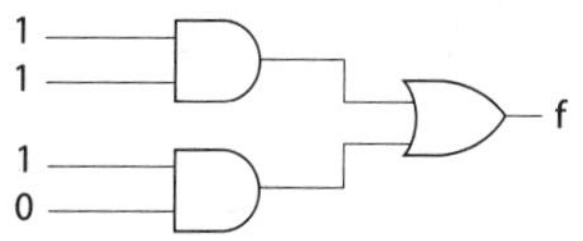

① −1 ② 0
③ 1 ④ 11

난이도 중 문제 진단 ○△×

17 주소 접근 방식 중 약식 주소 표현 방식에 해당하는 것은?

① 직접 주소
② 간접 주소
③ 자료 자신
④ 계산에 의한 주소

난이도 하 문제 진단 ○△×

18 산술 및 논리 연산의 결과를 일시적으로 기억하는 것은?

① 가산기
② 누산기
③ 보수기
④ 감산기

난이도 상 문제 진단 ○△×

19 EBCDIC 코드의 존(Zone) 코드는 몇 비트로 구성되어 있는가?

① 8
② 7
③ 6
④ 4

중요✓ 난이도 중 문제 진단 ○△×

20 주소 부분에 있는 값이 실제 데이터가 있는 실제 기억장치 내의 주소를 나타내며 단순한 변수 등을 액세스 하는데 사용되는 주소 지정 방식은?

① 상대 주소(Relative Address)
② 절대 주소(Absolute Address)
③ 간접 주소(Indirect Address)
④ 직접 주소(Direct Address)

중요✓ 난이도 하 문제 진단 ○△×

21 DBMS의 필수 기능 중 다음 설명에 해당하는 것은?

> 데이터의 정확성과 보안성을 유지하기 위한 무결성, 보안 및 권한 검사, 병행 제어 등의 기능을 정의

① 정의 기능
② 제어 기능
③ 조작 기능
④ 관리 기능

난이도 하 문제 진단 ○△×

22 프레젠테이션을 구성하는 내용을 하나의 화면 단위로 나타낸 것은?

① 셀
② 슬라이드
③ 시나리오
④ 매크로

난이도 중 문제 진단 ○△×

23 SQL에서 데이터베이스에 대한 일련의 처리를 하나로 모은 작업 단위로 관리할 수 있는데, 이 작업 단위를 무엇이라 하는가?

① 페이지(Page)
② 세그먼테이션(Segmentation)
③ 디스패치(Dispatch)
④ 트랜잭션(Transaction)

중요✓ 난이도 하 문제 진단 ○△×

24 3단계 스키마(Schema)의 종류가 아닌 것은?

① 개념 스키마
② 외부 스키마
③ 관계 스키마
④ 내부 스키마

난이도 중 문제 진단 ○△×

25 데이터베이스 시스템의 모든 관리와 운영에 대한 책임을 지고 있는 사람을 의미하는 것은?

① DBA
② ATTRIBUTE
③ SCHEMA
④ ENTITY

중요✓ 난이도 하 문제 진단 ○△×

26 데이터 정의어(DDL)에 해당하는 SQL 명령은?

① UPDATE
② CREATE
③ INSERT
④ SELECT

난이도 중 문제 진단 ○△×

27 다음 SQL 명령문의 의미로 가장 적절한 것은?

```
DROP TABLE 학과 CASCADE;
```

① 학과 테이블을 제거하시오.
② 학과 필드를 제거하시오.
③ 학과 테이블과 이 테이블을 참조하는 다른 테이블도 함께 제거하시오.
④ 학과 테이블이 다른 테이블에 참조 중이면 제거하지 마시오.

난이도 하 문제 진단 ○△×

28 스프레드시트의 주요 기능과 거리가 먼 것은?

① 자동 계산 기능
② 데이터베이스의 기능
③ 문서 작성 기능
④ 프레젠테이션 기능

난이도 중 문제 진단 ○△×

29 고객 테이블의 모든 자료를 검색하는 SQL문으로 옳은 것은?

① SELECT % FROM 고객;
② SELECT ? FROM 고객;
③ SELECT * FROM 고객;
④ SELECT # FROM 고객;

난이도 하 문제 진단 ○△×

30 스프레드시트에서 특정 열과 행이 교차하면서 만들어진 사각형 영역은?

① 레이블 ② 매크로
③ 셀 ④ 필터

난이도 하 문제 진단 ○△×

31 도스(MS-DOS)에서 현재 사용 중이거나 지정한 디스크에 저장된 파일과 디렉터리 목록을 화면에 출력하는 명령은?

① DIR ② PROMPT
③ VER ④ MD

난이도 중 문제 진단 ○△×

32 사용자와 하드웨어 사이에서 중재자 역할을 수행하며, 하드웨어 자원을 관리하고 시스템 및 응용 프로그램의 실행에 도움을 제공하는 것은?

① 컴파일러
② 운영체제
③ 인터프리터
④ 어셈블러

난이도 중 문제 진단 ○△×

33 중앙 처리 장치와 같이 처리 속도가 빠른 장치와 프린터와 같이 처리 속도가 느린 장치 간의 처리 속도 문제를 해결하기 위한 방법은?

① 링킹
② 스풀링
③ 매크로 작업
④ 컴파일링

난이도 하 문제 진단 ○△×

34 도스(MS-DOS)에서 디스크에 저장된 파일을 삭제하는 명령은?

① DEL
② TIME
③ DATE
④ COPY

난이도 상 문제 진단 ○△×

35 다음 문장의 ( ) 안에 알맞은 내용은?

( ) selects from among the processes in memory that are ready to execute, and allocates the CPU

① Cycle
② Spooler
③ Buffer
④ Scheduler

중요✓ 난이도 하 문제 진단 ○△×

36 로더(Loader)가 수행하는 기능으로 옳지 않은 것은?

① 재배치가 가능한 주소들을 할당된 기억 장치에 맞게 변환한다.
② 로드 모듈은 주기억 장치로 읽어 들인다.
③ 프로그램의 수행 순서를 결정한다.
④ 프로그램을 적재할 주기억 장치 내의 공간을 할당한다.

난이도 하 문제 진단 ○△×

37 도스(MS-DOS) 명령어 중 외부 명령어에 해당하는 것은?

① TYPE
② COPY
③ FORMAT
④ DATE

난이도 중 문제 진단 ○△×

38 운영체제의 서비스 프로그램(Service Program) 중 사용자의 편의를 도모하기 위한 프로그램으로 텍스트 에디터, 디버거 등을 포함하고 있는 것은?

① 라이브러리(Library) 프로그램
② 로더(Loader)
③ 유틸리티(Utility) 프로그램
④ 컴파일러(Compiler)

난이도 중 문제 진단 ○△×

39 UNIX에서 현재 작업 디렉터리 경로를 화면에 출력하는 명령어는?

① pwd
② cat
③ tar
④ vi

난이도 하 문제 진단 ○△×

40 다음 중 다중화 방식의 종류에 해당되지 않는 것은?

① FDM ② TDM
③ WDM ④ COM

난이도 하 문제 진단 ○△×

41 윈도우즈에서 새로운 하드웨어를 장착하고 시스템을 가동시키면 자동으로 하드웨어를 인식하고 실행하는 기능은?

① Interrupt 기능
② Auto & Play 기능
③ Plug & Play 기능
④ Auto & Plug 기능

난이도 중 문제 진단 ○△×

42 Linux 시스템에서 파일의 내용을 화면에 출력할 때 사용하는 명령어는?

① cat ② rm
③ ls ④ mv

난이도 상 문제 진단 ○△×

43 다음 ( ) 안에 들어갈 알맞은 용어는?

> The ( ) algorithm replace the resident page that has spent the longest time in memory. Whenever a page is to be evicted, the oldest page is identified and removed from main memory.

① FIFO ② LRU
③ OPT ④ NRU

난이도 중 문제 진단 ○△×

44 Linux 운영체제의 특징으로 볼 수 없는 것은?

① 대화식 운영체제이다.
② 다중 사용자 시스템이다.
③ 대부분의 코드가 어셈블리 언어로 기술되어 있다.
④ 높은 이식성과 확장성이 있다.

중요✓ 난이도 하 문제 진단 ○△×

45 다음 중 온라인 실시간 시스템의 조회 방식에 가장 적합한 업무는?

① 객관식 채점 업무
② 좌석 예약 업무
③ 봉급 계산 업무
④ 성적 처리 업무

중요✓ 난이도 중 문제 진단 ○△×

46 운영체제의 스케줄링 기법 중 선점(Preemptive) 스케줄링에 해당하는 것은?

① SRT
② SJF
③ FIFO
④ HRN

난이도 중 문제 진단 ○△×

47 다음이 설명하고 있는 UNIX 파일 시스템의 구조에 해당하는 것은?

> UNIX 시스템에서 파일 및 디렉터리를 관리하기 위해 사용되는 자료 구조이며, 각 파일이나 디렉터리에 대한 모든 정보를 지정하고 있다.

① 부트 블록
② 슈퍼 블록
③ I-node
④ 데이터 블록

난이도 중 문제 진단 ○△×

48 DOS의 환경 설정 파일(CONFIG.SYS)에 대한 설명으로 옳지 않은 것은?

① 도스 운영에 필요한 환경을 설정하는 파일이다.
② 어느 디렉터리에 존재하든 상관없이 제 역할을 수행한다.
③ 사용자가 만들며, 수정할 수 있다.
④ TYPE 명령으로 내용을 확인할 수 있다.

난이도 상 문제 진단 ○△×

49 다음 유닉스(UNIX) 명령어 중 디렉터리 조작 명령만을 옳게 나열한 것은?

> mv, cd, mkdir, mount, dump, chmod

① cd, mkdir
② dump, chmod
③ mv, mkdir
④ chmod, mount

난이도 하 문제 진단 ○△×

50 윈도우즈에서 하나의 디렉터리 내의 모든 파일을 선택할 때 사용하는 단축키는?

① Shift + F5　② Ctrl + A
③ Shift + Alt　④ Ctrl + F1

난이도 중 문제 진단 ○△×

51 다음 중 라디오 방송에 이용하는 통신 매체는?

① 스크린 케이블
② 광파
③ 전자파
④ 동축 케이블

난이도 상 문제 진단 ○△×

52 전송하려는 부호들의 최소 해밍 거리가 6일 때 수신 시 정정할 수 있는 최대 오류의 수는?

① 1　② 2
③ 3　④ 6

난이도 중 문제 진단 ○△×

53 다음 중 온라인(On-line) 처리 시스템의 기본적인 구성에 속하지 않는 것은?

① 단말 장치
② 통신 회선
③ 변복조기
④ 전자 교환기

난이도 중 문제 진단 ○△×

54 연속적인 신호 파형에서 최고 주파수가 W[Hz]일 때 나이키스트 표본화 주기는?

① W
② 1/W
③ 2W
④ 1/2W

난이도 상 문제 진단 ○△×

55 EIA RS-232C의 25PIN 중 송신 데이터는 몇 번 PIN에 해당되는가?

① 2번
② 3번
③ 10번
④ 22번

난이도 상 문제 진단 ○△×

56 FM 변조에서 신호 주파수가 5[KHz], 최대 주파수 편이가 75[KHz] 일 때 주파수 변조파의 대역폭은?

① 85[KHz]
② 100[KHz]
③ 160[KHz]
④ 200[KHz]

중요 ✓ 난이도 중 문제 진단 ○△×

57 데이터 통신 시스템의 구성 요소에 해당되지 않는 것은?

① 단말계
② 데이터 전송계
③ 데이터 처리계
④ 멀티 시스템계

난이도 중 문제 진단 ○△×

58 데이터 통신의 교환 방식에 해당하지 않는 것은?

① 메시지 교환
② 수동 교환
③ 패킷 교환
④ 회선 교환

중요 ✓ 난이도 상 문제 진단 ○△×

59 100[MHz]의 반송파를 최대 주파수 편이가 60[KHz]이고, 신호파 주파수가 10[KHz]로 FM 변조할 때 변조 지수는?

① 4
② 6
③ 8
④ 10

난이도 중 문제 진단 ○△×

60 다음 중 진폭과 위상을 변화시켜 정보를 전달하는 디지털 변조 방식은?

① QAM
② FSK
③ PSK
④ ASK

빠른 정답표 확인하기

① 모바일로 QR 코드를 스캔합니다.
② 해당 회차의 정답표를 확인합니다.
③ 빠르고 간편하게 채점해 보세요.

정답 & 해설

CONTENTS

정답 & 해설

최신 기출문제 01회 168P

01 ②	02 ①	03 ④	04 ③	05 ②
06 ①	07 ④	08 ③	09 ③	10 ④
11 ①	12 ①	13 ①	14 ①	15 ③
16 ②	17 ④	18 ④	19 ①	20 ②
21 ③	22 ②	23 ①	24 ③	25 ③
26 ④	27 ③	28 ③	29 ④	30 ②
31 ①	32 ①	33 ④	34 ②	35 ②
36 ④	37 ①	38 ①	39 ③	40 ③
41 ①	42 ④	43 ②	44 ②	45 ①
46 ①	47 ②	48 ①	49 ①	50 ②
51 ②	52 ①	53 ④	54 ③	55 ③
56 ④	57 ④	58 ④	59 ①	60 ④

01 ②

명령 레지스터(Instruction Register) : 명령어 레지스터로 현재 수행 중인 명령을 기억

오답 피하기

- 인덱스 레지스터(Index Register) : 인덱스 주소 지정 시 사용되는 레지스터
- 누산기(Accumulator) : 산술 및 논리 연산의 결과를 일시적으로 기억하는 장치
- 메모리 레지스터(Memory Register) : 기억 장소의 주소를 기억하는 레지스터(MAR), 기억 장치를 통해 접근되는 정보를 기억하는 레지스터(MBR)가 있음

02 ①

반가산기(HA : Half Adder) : 2진수 1자리(1Bit)의 A와 B를 더한 합(Sum)과 자리올림수(Carry)를 얻는 회로로 두 개의 입력 비트가 모두 1일 때 그 합은 0이 됨

03 ④

EBCDIC 코드

- Extended BCD Interchange Code(확장 2진화 10진 코드)
- Zone은 4비트, Digit는 4비트로 구성
- 8비트로 2^8=256가지의 표현이 가능

04 ③

주기억 장치에서 기억 장치의 지정은 주소(Address)에 의해 설정됨

오답 피하기

- 레코드(Record) : 하나 이상의 필드들이 모여서 구성된 자료 처리 단위
- 블록(Block) : 논리 레코드를 블록킹하여 물리 레코드(=블록)가 됨
- 필드(Field) : 파일 구성의 최소 단위, 아이템(Item) 또는 항목이라고 함

05 ②

레지스터(Register) : 연산의 결과나 처리할 명령을 기억하는 고속의 임시 기억 장치로 새로운 데이터가 전송되면 전송된 내용만 기억됨

06 ①

2진수를 3자리씩 나눈 다음 각 자리에 가중치 421을 적용하여 변환함

101	111	110
5	7	6

07 ④

NAND 게이트 : 두 수 중 하나 이상 0이 입력될 때만 1이 출력(AND 결과의 부정)

오답 피하기

- AND 게이트 : 두 개의 입력값이 모두 1일 때만 출력값이 1이 됨(직렬 회로)
- OR 게이트 : 두 개의 입력값 중 하나 이상 1이면 출력값이 1이 됨(병렬 회로)
- NOR 게이트 : 두 수 모두 0이 입력될 때만 1이 출력(OR 결과의 부정)

08 ③

OR 게이트 : 두 개의 입력값 중 하나 이상 1이면 출력값이 1이 됨(병렬 회로)

오답 피하기

- NOT : 입력값의 반대값이 출력
- AND : 두 개의 입력값이 모두 1일 때만 출력값이 1이 됨(직렬 회로)
- XOR : 둘 중 하나의 값이 1일 때만(서로 다를 때) 출력값이 1이 됨

09 ③

오답 피하기

명령 코드부(OP-Code) : 연산자부라고 하며 수행해야 할 동작과 형식, 데이터 종류를 명시하며 명령어 형식에서 첫 번째 바이트부터 저장됨

10 ④

- 플립플롭(Flip-Flop) : 1비트('0' 또는 '1')의 정보를 기억할 수 있는 기억 소자
- 종류 : RS 플립플롭, JK 플립플롭, D 플립플롭, T 플립플롭 등

오답 피하기

- 레지스터(Register) : 중앙 처리 장치 내부의 임시 기억 장소(연산 속도의 향상을 위해 필요)
- 누산기(Accumulator) : 산술 및 논리 연산의 결과를 일시적으로 기억

11 ①

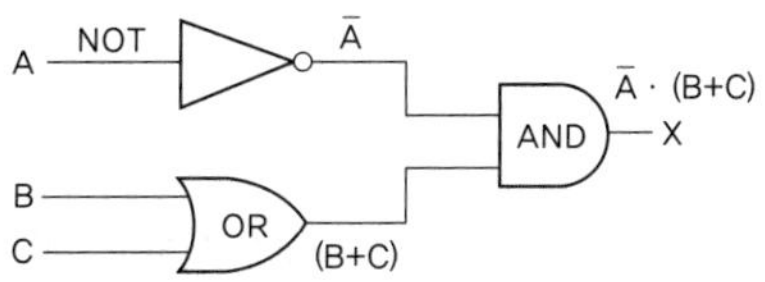

12 ①

AND : 두 개의 입력값이 모두 1일 때만 출력값이 1이 됨

오답 피하기

0	1	0	0	1	1	0	1	
0	1	1	0	0	1	1	1	
0	1	0	0	0	1	0	1	AND 연산

13 ①

$(A+1) \cdot (B+1) + C \quad \therefore A+1=1,\ B+1=1$(합의 법칙)

$= 1 \cdot 1 + C$

$= 1 + C$

$= 1$

14 ①

PSW(Program Status Word) : 프로그램의 실행에 필요한 정보 및 시스템의 상태를 의미

오답 피하기

- SP(Stack Pointer) : 삽입과 삭제가 한 쪽 끝에서만 이루어지는 스택 구조의 맨 위쪽 상단 위치를 가리키는 레지스터
- MAR(Memory Address Register) : 기억 번지 레지스터로서 기억 장소의 주소를 기억하는 레지스터
- MBR(Memory Buffer Register) : 기억 버퍼 레지스터로서 기억 장치를 통해 접근되는 정보의 내용을 기억하는 레지스터

15 ③

- 인출 사이클(Fetch Cycle) : 하나의 명령어 수행을 위해 기억 장치로부터 하나의 명령을 CPU 내의 명령 레지스터로 가지고 오는 사이클
- 명령어 인출 순서
  ① 명령 계수기의 값 → 번지 레지스터
  ② 주기억 장치에서 명령어 인출
  ③ 명령 계수기 증가
  ④ 명령 코드 → 명령 레지스터

16 ②

인출 사이클 (Fetch Cycle)	주기억 장치로부터 CPU로 명령어를 가져오는 사이클(=Load)
간접 사이클 (Indirect Cycle)	명령어를 가져오면 피연산자를 옮겨와야 되는데 간접 주소 지정이 허용되는 경우에는 실행 사이클에 앞서 간접 사이클이 진행됨
실행 사이클 (Execute Cycle)	인출된 명령어를 이용하여 직접 명령을 실행하는 사이클
인터럽트 사이클 (Interrupt Cycle)	인터럽트가 발생했을 때 처리하는 사이클

17 ④

언어 번역기 : 원시 프로그램을 목적 프로그램으로 변환하는 기능 수행

18 ④

RS(Reset/Set) Flip-Flop

S	R	$Q_{(t+1)}$
0	0	전 상태 불변
0	1	0(Reset)
1	0	1(Set)
1	1	모순 발생(不定)

19 ①

즉시 주소 지정(Immediate Addressing)

- 명령어 주소 부분에 있는 값 자체가 실제의 데이터가 되는 구조
- 주기억 장치의 참조가 없으므로 속도가 빠름

오답 피하기

- 직접 주소 지정(Direct Addressing) : 주소 부분에 있는 값이 실제 데이터가 있는 주기억 장치 내의 주소를 나타냄
- 간접 주소 지정(Indirect Addressing) : 명령어의 주소 부분으로 지정한 기억 장소의 내용이 실제 데이터가 있는 곳의 주소로 사용됨
- 묵시적 주소 지정(Implied Addressing) : 주소 부분이 묵시적(암시적)으로 정해져 있는 방식, 스택(Stack) 구조의 0-주소 방식

20 ②

MIPS(Million Instruction Per Second) : 1초 동안 1백만 개의 연산을 수행하는 것

21 ③

- DELETE(삭제문) : 삭제문으로 테이블에 저장되어 있는 행을 삭제하며 DELETE – FROM – WHERE의 유형을 가짐
- DELETE FROM 테이블명 [WHERE 조건];

22 ②

데이터 정의 언어(DDL) : 데이터를 입력하기 위한 테이블의 정의나 정보를 참조하기 위한 뷰를 정의하기 위한 언어

CREATE	데이터베이스, 테이블, 뷰 등의 작성
ALTER	데이터베이스, 테이블의 구조 변경
DROP	데이터베이스, 테이블, 뷰 등의 삭제

오답 피하기

데이터 조작 언어(DML) : 테이블 내의 레코드를 검색(SELECT), 삽입(INSERT), 갱신(UPDATE), 삭제(DELETE)하고자 할 때 사용하는 데이터 조작 언어

23 ①

도메인(Domain) : 애트리뷰트가 취할 수 있는 값(Value)들의 집합

오답 피하기

- 속성(Attribute) : 테이블에서 열을 나타내는 말(=필드)
- 스키마(Schema) : 데이터베이스를 구성하는 파일, 레코드, 항목의 형식과 상호 관계 전체를 정의한 것으로 외부 스키마, 개념 스키마, 내부 스키마가 있음
- 튜플(Tuple) : 테이블에서 행을 나타내는 말(=레코드)

24 ③

프레젠테이션(Presentation) : 기업의 제품 소개나 연구 발표, 회의 내용 요약 등 각종 그림이나 도표, 그래프 등을 이용하여 많은 사람에게 효과적으로 의미를 전달할 때 사용되는 응용 프로그램

오답 피하기

통계 자료 계산 → 스프레드시트(Spreadsheet)

25 ③

- INSERT(삽입문) : 테이블에 새로운 데이터(행)를 삽입하며 INSERT – INTO – VALUES의 유형을 가짐
- UPDATE(갱신문) : 테이블에 저장되어 있는 데이터를 갱신하며 UPDATE – SET – WHERE의 유형을 가짐
- DELETE(삭제문) : 테이블에 저장되어 있는 행을 삭제하며 DELETE – FROM – WHERE의 유형을 가짐
- SELECT(검색문) : 테이블에서 데이터를 검색하며 SELECT – FROM – WHERE의 유형을 가짐

26 ④

스키마(Schema)

- 외부 스키마 : 서브 스키마(Sub Schema)라고 하며 사용자나 응용 프로그래머가 직접 필요로 하는 데이터 구조를 의미
- 개념 스키마 : 논리적(Logical) 입장에서의 데이터베이스 전체 구조로 데이터의 모양을 나타내는 도표로서 스키마로 불리어짐
- 내부 스키마 : 물리적 스키마(Physical Schema)라고도 하며 물리적 입장에서 액세스하는 데이터베이스 구조임

27 ③

기본키(PK : Primary Key)

- 후보키 중에서 선정되어 사용되는 키(예 사원번호 – 인사관리)
- 기본키는 널(Null)이 될 수 없으며 중복될 수도 없음

28 ③

DBMS의 필수 기능

- 정의 기능 : 데이터베이스와 응용 프로그램 간의 상호 작용 수단을 제공하는 것
- 조작 기능 : 데이터베이스와 사용자 간의 상호 작용 수단(데이터 요청, 변경 등)을 제공
- 제어 기능 : 데이터베이스의 내용을 항상 정확하게 유지하여 데이터의 무결성이 파괴되지 않도록 함

29 ④

셀(Cell) : 스프레드시트의 기본 입력 단위로 행과 열이 만나서 이루는 사각형

오답 피하기

- 클립보드(Clipboard) : 작업도중 복사 및 이동시킬 데이터를 임시로 보관하는 임시 저장 공간
- 필터(Filter) : 사용자가 설정하는 특정 조건을 만족하는 자료만 검색, 추출하는 기능
- 슬라이드(쪽) : 프레젠테이션에서 화면 전체를 전환하는 단위

30 ②

매크로(Macro) : 자주 사용하는 명령, 반복적인 작업 등을 매크로로 기록하여 해당 작업이 필요할 때마다 바로 가기 키나 실행 단추를 눌러 쉽고, 빠르게 작업을 수행하는 기능

오답 피하기

시나리오 : 스프레드시트 내 변경 요소가 많은 작업표에서 가상으로 수식이 참조하고 있는 셀의 값을 변화시켜 작업표의 결과를 예측하는 기능

31 ①

Alt + Tab : 실행 중인 프로그램 간의 작업 전환

32 ①

- 디스크 포맷(FORMAT) : 새로 구입한 디스크의 경우 사용 가능한 상태인 트랙(Track)과 섹터(Sector)로 나누어주는 과정으로 디스크 초기화라고도 함
- 사용법 : FORMAT [드라이브:][/옵션]

옵션	기능
/V	디스크 이름을 지정
/Q	빠른 포맷
/F	포맷할 용량을 지정
/S	시스템 파일을 복사, 부팅 가능한 디스크로 만듦

33 ④

응답 시간(Turnaround Time) 단축 : 시스템에서 결과가 얻어질 때까지의 시간

오답 피하기

- 서치 시간(search time) : 해당 데이터가 있는 섹터에 헤드를 위치시키는데 걸리는 시간
- 액세스 타임(Access Time) : 컴퓨터의 기억 장치나 디스크 등에서 정보를 꺼내는데 걸리는 시간

34 ②

스풀(SPOOL) : 장치의 이용 효율을 높이기 위해 저속의 입출력 장치의 동작과 중앙 처리 장치의 동작이 동시에 이루어지도록 하는 처리 형태

오답 피하기

- 매크로 : 반복되는 일련의 작업을 저장했다가 필요할 때는 언제든 재사용이 가능하도록 하는 기능
- 컴파일링 : 컴파일러라 불리는 언어 번역기를 통해 번역하는 작업

35 ②

네트워크에 필요한 기능이 추가되었더라도 모뎀 없이 통신은 불가능함

36 ④

F8 : "config.sys" 파일과 "autoexec.bat" 파일의 수행을 사용자가 선택할 수 있음

37 ①

DIR/W : 파일명과 확장자만 한 줄에 5개씩 표시하므로 화면에 많은 양의 내용이 보임

38 ①

커널(Kernel) : 운영체제의 가장 핵심적인 부분으로 항상 주기억 장치에 상주, 시스템의 자원을 관리, 프로세스 관리, 입출력 관리, 파일 관리, 메모리 관리, 시스템 호출, 프로세스 간 통신을 관리

39 ③

- cat : 파일의 내용 표시(DOS의 type 명령)
- chmod : 파일이나 디렉터리에 대한 접근 허가 모드 변경

40 ③

- 제어 프로그램 : 감시 프로그램, 작업 관리 프로그램, 데이터 관리 프로그램
- 처리 프로그램 : 언어 번역, 서비스, 문제 처리 프로그램

41 ①

UNIX의 특징

- 시분할 온라인 대화식 시스템
- C 언어 기반으로 제작된 운영체제
- 확장성과 이식성이 우수함
- 동시에 여러 작업을 할 수 있는 멀티태스킹(Multi Tasking) 운영체제

42 ④

네트워크 연결이 끊어지더라도 다른 사용자가 컴퓨터를 사용할 수 있도록 컴퓨터를 준비함

43 ②

- 내부 명령어 : DIR 명령으로 파일의 목록을 확인할 수 없으며 그 파일이 존재하지 않는 명령어
- 종류 : DIR, DEL, VER, CLS, COPY, MD, CD, RD 등

44 ②

멀티미디어 : 작업 표시줄에 볼륨 조절 표시 아이콘 생성 기능, 비디오, 오디오 설정

오답 피하기

- 사운드 : 윈도우즈 시스템 상황에 따른 소리(WAV 파일) 설정 및 해제
- 내게 필요한 옵션 : 키보드, 사운드, 고대비, 마우스키 등의 신체 활동이 불편한 사용자에게 필요한 기능을 설정
- 시스템 : 일반, 장치 관리자, 하드웨어 초기화 파일, 성능 등 설정

45 ①

16진수 2C를 10진수로 변환

$= 2 \times 16^1 + C(12) \times 16^0$

$= 32 + 12 = 44$

46 ①

- Shift : 연속적인 영역의 파일을 선택하는 경우 사용
- Ctrl : 비연속적인 영역의 파일을 선택하는 경우 사용

47 ②

ls : 지정한 디렉터리의 파일을 보여줌(=DOS의 DIR)

오답 피하기

- cd : 디렉터리 경로 변경
- tar : 파일과 디렉터리를 하나로 묶음(보조 기억 장치에 데이터를 압축 저장)
- pwd : 현재 디렉터리의 경로를 표시

48 ①

FDISK : 하드 디스크 파티션의 논리적 분할과 삭제 작업을 수행, 하드 디스크에만 사용이 가능하고 플로피 디스크에는 적용되지 않은 명령

오답 피하기

- CHKDSK : 디스크의 상태를 점검하고 손상된 부분을 복구
- VOL : 드라이브의 볼륨명과 일련번호 표시
- XCOPY : 많은 파일을 빠르게 복사하고 하위 디렉터리 내의 파일 및 디렉터리 구조까지 복사

49 ①

SCANDISK : 하드 디스크 상의 사소한 오류를 고칠 수 있는 프로그램의 이름

50 ②

이 파일은 시스템에 설치된 사용자 컴퓨터의 다양한 여러 가지 종류의 하드웨어 장치들로 구성 → CONFIG.SYS

51 ②

가드 밴드(Guard Band) : 주파수 분할 다중화기(FDM : Frequency Division Multiplexer)에서 사용되는 채널 간 완충 영역 기능

52 ①

복호화(Decoding) : 수신측에서 펄스 신호로 복원하는 과정

오답 피하기

- 양자화 : 디지털 양으로 변환
- 부호화 : 양자화된 값을 디지털 신호로 변환(2진값)
- 표본화 : 표본 추출, 진폭값 부여

53 ④

ARQ(Automatic Repeat reQuest : 자동 재전송 방식) 종류

정지-대기 ARQ(Stop & Wait ARQ), Go-back-N ARQ, 선택적 ARQ(Selective ARQ), 적응적(Adaptive) ARQ

오답 피하기

전진 에러 수정 방식(FEC : Forward Error Correction) : ARQ 방식처럼 에러 검출 후 재전송이 이루어 지지 않고 수정되는 방식으로 해밍 코드(Hamming Code)가 이에 해당됨

54 ③

- 망형의 통신 회선의 링크 수 : n(n-1)/2
- 8(8-1) / 2 = 28

55 ③

텔레텍스트(Teletext)

- TV 전파를 활용하여 다른 신호를 겹쳐서 정보를 제공하는 서비스
- 방송국측에서 TV 화면과 화면 사이의 수직 귀선 시간을 이용하여 정보를 한 방향으로만 전송
- 문자 다중 방송이라고도 함(대부분 TV 화면 하단의 자막으로 표시)

56 ④

패킷 교환 방식 : 패킷(Packet)이라 부르는 일정한 길이의 전송 단위로 나누어 전달하는 교환 방식으로, 공중 교환 데이터망(PSDN)에서 사용하는 방식임

57 ④

- 발광 소자 : 발광 다이오드(LED : Light Emitting Diode)와 레이저 다이오드(LD : Laser Diode)
- 수광 소자 : 포토 다이오드(PD : Photo Diode), 에벌런시 다이오드(APD : Aberancy Photo Diode)

58 ④

물리 계층 : 실제 회선의 연결을 확립, 유지, 단절하기 위한 기계적, 전기적, 기능적, 절차적 특성을 정의

59 ①

충격성 잡음(Impulse Noise) : 전송 시스템에서 순간적으로 일어나는 높은 진폭의 잡음으로 돌발적 잡음이라고도 하며, 주로 기계적인 충격이나 번개와 같은 외부의 전자기적 충격 또는 통신 시스템의 결함에 의해 발생

오답 피하기

- 백색 잡음(White Noise) : 분자나 원자의 열 운동에 의해 생기는 잡음으로 열 잡음 또는 가우스 잡음이라고도 함
- 상호 변조 잡음 : 단일 주파수 대역폭을 분할하여 사용하는 각 채널간 중복으로 인한 잡음 오류
- 위상 왜곡 : 재생 펄스가 여러 가지 원인에 의해 올바른 시간적 위치에서 벗어나 신호 위상이 연속적으로 변하는 현상

60 ④

diff : 2개 파일의 내용을 비교하여 다른 부분을 출력

오답 피하기

- wc : 파일의 라인 수, 단어 수, 문자 수를 출력
- grep : 파일에서 옵션에 따라 특정한 패턴(문자열)이나 정규 표현식으로 나타낸 단어를 검색
- split : 파일을 용량 및 라인 수 기준으로 분리

최신 기출문제 02회 174P

01 ④	02 ④	03 ②	04 ②	05 ①
06 ②	07 ②	08 ①	09 ①	10 ④
11 ④	12 ④	13 ③	14 ①	15 ③
16 ③	17 ④	18 ③	19 ④	20 ③
21 ①	22 ③	23 ①	24 ①	25 ②
26 ③	27 ③	28 ②	29 ④	30 ②
31 ②	32 ①	33 ①	34 ③	35 ②
36 ④	37 ③	38 ③	39 ③	40 ④
41 ③	42 ④	43 ①	44 ②	45 ①
46 ①	47 ④	48 ③	49 ③	50 ③
51 ①	52 ②	53 ④	54 ④	55 ④
56 ①	57 ④	58 ③	59 ③	60 ③

01 ④

명령어의 구성 : 명령 코드부(OP–Code)와 번지부(Operand)로 구성

02 ④

처리 속도가 느린 순에서 빠른 순

간접 주소(Indirect Address) → 직접 주소(Direct Address) → 즉시 주소(Immediate Address)

03 ②

- 합의 법칙 : $A+\bar{A}=1$, $A+0=A$, $A+A=A$
- 곱의 법칙 : $A \cdot \bar{A}=0$

04 ②

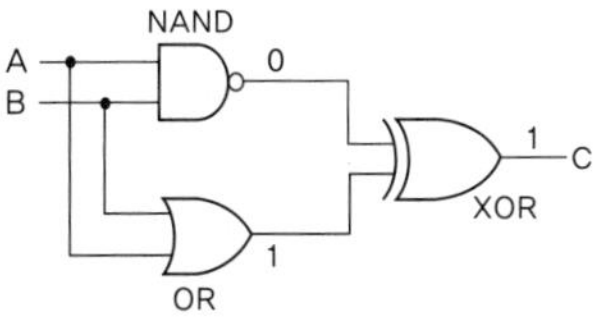

- NAND : 두 개의 입력값 중 하나 이상 0이 입력될 때만 1이 출력(AND 결과의 부정)
- OR : 두 개의 입력값 중 하나 이상 1이면 출력값이 1이 됨(병렬 회로)
- XOR : 두 개의 입력값 중 하나의 값이 1일 때만(서로 다를 때) 출력값이 1이 됨

05 ①

$A \cdot (A \cdot B+C)$

$=(A \cdot A \cdot B)+(A \cdot C)$ ← 분배 법칙 $A \cdot (B+C)=(A \cdot B)+(A \cdot C)$

$=(A \cdot B)+(A \cdot C)$ ← 곱의 법칙 $A \cdot A=A$

$=A \cdot (B+C)$ ← 분배 법칙

06 ②

디스크에 저장 가능한 Word 수 구하는 방법 : 트랙 수 × 트랙당 섹터 수 × 섹터당 워드 수 × 면 수

∴100 × 4 × 320 × 2(양면) = 256,000가 됨

07 ②

멀티플렉서 채널(Multiplexer Channel) : 저속의 여러 입출력 장치(프린터, 카드)를 여러 개의 서브 채널이 있어서 동시에 조작할 수 있는 채널(=Byte Multiplexer Channel)

오답 피하기

- 셀렉터 채널(Selector Channel) : 주기억 장치와 고속의 입출력 장치(자기 테이프, 자기 디스크) 간에 데이터를 전송하는 프로세서로 한 번에 한 개의 장치를 선택하여 동작
- 블록 멀티플렉서 채널(Block Multiplexer Channel) : 블록 단위로 이동시키는 멀티플렉서 채널로서 셀렉터 채널과 멀티플렉서 채널의 복합 형태

08 ①

MIPS(Million Instruction Per Second) : 1초 동안 1백만 개의 연산을 수행

오답 피하기

- KIPS(Kilo Instruction Per Second) : 1초 동안 1,000개의 연산을 수행
- MFLOPS(Mega FLoating–point Operation Per Second) : 초당 1백만 회 수행 가능한 부동 소수점 연산
- LIPS(Logical Inference Per Second) : 1초 동안 실행 가능한 논리적 추론 횟수

09 ①

J	K	$Q_{(t+1)}$
0	0	전 상태 불변
0	1	0
1	0	1
1	1	전 상태 반전

10 ④

- 로더(Loader) : 로드 모듈 프로그램을 주기억 장치 내로 옮겨서 실행해 주는 소프트웨어
- 로더(Loader)의 기능 : 할당(Allocation), 연결(Linking), 재배치(Relocation), 적재(Loading)

11 ④

간접 주소 지정(Indirect Addressing) : 명령어의 주소 부분으로 지정한 기억 장소의 내용이 실제 데이터가 있는 곳의 주소로 사용되므로 실제 처리되는 값은 40이 됨

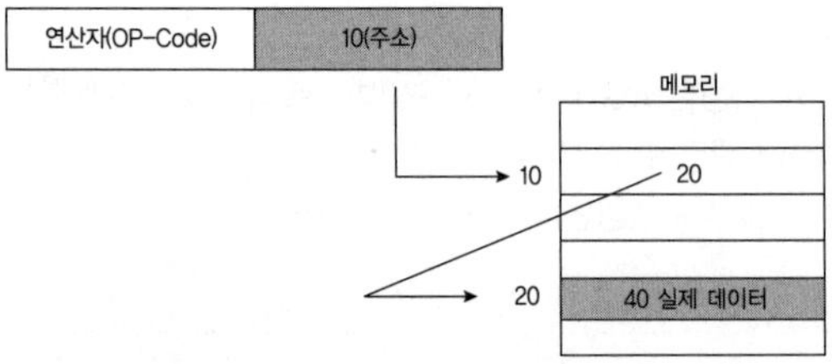

12 ④

16진수 2C를 10진수로 변환
$= 2 \times 16^1 + C(12) \times 16^0$
$= 32 + 12$
$= 44$

13 ③

2진수를 그레이 코드로 변환

0 → 1 → 1 → 0 : 2진수
⊕ ⊕ ⊕
↓ ↓ ↓ ↓
0 1 0 1 : 그레이 코드

- 최상위 비트값은 변화없이 그대로 내려씀
- 두 번째부터는 인접한 값끼리 XOR(eXclusive-OR) 연산한 값을 내려씀

14 ①

게이트	회로도	논리식	진리표
AND	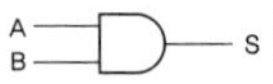	S = A ∩ B = A · B	A B S / 0 0 0 / 0 1 0 / 1 0 0 / 1 1 1

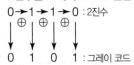

오답 피하기

게이트	회로도	논리식	진리표
OR	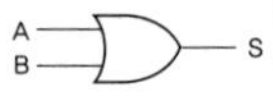	S = A ∪ B = A + B	A B S / 0 0 0 / 0 1 1 / 1 0 1 / 1 1 1
NOT	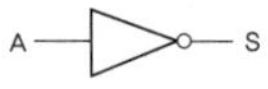	$S = \overline{A} = A'$	A B / 0 1 / 1 0
NOR	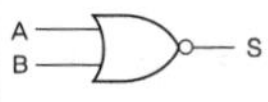	$S = \overline{A+B} = \overline{A} \cdot \overline{B}$	A B S / 0 0 1 / 0 1 0 / 1 0 0 / 1 1 0

15 ③

인출 사이클(Fetch Cycle) : 주기억 장치로부터 CPU로 명령어를 가져오는 사이클(=Load)

오답 피하기

실행 사이클(Execute Cycle) : 인출된 명령어를 이용하여 직접 명령을 실행하는 사이클

16 ③

단항(Unary) 연산

- 하나의 입력에 하나의 출력이 있는 연산
- 종류 : 시프트(Shift), 로테이트(Rotate), 이동(Move), 논리 부정(Not)

오답 피하기

- Rotate : 되돌리기 연산
- Shift : 곱셈, 나눗셈에 이용되는 밀치기 연산
- Complement : 보수

17 ④

명령 레지스터(IR : Instruction Register) : 현재 수행 중인 명령어의 내용을 기억

오답 피하기

- 누산기(Accumulator) : 산술 및 논리 연산의 결과를 일시적으로 기억하는 장치
- 인덱스 레지스터(Index Register) : 인덱스 주소 지정 시 사용되는 레지스터
- 메모리 레지스터(Memory Register) : 기억 장소의 주소를 기억하는 레지스터(MAR), 기억 장치를 통해 접근되는 정보를 기억하는 레지스터(MBR)가 있음

18 ③

ATTRIB 옵션	기능
+	속성을 지정할 때 사용
–	속성을 해제할 때 사용
R	읽기 전용 속성
A	저장/백업 속성
S	시스템 속성
H	숨김 속성

19 ④

연산 장치(ALU : Arithmetic & Logic Unit)

- 산술적인 연산과 논리적인 연산을 담당하는 장치
- 연산 장치는 가산기, 보수기, 누산기, 기억 레지스터, 데이터 레지스터 등으로 구성

20 ③

전가산기(FA : Full Adder) : 두 비트(A, B)와 전 상태의 자리올림수(C_0)를 더해서 합(S)과 최종 자리올림수(C_1)를 얻는 회로로 2개의 반가산기와 1개의 OR 게이트로 구성

21 ①

- DELETE(삭제문) : 삭제문으로 테이블에 저장되어 있는 행을 삭제하며 DELETE – FROM – WHERE의 유형을 가짐
- DELETE FROM 테이블명 [WHERE 조건];

22 ③

데이터베이스 설계 단계

요구 조건 분석 → 개념적 설계 → 논리적 설계 → 물리적 설계 → 구현

23 ①

- ALTER : 데이터베이스, 테이블의 구조 변경
- CREATE : 데이터베이스, 테이블, 뷰 등의 작성
- DROP : 데이터베이스, 테이블, 뷰 등의 삭제

24 ①

슬라이드(쪽) : 프레젠테이션에서 전체를 전환하는 단위, 프레젠테이션을 구성하는 내용을 하나의 화면 단위로 나타낸 것

오답 피하기

- 매크로(Macro) : 반복되는 일련의 절차나 작업을 자동화한 것
- 개체(Object) : 프레젠테이션의 한 화면을 구성하는 개개의 요소(그림이나 도형 등)
- 셀(Cell) : 스프레드시트의 기본 입력 단위로 행과 열이 만나서 이루는 사각형

25 ②

데이터 조작 언어(DML) : 테이블 내의 레코드를 검색(SELECT), 삽입(INSERT), 갱신(UPDATE), 삭제(DELETE)하고자 할 때 사용하는 데이터 조작 언어

오답 피하기

데이터 정의 언어(DDL) : 데이터를 입력하기 위한 테이블의 정의나 정보를 참조하기 위한 뷰를 정의하기 위한 언어

CREATE	데이터베이스, 테이블, 뷰 등의 작성
ALTER	데이터베이스, 테이블의 구조 변경
DROP	데이터베이스, 테이블, 뷰 등의 삭제

26 ③

- SELECT(검색문)는 테이블에서 데이터를 검색하며 SELECT–FROM – WHERE의 유형을 가짐
- " * "를 이용해서 FROM 절에서 지정한 테이블에 정의된 전체 열(항목)들을 검색

27 ③

도메인(Domain) : 애트리뷰트가 취할 수 있는 값(Value)들의 집합

오답 피하기

- 속성(Attribute) : 테이블에서 열을 나타내는 말로 필드와 같은 의미
- 카디널리티(Cardinality) : 기수라고도 하며 한 릴레이션(테이블)에서의 튜플의 개수를 의미

28 ②

프레젠테이션 : 신제품 발표회, 회사 설명회, 세미나, 연구 발표, 교육 자료 제작 등에서 상대방에게 보다 효과적으로 의사를 전달하고자 할 때 사용하는 프로그램

29 ④

매크로(Macro) : 자주 사용하는 명령, 반복적인 작업 등을 매크로로 기록하여 해당 작업이 필요할 때마다 바로 가기 키나 실행 단추를 눌러 쉽고, 빠르게 작업을 수행하는 기능

오답 피하기

- 정렬(Sort) : 문자 목록의 데이터를 특정 필드의 크기 순서에 따라 재배열하는 기능
- 필터(Filter) : 사용자가 설정하는 특정 조건을 만족하는 자료만 검색, 추출하는 기능
- 부분합 : 워크시트에 있는 데이터를 일정한 기준으로 요약하여 통계 처리를 수행하는 기능

30 ②

스키마(Schema) : 데이터베이스를 구성하는 파일, 레코드, 항목의 형식과 상호 관계 전체를 정의한 것으로 외부 스키마, 개념 스키마, 내부 스키마가 있음

31 ②

ps : 프로세스 상태 보기

오답 피하기

- ls : 디렉터리 내의 데이터 목록 표시
- kill : 선택한 프로세스 중지
- chmod : 파일 및 디렉터리 접근 권한 설정 및 변경

32 ①

- 커널(Kernel) : UNIX의 가장 핵심적인 부분으로 항상 주기억 장치에 상주, 시스템의 자원을 관리, 프로세스 관리, 입출력 관리, 파일 관리, 메모리 관리, 시스템 호출, 프로세스 간 통신을 관리
- 셸(Shell) : 사용자와 UNIX 간의 인터페이스 역할, Shell 프로그램 언어를 제공하는 명령어 해석기
- 유틸리티(Utility Program) : DOS의 외부 명령어에 해당, 사용자 편리를 위해 준비된 시스템 프로그램, UNIX 시스템을 효과적으로 사용할 수 있도록 도와주는 응용 프로그램

33 ①

프로세스(Process)의 정의 : 실행 중인 프로그램을 프로세스(Process)라 하며, 프로그램을 실행하는 처리 단위임

34 ③

변조 속도는 1초당 50번의 신호 변화가 있었으므로, 펄스의 수는 50

35 ②

LRU(Least Recently Used) : 가장 오랫동안 참조되지 않은 페이지를 교체할 페이지로 선택하는 기법

오답 피하기

- FIFO(First In First Out) : 주기억 장치 내에 가장 먼저 들어온, 가장 오래된 페이지를 교체할 페이지로 선택하는 기법
- LFU(Least Frequently Used) : 사용된 횟수가 가장 적은 페이지를 교체할 페이지로 선택하는 기법
- 최적화 기법(OPT : OPTimal replacement) : 앞으로 오랫동안 사용되지 않거나 사용도가 낮을 페이지를 선택하여 교체하는 기법

36 ④

who : 현재 로그인해서 사용하는 사용자 이름을 표시하며 사용 소프트웨어 정보는 제공하지 않음

37 ③

ATTRIB : 파일의 속성을 지정 및 해제하는 명령어

오답 피하기

- MORE : 한 화면 단위의 내용 출력, 파이프(|) 기호와 함께 사용
- FDISK : 논리적 드라이브 번호를 할당하는 명령어임
- DEFRAG : 단편화 현상을 제거하는 명령어

38 ③

운영체제의 목적 : 처리 능력의 향상, 응답 시간 단축, 신뢰도 향상, 사용 가능도 증대

39 ③

Esc : 명령 취소

40 ④

윈도우즈에서 클립보드로 복사를 할 때는 Ctrl+C를 누름

41 ③

- 제어 프로그램 : 감시 프로그램, 작업 관리 프로그램, 데이터 관리 프로그램
- 처리 프로그램 : 언어 번역, 서비스, 문제 처리 프로그램

42 ④

시스템 종료 방법

- [시작]-[시스템 종료] 메뉴 선택
- Ctrl+Alt+Delete
- 바탕 화면에서 Alt+F4

43 ①

FDISK : 하드 디스크 파티션의 논리적 분할과 삭제 작업을 수행, 하드 디스크에만 사용이 가능하고 플로피 디스크에는 적용되지 않는 명령어임

오답 피하기

- CHKDSK : 디스크의 상태를 점검하고 손상된 부분을 복구
- DISKCOMP : 두 디스크의 내용을 비교

44 ②

UNDELETE : 삭제했던 파일을 복구

오답 피하기

- DELTREE : 파일 및 하위 디렉터리까지 삭제
- FDISK : 하드 디스크의 논리적인 파티션 설정

45 ①

ping : 네트워크상의 다른 컴퓨터들의 연결 상태 점검

오답 피하기

- cd : 디렉터리 경로 변경
- pwd : 현재 디렉터리의 경로를 표시
- who : 현재 login해서 사용하는 사용자 이름을 표시

46 ①

주요 환경 설정 명령

- FILES=〈수치〉 : 동시에 관리할 수 있는 파일 수를 지정
- BUFFERES=〈수치〉 : 디스크 버퍼 수를 지정
- LASTDRIVE=〈문자〉 : 사용 가능한 드라이브의 최대 수를 지정
- DEVICE=〈파일 이름〉 : 마우스, 스캐너, 프린터 등과 같은 장치를 사용하고자 할 때 장치 구동 프로그램을 설정

47 ④

fork : 프로세스 생성, 복제

오답 피하기

프로그램 편집기 : vi, vim, pico, nano, emacs, gedit

48 ③

디스플레이 : 배경, 화면보호기, 화면 배색, 효과, 웹, 설정 등

오답 피하기

- 시스템 : 일반, 장치 관리자, 하드웨어 초기화 파일, 성능 등 설정
- 멀티미디어 : 작업 표시줄에 볼륨 조절 표시 아이콘 생성 기능, 비디오, 오디오 설정
- 내게 필요한 옵션 : 키보드, 사운드, 고대비, 마우스키 등의 신체 활동이 불편한 사용자에게 필요한 기능을 설정

49 ③

CLS : 화면의 내용을 지움

오답 피하기

- PATH : 경로 설정 및 해제
- CD : 경로 변경
- DATE : 날짜 확인 및 설정

50 ③

두 개 또는 그 이상의 프로세스들이 다른 프로그램에 의해서 사용 중인 장치의 사용을 기다리며 처리가 중단된 상황 → Deadlock(교착 상태)

51 ①

WDM(Wavelength Division Multiplexing) : 파장 분할 다중화 방식으로 서로 다른 파장의 여러 채널을 단일 광섬유를 통해 전송하는 방식

오답 피하기

- FDM(Frequency Division Multiplexer) : 주파수 분할 다중화기
- TDM(Time Division Multiplexer) : 시분할 분할 다중화기
- CDM(Code Division Multiplexer) : 코드 분할 다중화기

52 ②

chmod : 파일이나 디렉터리에 대한 접근 허가 모드 변경

오답 피하기

- stat : 파일 상태 정보 출력 명령
- chown : 파일이나 디렉터리의 사용자 소유권과 그룹 소유권 변경
- mount : 각 장치와 파일 시스템을 연결

53 ④

PCM 전송에서 송신측 과정

아날로그 → 데이터 표본화(Sampling) → 양자화(Quantization) → 부호화(Coding)

54 ④

광섬유 케이블(Optical fiber Cable)

- 규소(SiO_2)을 주재료로 하며 빛의, 반사 현상을 이용
- 온도 변화에 안정적이며 신뢰성이 높고 에러 발생률이 가장 적음
- 전력 유도나 전자 유도에 영향을 받지 않으므로 잡음이나 누화가 거의 없고 신호 감쇠 현상이 적음
- 광대역 전송, 작은 크기와 무게, 적은 감쇠도, 보다 넓은 리피터 간격과 같은 전송 특징이 있음
- 빛을 이용하여 전송하므로 보안성이 뛰어남
- 설치 시에 휘거나 꺾기가 어려워 접속과 연결이 용이하지 않음

55 ④

ARQ(Automatic Repeat reQuest : 자동 재전송 방식)의 종류 : 정지-대기 ARQ(Stop wait ARQ), 연속적 ARQ(Go-back-N ARQ, 선택적 ARQ(Selective ARQ)), 적응적(Adaptive) ARQ

56 ①

FTTH(Fiber To The Home) : 인터넷을 사용하는 집안까지 광섬유를 설치하여 사용하는 초고속 인터넷 방식으로 FTTP(Fiber To The Premises)라고도 함

오답 피하기

광섬유를 설치하는 정도에 따라 FTTO(Fiber To The Office), FTTC (Fiber To The Curb), FTTB(Fiber To The Building), FTTN(Fiber To The Node) 등으로 구분됨

57 ④

디지털 데이터의 아날로그 부호화

- 진폭 편이 변조(ASK : Amplitude Shift Keying) : 2진수 0과 1에 서로 다른 진폭을 적용하여 변조
- 주파수 편이 변조(FSK : Frequency Shift Keying) : 2진수 0과 1에 서로 다른 주파수를 적용하여 변조
- 위상 편이 변조(PSK : Phase Shift Keying) : 2진수 0과 1에 서로 다른 위상을 적용하여 전송
- 진폭 위상 변조(QAM : Quadrature Amplitude Modulation) : 2진수 0과 1에 진폭과 위상을 변조하여 전송

58 ③

이동 통신망의 다원 접속 방식

- FDMA(Frequency Division Multiple Access) : 주파수 분할 다중 접속
- TDMA(Time Division Multiple Access) : 시분할 분할 다중 접속
- CDMA(Code Division Multiple Access) : 코드 분할 다중 접속

오답 피하기

CSMA(Carrier Sence Multiple Access) : 반송파 감지 다중 접근으로 매체 접근 방법에 해당함

59 ③

OSI 7레벨의 계층과 역할

1계층	물리 계층	매체 접근에 따른 기계적, 전기적, 물리적 절차를 규정
2계층	데이터 링크 계층	인접 개방형 시스템 간의 정보 전송 및 오류 제어
3계층	네트워크 계층	정보 교환, 중계 기능, 경로 선정, 유통 제어 등
4계층	전송 계층	송 · 수신 시스템 간의 논리적 안정 및 균등한 서비스 제공
5계층	세션 계층	응용 프로세스 간의 연결 접속 및 동기 제어 기능
6계층	표현 계층	정보의 형식 설정 및 부호 교환, 암호화, 해독, 압축 등
7계층	응용 계층	응용 프로세스 간의 정보 교환 및 전자 사서함, 파일 전송 등

60 ③

통신 방식에 따른 분류

단방향 통신 (Simplex)	한쪽 방향으로만 정보 전송이 가능(예 TV, 라디오)
반이중 통신 (Half Duplex)	양쪽 방향 통신이 가능하지만 동시에는 불가능한 형태(예 무전기)
전이중 통신 (Full Duplex)	양쪽 방향으로 동시에 정보의 전송이 가능한 경우(예 전화)

최신 기출문제 03회 180P

01 ①	02 ④	03 ④	04 ④	05 ③
06 ①	07 ②	08 ①	09 ①	10 ③
11 ①	12 ②	13 ①	14 ③	15 ②
16 ④	17 ②	18 ②	19 ②	20 ①
21 ③	22 ③	23 ③	24 ③	25 ②
26 ②	27 ②	28 ②	29 ③	30 ④
31 ①	32 ②	33 ②	34 ①	35 ①
36 ①	37 ③	38 ③	39 ①	40 ①
41 ②	42 ①	43 ①	44 ②	45 ④
46 ①	47 ①	48 ②	49 ②	50 ④
51 ②	52 ③	53 ②	54 ②	55 ①
56 ④	57 ④	58 ①	59 ①	60 ②

01 ①

연산자(OP–Code)의 기능 : 함수 연산 기능, 전달 기능, 제어 기능, 입출력 기능

02 ④

결합 법칙

- A + (B + C) = (A + B) + C
- A · (B · C) = (A · B) · C

오답 피하기

- 교환 법칙 : A + B = B + A, A · B = B · A
- 분배 법칙 : A · (B + C) = (A · B) + (A · C), A + (B · C) = (A + B) · (A + C)
- 흡수 법칙 : A + A · B = A, A + $\overline{A}$ · B = A + B, A · (A · B) = A

03 ④

명령어의 구성 : 명령 코드부(OP–Code)와 번지부(Operand)로 구성

04 ④

EBCDIC 코드

- Extended BCD Interchange Code(확장 2진화 10진 코드)
- Zone과 Digit 각각 4비트로 구성
- 8비트로 2^8=256가지의 표현이 가능

05 ③

즉시 주소 지정(Immediate Addressing) : 명령어 주소 부분에 있는 값 자체가 실제의 데이터가 되는 구조로 주기억 장치의 참조가 없으므로 속도가 빠름

오답 피하기

- 직접 주소 지정(Direct Addressing) : 주소 부분에 있는 값이 실제 데이터가 있는 주기억 장치 내의 주소를 나타냄
- 간접 주소 지정(Indirect Addressing) : 명령어의 주소 부분으로 지정한 기억 장소의 내용이 실제 데이터가 있는 곳의 주소로 사용됨

06 ①

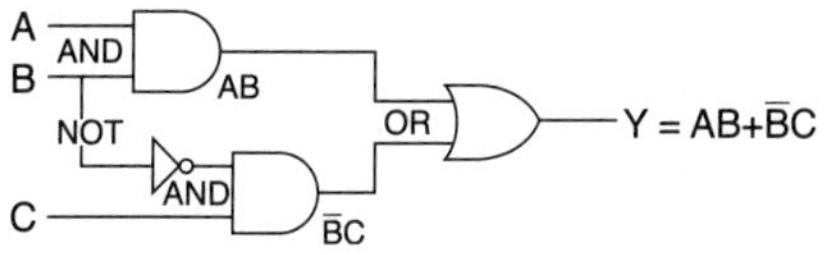

07 ②

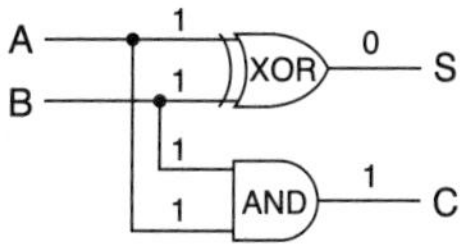

오답 피하기

A	B	합(S)	자리올림수(C)
0	0	0	0
0	1	1	0
1	0	1	0
1	1	0	1
		XOR 회로	AND 회로

08 ①

PSW(Program Status Word) : 프로그램의 실행에 필요한 정보 및 시스템의 상태를 의미

오답 피하기

- 기억 레지스터(MBR : Memory Buffer Register) : 주기억 장치에서 연산에 필요한 자료를 호출하여 저장
- 번지 레지스터(MAR : Memory Address Register) : 주기억 장치의 번지를 기억
- 프로그램 카운터(PC : Program Counter) : 다음에 수행할 명령어의 번지를 기억

09 ①

- 0-번지 명령 형식은 스택 구조라고하며 명령어에 오퍼랜드부가 없이 데이터가 명령어 자체에 있는 방식으로 스택(Stack) 구조의 컴퓨터에서 사용됨
- STACK : 삽입과 삭제가 한쪽 끝에서만 수행되며 가장 마지막에 입력된 자료가 가장 먼저 제거되는 구조로 0-주소 지정 방식, 인터럽트 처리, 부 프로그램 분기, 컴파일러 등에 사용

10 ③

프로그램 카운터(PC : Program Counter) : 다음에 수행할 명령어의 번지를 기억

오답 피하기

- 명령 레지스터(IR : Instruction Register) : 현재 수행 중인 명령어의 내용을 기억
- 번지 레지스터(MAR : Memory Address Register) : 주기억 장치의 번지를 기억
- 누산기(ACC) : 산술 및 논리 연산의 결과를 일시적으로 기억

11 ①

① 각 자리 값을 변환하기 위해 2진수 3자리로 나타내고

2 → 010, 3 → 011, 4 → 100

② 정수 부분은 오른쪽부터 왼쪽 방향으로 4자리씩 묶어 16진수로 변환함(4개로 안 묶이는 부분은 0으로 채움)

010 011 100 → 0000 1001 1100

1001 → 9, 1100 → C(=12)

12 ②

명령 레지스터(IR : Instruction Register) : 현재 수행 중인 명령어의 내용을 기억

13 ①

2진수를 10진수로 변환하여 계산한 다음 그 결과를 2진수로 변환하면 쉽게 계산되므로, 2진수 101011은 43, 11001은 25이므로 43–25=18, 10진수 18을 2진수는 변환하면 10010이 됨

14 ③

호환성 : 서로 다른 컴퓨터 간에도 프로그램이나 자료의 공유가 가능

오답 피하기

신뢰성 : 주어진 환경에서 아무 고장 없이 담당 기능 및 문제 처리를 원활하게 수행할 수 있는 척도

15 ②

- 멀티플렉서 채널(Multiplexer Channel) : 저속의 여러 입출력 장치를 동시에 조작할 수 있는 채널
- 셀렉터 채널(Selector Channel) : 고속의 입출력 장치 간의 데이터 전송에 사용하며 한 번에 한 개의 장치를 선택

16 ④

A · (A · B+C)

= (A · A · B) + (A · C) ← 분배 법칙

= (A · B) + (A · C) ← 곱의 법칙 A · A = A

= A · (B+C) ← 분배 법칙

17 ②

반가산기(HA : Half Adder)
- 2진수 1자리(1Bit)의 A와 B를 더한 합(Sum)과 자리올림수(Carry)를 얻는 회로
- 입력 : 2개(A, B), 출력 : 2개(S, C)
- AND 회로와 XOR 회로로 구성

18 ②

- AND 연산(문자 삭제 기능) : 불필요한 문자의 일부분을 삭제하는 기능(=Mask Bit 기능)
- OR 연산(문자 추가 기능) : 필요한 문자를 추가하는 기능

19 ②

절대 주소(Absolute Address) : 기억 장치 고유의 번지로, 16진수 0, 1, 2, 3,…과 같이 순서대로 정해 놓은 번지임

20 ①

연산 장치(ALU : Arithmetic & Logic Unit) : 산술적인 연산과 논리적인 연산을 담당하는 장치

21 ③

프레젠테이션(Presentation) : 기업의 제품 소개나 연구 발표, 회의 내용 요약 등 각종 그림이나 도표, 그래프 등을 이용하여 많은 사람에게 효과적으로 의미를 전달할 때 사용되는 응용 프로그램

22 ③

DBA(DataBase Administrator) : 시스템의 보안성과 무결성 책임, 시스템 성능 감지와 사용자의 요구 및 불편 해소 등 시스템에 대한 전반적인 책임을 지는 데이터베이스 관리자

23 ③

- 검색문으로 테이블에서 데이터를 검색하며 SELECT – FROM – WHERE의 유형을 가짐
- 모든 열 이름을 SELECT구에 기술하는 번거로움을 덜기 위해 *(애스터리스크)를 사용함

24 ③

기업체 내의 통계 자료 계산은 스프레드시트나 SAS나 SPSS같은 통계 소프트웨어가 적합함

25 ②

kill : 현재 실행 중인 프로세스를 삭제

26 ②

CASCADE : 제거 대상 및 이를 참조하는 다른 데이터 객체에 대해서도 제거 작업이 실시됨

27 ②

조작 기능 : 데이터베이스와 사용자 간의 상호 작용 수단(데이터 요청, 변경 등)을 제공

28 ②

슬라이드 : 프레젠테이션을 구성하는 내용을 하나의 화면 단위로 나타낸 것

29 ③

매크로(Macro) : 자주 사용하는 명령, 반복적인 작업 등을 매크로로 기록하여 해당 작업이 필요할 때마다 바로 가기 키나 실행 단추를 눌러 쉽고, 빠르게 작업을 수행하는 기능

오답 피하기
- 필터(Filter) : 사용자가 설정하는 특정 조건을 만족하는 자료만 검색, 추출하는 기능
- 차트 : 데이터를 시각적으로 표현해서 데이터의 연관성과 상황을 쉽게 파악하는 기능

30 ④

데이터 정의 언어(DDL) : 데이터를 입력하기 위한 테이블의 정의나 정보를 참조하기 위한 뷰를 정의하기 위한 언어로 CREATE, ALTER, DROP 등이 있음

오답 피하기

데이터 조작 언어(DML) : 테이블 내의 레코드를 검색(SELECT), 삽입(INSERT), 갱신(UPDATE), 삭제(DELETE)하고자 할 때 사용하는 데이터 조작 언어

31 ①

Throughput(처리 능력) : 컴퓨터 시스템이 주어진 시간 안에 처리할 수 있는 작업 분량

32 ②

멀티태스킹(Multitasking) : 선점형 멀티태스킹 지원으로 여러 프로그램을 동시에 실행할 수 있음

33 ②

Plug & Play(PnP) 지원 : 새로운 하드웨어 설치 및 설정을 자동으로 처리

34 ①

- Ctrl : 비연속적인 여러 개의 파일을 선택
- Shift : 연속적인 여러 개의 파일을 선택

35 ①

Shift+F10 : 프로그램이나 선택한 항목의 바로 가기 메뉴 표시

36 ①

fsck : 파일 시스템의 오류 여부를 검사(무결성 검사)

오답 피하기

- eject : 미디어 해제 및 장치 제거
- fdisk : 파티션 생성, 삭제, 타입 결정
- mkfs : 파일 시스템 생성

37 ③

운영체제(OS : Operating System) : 컴퓨터와 응용 프로그램, 컴퓨터와 사용자 간의 인터페이스 역할을 담당

38 ③

파일의 작성자를 알고 있더라도 찾기 기능을 실행할 수 없음

39 ①

which : 명령어의 경로를 확인

오답 피하기

- chsh : 로그인 셸 변경

40 ①

REN : 파일 이름 변경

오답 피하기

- MD(MKDIR) : 디렉터리 생성
- XCOPY : 파일, 디렉터리 및 하위 디렉터리 복사
- CHKDSK : 디스크 상태 점검

41 ②

내부 명령어 : DOS로 부팅 시 COMMAND.COM이 실행될 때 주기억 장치에 상주하여 키보드를 통해 명령이 입력되면 바로 실행되는 명령어, DIR 명령으로 파일의 목록을 확인할 수 없으며 그 파일이 존재하지 않는 명령어임

42 ①

Alt+F4 : 실행 중인 현재 창 종료

43 ①

UNIX는 대부분 고급 언어인 C 언어로 제작됨(커널의 일부분은 어셈블리 언어로 제작)

44 ②

pwd : 현재 디렉터리의 경로를 표시

오답 피하기

- cd : 디렉터리 경로 변경
- kill : 강제로 수행 중인 프로세스를 중지
- cp : 파일 복사 명령

45 ④

현재 사용자에 관한 정보를 출력해 주는 명령어로 접속한 사용자의 단말명, 로그인명, 사용 중인 터미널번호, 로그인한 시각 등을 표현

46 ①

프로그램의 실행을 중지시키고 특수한 처리 프로그램을 호출하는 하드웨어의 신호, 프로그램 실행의 정상적인 흐름을 중지하고 처리 프로그램이 실행된 후에 중지되었던 프로그램이 다시 실행 → 인터럽트(Interrupt)

47 ①

FIFO(First In First Out) : 주기억 장치 내에 가장 먼저 들어온, 가장 오래된 페이지를 교체할 페이지로 선택하는 기법

오답 피하기

- LRU(Least Recently Used) : 가장 오랫동안 사용되지 않은 페이지를 교체할 페이지로 선택하는 기법
- LFU(Least Frequently Used) : 사용된 횟수가 가장 적은 페이지를 교체할 페이지로 선택하는 기법

48 ②

클립보드(Clipboard) : 작업 도중 복사 및 이동시킬 데이터를 임시로 보관하는 임시 저장 공간

49 ②

/W(Wide) : 파일명과 확장자만 한 줄에 5개씩 표시

50 ④

응답 시간(Turnaround Time)은 시스템에서 결과가 얻어질 때까지의 시간으로 단축될수록 좋음

51 ②

dBm(dBmeter : 데시벨계, 디비미터)

- 하나의 신호 전력을 1[mW]에 대한 대수비로 표현한 절대 레벨의 단위
- 어떤 정해진 기준 레벨에 대해 데시벨의 값을 직접 읽을 수 있는 단위
- 〈공식〉 dBm = 10 * log(비교값)

52 ③

DTE/DCE의 접속 규격 특성 : 기계적 특성, 전기적 특성, 기능적 특성, 절차적 특성

53 ②

통신 제어 장치(Communication Control Unit) : 데이터 전송 회선과 컴퓨터 사이를 연결하고 통신 회선과 중앙 처리 장결합하여 데이터의 처리를 제어

54 ②

HDLC Frame(프레임)의 구성 : 시작 플래그(Flag), 주소부(Address), 제어부(Control), 정보부(Information), FCS, 종료 플래그(Flag)

55 ①

백색 잡음(White Noise) : 분자나 원자의 열 운동에 의해 생기는 잡음으로 열 잡음 또는 가우스 잡음(Gaussian Noise)이라고도 함. 모든 주파수에 걸쳐서 존재하며 제거될 수 없는 잡음임

56 ④

IEEE 802.10 : 네트워크 보안

57 ④

모뎀(MODEM) : 변복조기 장치로 디지털 신호와 아날로그 신호 간의 변환 장치

58 ①

단말 장치(DTE : Data Terminal Equipment) : 데이터의 입출력 및 송·수신을 담당하는 장치로 입출력 기능, 전송 제어 기능, 기억 기능 등이 있음

59 ①

IPTV(Internet Protocol TeleVision) : 인터넷을 통해 텔레비전 시청이 가능하게 제공해 주는 서비스

60 ②

디비트(Dibit)의 경우 BPS = Baud × 2 = 1,200 × 2 = 2,400

최신 기출문제 04회

186P

01 ①	02 ①	03 ①	04 ①	05 ③
06 ①	07 ④	08 ②	09 ③	10 ①
11 ③	12 ③	13 ①	14 ②	15 ④
16 ③	17 ③	18 ①	19 ④	20 ②
21 ②	22 ①	23 ④	24 ④	25 ②
26 ③	27 ③	28 ③	29 ③	30 ②
31 ④	32 ④	33 ③	34 ①	35 ④
36 ③	37 ①	38 ①	39 ④	40 ①
41 ②	42 ③	43 ④	44 ③	45 ④
46 ③	47 ③	48 ②	49 ④	50 ①
51 ①	52 ④	53 ④	54 ②	55 ③
56 ④	57 ③	58 ④	59 ①	60 ④

01 ①

입출력 채널(I/O Channel) : CPU의 처리 효율을 높이고 데이터의 입출력을 빠르게 할 수 있게 만든 입출력 전용 처리기, 입출력 장치와 주기억 장치 사이의 속도 차이를 위한 장치(자체 메모리 없음)

02 ①

- 메모리 레지스터 : 기억 장치를 출입하는 데이터가 잠시 기억되는 레지스터
- 명령어 레지스터 : 현재 실행 중인 명령어의 내용을 기억하는 레지스터
- 인덱스 레지스터 : 인덱스 주소 지정 시 사용되는 레지스터

03 ①

$$\begin{array}{r} 11111 \\ +\ 01011 \\ \hline 101010 \end{array}$$

04 ①

멀티플렉서 채널(Multiplexer Channel)은 저속의 여러 입출력 장치(프린터, 카드)를 여러 개의 서브 채널이 있어서 동시에 조작할 수 있는 채널이며 바이트 단위로 전송되므로 Byte Multiplexer Channel이라고도 함

오답 피하기

- 셀렉터 채널(Selector Channel) : 고속의 입출력 장치 간 데이터 전송에 이용되며 한 번에 한 개의 장치를 선택
- 레지스터(Register) : 연산의 결과나 처리할 명령을 기억하는 고속의 임시 기억 장치로 새로운 데이터가 전송되면 전송된 내용만 기억함

05 ③

인터럽트(Interrupt) : 예기치 않은 사태가 발생하여 처리가 일시 중단된 상태이며, 정전이 가장 높은 우선순위임

오답 피하기

- 스풀(SPOOL) : 인쇄를 하면서 다른 작업을 병행할 수 있는 병행 처리 기법으로 인쇄 속도는 스풀이 설정되기 전보다 느려질 수 있음
- 버퍼(Buffer) : 주기억 장치에 위치한 임시 기억 공간으로서 하드웨어적으로 구현되어 있음
- 가상 기억 장치(Virtual Memory) : 주기억 장치의 용량이 부족하여 보조 기억 장치의 일부를 마치 주기억 장치인 것처럼 이용하는 메모리 관리 기법

06 ①

명령 레지스터(Instruction Register) : 현재 수행 중인 명령어를 기억

오답 피하기

누산기(Accumulator) : 중간에 계산된 결과 값을 보관

07 ④

- $(110010101011)_2$을 8진수로 변환하려면 뒤에서부터 세 자리씩 나누어서 계산함 → 110 010 101 011 → $(6253)_8$
- $(110010101011)_2$을 16진수로 변환하려면 뒤에서부터 네 자리씩 나누어서 계산함 → 1100 1010 1011 → (12 10 11) → $(CAB)_{16}$

08 ②

- 이항 연산(Binary) : 두 개의 입력에 하나의 출력이 있는 연산
- 종류 : AND, OR, 사칙 연산(+, −, ×, /) 등

09 ③

블록화 인수(BF : Blocking Factor) : 물리 레코드(블록) 안에 포함된 논리 레코드의 수를 의미(=3)

10 ①

합의 법칙 : $1 + A = 1$

11 ③

정보 단말 장치의 기능 : 입출력 기능, 전송 제어 기능, 기억 기능 등

12 ③

즉시 주소 지정(Immediate Addressing) : 명령어 주소 부분에 있는 값 자체가 실제의 데이터가 되는 구조, 주기억 장치의 참조가 없으므로 속도가 빠름

13 ①

불 대수의 연산자는 논리곱(AND), 논리합(OR), 논리부정(NOT) 등이 있음

14 ②

AND 게이트 : 두 개의 입력값이 모두 1일 때만 출력값이 1이 됨(직렬 회로)

오답 피하기

- OR 게이트 : 두 개의 입력값 중 하나 이상 1이면 출력값이 1이 됨(병렬 회로)
- NAND : 두 수 중 하나 이상 0이 입력될 때만 1이 출력(AND 결과의 부정)
- XOR : 둘 중 하나의 값이 1일 때만(서로 다를 때) 출력값이 1이 됨

15 ④

$\overline{X}Y + XY = Y(\overline{X} + X) = Y$

$\therefore \overline{X} + X = 1,\ Y \cdot 1 = Y$

16 ③

AND : 두 개의 입력 스위치가 직렬로 연결, 둘 다 동시에 ON 상태(A=1, B=1)에서 불이 켜짐

17 ③

명령 코드부(OP–Code) : 연산자부라고 하며 수행해야 할 동작을 명시, 연산자부가 3bit이므로 $2^3 = 8$, 최대 여덟가지의 동작이 가능함

18 ①

버퍼 레지스터(Buffer Register) : 읽거나 기록한 데이터를 일시적으로 기억할 수 있는 레지스터로 장치와 장치 간의 시간과 흐름의 차이를 위해 사용되는 임시 기억을 위한 레지스터

19 ④

3–주소 형식(=범용 레지스터 구조) : 명령어에 오퍼랜드부가 3개 존재하므로 원래의 값이 보존됨

20 ②

RS 플립플롭에서 S=1, R=1이면 출력은 부정(불능) 상태가 됨

21 ②

컴퓨터를 이용하여 계산과 관련된 작업을 쉽게 처리 분석하고 활용할 수 있도록 개발된 응용 프로그램 → 스프레드시트(Spreadsheet) 프로그램이 적합함

22 ①

도메인(Domain) : 하나의 속성이 취할 수 있는 값의 집합(예 성별의 경우 남, 여가 해당됨)

23 ④

데이터 조작 언어(DML) : 테이블 내의 레코드를 검색(SELECT), 삽입(INSERT), 갱신(UPDATE), 삭제(DELETE)하고자 할 때 사용하는 데이터 조작 언어

24 ④

DISTINCT : 검색 결과값 중 중복된 결과값(레코드)을 제거

25 ②

ORDER BY : 검색 결과에 대한 정렬을 수행

26 ③

매크로(Macro) : 자주 사용하는 명령, 반복적인 작업 등을 매크로로 기록하여 해당 작업이 필요할 때마다 바로 가기 키나 실행 단추를 눌러 쉽고, 빠르게 작업을 수행하는 기능

27 ③

스프레드시트에서 동영상 처리 및 애니메이션 효과를 구현하는 기능 등은 지원되지 않음

28 ③

데이터베이스 관리자(DBA)의 권한과 임무

- 데이터베이스 관리 시스템의 관리 및 운영을 책임지는 사람 또는 집단
- 데이터베이스를 구성하는 정보 내용 정의
- 데이터의 저장 구조와 접근 방법 결정
- 시스템의 보안성과 무결성 책임
- 백업과 회복을 위한 정책 결정
- 스키마의 정의

29 ③

널(Null) : 아무것도 없다는 의미, 값 자체가 존재하지 않음

30 ②

- 검색문으로 테이블에서 데이터를 검색하며 SELECT – FROM – WHERE의 유형을 가짐
- 모든 열 이름을 SELECT구에 기술하는 번거로움을 덜기 위해 *(애스터리스크)를 사용함

31 ④

프로그램과 데이터가 입력 장치 또는 기억 장치로부터 주기억 장치에 복사되어 주기억 장치 안으로 적재되면 CPU(중앙 처리 장치)는 데이터로 계산 작업을 실행. CPU(중앙 처리 장치)는 제어 장치와 산술 논리 장치로 이루어져 있음

32 ④

프로그램 편집기 : vi, ed, ex, emacs 등

33 ③

Alt+F4 : 실행 중인 현재 창 종료

오답 피하기

- Ctrl+C : 복사
- Ctrl+Esc : 시작 메뉴

34 ①

내부 명령어 : 부팅 시 COMMAND.COM이라는 명령어 해석기에 의해 주기억 장치에 상주함

오답 피하기

외부 명령어 : 독립적인 파일의 형태로 존재하며, 명령 실행 시 주기억 장치로 가져와 실행됨

35 ④

- 이웃하는 파일들을 선택할 때 사용하는 키 → Shift
- 이웃하지 않는 파일들을 선택할 때 사용하는 키 → Ctrl

36 ③

/S(Subdirectory) : 지정한 디렉터리와 하위 디렉터리의 파일까지 모두 표시

37 ①

부호 비트가 1이므로 음수(–)이며, 1011은 10진수 11이므로 –11이 됨

38 ①

pwd : 현재 디렉터리의 경로를 표시

오답 피하기

- rmdir : 디렉터리 삭제 명령
- chmod : 파일의 사용 허가 및 파일이나 디렉터리의 속성 변경 지정
- 그룹 소유자(Group) : 파일 자원을 공유하는 사용자 집단을 말하며 시스템 관리자에 의해 정의됨

39 ④

처리할 일들은 카드리더 같은 입력 장치에 순차적으로 모아져서 제출되고, 일의 결과들은 마찬가지로 프린터와 같은 출력 장치에 모아져서 처리됨 → Batch Processing(일괄 처리 방식)

40 ①

CHKDSK : 디스크의 상태를 점검하고 손상된 부분을 복구

41 ②

cat : 파일의 내용 표시

오답 피하기

- rm : 파일 삭제 명령
- mv : 파일 및 디렉터리 이동 또는 이름 변경
- type : 텍스트 파일의 내용을 보여주는 DOS 명령어

42 ③

Plug & Play(PnP) 지원 : 새로운 하드웨어 설치 및 설정을 자동으로 처리

43 ④

Alt+Enter : 항목의 등록 정보를 보여주며 MS-DOS 창에서는 전체 화면 모드와 창 모드의 전환 기능을 수행

44 ③

셸의 종류 : C shell, Korn shell, Bourne shell, Z shell, TC shell, BASH shell

45 ④

mv : 파일이나 디렉터리 이동 또는 이름 변경

46 ③

클립보드(Clipboard) : 현재 클립보드에 저장된 내용을 보여주며 삭제와 저장이 가능함, 작업 도중 복사 및 이동 시킬 데이터를 임시로 보관하는 임시 저장 공간

47 ③

폴더명에 공백을 포함할 수 있음

48 ②

프로세스(Process) : 실행 중인 프로그램, 프로그램을 실행하는 처리 단위

49 ④

FDISK : 하드 디스크의 논리적인 파티션 설정

오답 피하기

- DEFRAG : 단편화 현상을 제거하는 명령어
- DOSKEY : 명령어 기억

50 ①

작업 관리 프로그램(Job Control Program) : 어떤 작업을 처리하고 다른 작업으로의 자동적 이행을 위한 준비와 처리를 수행

51 ①

데이터 전송계 : 단말 장치(DTE), 데이터 회선 종단 장치(DCE), 통신 제어 장치(CCU) 등

52 ④

망형의 통신 회선의 링크 수 : n(n–1)/2이므로 12(12–1)/2=66

53 ④

표본화(Sampling) → 양자화(Quantization) → 부호화(Coding) → 복호화(Decoding) → 여과(Filtering)

54 ②

광섬유 케이블(Optical Fiber Cable)

- 규소(SiO_2)을 주재료로 하며 빛의 현상을 이용
- 온도 변화에 안정적이며 신뢰성이 높고 에러 발생률이 가장 적음
- 전력 유도나 전자 유도에 영향을 받지 않으므로 잡음이나 누화가 거의 없고 신호 감쇠 현상이 적음

55 ③

SMTP(Simple Mail Transfer Protocol) : 전자 우편을 송신하기 위한 프로토콜

56 ④

주파수 분할 다중화기(FDM : Frequency Division Multiplexer)

- 저속의 데이터를 각기 다른 주파수로 변조해 전송, 저속도 아날로그 전송, 비동기 전송에 이용
- 가드밴드(Guard Band : 채널간 완충 영역)를 주어야 하며 그로 인해 대역폭이 낭비됨, 멀티포인트 방식에 주로 사용

57 ③

회선 교환망(Circuit Switching Network)

- 컴퓨터와 단말기, 컴퓨터 간 통신 회선을 설정하여 데이터를 교환하는 방식
- Point to Point 방식으로 통신 회선을 고정적으로 할당함
- 전송중 항상 같은 경로를 갖게 됨
- 고정된 대역폭 전송 방식, 코드 변환이 안 됨
- 실시간 대화용 방식의 응용 가능

58 ④

chown : 파일이나 디렉터리의 사용자 소유권과 그룹 소유권 변경

오답 피하기

chmod : 파일이나 디렉터리에 대한 접근 허가 모드 변경

59 ①

하위층	1계층	물리 계층
	2계층	데이터 링크 계층
	3계층	네트워크 계층
	4계층	전송 계층
상위층	5계층	세션 계층
	6계층	표현 계층
	7계층	응용 계층

60 ④

DVD는 대용량 저장 매체임

최신 기출문제 05회

193P

01 ③	02 ①	03 ④	04 ③	05 ④
06 ①	07 ③	08 ①	09 ④	10 ④
11 ④	12 ③	13 ②	14 ②	15 ①
16 ②	17 ③	18 ②	19 ③	20 ④
21 ②	22 ①	23 ①	24 ②	25 ①
26 ④	27 ②	28 ④	29 ③	30 ④
31 ①	32 ④	33 ④	34 ④	35 ①
36 ④	37 ②	38 ①	39 ③	40 ④
41 ④	42 ④	43 ①	44 ②	45 ④
46 ①	47 ①	48 ①	49 ③	50 ①
51 ②	52 ②	53 ①	54 ②	55 ③
56 ②	57 ③	58 ④	59 ①	60 ③

01 ③

스택(Stack) : 삽입(Push Down)과 삭제(POP Up)가 한 쪽 끝에서만 이루어지는 선형 구조

02 ①

다중 처리 방식 : 다중 처리기에 의한 처리 방식으로 하나의 컴퓨터에 2개 이상의 CPU가 입출력 장치 및 기타 메모리 장치와 공유하여 프로그램을 처리하므로 MIMD(Multiple Instruction Multiple Data : 다중 명령, 다중 데이터) 구조를 가짐

03 ④

주소 바인딩(Address Binding) : 논리적 주소를 실행시키기 위해서 다른 논리적 주소나 물리적 주소로 사상시키는 것

오답 피하기

- 매핑(Mapping) : 가상 기억 장치 시스템에서 가상 기억 공간에서의 가상 주소를 실제 기억 공간의 물리적 주소로 변환시키는 작업
- 적재(Load) : 보조 기억 장치에 있는 내용을 주기억 장치로 가져오는 것
- 재배치(Relocation) : 로더에 의해 프로그램의 위치를 조정하는 것

04 ③

중앙 처리 장치(CPU) : 제어 장치, 주기억 장치, 연산 장치

오답 피하기

주변 장치 : 입력 장치, 출력 장치, 보조 기억 장치

05 ④

직접 주소 지정(Direct Addressing) : 주소 부분에 있는 값이 실제 데이터가 있는 주기억 장치 내의 주소를 나타냄

오답 피하기

- 상대 번지(Relative Address) : 별도로 지정된 번지를 기준으로 하여 상대적으로 나타내는 번지
- 절대 번지(Absolute Address) : 기억 장치 고유의 번지로서 0, 1, 2, 3과 같이 16진수로 약속하여 순서대로 정해 놓은 번지
- 간접 주소 지정(Indirect Addressing) : 명령어의 주소 부분으로 지정한 기억 장소의 내용이 실제 데이터가 있는 곳의 주소로 사용됨

06 ①

Stack : 삽입과 삭제가 한쪽 끝으로만 수행되며 가장 마지막에 입력된 자료가 가장 먼저 제거되는 구조임, LIFO(Last In First Out) 구조, 0-주소 지정 방식, 인터럽트 처리, 부 프로그램 분기, 컴파일러 등에 사용

오답 피하기

- 프로그램 카운터(PC : Program Counter) : 다음에 수행할 명령어의 번지를 기억
- 기억 레지스터(MBR : Memory Buffer Register) : 주기억 장치에서 연산에 필요한 자료를 호출하여 저장
- PSW(Program Status Word) : CPU의 작동을 제어하기 위한 기본적인 제어 정보

07 ③

연산 장치에서 사용되는 레지스터 : 누산기, 데이터 레지스터, 가산기, 상태 레지스터, 보수기

08 ①

플래시 메모리(Flash Memory) : RAM같은 ROM으로 기억된 내용은 전원이 나가도 지워지지 않고 쉽게 쓰기가 가능함, 읽고/쓰기가 수만 번 가능한 메모리

09 ④

T(Toggle) Flip-Flop : JK 플립플롭에서 입력 J와 K를 하나로 묶어 T(Toggle)로 표시, 입력이 '0'이면 전 상태 불변, 입력이 '1'이면 전 상태의 보수값

오답 피하기

- RS 플립플롭 : Reset 단자와 Set 단자의 신호에 따라 2진수 1자리를 기억
- D 플립플롭 : 한 개의 입력을 가지며, RS 플립플롭에 NOT 게이트를 추가해서 구현할 수 있음
- JK 플립플롭 : 모든 플립플롭의 기능을 대용할 수 있으므로 응용범위가 넓고 집적 회로화되어 가장 널리 사용됨

10 ④

마이크로프로세서(Microprocessor) : CPU(중앙 처리 장치)의 기능을 수행하기 위하여 만든 고밀도 집적 회로(LSI)로 연산 장치, 제어 장치, 레지스터로 구성

11 ④

- 패리티 코드(Parity Code) : 정보 코드에 1bit를 추가하여 오류를 판별하는 코드로, 오류의 검출만 가능하고 2개의 비트가 동시에 오류를 발생하면 검출 자체가 불가능
- 기수(홀수) 검사 : 정보(데이터) 코드 + 패리티 값의 '1'의 개수가 홀수가 되게 하는 방식
- 우수(짝수) 검사 : 정보(데이터) 코드 + 패리티 값의 '1'의 개수가 짝수가 되게 하는 방식

12 ③

NAND 게이트 : NOT + AND, (그리고, 논리적(積), 곱)의 부정, $Y = \overline{A \cdot B} = \overline{A} + \overline{B}$

13 ②

카르노맵(Karnaugh Map)을 이용하여 4변수의 논리식을 보다 간략화하기 위해 주어진 변수에서 Don't Care(무관 조건, 임의항)을 이용

① AB = AB(C+C′) = ABC+ABC′
ABC = ABC(D+D′) = ABCD+ABCD′
ABC′ = ABC′(D+D′) = ABC′D+ABC′D′
즉, AB = ABCD+ABCD′+ABC′D+ABC′D′로 표현

② A′C = A′C(B+B′) = A′BC+A′B′C = A′BCD+A′BCD′+A′B′C-D+A′B′CD′로 위와 동일한 방법으로 분리

③ BCD = BCD(A+A′) 이므로 ABCD+A′BCD로 분리

	00	01	11	10
00	A′B′C′D′	A′B′C′D	**A′B′CD**	**A′B′CD′**
01	A′BC′D′	A′BC′D	**A′BCD**	**A′BCD′**
11	ABC′D′	**ABC′D**	**ABCD**	**ABCD′**
10	AB′C′D′	AB′C′D	AB′CD	AB′C′D′

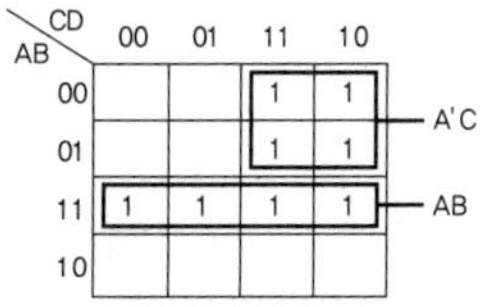

카르노맵을 이용하여 간략화한 결과는 F=A′C+AB가 됨

14 ②

번지부(Operand) : 주소부라고도 하며 찾아갈 메모리의 번지 부분이나 레지스터를 지정, 실제 데이터의 주소 자체이거나 주소를 구하는데 필요한 정보 또는 명령어의 순서를 나타냄

15 ①

입출력 채널(I/O Channel) : CPU의 처리 효율을 높이고 데이터의 입출력을 빠르게 할 수 있게 만든 입출력 전용 처리기, 입출력 장치와 주기억 장치 사이의 속도 차이를 위한 장치(자체 메모리 없음)

16 ②

그레이 코드(Gray Code) : 비가중치 코드 중의 하나, 연산에는 적당하지 않으며 한 숫자에서 다음 숫자로 증가할 때 한 비트만 변함, 아날로그/디지털 코드 변환기나 입출력 장치 코드로 많이 사용

17 ③

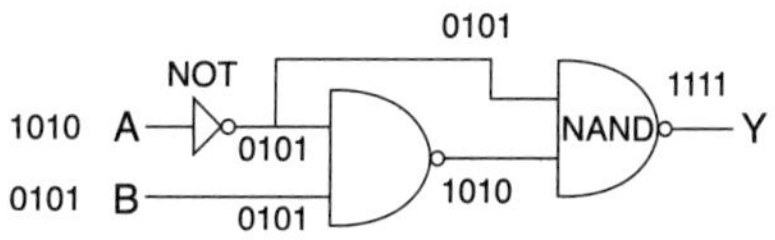

18 ②

마이크로 오퍼레이션(Micro Operation)은 레지스터에 저장된 데이터를 가지고 명령을 수행하기 위해 CPU 내부에서 실행하는 동작으로, 하나의 연산 코드는 마이크로 오퍼레이션의 집합이 되며 그 동작 단계는 Fetch Cycle → Instruction Decoding Cycle → 명령어 실행 단계 → Write-Back 작업으로 이루어짐

19 ③

버스(BUS) : 컴퓨터 내에서 중앙 처리 장치(CPU)와 주기억 장치, 입출력 장치 간에 정보를 전송하는 데 사용되는 전기적 공통 선로

20 ④

계산에 의한 주소 지정 방식

- 데이터가 기억될 위치를 명령어의 주소 부분에 있는 값과 특정 레지스터에 기억된 값을 더해서 지정하는 방식
- 특정 레지스터 종류 : 프로그램 카운터(PC), 인덱스(Index) 레지스터, 베이스(Base) 레지스터 등

21 ②

- ORDER BY : 검색 결과에 대한 정렬을 수행
- ASC : 오름차순을 의미하며 생략하면 기본적으로 오름차순임
- DESC : 내림차순을 의미

22 ①

DISTINCT : 검색 결과값 중 중복된 결과값(레코드)을 제거

23 ①

DBMS의 필수 기능 : 정의 기능, 조작 기능, 제어 기능

24 ②

슬라이드(쪽) : 프레젠테이션에서 화면 전체를 전환하는 단위

25 ①

스프레드시트의 기능

- 수치 계산 기능, 차트 작성 기능과 문서 작성 기능이 있음
- 그림, 클립아트 등 다양한 개체의 삽입은 가능하지만 탁상출판(DTP) 기능은 없음

26 ④

독후감 쓰기는 워드프로세서가 적합함

27 ②

DROP : 테이블 구조를 제거

오답 피하기

- DELETE : 삭제문으로 테이블에 저장되어 있는 행을 삭제
- ALTER : 테이블 구조를 변경
- VIEW : 하나 이상의 기본 테이블에서 유도하여 만든 가상 테이블

28 ④

데이터베이스 설계 단계 : 요구 조건 분석 → 개념적 설계 → 논리적 설계 → 물리적 설계 → 구현

29 ③

스키마 종류 : 외부 스키마, 개념 스키마, 내부 스키마

30 ④

데이터 정의 언어(DDL) : 데이터 입력, 테이블의 정의나 정보를 참조하기 위한 뷰를 정의하는 언어로 CREATE, ALTER, DROP 등이 있음

CREATE	데이터베이스, 테이블, 뷰 등의 작성
ALTER	데이터베이스, 테이블의 구조 변경
DROP	데이터베이스, 테이블, 뷰 등의 삭제

31 ①

ON(Name) : 이름순으로 정렬

32 ④

폴더는 파일을 모아 관리하는 장소로 DOS의 디렉터리와 유사함

33 ④

bmp는 그림판, hwp는 한글 프로그램, 워드패드는 doc, rtf, txt 등의 확장자로 저장할 수 있음

34 ④

디스크에 데이터가 저장되기 전에 그 디스크는 반드시 읽기, 쓰기가 가능하게 섹터로 나눠져야 됨 → 포맷(FORMAT)

35 ①

Ctrl : 비연속인 여러 개의 파일을 선택할 때

36 ④

교착 상태(Deadlock) : 자원은 한정되어 있으나 각 프로세스가 서로 자원을 차지하려고 무한정 대기하는 상태로 해당 프로세스의 진행이 중단되는 상태를 의미

37 ②

운영체제(OS : Operating System) : 컴퓨터와 응용 프로그램, 컴퓨터와 사용자 간의 인터페이스 역할을 담당

38 ①

컴파일러 → 링킹(Linking) → 로딩(Loading) → 실행

39 ③

언어 번역 프로그램(Language Translation Program) : 원시 프로그램을 컴퓨터가 알 수 있는 기계어로 변환시키는 프로그램으로 종류로는 컴파일러(Compiler), 어셈블러(Assembler), 인터프리터(interpreter) 등이 있음

40 ④

프로그램 편집기 : vi, ed, ex, emacs 등

41 ④

ATTRIB : 파일의 속성을 지정 및 해제하는 명령어

속성	내용
R(Read Only)	읽기 전용 파일 속성
A(Archive)	저장 속성
S(System)	시스템 파일 속성
H(Hidden)	숨김 파일 속성

42 ④

LASTDRIVE=〈문자〉 : 사용 가능한 드라이브의 최대수를 지정

43 ①

ifconfig : 네트워크 인터페이스의 IP 주소를 설정하거나 정보를 출력

44 ②

스풀(SPOOL) : 장치의 이용 효율을 높이기 위해 저속의 입출력 장치의 동작과 중앙 처리 장치의 동작이 동시에 이루어지도록 하는 처리 형태

45 ④

환경 설정 파일(config.sys) : 부팅 시 컴퓨터 시스템 및 주변 장치에 필요한 기본 환경을 설정하며 프로그램의 수행 중단 기능을 설정 및 해지할 수 있음

46 ①

이 시스템은 사용자가 단말기를 통해 컴퓨터와 직접 인터페이스가 가능하게 발전되었음. 시스템의 프로그램은 "타임 슬라이스"라고 불리는 중앙 처리 장치 시간의 정해진 양만큼 주어짐 → time sharing system

47 ①

외부 명령어

- 사용 횟수가 내부 명령어보다 비교적 적고 독립적인 파일로 존재함
- 보조 기억 장치에 명령어를 저장시켜 두었다가 명령 실행 시 주기억 장치로 가져와 실행됨

48 ①

ls : 지정한 디렉터리의 파일을 보여줌

오답 피하기

- cd : 디렉터리 경로 변경
- pwd : 현재 디렉터리의 경로를 표시
- cp : 파일 복사 명령

49 ③

MD : 디렉터리 생성

오답 피하기

- COPY : 파일 복사
- DEL : 파일 삭제
- DIR : 파일 목록 보기

50 ①

커널(Kernel)

- UNIX의 가장 핵심적인 부분으로 항상 주기억 장치에 상주, 시스템의 자원을 관리
- 프로세스 관리, 입출력 관리, 파일 관리, 메모리 관리, 시스템 호출, 프로세스 간 통신을 관리

51 ②

ETX(End of TeXt) : 본문의 종료를 표시

오답 피하기

- ETB(End of Transmission Block) : 전송 블록의 종료를 표시
- SOH(Start Of Heading) : 정보 메시지 헤더의 첫 번째 문자로 사용
- STX(Start of TeXt) : 본문의 개시 및 정보 메시지 헤더의 종료를 표시

52 ②

해밍 코드(Hamming Code)

- 단일 비트 에러 검출 및 교정이 가능한 코드
- 에러의 검출과 수정을 동시에 수행할 수 있음
- 전진 에러 수정 방식(FEC : Forward Error Correction)의 코드

53 ①

전이중 방식(Full Duplex) : 동시에 양방향으로 정보 전송

54 ②

충격성 잡음(Impulse Noise) : 전송 시스템에서 순간적으로 일어나는 높은 진폭의 잡음으로 돌발적 잡음이라고도 함. 주로 기계적인 충격이나 번개와 같은 외부의 전자기적 충격 또는 통신 시스템의 결함, 선로의 파괴, 손상에 의한 잡음

55 ③

광섬유 케이블(Optical Fiber Cable)

- 전력 유도나 전자 유도에 영향을 받지 않으므로 잡음이나 누화가 거의 없고 신호 감쇠 현상이 적음
- 광대역 전송, 작은 크기와 무게, 적은 감쇠도, 보다 넓은 리피터 간격과 같은 전송 특징이 있음
- 빛을 이용하여 전송하므로 보안성이 뛰어남
- 이용 분야 : 장거리 중계선, 근거리 통신망(LAN), 전화국 간의 중계선 등

56 ②

표현 계층 : 정보의 형식 설정 및 부호 교환, 암호화, 해독, 압축 등

57 ③

트래픽 제어(traffic control) : 통신 시스템에서 발생하는 신호나 정보의 흐름 등을 제어하는 것으로 오류 제어는 해당되지 않음

58 ④

그물(Mesh)형 : 모든 단말기를 통신 회선으로 연결시킨 형태, 보통 공중 전화망과 공중 데이터 통신망에 사용

59 ①

PCM 과정 – 양자화(Quantization) : 디지털 양으로 변환

60 ③

df : 디스크의 사용량을 표시, 사용 가능한 용량을 알 수 있음

오답 피하기

du : 지정한 디렉터리의 디스크 사용량을 표시

최신 기출문제 06회 200P

01 ④	02 ④	03 ①	04 ①	05 ③
06 ④	07 ③	08 ②	09 ④	10 ①
11 ①	12 ②	13 ②	14 ①	15 ③
16 ②	17 ②	18 ④	19 ④	20 ②
21 ①	22 ②	23 ③	24 ③	25 ②
26 ④	27 ②	28 ④	29 ①	30 ③
31 ③	32 ④	33 ③	34 ②	35 ③
36 ③	37 ①	38 ③	39 ③	40 ③
41 ①	42 ④	43 ④	44 ③	45 ①
46 ②	47 ②	48 ①	49 ②	50 ②
51 ③	52 ③	53 ④	54 ①	55 ④
56 ②	57 ②	58 ②	59 ③	60 ④

01 ④

입출력 채널(I/O Channel)

- CPU의 처리 효율을 높이고 데이터의 입출력을 빠르게 할 수 있게 만든 입출력 전용 처리기
- 입출력 장치와 주기억 장치 사이의 속도 차이를 위한 장치(자체 메모리 없음)
- CPU의 간섭 없이 입출력을 수행하며 작업 완료 시 인터럽트로 알림

02 ④

그레이 코드(Gray Code) : 비가중치 코드 중의 하나, 아날로그/디지털 코드 변환기나 입출력 장치 코드로 많이 사용

오답 피하기

- 해밍 코드(Hamming Code) : 에러 검출과 에러 교정이 가능하며 일반적으로 8421 코드에 3비트의 짝수 패리티를 추가하여 구성
- EBCDIC 코드 : 8비트 코드로, 2^8(256)개의 서로 다른 정보 표현
- ASCII : 7비트 코드로, 2^7(128)개의 서로 다른 정보 표현

03 ①

플립플롭(Flip-Flop) : 1비트('0' 또는 '1')의 정보를 기억할 수 있는 최소의 기억 소자로 RS 플립플롭, JK 플립플롭, D 플립플롭, T 플립플롭 등이 있음

04 ①

금지 회로(Inhibit Circuit) : AND 게이트의 여러 입력 중 한 입력을 NOT 회로를 이용하여 금지 입력으로 사용하는 회로로, 금지 입력 값이 "1"인 경우 AND 게이트의 출력이 "1"이 될 수 없는 회로

05 ③

누산기(Accumulator) : 산술 및 논리 연산의 결과를 일시적으로 기억하는 장치

06 ④

색인 Addressing : 계산에 의한 주소 지정 방식으로 명령어의 오퍼랜드와 인덱스 레지스터가 더해져서 주소를 지정하는 방식

07 ③

연산자(OP-Code)의 기능 : 함수 연산 기능, 전달 기능, 제어 기능, 입출력 기능

08 ②

마이크로프로세서(Microprocessor) : CPU(중앙 처리 장치)의 기능을 수행하기 위하여 만든 고밀도 집적 회로(LSI)로 연산 장치, 제어 장치, 레지스터로 구성

09 ④

시프트 마이크로 동작의 종류 : 논리, 순환, 산술, 직렬 전송 등

10 ①

0-주소 형식(=스택 구조) : 명령어에 오퍼랜드부가 없이 데이터가 명령어 자체에 있는 방식, 스택(Stack) 구조의 컴퓨터에서 사용(번지가 묵시적으로 지정), 연산 속도가 가장 빠름

11 ①

- 2진수 : $1\times2^8+0\times2^7+1\times2^6+0\times2^5+1\times2^4+1\times2^3+0\times2^2+0\times2^1+0\times2^0=344$
- 8진수 : $5\times8^2+3\times8^1+1\times8^0=345$
- 10진수 : 345
- 16진수 : $1\times16^2+5\times16^1+9\times16^0=345$

12 ②

절대 주소(Absolute Address)는 기억 장치 고유의 번지로서 0, 1, 2, 3과 같이 16진수로 약속하여 순서대로 정해 놓은 번지로, 기억 장소를 직접 숫자로 지정하는 방식으로 직접 주소 지정(Direct Addressing) 방식이 이에 해당됨

13 ②

ROM(Read Only Memory) : 기억된 내용을 읽기만 할 수 있는 장치, 전원의 공급이 끊어져도 그 내용을 기억하는 비휘발성 기억 장치, 롬 바이오스(ROM BIOS) 등을 내장

오답 피하기

RAM(Random Access Memory) : 읽기/쓰기가 가능한 기억 장치, 전원의 공급이 끊어지면 그 내용을 잃어버리는 휘발성 메모리

14 ①

이항 연산(Binary)
- 두 개의 입력에 하나의 출력이 있는 연산
- 종류 : AND, OR, 사칙 연산(+, −, ×, /) 등

오답 피하기

단항 연산(Unary)
- 하나의 입력에 하나의 출력이 있는 연산
- 종류 : 시프트(Shift), 로테이트(Rotate), 이동(Move), 논리 부정(Not)

15 ③

DMA(Direct Memory Access) : 데이터의 입출력 전송이 직접 메모리와 주변 장치 사이에서 이루어지는 인터페이스(Interface)

16 ②

로더(Loader)의 기능 : 할당(Allocation), 연결(Linking), 재배치(Relocation), 적재(Loading) 등

17 ②

CISC(Complex Instruction Set Computer)
- 명령어가 많으며 여러 주소 지정 모드를 지원
- 프로그래밍이 용이하나 처리 속도가 느림
- 전력 소모가 많고 생산 가격이 비싸며 설계와 구현 시 많은 시간이 필요
- 80286, 80386, 80486, Pentium CPU 등의 일반 PC 프로세서

18 ④

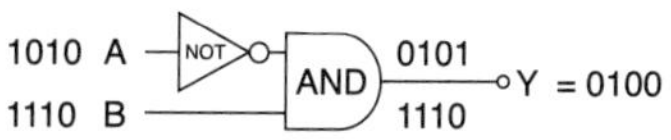

19 ④

진리표에서 출력 S가 1인 경우의 논리식으로 해당 진리표의 모든 출력값을 충족시키므로 $S = \overline{A} \cdot \overline{B}$가 됨

$\overline{A} \cdot \overline{B}$ ←

A(입력)	B(입력)	S(입력)
0	0	1
0	1	0
1	0	0
1	1	0

20 ②

$3 \times 16^1 + D(13) \times 16^0 = 61$

21 ①

뷰(VIEW) : 외부 스키마는 서브 스키마 또는 뷰라고도 하며 뷰는 하나 이상의 가상 테이블에서 유도하여 만든 가상 테이블을 의미함

22 ②

UPDATE(갱신문)는 테이블에 저장되어 있는 데이터를 갱신하며 UPDATE – SET – WHERE의 유형을 가짐

23 ③

스프레드시트는 동영상 편집 기능이 지원되지 않음

24 ③

슬라이드 : 프레젠테이션을 구성하는 한 페이지 단위를 의미

오답 피하기
- 워크시트 : 사용자가 데이터를 입력하는 공간
- 개체(Object) : 슬라이드를 구성하는 그림이나 도형 등의 개개의 요소를 의미함
- 셀(Cell) : 스프레드시트의 기본 입력 단위

25 ②

매크로(Macro) : 자주 사용하는 명령, 반복적인 작업 등을 매크로로 기록하여 해당 작업이 필요할 때마다 바로 가기 키나 실행 단추를 눌러 쉽고, 빠르게 작업을 수행하는 기능

오답 피하기

필터(Filter) : 사용자가 설정하는 특정 조건을 만족하는 자료만 검색, 추출하는 기능

26 ④

스키마의 종류
- 외부 스키마 : 서브 스키마(Sub Schema)라고도 하며 사용자나 응용 프로그래머가 직접 필요로 하는 데이터 구조를 의미
- 개념 스키마 : 논리적(Logical) 입장에서의 데이터베이스 전체 구조로 데이터의 모양을 나타내는 도표로서 스키마로 불리어짐
- 내부 스키마 : 물리적 스키마(Physical Schema)라고도 하며 물리적 입장에서 액세스하는 데이터베이스 구조를 의미

27 ②

DROP : 데이터베이스, 테이블, 뷰 등의 삭제

오답 피하기
- CREATE : 데이터베이스, 테이블, 뷰 등의 작성
- ALTER : 데이터베이스, 테이블의 구조 변경
- DELETE : 삭제문으로 테이블에 저장되어 있는 행을 삭제

28 ④

SUM(*) : 전체 합계값을 구해주는 집단 함수

29 ①

DBMS의 필수 기능 : 정의 기능, 조작 기능, 제어 기능

30 ③

데이터 정의 언어(DDL) : CREATE, ALTER, DROP

31 ③

고객명단 자료를 월 단위로 묶어 처리하는 방식은 일괄 처리 방식임

32 ④

DISKCOPY : 디스크 복사(외부 명령어)

오답 피하기

DOS로 부팅 시 COMMAND.COM이 실행될 때 주기억 장치에 상주하여 키보드를 통해 명령이 입력되면 바로 실행되는 명령어(DIR, COPY, CLS 등)

33 ③

Shift+Delete : 휴지통을 사용하지 않고 완전 삭제

34 ②

웜 부팅(Warm Booting) : 전원이 유지된 상태에서 키보드에 있는 Ctrl+Alt+Delete를 동시에 눌러 재부팅하는 소프트웨어적인 부팅

오답 피하기

콜드 부팅(Cold Booting) : 컴퓨터 본체에 있는 RESET 단추를 눌러 재부팅하는 하드웨어적인 부팅

35 ③

XCOPY는 외부 명령어이며, 내부 명령어인 COPY와 동일한 기능을 수행하나 용량이 적은 다수의 파일 복사 시에는 COPY에 비해 복사 속도가 훨씬 빠름

36 ③

XCOPY는 외부 명령어로서 다양한 옵션을 이용해 파일, 디렉터리 및 서브 디렉터리까지 복사할 수 있음

37 ①

- 컴퓨터의 구성 요소 : 프로세서, 입출력, (제어) 등 세 가지 영역으로 나누어짐
- 프로세서 : 주기억, 산술 & 논리 장치, (제어) 장치로 구성 → Control

38 ③

성능 평가 기준 : 처리 능력 향상, 응답 시간 단축, 사용 가능도 증대, 신뢰도 향상

39 ③

컴퓨터의 성능을 효율적으로 운영, 관리, 감독하기 위한 시스템 프로그램으로 에러(Error)에 대한 처리가 지원됨

40 ③

휴지통에 있는 파일은 실행되지 않음

41 ①

–a : 숨겨진 파일을 포함한 모든 파일과 디렉터리를 표시

오답 피하기

- –l : 디렉터리를 완전한 형식으로 출력
- –t : 갱신된 시간대별로 출력
- –x : 여러 개의 파일을 한 라인에 가로로 정렬하여 표시

42 ④

UNIX의 특징

- 가상 메모리 지원
- C 언어 기반으로 제작된 운영체제
- 확장성과 이식성이 우수함
- 동시에 여러 작업을 할 수 있는 멀티태스킹(Multi– Tasking) 운영체제

43 ④

컴파일러 : 원시 프로그램을 기계어로 번역하는 고급 언어 번역기

44 ③

- 파일의 접근 허용 상태가 소유자(u), 소유그룹(g), 다른 사용자(o) 모두 파일에 대해 rwxrwxrwx이므로 모두 파일 수정이 가능한 상태임
- chmod go–w note : 소유그룹(g)과 다른 사용자(o)에 대해 write를 –(허가 금지)함
- 소유권 허가 모드 : 접근 허가의 세 가지 형태(read, write, execute)와 사용자 클래스(User, Group, Others)에 의해서 정의
- r(read) : 읽기 허가, w(write) : 쓰기 허가, x(execute) : 실행 허가, – : 허가 금지

45 ①

윈도우즈 탐색기 : 두 개의 창으로 구성되며 왼쪽은 폴더창, 오른쪽 창은 내용을 나타내는 목록창임. 시스템에 존재하는 모든 폴더를 계층 구조로 보여줌

46 ②

부팅(Booting) 순서

IO.SYS → MSDOS.SYS → CONFIG.SYS → COMMAND.COM → AUTOEXEC.BAT

47 ②

컴퓨터 사용자와 컴퓨터 하드웨어 사이에서 중계 역할을 하는 프로그램 → 운영체제

48 ①

디스패치(Dispatch) : 실행을 기다리는 여러 개의 프로세스 중 한 프로세스에게 CPU의 선점 권한을 부여하는 작업

49 ②

기본 아이콘 : 내 컴퓨터, 휴지통, 네트워크 환경, 내 서류 가방

50 ②

바탕 화면의 휴지통은 삭제된 파일 또는 폴더를 보관하는 장소로서 휴지통 내의 파일 또는 폴더는 복구할 수 있음

51 ③

광섬유 케이블

- 전력 유도나 전자 유도에 영향을 받지 않으므로 잡음이나 누화가 거의 없고 신호 감쇠 현상이 적음
- 빛을 이용하여 전송하므로 보안성이 뛰어남

52 ③

변복조기(Modem)의 변복조 방식 : 주파수 편이 변조, 진폭 편이 변조, 위상 편이 변조, 진폭 위상 변조

53 ④

1계층	물리 계층	매체 접근에 따른 기계적, 전기적, 물리적 절차를 규정
2계층	데이터 링크 계층	인접 개방형 시스템 간의 정보 전송 및 오류 제어
3계층	네트워크 계층	정보 교환, 중계 기능, 경로 선정, 유통 제어 등
4계층	전송 계층	송 · 수신 시스템 간의 논리적 안정 및 균등한 서비스 제공

54 ①

라우터(Router) : 두 개 이상의 서브 네트워크와 서브 네트워크 계층을 결합하는 장치, 패킷의 전송 경로 중 최적의 경로를 선택함

55 ④

CDMA(Code Division Multiple Access) : 코드 분할 다중 접속으로 데이터 신호를 분리시켜 하나의 연결선을 통해 여러 신호를 전송하는 방식

56 ②

분산 처리 네트워크 방식은 지역별로 자료를 분산 처리하는 방식으로 자원의 공유가 가능하며 시스템의 과부하를 방지, 장애가 발생하더라도 기능 유지가 됨

57 ②

누화(Cross Talk) : 인접한 서로 다른 전송 선로상의 신호가 다른 회선에 영향을 주는 현상

58 ②

셸(Shell) : 사용자(User)와 Linux 커널(Kernel) 간의 인터페이스(명령어 해석기) 역할

59 ③

망형의 통신 회선의 링크 수 : n(n−1)/2, 30(30−1)/2=435

60 ④

- BCD 코드 : 6비트 코드, 2^6(64)가지의 정보를 표현
- Zone Bit : 2비트
- Digit Bit : 4비트, 영문 대소문자가 구별되지 않으며 에러 검출 기능 없음

최신 기출문제 07회

207P

01 ③	02 ②	03 ①	04 ①	05 ②
06 ①	07 ①	08 ②	09 ③	10 ③
11 ②	12 ④	13 ③	14 ④	15 ①
16 ④	17 ④	18 ②	19 ①	20 ①
21 ④	22 ④	23 ②	24 ④	25 ②
26 ②	27 ④	28 ②	29 ③	30 ①
31 ③	32 ③	33 ③	34 ③	35 ③
36 ③	37 ①	38 ②	39 ④	40 ③
41 ①	42 ③	43 ②	44 ②	45 ②
46 ②	47 ②	48 ③	49 ④	50 ③
51 ②	52 ③	53 ①	54 ④	55 ②
56 ③	57 ③	58 ④	59 ④	60 ①

01 ③

CISC(Complex Instruction Set Computer) : 명령어가 많으며 여러 주소 지정 모드를 지원, 프로그래밍이 용이하나 처리 속도가 느림, 전력 소모가 많고 생산 가격이 비싸며 설계와 구현 시 많은 시간이 필요

02 ②

해밍 코드는 에러 검출이 가능한 코드로 에러 교정까지 가능함

오답 피하기

- BCD 코드(Binary Coded Decimal : 2진화 10진 코드) : Zone은 2비트, Digit는 4비트로 구성, 6비트로 2^6=64가지의 문자 표현이 가능
- 8421 코드(BCD코드의 대표적인 코드) : 대표적인 가중치 코드(Weighted Code)로 0부터 9까지의 10진수를 4비트 2진수로 표현
- ASCII 코드 : 7비트 코드로, 2^7(128)개의 서로 다른 정보 표현

03 ①

디코더(Decoder : 해독기) : 2진 코드 형식의 신호를 출력 신호로 변환시키는 것으로 AND 게이트로 구성, n개의 입력을 받아들여 2^n개의 데이터를 출력

오답 피하기

- 카운터(Counter) : 순서 논리 회로의 기본 형태 중 하나로 규정된 순서에 의해 변하는 기능을 함
- 레지스터(Register) : 중앙 처리 장치 내의 고속 임시 기억 장치
- RS(Reset/Set) Flip–Flop : Reset 단자와 Set 단자의 신호에 따라 2진수 1자리를 기억

04 ①

연산 장치(ALU : Arithmetic & Logic Unit) : 산술적인 연산과 논리적인 연산을 담당하는 장치

05 ②

반가산기(HA : Half Adder) : 2진수 1자리(1Bit)의 A와 B를 더한 합(Sum)과 자리올림수(Carry)를 얻는 회로, 입력 : 2개(A, B), 출력 : 2개(S, C), AND 회로와 XOR 회로로 구성

06 ①

입출력 채널(I/O Channel) : CPU의 처리 효율을 높이고 데이터의 입출력을 빠르게 할 수 있게 만든 입출력 전용 처리기, 입출력 장치와 주기억 장치 사이의 속도 차이를 위한 장치(자체 메모리 없음)

07 ①

명령어(Instruction)는 명령 코드부(OP–Code)와 번지부(Operand)로 구성되며 명령어 형식, 연산자, 데이터의 주소에 대한 정보를 제공하나 작업 소요 시간은 알 수 없음

08 ②

2진수를 10진수로 변환하면 $(1011)_2 \rightarrow 11$, $(1101)_2 \rightarrow 13$이므로 감산의 결과는 –2가 됨

09 ③

폴링(Polling) : 여러 주변 장치에 대해 프로세서가 연속적으로 감시하는 방식으로 소프트웨어적인 우선순위 인터럽트 처리 방법임

오답 피하기

- 인터럽트 벡터(Interrupt Vector) : 인터럽트 처리를 위한 처리 루틴(Routine)이 시작되는 주소
- 데이지체인(Daisy Chain) : 하드웨어적인 우선순위 인터럽트 처리 방법
- 핸드 쉐이킹(Handshaking) : 비동기 데이터 전송 시 사용되는 제어 신호 교환 방법으로 데이터의 수신 확인이 가능한 방식

10 ③

기억 레지스터(MBR : Memory Buffer Register) : 주기억 장치에서 연산에 필요한 자료를 호출하여 저장

11 ②

사칙 연산 중 덧셈 연산은 중간 연산 과정이 필요하지 않으므로 연산 속도가 가장 빠름

12 ④

- 플립플롭(Flip–Flop) : 1비트('0' 또는 '1')의 정보를 기억할 수 있는 최소의 기억 소자
- 종류 : RS 플립플롭, JK 플립플롭, D 플립플롭, T 플립플롭 등

13 ③

$Y = A + \overline{A} \cdot B$

$= (A + \overline{A}) \cdot (A + B)$: 분배 법칙$[A + \overline{A} \cdot B = (A + \overline{A}) \cdot (A + B)]$

$= 1 \cdot (A + B)$: 합의 법칙$[(A + \overline{A}) = 1]$

$= A + B$: 곱의 법칙$[A \cdot 1 = A]$

14 ④

T(Toggle) 플립플롭 : JK 플립플롭에서 입력 J와 K를 하나로 묶어 T(Toggle)로 표시

오답 피하기

- D 플립플롭 : 한 개의 입력을 가지며, RS 플립플롭에 NOT 게이트를 추가해서 구현할 수 있음
- RS 플립플롭 : Reset 단자와 Set 단자의 신호에 따라 2진수 1자리를 기억
- JK 플립플롭 : 모든 플립플롭의 기능을 대용할 수 있으므로 응용 범위가 넓고 집적 회로화되어 가장 널리 사용됨

15 ①

인출 사이클(Fetch Cycle) : 메모리로부터 CPU로 다음 명령어를 가져오는 사이클

오답 피하기

- 회전 지연 시간(Search Time) : 해당 데이터가 있는 섹터에 헤드를 위치시키는 데 걸리는 시간
- 실행 시간(Run Time) : 원시 프로그램이 컴파일된 후 그 목적 프로그램이 실제로 기계에 의해 실행되는 데 걸리는 시간

16 ④

절대 번지(Absolute Address)는 기억 장치 고유의 번지로, 16진수 0, 1, 2, 3,…과 같이 순서대로 정해 놓은 번지로 기계어 정보가 기억되어 있는 곳

17 ④

이항 연산(Binary) : 두 개의 입력에 하나의 출력이 있는 연산으로 AND, OR, 사칙 연산(+, −, ×, /) 등이 있음

오답 피하기

단항 연산(Unary) : 하나의 입력에 하나의 출력이 있는 연산으로 시프트(Shift), 로테이트(Rotate), 이동(Move), 논리 부정(Not) 등이 있음

18 ②

프로그램 카운터(PC : Program Counter) : 다음에 수행할 명령어의 번지를 기억

오답 피하기

- 현재 실행 중인 명령어의 내용을 기억 → IR
- 기억 장소의 내용을 기억 → MBR
- 연산의 결과를 일시적으로 보관 → ACC

19 ①

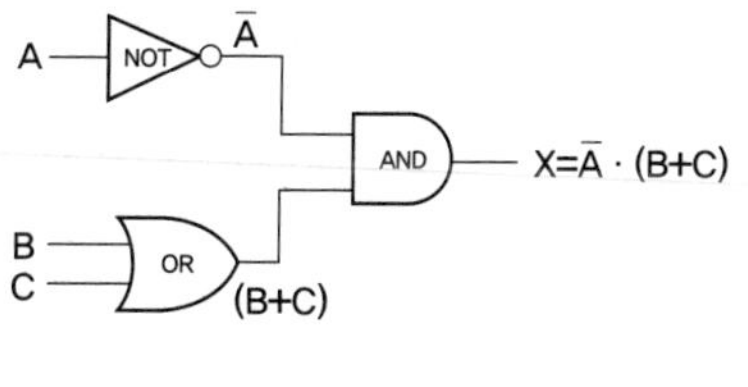

20 ①

즉시 주소 지정(Immediate Addressing) : 명령어 주소 부분에 있는 값 자체가 실제의 데이터가 되는 구조

오답 피하기

- 직접 주소 지정(Direct Addressing) : 주소 부분에 있는 값이 실제 데이터가 있는 주기억 장치 내의 주소를 나타냄
- 간접 주소 지정(Indirect Addressing) : 명령어의 주소 부분으로 지정한 기억 장소의 내용이 실제 데이터가 있는 곳의 주소로 사용됨
- 묵시적 주소 지정(Implied Addressing) : 주소 부분이 묵시적(암시적)으로 정해져 있는 방식, 스택(Stack) 구조 주소 방식

21 ④

스키마(Schema) : 데이터베이스를 구성하는 파일, 레코드, 항목의 형식과 상호 관계 전체를 정의한 것으로 외부 스키마, 개념 스키마, 내부 스키마가 있음

22 ④

데이터베이스 관리자(DBA : DataBase Administrator)의 역할

- 데이터베이스를 구성하는 정보 내용 정의, 데이터의 저장 구조와 접근 방법 결정
- 시스템의 보안성과 무결성 책임, 백업과 회복을 위한 정책 결정
- 스키마의 정의, 데이터베이스를 사용자 요구에 맞도록 재구성
- 시스템 성능 감지와 사용자의 요구 및 불편 해소

23 ②

ALTER : 데이터베이스, 테이블의 구조 변경

24 ④

RESTRICT : 제거 또는 삭제 대상으로 지정된 테이블, 뷰, 행 등에 대해 이를 참조하는 데이터 객체가 존재하면 제거를 하지 않음

25 ②

필터(Filter) : 사용자가 설정하는 특정 조건을 만족하는 자료만 검색, 추출하는 기능

26 ②

셀(Cell) : 스프레드시트의 기본 입력 단위로 행과 열이 만나서 이루는 사각형

27 ④

DBMS의 필수 기능

- 정의 기능 : 데이터베이스와 응용 프로그램 간의 상호 작용 수단을 제공하는 것
- 조작 기능 : 데이터베이스와 사용자 간의 상호 수단(데이터 요청, 변경 등)을 제공
- 제어 기능 : 데이터베이스의 내용을 항상 정확하게 유지하여 데이터의 무결성이 파괴되지 않도록 함

28 ②

개체(Object) : 슬라이드를 구성하는 그림이나 도형 등의 개개의 요소를 의미함

오답 피하기

- 슬라이드(쪽) : 프레젠테이션에서 화면 전체를 전환하는 단위
- 시나리오 : 프레젠테이션에서 프레젠테이션의 흐름을 기획한 것
- 개요 : 시나리오에 의한 프레젠테이션의 줄거리로 전체 슬라이드의 문자열 내용을 의미함

29 ③

INSERT(삽입문)는 테이블에 새로운 데이터(행)을 삽입하며 INSERT – INTO – VALUES의 유형을 가짐

30 ①

데이터 정의 언어(DDL) : 데이터를 입력하기 위한 테이블의 정의나 정보를 참조하기 위한 뷰를 정의하기 위한 언어(CREATE, ALTER, DROP)

31 ③

UNIX의 특징 : 시분할 온라인 대화식 시스템, C 언어 기반으로 제작된 운영체제, 확장성과 이식성이 우수함, 동시에 여러 작업을 할 수 있는 멀티태스킹(Multi Tasking) 운영체제, 프로그램 소스의 공개, 개방형 시스템임

32 ③

트리비트를 사용한다는 것은 1baud의 속도가 3bps임을 의미

$1600 \times 3 = 4800$bps

33 ③

다음 중 처리 프로그램이 아닌 것은?

Job Management Program(작업 관리 프로그램) ← 제어 프로그램(Control Program)

오답 피하기

처리 프로그램(Process Program) : 언어 번역 프로그램(Language Translator Program), 서비스 프로그램(Service Program), 문제 처리 프로그램(Problem Processing Program)

34 ③

하나의 컴퓨터 내의 모든 소프트웨어는 각각 자신의 OS를 따로 가지고 있지 않아도 됨

35 ③

커널(Kernel) : UNIX의 가장 핵심적인 부분으로 항상 주기억 장치에 상주, 시스템의 자원을 관리, 프로세스 관리, 입출력관리, 파일 관리, 메모리 관리, 시스템 호출, 프로세스 간 통신을 관리

36 ③

DEFRAG : 단편화 현상을 제거하는 명령어

오답 피하기

- DISKCOMP : 디스크 비교
- CHKDSK : 디스크 상태 점검
- DISKCOPY : 디스크 복사

37 ①

rm : 파일 삭제

오답 피하기

- mkdir : 디렉터리 생성 명령
- mv : 파일 및 디렉터리 이동 또는 이름 변경

38 ②

LRU(Least Recently Used) : 가장 오랫동안 사용되지 않은 페이지를 교체할 페이지로 선택하는 기법

39 ④

교착 상태(Deadlock)란 다중 프로그래밍 시스템에서 2개 이상의 프로세스가 서로 다른 프로세스가 차지하고 있는 자원(Resource)을 요구하여 무한정 기다리게 함으로써 해당 프로세스의 실행이 중단되는 상태로 자신의 자원을 내 놓지 않음

40 ③

Esc : 명령이나 실행의 취소

41 ①

SCANDISK : 하드 디스크 상의 심각하지 않은 사소한 오류의 수정이 가능한 프로그램

42 ③

디스패치(Dispatch) : 대기 중인 프로세스 중 CPU의 사용 권한을 부여하는 것

43 ②

휴지통의 크기를 변경시킬 수 있음

44 ②

커널(Kernel) : 입출력 관리, 프로세스 관리 및 통신, 파일 관리, 기억 장치 관리, 시스템 호출 등을 담당함

45 ②

vim : 유니코드 및 다국어가 지원되며 다양한 색상을 이용하여 편집할 수 있음

오답 피하기

- vi : 화면 단위 편집기로 편집 모드, 명령 모드, 입력 모드로 구성됨
- pico : 메뉴 선택 방식, Windows의 메모장과 유사함
- nano : pico의 복제 버전 에디터

46 ②

단축 아이콘 : 자주 사용하는 프로그램을 보다 빠르고 편리하게 실행시킬 수 있음

47 ②

프로토콜 : 컴퓨터와 단말 장치 사이의 효율적인 정보 전송을 위한 약속이나 규범

48 ③

내부 명령어 : COMMAND.COM이 실행될 때 주기억 장치에 상주, DIR 명령으로 파일의 목록을 확인할 수 없음(DIR, DEL, REN, COPY, TYPE, VER, CLS, MD, CD, RD 등)

49 ④

Plug & Play(PnP) 지원 : 새로운 하드웨어 설치 및 설정을 자동으로 처리

50 ③

cmp : 두 개의 파일을 비교하여 차이가 나는 바이트 위치와 행 번호를 표시

51 ②

동축 케이블(Coaxial Cable) : 동일한 중심축에 플라스틱 절연체를 씌우고 그 위에 그물 모양의 구리망을 감싼 전송 매체, CATV, 장거리 전화, 근거리 통신망(LAN), 광대역 아날로그 전송, 고속 디지털 전송에 사용

52 ③

전용 회선 : 교환기를 사용하지 않음, 직접적, 직통적, 고정적으로 연결(점 대 점)하는 방식, 데이터의 양이 많거나 이용 횟수가 많을 경우에 적합

53 ①

정보의 캡슐화 : 데이터의 시작 부분에 헤더(Header)와 마지막에 트레일러(Trailer)를 내장시킴으로써 정보의 정확한 전송을 가능하게 해주는 기술

54 ④

dBm(dBmeter : 데시벨계, 디비미터)

- 하나의 신호 전력을 1[mW]에 대한 대수비로 표현한 절대 레벨의 단위
- 어떤 정해진 기준 레벨에 대해 데시벨의 값을 직접 읽을 수 있는 단위
- 〈공식〉 dBm = 10×log(비교값)
- 예 1 밀리와트 세기의 레벨은 0dBm임(10×log1 = 0dBm)
- 10W는 10000mW이므로 10×log10000 = 40dBm
  ∵(log10000 = 4이므로)

1mW = 0dBm(∵10×log1 = 0dBm)
☞ log1 = 0
10mW = 10dBm(∵10×log10 = 10dBm)
☞ log10 = 1
100mW = 20dBm(∵10×log100 = 20dBm)
☞ log100 = 2
1W = 30dBm(∵ 10×log1000 = 30dBm)
☞ log1000 = 3
10W = 40dBm(∵10×log10000 = 40dBm)
☞ log10000 = 4

55 ②

코드 분할 다중(원) 접속(Code Division Multiple Access) : 디지털 이동 통신 시스템 방식으로 코드를 분할하여 다중으로 접속하는 기법

56 ③

리피터(Repeater) : 전송 매체에 흐르는 신호를 재생, 증폭, 중계하는 일종의 중계기 장치로 OSI 참조 모델의 물리 계층(Physical Layer)에서 동작함

57 ③

정보 통신 교환망 : 메시지 교환망, 패킷 교환망, 회선 교환망

58 ④

정지-대기 ARQ(Stop & Wait ARQ) : 송신측은 한 블록을 전송한 다음 수신측에서 에러 검출에 의해 역채널을 통해서 ACK나 NAK 신호를 송신측에 보내올 때까지 기다림, 송신측이 ACK 신호를 받으면 다음 블록을 송신하고 NAK 신호를 받으면 이전 송신했던 블록을 재전송

59 ④

광케이블의 전송 손실 : 재료 손실(산란, 흡수, 회선(접속, 결합)), 구조 손실(불균등, 코어, 마이크로 벤딩) 등

60 ①

회선 제어 절차 : 데이터 전송을 위해 수신측과 회선을 연결하는 단계를 의미

① 회선 연결 : 교환 회선에서 송·수신 장치 간의 물리적 연결 절차
② 링크 확립 : 상대방과의 전송이 가능한지를 확인하는 과정, 송·수신 경로를 데이터 링크(Data Link)라 함
③ 메시지 전달 : 확립된 데이터 링크(Data Link)를 이용, 데이터를 수신측으로 전송
④ 링크 단절 : 데이터의 전송이 완료되면 수신측의 확인에 의해 데이터 링크를 끊고 초기 상태로 복귀
⑤ 회선 절단 : 전기적 신호를 주고받는 경로를 없애는 단계(물리적 연결을 끊는 단계)

최신 기출문제 08회 214P

01 ②	02 ①	03 ④	04 ①	05 ③
06 ②	07 ①	08 ②	09 ③	10 ④
11 ④	12 ④	13 ②	14 ①	15 ②
16 ③	17 ③	18 ②	19 ④	20 ①
21 ①	22 ①	23 ④	24 ③	25 ④
26 ①	27 ①	28 ③	29 ②	30 ③
31 ④	32 ④	33 ④	34 ③	35 ②
36 ②	37 ②	38 ③	39 ④	40 ①
41 ④	42 ②	43 ①	44 ④	45 ④
46 ②	47 ③	48 ②	49 ③	50 ③
51 ②	52 ③	53 ④	54 ②	55 ④
56 ④	57 ④	58 ④	59 ③	60 ④

01 ②

DMA(Direct Memory Access) : CPU의 간섭 없이 주기억 장치와 입출력 장치 사이에서 직접 전송이 이루어지는 방법으로 DMA 방식에 의한 입출력은 CPU의 레지스터를 경유하지 않고 전송함

02 ①

연산 장치(ALU : Arithmetic & Logic Unit) : 산술적인 연산과 논리적인 연산을 담당하는 장치

03 ④

플래그 레지스터(Flag Register) : 순서 제어를 위한 레지스터로 산술 연산 장치와 제어 논리 장치에서 사용됨

오답 피하기

- 누산기(Accumulator) : 연산기의 입출력 데이터(산술 연산 및 논리 연산의 결과)를 일시적으로 기억하는 연산용 레지스터
- 프로그램 상태 워드(Program Status Word) : 프로그램 상태 워드로 CPU의 작동을 제어하기 위한 기본적인 제어 정보
- 명령 레지스터(Instruction Register) : 현재 수행 중인 명령어를 기억하는 레지스터

04 ①

간접 번지 지정(Indirect Addressing) 방식 : 명령어의 주소 부분으로 지정한 기억 장소의 내용이 실제 데이터가 있는 곳의 주소로 사용되며 메모리 참조 횟수가 2회 이상임

오답 피하기

- 절대 지정 방식 : 기억 장치 고유의 번지로, 16진수로 0, 1, 2, 3,… 과 같이 순서대로 정해 놓은 번지임
- 상대 지정 방식 : 프로그램 카운터(PC)와 주소 부분의 값을 더해서 주소를 지정하는 방식

05 ③

JK 플립플롭 : J=K=1이 되면 보수(반전), J=K=0이면 전 상태 불변

J	K	$Q_{(t+1)}$
0	0	전 상태 불변
0	1	0
1	0	1
1	1	전 상태 반전

06 ②

- 2의 보수 = 1의 보수 + 1
- 10001010 → 01110101(1의 보수) + 1 → 01110110

07 ①

메이저 스테이트에서 명령 사이클 : 인출 사이클(Fetch Cycle), 간접 사이클(Indirect Cycle), 실행 사이클(Execute Cycle), 인터럽트 사이클(Interrupt Cycle)

08 ②

- 중앙 처리 장치는 연산 장치와 제어 장치로 구성되며 포괄적인 개념에서 주기억 장치를 포함하기도 함
- 제어 장치에서 제어 신호를 내보내며, 연산 장치에서 데이터의 연산이 이루어진 후 그 결과를 주기억 장치로 보냄

09 ③

비수치적 연산 : 논리적 연산에 사용되는 연산으로 그 종류는 Shift, Rotate, Move, AND, OR, NOT(CLEMENT) 등이 있음

오답 피하기

수치적 연산 : 수치적 연산에 사용되는 연산으로 그 종류는 사칙 연산, 산술적 Shift 등이 있음

10 ④

NAND 게이트 : 두 수 중 하나 이상 0이 입력될 때만 1이 출력(AND 결과의 부정)

오답 피하기

- AND 게이트 : 두 개의 입력값이 모두 1일 때만 출력값이 1이 됨 (직렬 회로)
- OR 게이트 : 두 개의 입력값 중 하나 이상 1이면 출력값이 1이 됨 (병렬 회로)
- NOR 게이트 : 두 수 모두 0이 입력될 때만 1이 출력(OR 결과의 부정)

11 ④

A · (A · B + C)

= A · A · (A · B + C)(분배 법칙)

= A · A · (B + C)(∵곱의 법칙, A · A = A)

= A · (B + C)(∵곱의 법칙, A · A = A)

12 ④

채널은 제어 장치에서 명령을 받아 입력과 출력에 관한 명령을 해독, 각 입출력 장치에 해독된 명령의 실행을 지시, 지시된 명령의 실행 상황을 제어함

13 ②

멀티플렉서(Multiplexer : MUX) : 2^n개의 입력을 받아 하나의 출력선으로 정보를 출력하는 논리 회로

14 ①

연산자(OP–Code)의 기능 : 함수 연산 기능, 전달 기능, 제어, 입·출력 기능 등

15 ②

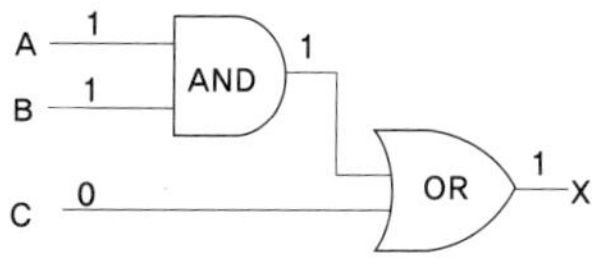

16 ③

로더(Loader)의 기능은 할당(Allocation), 연결(Linking), 적재(Loading), 재배치(Relocation) 등이 있음

오답 피하기

컴파일러(Compiler) : 고급 언어를 기계어로 번역하는 프로그램(FORTRAN, COBOL, PL/1, PASCAL, C 언어 등)으로 전체를 한 번에 번역

17 ③

상태 레지스터(Status Register) : 현재 상태를 나타내는 레지스터, 각 비트별로 조건을 할당, PSW(Program Status Word)라고도 함

오답 피하기

- 가산기(Adder) : 누산기와 데이터 레지스터의 값을 더하여 누산기에 저장
- 기억 레지스터(MBR : Memory Buffer Register) : 기억 버퍼 레지스터로 기억 장치를 통해 접근되는 정보의 내용을 기억하는 레지스터
- 보수기(Complement) : 뺄셈이나 나눗셈 연산을 위해 보수로 바꾸어 가산하는 장치

18 ②

EBCDIC코드(Extended BCD Interchange Code : 확장 2진화 10진 코드) : Zone 4비트, Digit 4비트로 구성, 8비트로 2^8=256가지의 표현이 가능, 확장된 BCD 코드로 대형 컴퓨터에서 사용되는 범용 코드

19 ④

입력 장치 : 키보드, OCR, OMR, MICR, 마우스 등

오답 피하기

출력 장치 : 라인 프린터, 플로터, 모니터 등

20 ①

부호와 절대치 : 최상위 1비트를 양수는 0, 음수는 1로 표현(1000)하고 나머지 비트는 절대치로 표현(13 : 1101)

21 ①

매크로(Macro) : 자주 사용하는 명령, 반복적인 작업 등을 매크로로 기록하여 해당 작업이 필요할 때마다 바로 가기 키나 실행 단추를 눌러 쉽고, 빠르게 작업을 수행하는 기능

오답 피하기

- 정렬(Sort) : 문자 목록의 데이터를 특정 필드의 크기 순서에 따라 재배열하는 기능
- 필터(Filter) : 사용자가 설정하는 특정 조건을 만족하는 자료만 검색, 추출하는 기능

22 ①

필터(Filter) : 사용자가 설정하는 특정 조건을 만족하는 자료만 검색, 추출하는 기능

오답 피하기

- 슬라이드(쪽) : 프레젠테이션에서 화면 전체를 전환하는 단위
- 셀(Cell) : 스프레드시트의 기본 입력 단위로 행과 열이 만나서 이루는 사각형
- 개요 : 시나리오에 의한 프레젠테이션의 줄거리로 전체 슬라이드의 문자열 내용을 의미함

23 ④

도메인(Domain) : 애트리뷰트가 취할 수 있는 값(Value)들의 집합

24 ③

- ORDER BY : 검색 결과에 대한 정렬을 수행
- ASC : 오름차순을 의미하며, 생략하면 기본적으로 오름차순임
- DESC : 내림차순을 의미

25 ④

CREATE : 정의, ALTER : 변경, DROP : 제거

26 ①

슬라이드(쪽) : 프레젠테이션에서 화면 전체를 전환하는 단위, 프레젠테이션을 구성하는 내용을 하나의 화면 단위로 나타낸 것

오답 피하기

개체(Object) : 슬라이드를 구성하는 그림이나 도형 등의 개개의 요소를 의미함

27 ①

DBMS의 필수 기능 : 정의 기능, 조작 기능, 제어 기능

28 ③

차수(Degree) : 한 릴레이션(테이블)에서 속성(필드=열)의 개수

예 4개(성명, 주소, 학교명, 성별)

오답 피하기

- 카디널리티(Cardinality) : 기수라고도 하며 한 릴레이션(테이블)에서의 튜플의 개수를 의미함
- 릴레이션(Relation) : 관계형 데이터베이스에서 2차원 형태의 가로, 세로 즉 행과 열의 형태로 나타내는 저장소를 의미하며 테이블(Table)이라고도 함

29 ②

데이터 정의 언어(DDL) : 데이터를 입력하기 위한 테이블의 정의나 정보를 참조하기 위한 뷰를 정의하기 위한 언어(CREATE, ALTER, DROP)

오답 피하기

데이터 조작 언어(DML) : 테이블 내의 레코드를 검색(SELECT), 삽입(INSERT), 갱신(UPDATE), 삭제(DELETE)하고자 할 때 사용하는 데이터 조작 언어

30 ③

DBMS(DataBase Management System) : 데이터 처리를 위해 중복을 최소화하여 공동으로 사용할 수 있도록 한 데이터의 연관 관계 모임

31 ④

버퍼링 : 한 작업에 대한 입출력 및 연산을 수행

32 ④

F8 : "Config.sys" 파일과 "Autoexec.bat" 파일의 수행을 사용자가 선택 실행

33 ④

프로그램 편집기 : vi, ed, ex, emacs 등

34 ③

에이징(Aging) 기법 : 자원이 할당되기를 오랜 시간 동안 기다린 프로세스에 대하여 기다린 시간에 비례하는 높은 우선순위를 부여하여 가까운 시간 안에 자원이 할당되도록 하는 기법으로 우선순위 스케줄링의 무한 봉쇄를 방지할 수 있음

35 ②

Deadlock(교착 상태) : 자원은 한정되어 있으나 각 프로세스가 서로 자원을 차지하려고 무한정 대기하는 상태

36 ②

- 비선점형(Non-Preemptive) 기법 : 특정한 프로세스의 작업이 끝날 때까지 CPU를 독점하는 방법
- 종류 : FIFO, 우선순위(Priority), SJF, HRN

오답 피하기

선점형(Preemptive) 기법 : RR, SRT, MFQ(다단계 피드백 큐)

37 ②

AUTOEXEC.BAT : 부팅 시 자동으로 실행되는 일괄 처리 배치 파일

38 ③

스래싱(Thrashing) : 페이지 부재가 자주 일어남으로써 프로그램 실행 시간 보다 페이지 이동에 걸리는 시간이 많은 비중을 차지하므로 CPU의 효율과 시스템 전체의 성능이 저하됨

39 ④

감춤(Hidden) 속성의 파일

- IO.SYS : MSDOS.SYS의 입출력 요구에 따른 실제적인 입출력을 수행
- MSDOS.SYS : 파일의 입출력, 시스템 호출을 담당하며 파일 관리, 메모리 관리, 프로세서 관리, 하드웨어를 담당함

40 ①

바로 가기 아이콘을 삭제해도 원본 파일은 삭제되지 않음

41 ④

도스창에서 윈도우즈 창으로 복귀할 경우 "EXIT" 명령어를 입력하고 Esc를 누름

42 ②

LRU(Least Recently Used) : 가장 오랫동안 사용되지 않은 페이지를 교체할 페이지로 선택하는 기법

43 ①

mount : 각 장치와 파일 시스템을 연결하거나 기존 파일 시스템에 새로운 파일 시스템을 서브 디렉터리에 연결할 때 사용

오답 피하기

- mkfs : 파일 시스템 생성
- fsck : 파일 시스템의 오류 여부를 검사(무결성 검사)
- chmod : 파일이나 디렉터리에 대한 접근 허가 모드 변경

44 ④

touch : 파일의 용량이 0Byte인 빈 파일을 생성(파일이나 디렉터리가 존재하지 않을 때)

오답 피하기

- file : 파일의 종류 및 속성값 표시
- locate : 파일의 위치를 검색
- find : 조건으로 파일을 검색하여 경로를 표시

45 ④

운영체제(OS : Operating System) : 컴퓨터와 응용 프로그램, 컴퓨터와 사용자 간의 인터페이스 역할을 담당

46 ②

XCOPY : 많은 파일을 빠르게 복사하고 하위 디렉터리 내의 파일 및 디렉터리 구조까지 복사

오답 피하기

- COPY : 파일 복사
- FDISK : 하드 디스크 파티션의 논리적 분할과 삭제 작업을 수행
- SORT : 내용을 정렬하고 결과를 화면 또는 파일 형태로 출력

47 ③

c shell : %, korn shell, bourne shell : $

48 ②

실시간 운영체제(Real-time Operating Systems) : 주로 컴퓨터 시스템 외부에서 이루어지는 대부분의 작업으로 짧은 시간이나 특정 기한 내에 처리되어야 하는 환경에서 사용

49 ③

SELECT (열 이름)
FROM (테이블)
WHERE (조건)
GROUP BY (그룹)

50 ③

처리 프로그램 : 언어 번역, 서비스, 문제 처리 프로그램

오답 피하기

제어 프로그램 : 감시 프로그램, 작업 관리 프로그램, 데이터 관리 프로그램

51 ②

리모트 배치 터미널(Remote Batch Terminal) : 중앙 처리 장치와 떨어진 원거리에서 일정시간, 일정량의 작업을 모아 한꺼번에 처리가 가능한 단말기

52 ③

통신 제어 장치(Communication Control Unit) : 데이터 전송 회선과 컴퓨터 사이를 연결하고 통신 회선과 중앙 처리 장치를 결합하여 데이터의 송·수신 및 회선 접속, 전송 에러를 제어함

53 ④

BPS(Bit Per Second) : 1초당 전송되는 비트의 수

54 ②

스타(Star)형 : 중앙에 컴퓨터와 단말기들이 1 : 1로 연결되어 있는 형태, 네트워크 구성의 가장 기본적인 형태, 모든 통신 제어는 중앙의 컴퓨터에 의해 행해지는 중앙 집중 방식

55 ④

광섬유 케이블(Optical fiber Cable) : 규소(SiO_2)를 주재료로 하며 빛의 반사 현상을 이용, 온도 변화에 안정적이며 신뢰성이 높고 에러 발생률이 가장 낮음

56 ④

응용 계층 : 사용자 인터페이스를 제공하며 전자우편(SMTP), 원격 파일 접근과 전송(FTP), 공유 데이터베이스 관리 및 여러 종류의 응용 프로그램 서비스를 제공하는 계층

57 ④

정보 통신 교환망 : 메시지 교환망, 패킷 교환망, 회선 교환망

58 ④

모뎀(변복조기 : MODEM) : 변조(MOdulation)와 복조(DEModulation)의 합성어로 변조는 디지털 신호를 아날로그 신호로 변환하는 과정, 복조는 아날로그 신호를 디지털 신호로 변환하는 과정을 의미함

59 ③

광섬유 케이블(Optical fiber Cable) : 온도 변화에 안정적이며 신뢰성이 높고 에러 발생률이 가장 낮음, 전력 유도나 유도에 영향을 받지 않으므로 잡음이나 누화가 거의 없고 신호 감쇠 현상이 적음

60 ④

- 의미(Semantics) : 개체(Entity) 간의 협조 사항과 에러 관리를 위한 제어 정보를 포함
- 구문(Syntax) : 데이터 형식(Format), 신호 레벨(Signal Level), 부호화(Coding) 등을 포함
- 순서(Timing) : 통신 속도 조정 및 메시지 순서 제어 등을 포함

최신 기출문제 09회

221P

01 ①	02 ④	03 ④	04 ③	05 ④
06 ④	07 ②	08 ②	09 ②	10 ③
11 ①	12 ①	13 ①	14 ①	15 ②
16 ③	17 ③	18 ④	19 ①	20 ④
21 ③	22 ③	23 ①	24 ①	25 ②
26 ②	27 ①	28 ②	29 ③	30 ②
31 ①	32 ②	33 ②	34 ④	35 ①
36 ①	37 ④	38 ④	39 ③	40 ④
41 ③	42 ①	43 ③	44 ③	45 ①
46 ③	47 ②	48 ②	49 ③	50 ④
51 ④	52 ②	53 ④	54 ②	55 ②
56 ②	57 ①	58 ④	59 ④	60 ④

01 ①

DMA(Direct Memory Access) : CPU의 간섭 없이 주기억 장치와 입출력 장치 사이에서 직접 전송이 이루어지는 방법으로 DMA 방식에 의한 입출력은 CPU의 레지스터를 경유하지 않고 전송, 고속으로 대량의 데이터를 전송함

02 ④

순차 접근 기억 장치(SASD : Sequential Access Storage Device) : 순차 접근만 가능한 기억 장치로 자기 테이프(Magnetic Tape)가 순차 접근 기억 장치에 해당함

오답 피하기

직접 접근 기억 장치(DASD : Direct Access Storage Device) : 데이터의 저장 위치와 관계없이 직접 접근이 가능한 기억 장치로 RAM이나 자기 디스크(Magnetic Disk), 자기 드럼(Magnetic Drum), 자기 코어(Magnetic Core) 기억 장치가 이에 속함

03 ④

$2\times16^1+C(12)\times16^0 = 32+12 = 44$

04 ③

프로그램 카운터(PC : Program Counter) : 다음에 수행할 명령어의 번지를 기억

오답 피하기

- 현재 실행 중인 명령어의 내용을 기억 → IR
- 주기억 장치의 번지를 기억 → MAR
- 연산의 결과를 일시적으로 보관 → ACC

05 ④

캐시 메모리(Cache Memory) : CPU와 주기억 장치 사이에 있는 고속의 버퍼 메모리로 자주 참조되는 데이터나 프로그램을 메모리에 저장, 메모리 접근 시간을 감소시키기 위한 목적으로 사용됨

06 ④

RISC(Reduced Instruction Set Computer) : 주소 지정 모드와 명령어의 종류가 적으며, 하드웨어나 마이크로 코드 방식으로 구현하므로 프로그래밍이 어려우나 모든 명령어를 1사이클에 실행. 단순한 파이프 라인 구조를 가져 처리 속도가 빠르고, 고성능의 워크스테이션이나 그래픽용 컴퓨터에서 사용하며 레지스터의 수가 많아서 마이크로프로그램을 저장하는 칩의 공간에 레지스터를 배치하여 사용하고 캐시를 사용하지 않음

07 ②

직접 주소 지정(Direct Addressing) : 주소 부분에 있는 값이 실제 데이터가 있는 주기억 장치 내의 주소를 나타냄

08 ②

간접 주소(Indirect Address) : 메모리 참조 횟수가 2회 이상이며 명령어의 주소 부분으로 지정한 기억 장소의 내용이 실제 데이터가 있는 곳의 주소로 사용됨

09 ②

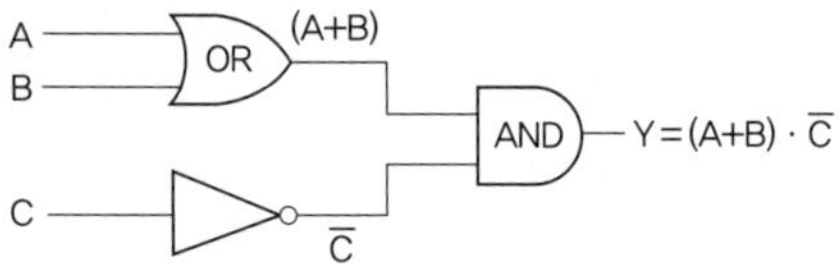

10 ③

어드레스(Address) : 주기억 장치에서 기억 장치의 지정은 주소(Address)에 의해 이루어지며 기억 장치 내의 주소를 기억하는 레지스터를 주소 레지스터(Address Register)라 함

오답 피하기

- 레코드(Record) : 하나 이상의 필드들이 모여서 구성된 자료 처리 단위
- 블록(Block) : 논리 레코드를 블록킹하여 블록(물리 레코드)이 됨
- 필드(Field) : 파일 구성의 최소 단위로 항목(Item)이라고도 함

11 ①

인코더(Encoder) : 2^n개의 입력을 받아들여 n개의 데이터를 출력하고 OR 게이트로 구성되며 부호기라고 함

12 ①

상태 레지스터 : 현재 상태를 나타내는 레지스터로 비트별로 조건을 할당. PSW(Program Status Word)라고도 함

오답 피하기

- 데이터 레지스터(Data Register) : 연산에 사용되는 데이터의 일시적인 저장을 위해 사용
- 명령 레지스터(IR : Instruction Register) : 현재 수행 중인 명령어의 내용을 기억
- 인덱스 레지스터(Index Register) : 인덱스 주소 지정 시 사용되는 레지스터

13 ①

16진수 4CD를 2진수로 변환한 다음 다시 8진수로 변환하기 위해 뒤에서 3자리씩 끊어서 2진수로 나타냄

4CD → 0100 1100 1101 → 010 011 001 101 → 2315

14 ①

버퍼(Buffer) : 장치 간의 속도차를 위한 것으로 읽거나 기록한 데이터를 일시적으로 기억할 수 있고 장치와 장치 간의 시간과 흐름의 를 위해 사용되는 레지스터를 버퍼 레지스터(Buffer Register)라 함

15 ②

버스 시스템(Bus System) : 연산 장치와 제어 장치 사이에 자료를 주고받는 지시 신호의 전달이 가능한 통로

16 ③

두 개의 입력 스위치가 직렬로 연결되어 있어 둘 다 ON(1)되어 있으면 불이 켜짐(AND : 직렬 연결). 따라서 A = 1, B = 1이 됨

17 ③

2의 보수는 "1의 보수+1"이므로 -14에 해당하는 1000 1110을 1의 보수로 변환한 다음 1을 더함

1000 1110 → 1111 0001(첫 번째 부호 비트를 제외한 나머지를 1은 0으로 0은 1로 변환 후 1을 더함) → 1111 0010

18 ④

A+A=A(합의 법칙)

19 ①

명령어의 구성 : 명령 코드부(OP-Code)와 번지부(Operand)로 구성

20 ④

명령어 설계 시 복잡한 명령어 세트에 대한 부분은 고려 대상에 해당되지 않음

21 ③

INSERT(삽입문)는 테이블에 새로운 데이터(행)를 삽입하며 INSERT-INTO-VALUES의 유형을 가짐

22 ③

DBMS의 필수 기능 : 정의 기능, 조작 기능, 제어 기능

23 ①

DROP : 데이터베이스, 테이블, 뷰 등의 삭제

오답 피하기

- DELETE(삭제문) : 삭제문으로 테이블에 저장되어 있는 행을 삭제하며 DELETE-FROM-WHERE의 유형을 가짐
- CREATE : 데이터베이스, 테이블, 뷰 등의 작성
- ALTER : 데이터베이스, 테이블의 구조 변경

24 ①

셀(Cell) : 스프레드시트의 기본 입력 단위로 행과 열이 만나서 이루는 사각형

25 ②

데이터 조작 언어(DML) : 테이블 내의 레코드를 검색(SELECT), 삽입(INSERT), 갱신(UPDATE), 삭제(DELETE)하고자 할 때 사용하는 데이터 조작 언어

26 ②

스키마(Schema) : 데이터베이스를 구성하는 파일, 레코드, 항목의 형식과 상호 관계 전체를 정의한 것으로 외부 스키마, 개념 스키마, 내부 스키마가 있음

27 ①

도메인(Domain) : 애트리뷰트가 취할 수 있는 값(Value)들의 집합

오답 피하기

- 차수(Degree) : 한 릴레이션(테이블)에서 속성(필드=열)의 개수
  예 4개(성명, 주소, 학교명, 성별)
- 널(Null) : 아무것도 없다는 의미, 값 자체가 존재하지 않음
- 튜플(Tuple) : 테이블에서 행을 나타내는 말로 레코드와 같은 의미임

28 ②

필터(Filter) : 사용자가 설정하는 특정 조건을 만족하는 자료만 검색, 추출하는 기능

29 ③

슬라이드(쪽) : 프레젠테이션에서 화면 전체를 전환하는 단위

오답 피하기

- 셀(Cell) : 스프레드시트의 기본 입력 단위로 행과 열이 만나서 이루는 사각형
- 개체(Object) : 슬라이드를 구성하는 그림이나 도형 등 개개의 요소를 의미함
- 시나리오 : 프레젠테이션에서 프레젠테이션의 흐름을 기획한 것

30 ②

SELECT(검색문)

- 검색문으로 테이블에서 데이터를 검색하며 SELECT-FROM-WHERE의 유형을 가짐
- 형식 : SELECT 열 리스트 FROM 테이블 리스트(* : 전체 레코드의 모든 필드를 의미)

31 ①

FDISK : 하드 디스크 파티션의 논리적 분할과 삭제 작업을 수행

오답 피하기

- CHKDSK : 디스크의 상태를 점검하고 손상된 부분을 복구
- FORMAT : 디스크에 데이터 저장이 가능하도록 트랙(Track)과 섹터(Sector)를 형성하여 초기화 작업을 수행
- SCANDISK : 하드 디스크 상의 심각하지 않은 사소한 오류의 수정이 가능한 프로그램

32 ②

cat : 파일의 내용 표시

오답 피하기

- rm : 파일 삭제 명령
- mv : 파일 및 디렉터리 이동 또는 이름 변경
- type : DOS 명령으로 파일의 내용 표시

33 ②

ps : 프로세스 상태 보기

오답 피하기

- ls : 지정한 디렉터리의 파일을 보여줌
- cp : 파일 복사 명령

34 ④

Shift+Delete나 Shift를 누른 다음 해당 파일을 휴지통으로 드래그하면 완전 삭제가 됨

오답 피하기

- [휴지통]의 크기에 대한 초기 설정은 하드 디스크의 10%임
- [휴지통]에 있는 파일들은 디스크의 공간을 차지함
- [휴지통]에 있는 파일들은 자동으로 삭제되지 않으며 휴지통 비우기를 해야 됨

35 ①

그레이 코드 : 각 자리가 고유한 값을 가지는 비가중치 코드

36 ①

Bootstrap : 컴퓨터가 시작될 때 사용되는 용어로 특히, 디스크로부터 운영체제가 적재될 때를 의미

37 ④

부팅 시 필요한 시스템 파일 : MSDOS.SYS / IO.SYS / COMMAND.COM

오답 피하기

CONFIG.SYS : 환경 설정 파일로 부팅 시 반드시 필요한 파일이 아님

38 ④

Operating System(운영체제) : 컴퓨터 하드웨어와 컴퓨터 사용자 간의 중간 인터페이스 역할을 하는 프로그램

39 ③

스풀이라고 하며 인쇄을 하면서 다른 작업을 병행할 수 있는 병행 처리 기법으로 인쇄 속도는 스풀이 설정되기 전보다 느려질 수 있음. 장치의 이용 효율을 높이기 위해 저속의 입출력 장치의 동작과 중앙 처리 장치의 동작이 동시에 이루어지도록 하는 처리 형태

40 ④

운영체제의 성능 평가 요인 : 응답 시간 단축, 처리 능력 증대, 신뢰도 향상, 사용 가능도 증대

41 ③

find : 조건으로 파일을 검색하여 경로를 표시

42 ①

부팅(Booting) : 컴퓨터의 시동을 위해 DOS 프로그램을 주기억 장치로 적재(Loading)시켜 사용자가 컴퓨터를 사용할 수 있는 상태로 만드는 과정

43 ③

바로 가기 아이콘은 자주 사용하는 문서나 프로그램을 빠르게 실행시키기 위한 아이콘으로, 실행 파일과 연결되며, 바로 가기 아이콘을 삭제해도 원본 파일은 삭제되지 않음

44 ③

작업 표시줄 여백에 마우스 포인터를 위치시키고 마우스의 오른쪽 버튼을 눌러 속성을 볼 수 있음

45 ①

Alt+Print Screen : 현재 사용 중인 창을 클립보드에 복사

46 ③

df : 디스크의 사용량을 표시, 사용 가능한 용량을 알 수 있음

47 ②

단편화(Fragmentation) : 프로그램의 추가/제거, 파일들이 수정되거나 읽기/쓰기가 반복되면서 디스크에 비연속적으로 분산되어 저장되는 것

48 ②

UNDELETE : 삭제했던 파일을 복구

오답 피하기

- DEL : 파일 삭제
- BACKUP : 파일 손상에 대비한 데이터의 복사

49 ③

드래그 앤 드롭(Drag & Drop) : 파일이나 폴더의 이동이나 복사, 창 크기 조절 시 사용하는 기능

오답 피하기

- 클릭(Click) : 마우스 왼쪽 단추를 한 번 누르는 것으로 항목을 선택할 때 사용
- 더블클릭(Double Click) : 마우스 왼쪽 단추를 빠르게 연속적으로 누르는 것으로 선택 항목을 열거나 프로그램을 실행하고자 할 때 사용
- 오른쪽 단추 누르기 : 선택한 항목의 단축 메뉴를 열어줌

50 ④

속성	내용
R(Read Only)	읽기 전용 파일 속성
A(Archive)	저장 속성
S(System)	시스템 파일 속성
H(Hidden)	숨김 파일 속성

- + : 설정
- − : 해제

51 ④

다원 접속 방법 : 주파수 분할 다원 접속, 시분할 다원 접속, 코드 분할 다원 접속, 공간 분할 다원 접속

52 ②

통신 속도(Baud)=1/최단 부호 펄스의 시간, 즉 B=1/T에서 B=50, 50=1/T이므로 T=0.02초임

53 ④

정보 통신 시스템의 구성 요소 : 단말 장치, 전송 회선, 통신 제어 장치, CPU

54 ②

비동기식(Asynchronous Transmission) 전송 : 한 문자 단위(5~8비트)로 전송하는 방식, 주파수 편이 변조(FSK)를 사용

55 ②

OFDM(Orthogonal Frequency Division Multiplexing) : 직교 주파수 분할 다중 전송 방식으로 여러 개의 분할된 반송파를 이용하여 다중화하는 방식임

56 ②

전송 과정 : 아날로그 데이터 → 표본화 → 양자화 → 부호화 → 복호화 → 여과 → 아날로그 데이터

57 ①

BPS(Bit Per Second) : 1초당 전송되는 비트의 수

58 ④

디지털 데이터의 아날로그 부호화

- 진폭 편이 변조(ASK : Amplitude Shift Keying) : 2진수 0과 1에 서로 다른 진폭을 적용하여 변조
- 주파수 편이 변조(FSK : Frequency Shift Keying) : 2진수 0과 1에 서로 다른 주파수를 적용하여 변조
- 위상 편이 변조(PSK : Phase Shift Keying) : 2진수 0과 1에 서로 다른 위상을 적용하여 전송
- 진폭 위상 변조(QAM : Quadrature Amplitude Modulation) : 2진수 0과 1에 진폭과 위상을 변조하여 전송

59 ④

도플러효과(Doppler Effect) : 소리의 고저가 본래의 음과 다르게 들리는 현상으로 음원의 움직임이 그 요인으로 작용하는 효과

60 ④

시분할 다중화기(TDM : Time Division Multiplexer) : 여러 회선의 음성 정보를 작은 시간으로 나누어 고속의 전송로로 보냄, 디지털 전송에 적합, PCM 방식이 요구됨, 고속 전송이 가능, 포인트 투 포인트 방식에 주로 사용됨

최신 기출문제 10회

228P

01 ②	02 ①	03 ①	04 ①	05 ①
06 ①	07 ①	08 ④	09 ①	10 ②
11 ④	12 ②	13 ④	14 ①	15 ④
16 ③	17 ④	18 ②	19 ④	20 ④
21 ②	22 ②	23 ④	24 ③	25 ①
26 ②	27 ③	28 ④	29 ③	30 ③
31 ①	32 ②	33 ②	34 ①	35 ④
36 ③	37 ③	38 ③	39 ①	40 ④
41 ③	42 ①	43 ①	44 ③	45 ②
46 ①	47 ③	48 ②	49 ①	50 ②
51 ③	52 ②	53 ④	54 ④	55 ①
56 ③	57 ④	58 ②	59 ②	60 ①

01 ②

명령 레지스터(IR : Instruction Register) : 현재 수행 중인 명령어의 내용을 기억

오답 피하기

- 인덱스 레지스터(Index Register) : 인덱스 주소 지정 시 사용되는 레지스터
- 누산기(Accumulator) : 산술 및 논리 연산의 결과를 일시적으로 기억

02 ①

RISC(Reduced Instruction Set Computer)

- 명령어 축약형 CPU, 주소 지정 모드와 명령어의 종류가 적음, LOAD와 STORE로 메모리 접근
- 프로그래밍이 어려우나 처리 속도가 빠름, 고성능의 워크스테이션이나 그래픽용 컴퓨터에서 사용

오답 피하기

CISC(Complex Instruction Set Computer)

- 명령어가 많으며 여러 주소 지정 모드를 지원, 프로그래밍이 용이하나 처리 속도가 느림
- 전력 소모가 많고 생산 가격이 비싸며 설계와 구현 시 많은 시간이 필요

03 ①

시프트 레지스터(Shift Register) : 레지스터에 저장된 내용을 비트 단위로 좌우로 이동시켜 곱셈과 나눗셈을 연산하는 데 사용

오답 피하기

- 범용 레지스터(General Purpose Register) : 다목적으로 사용되는 레지스터
- 베이스 레지스터(Base Register) : 유효 번지를 절대적으로 계산할 때 사용
- 인덱스 레지스터(Index Register) : 유효 번지를 상대적으로 계산할 때 사용

04 ①

마이크로프로세서(Microprocessor) : CPU(중앙 처리 장치)의 기능을 수행하기 위하여 만든 고밀도 집적 회로(LSI)로 연산 장치, 제어 장치, 레지스터로 구성

오답 피하기

- 컴파일러(Compiler) : 고급 언어를 기계어로 번역하는 프로그램(FORTRAN, COBOL, PL/1, PASCAL, C 언어 등)으로 전체를 한 번에 번역
- 소프트웨어(Software) : 인간의 정신(두뇌)에 해당하는 역할을 담당, 시스템 소프트웨어와 응용 소프트웨어로 구성됨
- 레지스터(Register) : 중앙 처리 장치 내의 고속 임시 기억 장치로, 레지스터(Register) 내로 새로운 자료(Data)를 읽어 들이면 레지스터의 이전 내용이 지워짐

05 ①

프로그램 카운터(PC : Program Counter) : 다음에 수행할 명령어의 번지를 기억

오답 피하기

- 번지 레지스터(MAR : Memory Address Register) : 주기억 장치의 번지를 기억
- 명령 레지스터(IR : Instruction Register) : 현재 수행 중인 명령어의 내용을 기억

06 ①

Exclusive–OR : 둘 중 하나의 값이 1일 때만(서로 다를 때) 출력값이 1이 되는 연산

07 ①

$1\times2^{11}+0\times2^{10}+1\times2^{9}+0\times2^{8}+1\times2^{7}+0\times2^{6}+1\times2^{5}+0\times2^{4}+1\times2^{3}+0\times2^{2}+1\times2^{1}+0\times2^{0}$

→ 2048+0+512+0+128+0+32+8+0+2+0=2730

08 ④

두 수 모두 0이 입력될 때만 1이 출력(OR 결과의 부정) → NOR 게이트의 진리표이므로 논리식은 $Y = \overline{A+B} = \overline{A}\cdot\overline{B}$가 됨

09 ①

0–주소 형식(=스택 구조)

- 명령어에 오퍼랜드부가 없이 데이터가 명령어 자체에 있는 방식
- 스택(Stack) 구조의 컴퓨터에서 사용(번지가 묵시적으로 지정)

오답 피하기

- Graph : 정점과 그 관계를 나타내는 간선으로 이루어진 것을 그림으로 표시한 것
- Queue : 한쪽 끝으로는 삽입만 다른 한쪽으로는 삭제만 수행되며 가장 먼저 들어온 자료가 가장 먼저 제거되는 구조임=FIFO(First In First Out) 구조, SPOOL 운영에 이용
- Deque : 스택과 큐의 복합 형태의 선형 구조

10 ②

8비트로 나타낼 수 있는 정보의 최대 가짓수는 2^8=256이 됨

11 ④

연관 기억 장치는 메모리에 기억된 정보를 찾는데 저장된 내용에 의하여 접근(병렬 탐색 가능)하는 기억 장치로 검색 자료, 마스크 레지스터 및 일치 지시기 등이 필요함

12 ②

상대 주소 지정(Relative Addressing) : 프로그램 카운터(PC)와 주소 부분의 값을 더해서 주소를 지정하는 방식

오답 피하기

- 인덱스 주소 지정(Indexed Addressing) : 인덱스 레지스터 주소 부분의 값을 더해서 주소를 지정하는 방식
- 베이스 주소 지정(Base Addressing) : 베이스 레지스터값과 주소 부분의 값을 더해서 주소를 지정하는 방식
- 절대 주소 지정 : 기억 장치 고유의 번지로서 0, 1, 2, 3과 같이 16진수로 약속하여 순서대로 정해 놓은 번지

13 ④

기억 레지스터(MBR : Memory Buffer Register) : 주기억 장치에서 연산에 필요한 자료를 호출하여 저장

오답 피하기

- 프로그램 카운터(PC : Program Counter) : 다음에 수행할 명령어의 번지를 기억
- 번지 레지스터(MAR : Memory Address Register) : 주기억 장치의 번지를 기억
- 명령 레지스터(IR : Instruction Register) : 현재 수행 중인 명령어의 내용을 기억

14 ①

- 버스의 종류 : 제어 버스, 데이터 버스, 주소 버스 등
- 제어 버스 : 제어 정보를 전송하는 버스
- 데이터 버스 : 자료를 전송하는 버스
- 주소 버스 : 주기억 장치에 주소를 전송하는 버스

15 ④

명령 레지스터는 제어 장치의 레지스터임

오답 피하기

연산 장치는 가산기, 보수기, 누산기, 기억 레지스터, 상태 레지스터, 데이터 레지스터 등으로 구성

16 ③

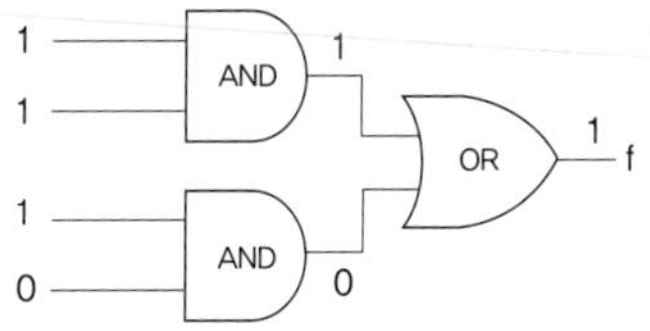

17 ④

약식 주소 표현 방식 : 계산에 의한 주소 방식을 의미하며 주소의 일부분이 생략된 방식으로 레지스터를 이용함

오답 피하기

- 직접 주소 지정(Direct Addressing) : 주소 부분에 있는 값이 실제 데이터가 있는 주기억 장치 내의 주소를 나타냄
- 간접 주소 지정(Indirect Addressing) : 명령어의 주소 부분으로 지정한 기억 장소의 내용이 실제 데이터가 있는 곳의 주소로 사용됨

18 ②

누산기(ACC) : 연치의 핵심 레지스터로서 중간 계산된 결과값을 보관

오답 피하기

- 가산기 : 누산기와 데이터 레지스터의 값을 더하여 누산기에 저장
- 보수기 : 뺄셈이나 나눗셈 연산을 위해 보수로 바꾸어 가산하는 장치
- 감산기 : 컴퓨터에서 2진수를 뺄셈하기 위해 사용되는 논리 회로

19 ④

EBCDIC 코드

- Extended BCD Interchange Code(확장 2진화 10진 코드)
- Zone은 4비트, Digit는 4비트로 구성
- 8비트로 2^8=256가지의 표현이 가능

20 ④

직접 주소 지정(Direct Addressing) : 주소 부분에 있는 값이 실제 데이터가 있는 주기억 장치 내의 주소를 나타냄

오답 피하기

- 상대 주소(Relative Address) : 프로그램 카운터(PC)와 주소 부분의 값을 더해서 주소를 지정하는 방식
- 절대 주소(olute Address) : 기억 장치 고유의 번지로서 0, 1, 2, 3과 같이 16진수로 약속하여 순서대로 정해 놓은 번지
- 간접 주소(Indirect Address) : 명령어의 주소 부분으로 지정한 기억 장소의 내용이 실제 데이터가 있는 곳의 주소로 사용됨

21 ②

제어 기능 : 데이터베이스의 내용을 항상 정확하게 유지하여 데이터의 무결성이 파괴되지 않도록 함

오답 피하기

- 정의 기능 : 데이터베이스와 응용 프로그램 간의 상호 작용 수단을 제공하는 것
- 조작 기능 : 데이터베이스와 사용자 간의 상호 작용 수단(데이터 요청, 변경 등)을 제공

22 ②

슬라이드(쪽) : 프레젠테이션에서 화면 전체를 전환하는 단위

오답 피하기

- 셀(Cell) : 스프레드시트에서의 기본 입력 단위
- 시나리오 : 프레젠테이션에서 프레젠테이션의 흐름을 기획한 것
- 매크로(Macro) : 자주 사용하는 명령, 반복적인 작업 등을 매크로로 기록, 해당 작업이 필요할 때마다 바로 가기 키나 실행 단추를 눌러 쉽고, 빠르게 작업을 수행하는 기능

23 ④

트랜잭션(Transaction) : SQL에서 DataBase에 대한 일처리를 하나로 모은 작업 단위

오답 피하기

- 페이지(Page) : 주기억 장치에서 사용되는 크기가 일정한 데이터 단위
- 디스패치(Dispatch) : 대기 중인 프로세스 중 CPU의 사용 권한을 부여하는 것
- 세그먼테이션(Segmentation) : 세그먼트 기법으로써 가상 기억 장치 관리 기법에 속함

24 ③

스키마(Schema) : 데이터베이스를 구성하는 파일, 레코드, 항목의 형식과 상호 관계 전체를 정의한 것으로 외부 스키마, 개념 스키마, 내부 스키마가 있음

25 ①

데이터베이스 관리자(DBA : DataBase Administrator) : 데이터베이스를 관리하는 책임자, 전체 시스템에 대한 권한을 행사하는 사람

오답 피하기

- 속성(Attribute) : 테이블에서 열을 나타내는 말로 필드와 같은 의미임
- 스키마(Schema) : 데이터베이스를 구성하는 파일, 레코드, 항목의 형식과 상호 관계 전체를 정의하는 것
- 엔티티(Entity) : 데이터베이스에서 사용되는 데이터의 대상이 되는 개체

26 ②

데이터 정의 언어(DDL) : 데이터를 입력하기 위한, 테이블의 정의나 정보를 참조하기 위한 뷰를 정의하기 위한 언어

- CREATE : 데이터베이스, 테이블, 뷰 등의 작성
- ALTER : 데이터베이스, 테이블의 구조 변경
- DROP : 데이터베이스, 테이블, 뷰 등의 삭제

27 ③

CASCADE : 제거 대상의 제거와 함께 이를 참조하는 다른 데이터 객체에 대해서도 제거 작업이 실시됨

28 ④

스프레드시트의 주요 기능

- 데이터의 입력과 수치 데이터의 계산 기능 및 데이터가 변경되면 자동으로 재계산하는 기능
- 차트 작성 기능과 문서 작성 기능이 있음
- 입력 데이터를 이용한 데이터 검색, 정렬, 추출, 분석 등의 데이터베이스 관리 기능

29 ③

모든 열이름을 SELECT 구에 기술하는 번거로움을 덜기 위해 *(애스터리스크)를 사용함

30 ③

셀(Cell) : 스프레드시트의 기본 입력 단위

오답 피하기

필터(Filter) : 사용자가 설정하는 특정 조건을 만족하는 자료만 검색, 추출하는 기능

31 ①

DIR(DIRectory) : 디스크 내의 파일 목록, 파일에 대한 정보, 파일의 수, 파일의 크기, 생성 날짜와 시간, 디스크 정보를 표시해 주는 내부 명령어

오답 피하기

- PROMPT : 프롬프트 설정
- VER : DOS의 버전을 표시
- MD : 디렉터리 생성

32 ②

운영체제(OS : Operating System) : 컴퓨터와 응용 프로그램, 컴퓨터와 사용자 간의 인터페이스 역할을 담당

오답 피하기

- 컴파일러 : 원시 프로그램을 기계어로 번역하는 고급 언어 번역기
- 인터프리터(Interpreter) : 대화식 언어로 작성된 프로그램을 필요할 때 마다 매번 기계어로 번역하여 실행하는 프로그램(BASIC, LISP, SNOBOL, APL 등)으로 행 단위로 번역
- 어셈블러(Assembler) : 어셈블리(Assembly) 언어를 기계어로 번역하는 프로그램

33 ②

SPOOL(Simultaneous Peripheral Operation On Line) : 장치의 이용 효율을 높이기 위해 저속의 입출력 장치의 동작과 중앙 처리 장치의 동작이 동시에 이루어지도록 하는 처리 형태

오답 피하기

- 링킹 : 링커에 의해 목적 프로그램을 실행 가능한 프로그램으로 만드는 과정
- 매크로 : 반복되는 일련의 작업을 저장했다가 필요할 때는 언제든 재사용이 가능하도록 하는 기능
- 컴파일링 : 컴파일러라 불리는 언어 번역기를 통해 번역하는 작업

34 ①

DEL : 파일 삭제

오답 피하기

- TIME : 시간 확인 및 설정
- DATE : 날짜 확인 및 설정
- COPY : 파일 복사

35 ④

Scheduler(스케쥴러)는 메모리에서 실행을 대기하는 처리들 중 하나를 선택하여 중앙 처리 장치에 할당해 줌

36 ③

- 로더(Loader) : 기계어로 번역된 목적프로그램을 주기억 장치에 적재하여 실행할 수 있도록 해주는 시스템 프로그램
- 로더(Loader)의 기능 : 할당(Allocation), 연결(Linking), 재배치(Relocation), 적재(Loading) 등이 있음

37 ③

외부 명령어 : 부 명령어보다 수행 속도가 느리며 DIR 명령으로 파일의 목록을 확인할 수 있음. 파일의 용량이 비교적 크며 주로 COM, EXE 등의 확장자를 가짐(예 FORMAT, DISKCOPY, UNDELETE, XCOPY, SYS, FDISK 등)

오답 피하기

내부 명령어 : DOS로 부팅 시 COMMAND.COM이 실행될 때 주기억 장치에 상주하여 키보드를 통해 명령이 입력되면 바로 실행되는 명령어(예 DIR, PATH, DEL, VER, TYPE, COPY, DATE, CLS, MD, CD, RD 등)

38 ③

유틸리티(Utility) 프로그램 : 컴퓨터 시스템을 사용할 때 편리하게 이용할 수 있도록 표준화된 지원 프로그램의 총칭. 일반적으로 주변 장치의 드라이버나 데이터 파일의 조작 등에 관계되는 공통 프로그램을 가리킴

39 ①

pwd : 현재 디렉터리의 경로를 표시

오답 피하기

- cat : 파일의 내용 표시
- tar : 파일과 디렉터리를 하나로 묶음(보조 기억 장치에 데이터를 압축 저장)
- vi : 화면 단위 편집기, 가장 많이 사용

40 ④

COM(Computer Output Microfilm) : 컴퓨터에 의해 처리된 결과를 마이크로필름에 수록하는 장비

41 ③

Plug & Play 기능 : 하드웨어의 자동 인식 기능

42 ①

cat : 파일의 내용을 출력

오답 피하기

- rm : 파일이나 디렉터리 삭제
- ls : 파일 목록 표시
- mv : 파일이나 디렉터리 이동 또는 이름 변경

43 ①

FIFO(First In First Out) : 주기억 장치 내에 가장 먼저 들어온, 가장 오래된 페이지를 교체할 페이지로 선택하는 알고리즘 기법으로 가장 오래된 페이지로 인식된 페이지를 주기억 장치에서 제거

44 ③

대부분의 코드가 C 언어로 기술되어 있음

45 ②

실시간 처리 시스템(Real Time Processing System) : 데이터가 발생되는 즉시 처리하는 방식으로 바로 응답을 받아볼 수 있는 시스템이며 항상 온라인을 유지해야 함. 항공 및 철도 승차권 예약, 좌석 예약, 은행 온라인 업무, 로봇 제어 등에 사용됨

46 ①

- 선점형(Preemptive) 기법 : 하나의 프로세스가 CPU를 점유하고 있을 때 다른 프로세스가 CPU을 빼앗아 차지할 수 있는 방법, 대화식 시분할 시스템, 실시간 시스템에서 사용됨
- 종류 : RR, SRT, MFQ(다단계 피드백 큐)

47 ③

아이노드(i-node)

- UNIX 파일에 대한 정보를 규정하는 자료 구조
- 파일의 이름, 크기, 소유자, 파일의 종류, 파일의 위치 대한 정보를 가짐
- DOS의 FAT(File Allocation Table)와 유사한 개념

48 ②

DOS의 환경 설정 파일(CONFIG.SYS)은 루트 디렉터리에 있어야 함

49 ①

- 디렉터리 이동 : cd
- 디렉터리 생성 : mkdir

오답 피하기

- dump : 시스템 백업 및 추출
- chmod : 파일 접근 모드 변경
- mv : 파일 및 디렉터리 이동 또는 이름 변경
- mount : 파일 시스템 적재

50 ②

Ctrl+A : 모두 선택

51 ③

전자파 : 전자기파(Electromagnetic Wave)로, 세기의 변화가 주기적으로 일어나는 전자기장이 공간을 통해 전파해 나가는 것으로 전파(라디오파)라고도 함

52 ②

해밍 거리(Hamming Distance) : 비트 수가 같은 부호에서 각 비트 값의 불일치 개수를 의미하는 것으로 해밍 거리 D가 있을 때 D≥2A+1인 경우 최대 A개의 오류 정정이 가능함. 따라서 해밍 거리 D는 6이므로 6≥2A+1, A=2가 되므로 정정할 수 있는 최대 오류 수는 2가 됨

53 ④

전자 교환기, 기억 장치 등은 온라인(On-line) 처리 시스템의 기본적인 구성에 해당하지 않음

54 ④

나이키스트의 정리(Nyquist theorem) : 디지털 전송 시 생기는 부호 간 간섭을 제거하기 위해 입력 신호의 최고 주파수를 2배 이상 높인 주파수에서 표본화하는 경우 원래의 신호에 맞게 재현할 수 있다는 정리로 나이키스트 표본화 주기는 최고 주파수의 2분의 1과 같음

55 ①

- 2번 핀 : 송신 데이터
- 3번 핀 : 수신 데이터

56 ③

주파수 변조(FM : Frequency Modulation) : 반송파의 주파수를 변조하므로 신호 주파수가 5[KHz], 최대 주파수 편이가75[KHz] 일 때 주파수 변조파의 대역폭은 5 + 75 = 80, 80×2 = 160이 됨

57 ④

데이터 통신 시스템의 구성 : 데이터 전송계, 데이터 처리계, 단말계

58 ②

데이터 통신의 교환 방식 : 회선 교환 방식, 메시지 교환 방식, 패킷 교환 방식

59 ②

주파수 변조(FM : Frequency Modulation)의 변조 지수는 최대 주파수 편이가 60[KHz]이고, 신호파 주파수가 10[KHz]이므로 60/10=6이 됨(변조 지수=최대 주파수 편이/신호파 주파수)

60 ①

진폭 위상 변조(QAM : Quadrature Amplitude Modulation) : 2진수 0과 1에 진폭과 위상을 변조하여 전송

MEMO

모두들 당신이 해낼 수 없다고 여기는
무언가를 해내는 것은
인생의 커다란 기쁨이다.

월터 게이저트(Walter Gagehot)